Guy GRECH

Et le CONDOR devint COLOMBE

Récit

Les Presses du Midi

Du même auteur :

Les bois d'injustice

Ad vitam aeternam

Cherchez l'infâme

Impression PDM

121 avenue d'Orient - 83100 Toulon
Tel. : 04 94 16 90 20 - Fax : 04 94 16 90 29
Dépôt légal décembre 2001
ISBN : 2-87867-360-3

Avec toute mon amitié à
« l'Amiral » et à son équipage
qui se reconnaîtront.

G.G.

Toulon, 4 août 1998

« Les ailes te portent,
l'étoile te guide,
les lauriers t'attendent… »

———

(Signification des trois motifs qui
composent le macaron du personnel
navigant de l'Aviation militaire française.)

———

Je dédie, très respectueusement, ce modeste ouvrage à mes amis disparus en service commandé et à ceux, encore en vie qui, venus de tous les horizons, ont souffert dans leur chair et dans leur âme au service d'une cause qu'ils pensaient juste.

Je leur adresse un hommage attendri et ma profonde affection.

Ils seront toujours présents dans ma mémoire.

Leur abnégation restera, pour nous tous, un exemple, un encouragement à bannir, à jamais, la haine des cœurs, à accepter la différence et à construire une terre plus humaine.

Souhaitons que leur attachement farouche aux nobles convictions qui furent les leurs et qu'ils défendirent, sans jamais ménager leurs forces ni leur peine, n'ait pas été vain.

Ce vœu pieux restera peut-être, hélas, une chimère tant la stupidité et l'ambition sans limites de certains décideurs assoiffés de pouvoir et pétris d'orgueil sont insondables ! Mais, l'on peut toujours rêver : l'espoir ne se marchande pas, il ne coûte que la peine que l'on se donne à le faire vivre au fond de soi-même.

Ce récit authentique reconstitue une période importante de ma vie, de 1951 à 1971, une époque riche en anecdotes flirtant, parfois, avec l'émotion, à certaines occasions, avec l'humour, toujours, avec la réalité des moments vécus.

J'ai la fatuité d'espérer que la banalité aura été absente de mon propos.

Malgré l'ancienneté des faits rapportés et leur abondance, la "lettre" et "l'esprit" de ce document maintes fois ajourné ont été, le plus rigoureusement qu'ils pouvaient l'être, respectés. Jamais le désir profond de rester le plus possible, objectif, honnête et loyal dans l'écriture de ce récit ne m'aura quitté.

Tel un témoin appelé à la barre, j'ai prêté serment, moralement, eu égard à la mémoire de celles et de ceux qui n'hésitèrent pas à servir jusqu'au sacrifice suprême, de ne relater que la stricte vérité.

L'aventure de la rédaction de ce texte sans prétention aucune constitue un pèlerinage, un rendez-vous avec le passé que je ne devais manquer.

Durant ce long cheminement se sont étroitement mêlés, tour à tour, au gré des situations, des sentiments de doute, de peur mais, aussi, de fierté et d'espérance.

Aujourd'hui, mon âme est en paix, loin de la violence, des outrances et de la méchanceté. Mais cela ne m'empêchera pas de garder, à jamais, le souvenir de cette poignée de femmes, ambulancières, convoyeuses de l'air, médecins, infirmières, agents des transmissions, admirables de dévouement, et de ces hommes d'honneur qui avaient la foi, qui sont allés jusqu'aux frontières du possible et du supportable, trop souvent, même, au-delà...

Leur devise aurait pu être celle du Maréchal Mac-Mahon :

"L'on n'a rien donné, tant que l'on n'a pas tout donné..."

Mais la folie fait partie de ce monde : elle a de beaux jours, encore, hélas, devant elle... Il faudra du temps, beaucoup de temps, pour la faire vaciller sur ses assises profondément enracinées dans le cœur des tyrans et des despotes pour lesquels la vie et le bonheur des autres n'ont que bien peu d'intérêt...

Rêvons, ensemble, d'un monde où la sérénité, le bon sens, la tolérance auraient, enfin, raison des passions aveugles et partisanes pour que :

"Paix soit sur la terre aux hommes de bonne volonté..."

À LA MÉMOIRE

Intact est votre souvenir qui m'habite,
Noble, l'Histoire que vous avez écrite…

Monuments de courage et d'abnégation,
Emblèmes, affectueuses évocations,
Mes amis fidèles tombés au champ d'honneur,
Opiniâtres, de votre Patrie, serviteurs,
Reposez à jamais en paix et que la terre,
Impérissable linceul, vous soit légère.
A vous je rends ici un hommage vibrant,
Martyrs qui survivrez aux outrages du temps…

G.G.

CHAPITRE I

Le brigadier a frappé les trois coups, les acteurs sont en place, le rideau se lève : le “spectacle” peut commencer…

Nous étions en 1950, en Algérie, à Oran où j'ai vu le jour, au hasard d'une affectation de mon père, alors militaire de carrière dans les Spahis. La vie était calme : la folie des hommes ne s'était pas encore déchaînée.

Je venais d'avoir dix-neuf ans et j'avais terminé, peu glorieusement, des études secondaires au lycée Lamoricière, au grand désespoir de mes parents qui me reprochaient mon manque d'enthousiasme et de réussite. Ils avaient nourri des ambitions plus prometteuses pour moi mais, aussi, quelque part, pour eux… Ils ne voulaient pas admettre que les nombreux déplacements et donc, changements d'établissements scolaires, qui avaient jalonné notre parcours, aient pu être, pour moi, fort gênants.

Ils ne manquaient pas une occasion de me rappeler mes piètres prestations scolaires, de me prédire un avenir plus qu'incertain.

Dans ce contexte, pour le moins délicat, je décidais de partir, de quitter la maison, les amis que j'aimais, compagnons désintéressés des bons et des mauvais jours, la ville qui m'avait vu naître, si belle à mes yeux, avec ses couleurs, ses parfums, ses différences…

Ce fut donc, sans difficulté, que j'obtins l'autorisation parentale obligatoire pour devancer l'appel sous les drapeaux.

À cette époque, la majorité n'était acquise qu'à l'âge de vingt et un ans.

En décembre 1950, j'avais rassemblé les documents nécessaires à l'engagement. Les examens médicaux et les tests psychotechniques me déclarèrent “bon pour le service.”

La formule pour laquelle j'avais opté me permettait de choisir mon Arme, en l'occurrence, l'Armée de l'Air. En contrepartie de cette opportunité qui m'était offerte, il fallait effectuer six mois de plus que les appelés du contingent (qui devaient faire, eux, dix-huit mois) soit, deux années au total, ce qui me laisserait le temps de voir venir…

Le mois suivant, après des fêtes de Noël et du jour de l'an un peu moroses, dans un climat quelque peu tendu, muni d'une petite valise, je quittais mes parents pour rejoindre mon affectation : la Base aérienne 140 Blida, particulièrement destinée à l'instruction des jeunes recrues, connue pour sa discipline rigoureuse, à cinq cents kilomètres d'ici et à cinquante au sud d'Alger.

La formation, essentiellement militaire, était, alors, assez longue. Les trois premiers mois, les jeunes recrues étaient privées de permissions. Du bromure était versé dans leur quart de vin en poudre afin de calmer les ardeurs juvéniles et les piqûres réglementaires (TABDT), au nombre de quatre, étaient administrées le samedi pour ne pas gêner le bon déroulement de l'instruction. Formation théorique et pratique, étude du service en campagne, séances de tir, marches hebdomadaires avec équipement et armement individuels, sport quotidien (parcours du combattant), se succédaient à une cadence soutenue.

Les chambrées étaient de vingt hommes. Pas d'armoire personnelle : une planche en faisait office, large de cinquante centimètres, courant le long du mur, au-dessus des lits alignés au cordeau, et sur laquelle chacun de nous devait plier les effets de son paquetage, le tout, sous la forme d'un cube le plus parfait possible. Pour y arriver, nous utilisions l'astuce qui se transmettait d'un contingent à l'autre, et qui consistait se servir de petites tiges de bois pour bien marquer les angles.

La literie était constituée d'une paillasse, d'un cadre à lames métalliques en guise de sommier, posé sur deux pieds de châlit, d'un sac de couchage en toile écrue d'une couleur indéfinissable, d'un traversin rempli de crin et d'une couverture kaki, en laine, le tout fleurant bon l'odeur laissée, imprégnée par des générations de bidasses…

Et pourtant, que de nuits paisibles et profondes, toujours trop courtes, à notre gré, avons-nous passées ! Bien fatigués d'avoir marché, couru, sauté, rampé, nous aurions trouvé le sommeil à même le sol, sur des cailloux, s'il l'avait fallu…

Le matin, au réveil, la toilette faite, le café, que nous allions chercher aux cuisines, dans un broc, à tour de rôle, rapidement bu, nous devions présenter notre literie, trop peu de temps aérée, "au carré", ce qui relevait presque de l'exploit, compte tenu du manque de rigidité des paillasses.

Pour ce qui était de la nourriture, il valait mieux ne pas se montrer trop délicats : les efforts physiques fournis et les nécessités organiques inhérentes à nos âges aiguisaient nos appétits de jeunes loups. Et puis quoi, l'on n'était pas venu là pour faire du tourisme !

La discipline était appliquée à la lettre. La moindre erreur dans les déplacements en rangs serrés, un manquement au service, la plus petite inobservation des consignes, un clou manquant à la semelle d'un brodequin, un bouton décousu étaient, aussitôt, prétextes à sanctions : tours de garde supplémentaires, revues de paquetage, corvées de toutes sortes ou, suivant la gravité de la faute, quelques jours de prison régimentaire. Nous devions supporter, sans murmurer, l'humeur exigeante et, souvent, capricieuse, voire, chatouilleuse, des sous-officiers instructeurs.

Tous les événements marquants de la journée étaient signalés au clairon : le réveil, à six heures (la Diane), les rassemblements, les convocations des consignés et des punis, les appels du piquet d'incendie, de l'officier de service, des sergents et des caporaux de semaine, le départ, en rangs, pour le réfectoire, l'appel du soir, à vingt heures, suivi deux heures plus tard, de l'extinction des feux et, parfois, d'un contre-appel dans la nuit.

À la sonnerie de six heures, mieux valait réagir vite et "s'éjecter" le plus rapidement possible de son lit car, à peine celle-ci avait-elle retenti que la porte de la "suite princière" s'ouvrait violemment. Le sergent, qui avait toujours besoin de "main-d'œuvre" pour les tâches d'entretien les plus rebutantes, en profitait pour faire, à ce moment privilégié pour lui, une moisson fructueuse.

À cette école-là, nous avons vite appris à obéir sans discuter, à faire notre lit, à laver notre linge, notre sac de couchage, à repasser, à coudre, à repriser nos chaussettes en laine (notre dotation n'était que de quatre paires et il était hors de question d'utiliser des effets civils, non réglementaires), à briquer le carrelage des interminables couloirs, à faire les vitres, la plonge, à essayer de rendre les latrines un peu plus accueillantes, parfois, à les déboucher, à cirer les cuirs, à "attendrir" les chaussures montantes à la graisse de porc et à veiller à ce que leurs semelles soient en parfait état, à entretenir notre fusil, le bon vieux Lebel, calibre huit millimètres, de la première guerre mondiale !

Les séances de tir, à balles réelles, avaient lieu, un vendredi sur trois et servaient, également, d'entraînement à la marche. Elles avaient lieu à une quinzaine de kilomètres de la Base, dans une vallée encaissée, inhabitée, au creux de laquelle coulait, en hiver seulement, un petit cours d'eau qui pouvait connaître, pendant cette saison, des crues brèves mais violentes. Le restant de l'année, il était complètement à sec. Il avait été pompeusement baptisé : "oued el kébir", c'est-à-dire : "la grande rivière !".

La compagnie comprenait quatre sections de trente hommes chacune : deux de celles-ci se rendaient, ensemble, au champ de tir, les deux autres quinze jours plus tard. Très tôt le matin, à quatre heures, alors qu'il faisait encore nuit, nous prenions la route, en rangs, équipés de notre armement individuel, accompagnés de notre encadrement habituel. La colonne était balisée par deux fanaux à pétrole : un à l'avant de celle-ci, l'autre, en queue. Un camion transportait les cibles, quatre soldats chargés de les mettre en place avant notre arrivée, deux mortiers "Brandt" de quatre-vingts millimètres, dix fusils-mitrailleurs 24-29, les munitions et les rations alimentaires pour la pause de midi. Par contre, nous devions transporter nous-mêmes deux mitrailleuses "Hotchkiss" démontables en deux parties de vingt-quatre kilos chacune : l'affût et la bouche à feu. Ces pièces étaient portées à dos d'homme, à tour de rôle, pendant une dizaine de minutes, en commençant par l'arrière de la formation et en remontant vers l'avant. Puis, elles reprenaient le sens inverse jusqu'au terme de notre destination, aux environs de huit heures. Étant en hiver et, à Blida, celui-ci est particulièrement vif (il arrive même que la neige fasse son apparition), nous étions équipés d'une capote en laine épaisse très efficace contre le froid et le vent glacial du petit matin. Le grand col, à larges rabats, aurait été très apprécié et fort utile si nous avions pu le relever, lorsqu'il pleuvait et que l'eau dégoulinait du casque, comme d'une gouttière, directement dans notre cou... Mais il était absolument interdit de le faire. Sur les lieux de nos exploits, nous trouvions les cibles plantées, alignées les unes à côté des autres, à trois mètres d'intervalle, sur le devant d'une fosse d'une quarantaine de mètres de longueur et de deux de profondeur dans laquelle devaient prendre place dix "paleteurs", qui se relayaient après chaque vague de tireurs, armés de perches en bois au bout desquelles étaient fixés des petits disques destinés à indiquer les impacts des balles. Il fallait bien prendre garde à ne pas lever la main trop haut afin d'éviter de regrettables surprises... Cette position n'était pas bien agréable car, entendre les balles siffler pas bien loin au-dessus de ses oreilles était plutôt sinistre. De plus, les projectiles de certains maladroits venaient frapper le devant de la butte et provoquaient une pluie de pierres et de terre sur les malheureux hommes des cavernes... Nous tirions au fusil et au fusil-mitrailleur par groupes de dix à la fois puis, deux par deux, à la mitrailleuse et au mortier. Par précaution, des sentinelles équipées d'un fanion rouge, relevées toutes les heures, étaient placées sur une hauteur dans le but d'interdire l'accès des lieux à d'éventuels curieux.

À quinze heures, nous reprenions le chemin du retour, dans les mêmes conditions qu'à l'aller et nous retrouvions nos chambrées, bien fatigués, vers dix-neuf heures. Mais la fête n'était pas finie pour autant car nous avions droit, une demi-heure après notre arrivée, à la visite, qui n'avait rien de courtoise, de notre adjudant venant faire l'inspection des armes, la main droite gantée de blanc, l'index furetant dans la chambre de tir des fusils, culasse ouverte, pour vérifier que l'écouvillon avait bien été passé. C'était encore un moment désagréable à passer car ce brave homme n'était presque jamais satisfait...

Les engagés, tels que moi, avaient droit à un "régime de faveur". Volontaires, personne ne les ayant forcés à venir, ils n'avaient rien à dire, sinon à exécuter, sans état d'âme, les ordres qu'ils recevaient. Les phrases qu'ils entendaient souvent, telles des leitmotivs, étaient : "Ici, vous n'avez aucun droit, seulement des devoirs !" ou encore, lorsqu'un ordre quelque peu insolite provoquait une timide réaction du soldat : "J'veux pas le savoir !"

Un samedi, n'ayant pas obtenu l'autorisation de sortir en "quartier libre", pour une raison obscure, je décidais, avec l'un de mes amis dans la même situation que moi, de quitter la Base tout de même. Nous avions repéré un endroit, dans le mur d'enceinte, éloigné des regards indiscrets, par lequel il était possible, sans trop de difficultés, de passer sans attirer l'attention. Mais le problème, c'était l'appel du soir qui avait lieu à vingt heures... Lors de ces contrôles, nous devions être au garde-à-vous, au pied de notre lit. Le week-end, exceptionnellement, nous avions le choix : soit être présents debout, soit être couchés. Comme le sergent ne pouvait être dans toutes les chambrées en même temps, il suffisait de trouver deux volontaires qui veuillent bien accepter de prendre place dans nos lits respectifs, au bon moment, avant ou après avoir été eux-mêmes contrôlés, le visage camouflé par la couverture. Ce fut chose facile : entre nous, la solidarité n'était pas un vain mot... De toute façon, c'était à charge de revanche. Celle-ci ne se présentera jamais car la supercherie fut découverte par le sous-officier plus zélé que ses prédécesseurs et lorsque nous rejoignîmes la caserne, un peu avant minuit, nous étions attendus... Le résultat de cette escapade qui avait mal tourné se solda par huit jours de prison, hélas, pour tous les quatre ! Oh, bien sûr, nous n'avions pas de quoi être fiers, mon ami et moi, de nos "prouesses", mais que les soldats qui n'ont jamais fait le mur (il y en a, sûrement), nous jettent la première pierre !...

Oui, il m'est arrivé de douter... Avais-je fait le bon choix ? La décision de partir de chez-moi, de tout quitter, n'avait-elle pas été quelque peu irréfléchie, voire, présomptueuse ?

Mais, ici, tout allant très vite, je n'ai pas eu, heureusement, le temps de regretter, de m'apitoyer sur un sort que j'avais choisi moi-même...

Les longs dimanches sans sortir, n'étant ni de garde ni de service, je pouvais, allongé sur ma pauvre paillasse, savourer quelques heures de détente. Je revoyais, alors, défiler dans mon esprit des images, souvent les mêmes, celles du passé...

Mon enfance s'était déroulée, au plan affectif, normalement, sans plus...

J'avais six ans lorsque mon père reçut son affectation dans un régiment de cavalerie, à Tarbes, où nous ne sommes restés qu'une année. J'ai fréquenté, dans la ville natale de Foch, une petite classe de l'établissement scolaire Théophile Gautier. Puis, nous avons dû faire mouvement sur Orléans, où papa devait rejoindre le Huitième régiment de Chasseurs, quartier Saunis. La vie de garnison s'était écoulée sans grande originalité, monotone. Mais cette quiétude ne devait pas durer bien longtemps puisque, l'année qui suivit, la guerre contre les Allemands éclata.

Nous étions en 1939, année où mon frère naquit, quelques semaines seulement avant le départ de notre père pour le front.

Je revois, encore aujourd'hui, bien des années après l'événement, cette image des escadrons, au grand complet, quittant, à cheval, leur casernement, drapeau en tête, sabres au clair, avec quelques canons de soixante-quinze de la dernière guerre, tractés par des mulets et, fermant la marche, les cuisines roulantes, oh combien démodées, vétustes ! Il n'y avait pas la fleur au fusil, mais l'on aurait pu l'imaginer : cette guerre, ce n'était pas une formalité, mais, presque, tant nous étions sûrs de notre affaire... Mission du régiment : franchir la frontière franco-belge, se porter à la rencontre des Allemands pour stopper l'avance des "Panzers Divisions". Quelle dérision ! Le ridicule ne tue pas, dit-on; pas toujours ! Nous étions en retard de vingt ans et nous ne méritions pas de figurer dans la cour des grands...

La propagande du gouvernement Daladier battait son plein : elle pouvait encore le faire, mais il ne lui restait plus beaucoup de temps à s'époumoner...

"Les Teutons sont des hordes de barbares qui violent, tuent, pillent, incendient tout sur leur passage" entendait-on sur les ondes radio, ou encore : "Nous vaincrons parce que nous sommes les plus forts" ou, enfin : "Nous ne céderons pas un pouce de notre territoire !"

Pendant que le peuple était abreuvé de ces slogans qui se voulaient rassurants, nos ennemis, auxquels étaient venus se joindre les fascistes de Mussolini, en 1940, foulaient, à marches forcées, notre sol, pourtant réputé inviolable...

Pour le Duce, rongé d'ambition et soucieux de redonner un peu de lustre à un blason qui manquait singulièrement d'éclat, surtout après la peu glorieuse conquête de l'Éthiopie, dans les années 1935 et 1936, il était plus alléchant et, à terme, payant, de se ranger du côté des plus forts. Quel valeureux acte de courage ! "À vaincre sans péril, l'on triomphe sans gloire..." La honte et l'amour-propre devaient être des sentiments inconnus du dictateur...

Il ne restera plus beaucoup de temps à notre bouillant et opportuniste voisin latin pour savourer une victoire dont il fut, si peu, l'artisan... Il sera exécuté par des résistants italiens le vingt-huit avril 1945.

Laissés seuls, tous les trois, à notre triste sort, nous n'eûmes plus de nouvelles de mon père. Nous le crûmes tombé au champ d'honneur. Ce ne fut que bien plus tard que nous apprîmes qu'il avait été fait prisonnier puis, qu'au prix de péripéties incroyables, il avait réussi à s'évader et à rejoindre une unité motorisée qui se repliait. Nous ne le revîmes qu'à la fin de la guerre.

Pendant ce temps, à Orléans, la petite famille menait une existence de taupes, partageant ses journées, et surtout, ses nuits, entre son appartement, rue Serène, et l'abri antiaérien situé au bout de la rue, dans les caves de la vinaigrerie Dessaux.

La ville, sans plus aucune défense, était devenue la proie facile des "Stukas" allemands d'abord, puis, de l'aviation italienne qui achevait le travail.

Plus aucune sirène n'annonçant l'arrivée des bombardiers, la traversée de la rue, pour se mettre à couvert, était devenue particulièrement périlleuse, les "prédateurs" étant déjà sur zone. Combien de malheureux ont payé de leur vie cette course folle sous le déluge de feu !

L'école Saint Joseph, dont j'étais l'un des "brillants" pensionnaires, comme toutes les autres de la ville, avait fermé ses portes. Ma mère ayant bien d'autres préoccupations que de me faire travailler, je me retrouvais, de ce fait, en "chômage technique scolaire."

La cité ne fut plus, bientôt, que ruines fumantes. Les quelques volontaires pour assurer la "défense passive", tous âgés et dévoués à l'extrême, furent vite débordés ; ils manquaient presque totalement de moyens matériels.

Les armées allemandes avançaient rapidement. Leur réputation, faite par la propagande française, ne nous incitant pas à rester là plus longtemps, nous nous décidâmes, nous aussi, à quitter la ville et à grossir la misérable cohorte des fuyards.

Une valise posée, en travers, sur le landau de mon frère, nous partîmes donc, laissant dans notre précipitation la porte de l'appartement entrouverte derrière nous. De toute façon, cela n'avait pas d'importance puisque nous ne devions plus jamais revenir.

Après trois jours et trois nuits d'errance, mitraillée, à maintes reprises, par des avions de chasse, le plus souvent italiens, notre lamentable procession, fortement diminuée, en nombre et physiquement, arriva enfin dans un lieu-dit : "la Ferté Beauharnais" à, seulement, une quarantaine de kilomètres de notre point de départ. Nous étions tous complètement exténués, épuisés, affamés.

Nos adversaires ne rencontrant presque pas de résistance nous rattrapèrent là. Nous pensâmes alors que notre dernière heure était venue… Nous nous étions trompés : contrairement à tout ce que nous avions entendu, les Allemands se montrèrent bienveillants, compréhensifs. Ils nous alimentèrent, nous aidèrent, soignèrent les blessés puis, ils décidèrent de ramener ce qui restait de la colonne à Orléans, pour des raisons qu'ils ne nous donnèrent pas.

Là, un spectacle de désolation, d'apocalypse, nous attendait…

Une odeur pestilentielle, à la limite du supportable, flottait sur la ville, ou plutôt, sur ce qu'il en restait. Des chevaux éventrés jonchaient le sol, partout, des cadavres de soldats, des tas de décombres, des voitures incendiées, encore fumantes, des tombes hâtivement creusées sur les trottoirs ou sur la chaussée, parfois surmontées d'une croix, d'un casque : voilà les images qui s'offrirent à nos yeux horrifiés !

Une telle vision de l'enfer reste gravée dans la mémoire toute la vie, et encore plus profondément lorsque l'on y est confronté dès l'âge de neuf ans…

Plus d'eau, pas d'électricité, rien, ou presque, à manger… Ce sont nos vainqueurs qui, une fois encore, nous distribuèrent de la nourriture, du pain, des légumes, du lait pour les bébés. Ils rétablirent, avec la main-d'œuvre abondante des prisonniers français, l'alimentation en eau et en électricité, là où c'était encore possible de le faire.

Quant à nous trois, nous retrouvâmes, le cœur serré, notre petit immeuble, intact, au milieu des ruines. Quant à notre appartement, il était tel que nous l'avions quitté...

L'armée française défaite, le Maréchal Pétain négocia, en secret, avec Hitler, l'arrêt des hostilités.

C'est à ce moment que nous apprîmes, par l'intermédiaire de la Croix rouge, que papa, en vertu de la convention d'armistice, venait d'être démobilisé et qu'il allait pouvoir rejoindre la zone libre.

De son côté, ma mère réussit à obtenir de la Kommandantur un laissez-passer pour franchir la ligne de démarcation, compte tenu de sa situation précaire, des deux enfants en bas âge qu'elle avait à sa charge, et de parents (imaginaires) qui étaient censés résider dans le sud du pays. Au tout début de la fin de la guerre contre la France, avant que la "résistance" ne s'organise, les Allemands surent se montrer, dans des cas tels que le nôtre, compréhensifs. Cela ne tarda pas à changer...

Après maintes tribulations, notre petit groupe atteignit Port-Vendres, où il put embarquer sur un vieux cargo battant pavillon portugais, à destination de l'Algérie. Nous longeâmes les côtes d'Espagne, le grand large étant, pour le moins, "mal fréquenté..."

Un matin, très tôt, à la latitude de Valence, affolement général à bord : un périscope venait d'apparaître sur notre bâbord arrière, à quelques encablures.

Le submersible nous suivait : il s'apprêtait sûrement à nous torpiller. Les Allemands savaient que les Français profitaient de complaisances étrangères pour fuir leur pays et que certains d'entre eux cherchaient ainsi à rallier les Forces Françaises Libres du général de Gaulle, via l'Afrique du Nord.

Nous nous préparâmes au pire : nous étions des morts en sursis. Notre escapade allait s'arrêter là...

L'attente, insupportable, se prolongea une bonne heure. Le chasseur, sûr de son affaire, faisait durer le plaisir...

Soudain, aussi furtivement qu'il était apparu, le périscope disparut sous les flots... et nous ne le revîmes plus !

Qui pouvait donc être ce mystérieux habitant des abysses ? Nous ne le sûmes, bien sûr, jamais...

Après cinq jours, et autant de nuits, de galère, de peur, nous arrivâmes enfin, en vue des côtes algériennes. Nous retrouvâmes, avec une joie indescriptible, immense, la colline Murdjadjo surplombant le port d'Oran.

Nous étions, enfin, de retour au pays, après bien des vicissitudes...

Petit à petit, très lentement, le film s'acheva, les images du passé s'estompèrent dans un brouillard ouaté, les bruits se firent plus confus, mes paupières devinrent lourdes et se fermèrent.

Le soir était tombé, l'ombre, peu à peu, avait chassé la lumière, le sommeil, irrésistiblement, me terrassa...

Demain, une rude journée succéderait à cet intense moment d'émotion et je devrai "faire face..."

Le cours normal de la vie reprit ses droits. Notre stage se poursuivit jusqu'au dix-huit septembre 1951. Nous étions, maintenant, bien rodés.

Une importante cérémonie clôtura officiellement notre instruction : la présentation des jeunes recrues au drapeau du régiment.

À cette occasion, l'emblème de la République quitta le bureau du commandant de la Base, accompagné de sa garde d'honneur, et prit place devant les troupes figées au garde-à-vous.

Les élèves défilèrent, en ordre impeccable, devant leurs chefs, le Préfet du département, le maire de la ville entouré de ses conseillers municipaux, et quelques notables de la circonscription.

La fanfare de la cinquième Région aérienne exécuta une vibrante Marseillaise.

Maintenant, nous n'étions plus des "bleus" et nous étions prêts à affronter les aléas du métier.

Une permission, bien venue, nous permit de revoir, l'espace de quelques heures, nos parents et les amis que nous avions quittés quelques mois plus tôt.

Désormais, les brimades, les vexations, les contrariétés qui avaient été notre lot quotidien, depuis près de huit mois, ne seraient plus que des souvenirs. Une solide camaraderie s'était forgée entre nous, dans la difficulté : elle avait été comme le ciment qui soude les pierres d'un édifice.

Comment pourrais-je oublier ceux qui furent mes plus proches, mes plus fidèles compagnons et complices, ceux qui surent, toujours, avoir le mot qu'il fallait quand le moral n'était pas au rendez-vous : Arrias, Pasquini, Berlioux, Cohen ?

Notre inébranlable amitié se prolongera encore un peu puisque, le hasard, qui fait, parfois, bien les choses, nous permettra, à nouveau, de faire un bout de chemin ensemble.

Quant aux autres, nous allions devoir nous séparer pour ne plus jamais, sans doute, nous revoir…

L'instruction militaire achevée, il allait falloir, maintenant, suivre une formation technique, apprendre une spécialité. Certains d'entre-nous seraient dirigés vers une école de pilotage, d'autres, de mécanique ou d'armement, de commandos, de fusiliers, de dressage de chiens de guerre, de transmissions, de météorologie, de contrôle de la navigation aérienne, de secrétariat, de comptabilité, d'hôtellerie, etc…

Mes quatre camarades et moi fûmes désignés pour le Centre des Transmissions de l'Air N° 242, Base école de Fès, au Maroc, où nous devions effectuer un stage qui devait durer six mois.

Nous quittâmes Blida le vingt et un septembre 1951, au petit matin.

Dans le compartiment vétuste et brinquebalant du tortillard qui nous emportait, je revis les visages des acteurs du film que nous venions de tourner ensemble.

Dans les rôles principaux : le Lieutenant Gramard, commandant de Compagnie, l'Adjudant-Chef Quévat, responsable des cours théoriques, l'Adjudant Jandreau, ancien parachutiste en Indochine, chargé de la formation pratique, sur le terrain, aidé de quatre sergents instructeurs…

"L'utilité" que j'avais été dans ce "casting" vous a maudits parfois, messieurs, elle vous a voués à l'enfer et à ses flammes mais, paradoxalement et, depuis bien longtemps, la haine qui l'a, souvent, habitée, s'est transformée en gratitude, en reconnaissance. Oui, vous pouvez être assurés de son profond attachement. C'est bien votre école qui était la bonne : la graine que vous avez semée a germé…

Vous nous avez appris la discipline, le sens du devoir et des responsabilités, la fidélité à la parole engagée, la ponctualité, le respect des traditions, l'honneur, et nous vous en sommes redevables.

De nos jours, ces vertus essentielles peuvent paraître quelque peu démodées, désuètes et puériles, mais, ne vous y trompez pas, jeunes générations : il n'est pas de survie sans elles, il ne peut y avoir d'épanouissement si on les ignore, il n'y a plus de libertés si on les bafoue… C'est le prix à payer pour échapper à l'asservissement, à l'humiliation, pour ne pas subir, mais pour vivre libres, dans la dignité, sans avoir à craindre le jugement des autres…

Nous arrivâmes à Fès le vingt-deux septembre 1951, en fin d'après-midi. Ancienne capitale du Maroc, cette agréable ville, située à deux cent cinquante kilomètres à l'ouest de la frontière algérienne, est un centre religieux et universitaire important. Sa médina pittoresque, pleine de fantaisie et d'originalité, est le berceau d'un artisanat florissant et diversifié.

La Base école N° 242, située non loin de l'agglomération avait, pour raison d'être, la formation des futurs spécialistes radionavigants et des opérateurs radio au sol, plus familièrement appelés "rampants."

Nous logions dans de grandes baraques préfabriquées, au plancher poussiéreux, aux fenêtres étriquées. Les chambrées étaient de quarante hommes : deux rangées de dix lits superposés par deux se faisant face. Et toujours, dans le but, peut-être, de ne pas changer nos vieilles habitudes, la sempiternelle planche courant le long du mur en guise d'armoire, les paillasses fatiguées qui épousaient, parfaitement, les contours d'un corps allongé, ergonomie oblige…, les sacs de couchage aux odeurs douteuses et les couvertures en laine kaki. "Bis repetita".

L'intimité, dans une telle promiscuité, était totalement exclue. Nous faisions partie d'une grande famille dans laquelle chacun des membres n'avait rien à cacher aux autres. Les complexes étaient restés à l'entrée…

Nous allions devoir, de gré ou de force, nous adapter à la situation.

La radiogoniométrie, que nous étions censés "domestiquer" en six mois de stage, technique presque plus utilisée de nos jours, était une aide à la navigation aérienne qui mettait en pratique l'étude des angles en radio, dans le but de fournir des "gisements" aux aéronefs en vol, surtout par mauvaise visibilité. C'était un complément précieux du radar, plus performant, certes, mais insuffisamment implanté, en nombre, à cette époque.

Les stations pouvaient être utilisées de deux façons : soit, placées dans l'axe d'une piste d'aérodrome, afin de définir, avec le pilote, une ligne de vol idéale jusqu'à l'atterrissage, soit, par groupes de trois, réparties dans un rayon de cent à cent cinquante kilomètres, chacune d'elles relevant simultanément la position de l'appareil en vol : l'intersection des trois gisements donnant la situation de celui-ci dans l'espace aérien. Ce procédé était appelé : "triangulation".

Cette spécialité demandait du doigté, un savoir-faire certain, un bon équilibre psychique et le sens des responsabilités. Des vies humaines pouvaient dépendre de notre jugement, surtout, lors de mauvaises conditions météorologiques.

C'est cette maîtrise que nous devions acquérir par un entraînement soutenu. Dans l'exercice de telles fonctions, il n'y avait pas la place pour l'hésitation ou "l'à-peu-près." Le droit à l'erreur n'était pas permis…

Ayant rejoint la Base école, mes camarades et moi, deux semaines avant l'arrivée des autres stagiaires, et pour ne pas nous laisser désœuvrés, la hiérarchie, pleine d'attentions à notre égard, s'employa à nous faire faire des corvées. Que d'arpents avons-nous dû désherber, que de centaines de mètres de trottoirs et de bordures avons-nous dû peindre à la chaux, que de longueurs de tommettes en brique rouge avons-nous dû frotter, parfois, cirer !

Je me souviens de ce jour où l'adjudant nous désigna, Berlioux et moi, pour nettoyer, de fond en comble, la villa du commandant de la Base, alors en mission au Ministère de l'Air à Paris et qui ne devait plus tarder à rentrer au bercail. Sa famille était du voyage. Deux journées nous avaient été octroyées pour mener à bien notre tâche.

Le premier jour, nous avons arraché les mauvaises plantes du jardinet, tondu la pelouse, lavé les sols de toutes les pièces, fait les vitres, le sanitaire. Nous en avions mis un sérieux coup ! Aussi, le lendemain, en fin de matinée, en avance sur le planning, nous avions terminé notre travail.

Satisfaits de notre prestation, l'après-midi, nous avons décidé, d'un commun accord, de nous offrir une petite sieste, bien gagnée, sous les arbres du petit terrain qui fleurait bon l'herbe fraîchement coupée. En cette fin d'été la température était idéale pour ce genre d'exercice…

Vers seize heures trente, nous avons pensé qu'une petite douche voire, pourquoi pas, un bain, nous ferait le plus grand bien. Rien de tel pour remettre les idées en place ! Et puis, il y avait si longtemps que nous n'avions disposé d'installations aussi belles que celles que nous avions à portée de mains…

Nous étions heureux comme des collégiens à la veille des grandes vacances ! Cette douce euphorie aurait pu se prolonger encore un peu si, tout à coup, l'adjudant qui voulait voir où nous en étions dans l'exécution de notre travail, et que nous n'avions pas entendu arriver, n'avait fait irruption dans la pièce où nous barbotions avec force éclaboussures ! Je ne suis pas prêt d'oublier l'expression du visage de ce brave sous-officier, ni ses vociférations ! À ses yeux nous avions commis un crime de "lèse-majesté !": pensez donc, la baignoire du colonel !

Les ablutions se terminèrent séance tenante, et nous passâmes la nuit en prison, où nous eûmes tout le temps de nous sécher…

Une autre fois, pour un motif futile, un prétexte, devrais-je dire, je fus désigné de corvée aux cuisines où un énorme tas de poissons, à écailler et à vider, m'attendait.

Deux heures m'avaient été accordées pour en venir à bout. Peu préparé à une telle tâche, et le temps imparti s'écoulant trop vite, il me fallut employer les grands moyens : je balançais dans l'immense gamelle, par poignées, lorsque j'étais sûr de ne pas être surpris par le chef, les invertébrés aquatiques, tels quels, en l'état… Quant à la réaction des commensaux qui allaient pouvoir apprécier cette nouvelle recette culinaire, peu m'importait ! Après tout, il y a de la vitamine dans les abats ! Alors, de quoi se plaindraient-ils ? À la fin de l'exercice j'étais couvert (quand même !) d'écailles et l'odeur tenace du poisson ne me quitta pas de sitôt… surtout que j'étais "interdit de séjour" dans la salle de bains du colonel ! Ce n'était pas "Les gaietés de l'escadron" que je venais de tourner, mais plutôt un épisode de la célèbre émission télévisée "Thalassa…"

Peu de temps après cette scène cocasse, j'ai refait connaissance avec les locaux disciplinaires pour le motif invoqué : "circulait sur la Base, mains dans les poches." Encore un esprit torturé, insatisfait, qui s'était fait plaisir ! Non, ce brave Courteline n'était, décidément, pas mort !

La prison régimentaire était constituée d'un local avec des barreaux aux fenêtres, d'un bat-flanc en ciment, recouvert de paille, en guise de literie, d'un coin W.C. (à la Turque), d'un robinet gouttant, pour la toilette. Pas d'électricité, la nuit. À son entrée (écrou), le puni se voyait retirer son ceinturon et ses lacets de chaussures, pour des raisons faciles à comprendre, des "accidents" fâcheux ayant déjà eu lieu dans le passé.

Les repas étaient amenés par deux sentinelles. Les menus étaient presque les mêmes que ceux dispensés aux "bons éléments" à ceci près que la viande en était exclue ainsi que le dessert et le quart de vin. Quant au pain, les locataires de "l'hôtel" avaient droit aux boules les plus rassises du stock, la date de fabrication apparente sur la croûte faisant foi…

Le matin, le lever avait lieu une heure avant la Diane. C'était le moment choisi pour faire toutes les poubelles du quartier, vider les bassines des cuisines (cela s'appelait : "faire les eaux grasses") et les laver, à l'eau froide, nettoyer, enfin, les latrines. Quand nous avions terminé assez tôt dans l'après-midi, d'autres réjouissances, aussi agréables les unes que les autres, nous attendaient, ceci afin de ne pas perdre la main… et le savoir-faire. Pas de place pour le "farniente". À ce rythme-là, les journées étaient trop courtes. Nous pensâmes donc à adapter notre régime de croisière au volume du travail qui nous avait été demandé pour la journée…

Le stage, que nous attendions avec impatience afin d'échapper aux multiples tracasseries qui étaient notre lot quotidien pendant l'intermède qui nous était imposé, débuta enfin et nous retrouvâmes, alors, une vie plus normale. Les cours théoriques (procédures radio française et anglaise, présentation et étude des différents matériels, météorologie) et pratiques (exercices de navigation aérienne, apprentissage des techniques d'approche, percées), occupèrent pleinement notre temps. C'est à cette époque que j'ai effectué mon premier vol sur un vieil "Avro Anson" bien fatigué, bimoteur anglais à hélices, rescapé de la deuxième guerre mondiale. Je me souviens que son train d'atterrissage devait être actionné à la manivelle !

Le sport, également, figurait au programme des réjouissances, heureusement, car il apportait une touche de détente, fort bénéfique.

À la fin de la semaine, les stagiaires qui avaient obtenu des notes satisfaisantes, qui ne s'étaient pas fait remarquer défavorablement par les instructeurs, avaient la possibilité de sortir, à la fin du travail, en "quartier libre". Je n'ai pas, volontairement, écrit : avaient le droit, mais plutôt : la possibilité, car l'encadrement ne manquait pas une occasion de nous rappeler que les autorisations de sortie étaient seulement le fait de son bon vouloir et qu'elles ne constituaient jamais un droit, mais une faveur.

Attention, retour impératif des heureux bénéficiaires pour l'appel dans les chambrées, à vingt heures, ou sinon…

Parallèlement à l'instruction technique, je suivis le peloton d'élèves gradés. Le caporal, premier de la hiérarchie (en commençant par le bas de celle-ci) était, avantage non négligeable, dispensé de corvées : il était chargé de surveiller ceux qui les exécutaient, nuance de poids !

Les semaines et les mois passèrent, vite, dois-je avouer. Nous n'avions pas le temps de nous ennuyer et les cours étaient intéressants.

Le premier janvier 1952, je fus nommé caporal et mes conditions de vie s'en trouvèrent améliorées. Deux mois plus tard, le stage arriva à son terme. L'examen d'aptitude à mes nouvelles fonctions fut passé avec succès, ce dont je fus très satisfait.

Nous allions devoir, à nouveau, nous séparer. Une fois de plus, la solidarité, entre nous, avait joué à fond et avait noué de solides liens d'amitié.

Les affectations furent prononcées. Mon ami Pasquini et moi fûmes mutés à la Section des Transmissions de la Base aérienne de La Sénia, près d'Oran. Quant aux trois copains qui avaient partagé notre existence depuis, maintenant, plus d'un an, ils prirent une direction différente.

Je n'eus, plus jamais, de nouvelles d'eux, mais cela ne m'empêche pas, aujourd'hui encore, de les garder au chaud dans mon cœur.

Le cinq mars, nous rejoignîmes l'Unité dans laquelle nous devrions faire la preuve de notre capacité à mettre en pratique ce que nous avions appris et, cette fois, en "grandeur nature". La phase d'instruction terminée, nous avions cessé d'être des apprentis.

Le poids des responsabilités allait, désormais, habiter nos esprits.

À La Sénia, les premiers mois furent, plutôt, "laborieux". La station était implantée hors de l'aérodrome, dans des champs. Elle était exactement dans l'axe de la piste principale, à environ quatre kilomètres de l'entrée de bande.

La Base hébergeait et mettait en œuvre deux groupes de chasse, l'un, le G.C.1/8 "Saintonge", l'autre, le fameux "Normandie-Niémen", doté d'avions à réaction "Mistral" (version française du Vampire anglais), escadrille qui se scindera en deux, en janvier 1953, pour former la sixième escadre : 1/6 "Oranie" et 2/6 "Normandie-Niémen", laquelle formation se repliera après la guerre d'Algérie, en 1962, sur la Base d'Orange, en Provence, puis fera mouvement, en 1966, sur Reims.

Un escadron d'hélicoptères (l'E.H.2), complétait le tout.

Les procédures d'atterrissage se succédaient, nombreuses, sous l'œil vigilant, et critique lorsque nécessaire, d'un chef de station expérimenté. Quand le moment fut jugé opportun, le "maternage" sécurisant de notre mentor prit fin et nous dûmes, désormais, assurer, d'une façon autonome, nos nouvelles fonctions. Nous étions parfaitement conscients du poids de la charge : les décisions que nous aurions à prendre, seuls, devraient être rapides et surtout, pertinentes...

Une fois par semaine, le mercredi, nous avions droit à des exercices de nuit. Les chasseurs décollaient vers vingt-deux heures et s'égaillaient dans l'espace aérien. Une heure plus tard, leur mission terminée, ils entamaient, l'un après l'autre, les procédures d'approche pour l'atterrissage. Ils se présentaient, dans des azimuts différents, à des intervalles très rapprochés. Le rôle de l'opérateur au sol consistait à les aligner dans l'axe de la piste, à leur fournir les dernières informations météorologiques (direction et force du vent, pression atmosphérique au niveau du sol) tout en suivant attentivement leur cap, leur vitesse et leur taux de descente. Le radar de la salle de contrôle les prenait ensuite en compte pour la phase finale.

C'était un travail de précision pour lequel il fallait faire preuve de rapidité, bien sûr, de jugement, d'autant qu'un relief tourmenté, plus particulièrement au nord, en bordure de mer (montagne des Lions, trois cent quatre-vingts mètres de hauteur), à une douzaine de kilomètres des pistes, augmentait la difficulté. La manœuvre était délicate, les moyens radioélectriques utilisés alors n'ayant rien de comparable avec ceux en service aujourd'hui... De beaucoup s'en fallait !...

J'avoue sans honte avoir eu, plus d'une fois, la gorge serrée...

Nous prenions nos vacations par roulements de vingt-quatre heures d'affilée, suivies de deux journées de repos : la première, dite : d'astreinte, devait se passer sur la Base. La seconde était libre, mais sous réserve de pouvoir rejoindre la station rapidement, en cas de nécessité du service.

Les mois se succédèrent et le débutant, quelque peu malhabile que j'avais été, prit peu à peu de l'assurance, une assurance très relative, toutefois...

Parmi nos fidèles "abonnés" nous comptions les "Privateer" de nos amis de la Marine nationale, stationnés sur la base aéronavale de Lartigue, non loin de là, gros quadrimoteurs chargés de la surveillance côtière, dotés d'une importante autonomie de vol, leurs patrouilles pouvant se prolonger de longues heures. Figuraient également au tableau des bimoteurs "Neptune".

Nous apportions, également, notre aide aux aéronefs des compagnies civiles françaises et étrangères qui la sollicitaient.

Quelques locataires ailés de l'aéro-club local venaient augmenter l'effectif, déjà conséquent, des usagers.

C'est au courant de l'été de cette année 1952 que nous eûmes à déplorer l'accident mortel de l'un de nos pilotes de chasse, un jeune lieutenant antillais. À la suite d'une perte de connaissance due à une panne d'oxygène, son appareil s'était mis en piqué et avait percuté le sol, dans une zone inhabitée.

Dès la terrible nouvelle connue, tous ses camarades de l'escadrille prirent l'air, comme le veut la tradition dans pareil cas.

Le drapeau tricolore fut mis en berne et, le lendemain de cette tragédie, une cérémonie émouvante, en présence de la veuve et de ses deux très jeunes enfants, des autorités civiles et militaires, eut lieu. Sur l'immense parking, face aux hangars, étaient alignés, dans un ordre parfait, les avions du groupe de chasse endeuillé. J'entends encore les sons mélancoliques et lancinants de la "Marche funèbre" de Frédéric Chopin, interprétée par les musiciens de la fanfare, en crispins blancs, dans un garde-à-vous impeccable. Les troupes en armes rendirent un ultime hommage à cet officier qui nous avait quittés trop tôt. La grande famille à laquelle j'appartenais désormais, ma famille d'adoption, venait de perdre l'un des siens...

Hélas, elle en perdra beaucoup d'autres...

La vie reprit son cours. Les missions se succédèrent et mon expérience professionnelle s'étoffa. C'était bien pour moi, mais, surtout, pour les autres, là-haut !

Promu sous-officier, mes conditions matérielles changèrent notablement : chambre particulière, bien meublée, confortable, petits déjeuners et repas au mess, solde, enfin, décente...

Petit à petit, mais sûrement, la date de la fin de mon contrat approchait et je rentrerai dans mes foyers bientôt, après deux années d'absence. Il me fallait préparer, dès maintenant, mon reclassement dans la vie civile. Ce ne serait pas chose facile : la spécialisation acquise dans l'armée n'avait guère, voire, pas du tout, d'applications en dehors de celle-ci. Les compagnies aériennes n'utilisaient déjà presque plus la radiogoniométrie. De plus, elles formaient elles-mêmes, le plus souvent, leurs propres personnels.

La chance me sourit car j'obtins, en octobre de cette même année, soit deux mois et demi avant ma libération, un entretien avec le chef du personnel de la compagnie d'acconage Schiaffino. À la suite de notre discussion, un poste, certes, subalterne, mais tout de même intéressant, au sein de l'entreprise, me fut proposé. J'en acceptais aussitôt les modalités.

Je pourrais avoir, enfin, mon indépendance, une vie régulière, mais aussi, je devais bien l'admettre, plus monotone que celle d'aujourd'hui...

La banalité semblait, désormais, devoir conduire ma nouvelle existence...

Mais il était écrit, quelque part, que ce scénario ne verrait pas le jour : en effet, le destin devait en décider autrement...

J'allais connaître l'Aventure...

Le mois suivant mon entretien avec le chef du personnel qui m'avait offert un emploi dans sa société, je fus convoqué par mon commandant d'unité qui me proposa de contracter un rengagement d'une durée de trois ans pour servir en Indochine. N'étant en aucune façon tenu d'accepter, je disposais de vingt-quatre heures pour donner ma réponse. Si celle-ci était négative, ma démobilisation interviendrait normalement, comme prévu, dans quarante-cinq jours.

La guerre faisait rage dans ce territoire français du bout du monde. Le Corps expéditionnaire souffrait et s'enlisait de plus en plus dans les rizières, dans la jungle hostile, loin de ses sources, de ses racines, de ses bases naturelles, dans une indifférence nationale à peine cachée. Il ne savait pas qu'il était là, encore, pour trois longues années chargées de douleurs, de sacrifices, de larmes, de morts, jusqu'à l'humiliation de la défaite de Diên Biên Phu, plaine du haut Tonkin, en mai 1954.

Le lendemain de ma convocation, je me présentais à mon chef à dix heures précises, pour lui signifier mon acceptation à servir en Extrême-Orient.

Les examens médicaux effectués, les vaccinations obligatoires pour les séjours outre-mer administrées (fièvre jaune, choléra, typhus), le paquetage spécial perçu, le tout, au pas de charge, il ne me restait plus qu'à signer devant le Commissaire de Base l'acte de rengagement qui me liait, pour trois années de plus, à l'Armée de l'Air et qui entraînait mon affectation immédiate en Asie du sud-est.

Le quinze janvier 1953, après avoir fait mes adieux à mes parents, à mes collègues de travail, à mon ami Pasquini, dernier rescapé des "mousquetaires" de Blida, je quittais cette bonne ville d'Oran pour rejoindre la Base transit de Marseille, appelée "camp Sainte Marthe", où étaient rassemblés les militaires, toutes Armes confondues, en instance de départ pour Saïgon.

Le premier février j'embarquais, quai de la Joliette, avec quelques centaines de soldats de l'Armée de terre, sur le S.S. "Skaubryn", un long courrier battant pavillon norvégien. L'opération fut mouvementée et dut se dérouler sous la protection d'une Unité de la Gendarmerie. Certains syndicats, hostiles à l'envoi de troupes françaises en Indochine, estimant que cette guerre était injuste, inutile et particulièrement meurtrière pour les deux camps, avaient organisé une manifestation à laquelle avait répondu un grand nombre de leurs adhérents avec, en plus, les inévitables curieux, avides de sensations fortes.

Après maintes échauffourées émaillées de moult coups de matraques, le navire ayant fait son plein de passagers put lever l'ancre avec, toutefois, deux heures de retard sur l'horaire prévu.

La darse traversée, la passe du Pharo franchie, la Méditerranée, d'un bleu profond, s'ouvrit à notre étrave avide de grands espaces.

Avec une émotion à peine contenue, je vis s'éloigner, lentement, les côtes de France, de cette Patrie que je désirais servir ardemment, de toute la force de ma conviction.

Quand reverrai-je ces rivages hospitaliers, les collines de l'Estaque qui s'estompaient, peu à peu, dans le léger brouillard de ce début de soirée d'hiver, le Vieux port, la Canebière, si chère aux Marseillais ? Dans trois ans, peut-être !

Ma vie venait de prendre un tournant, un virage décisif…

Je ne pouvais imaginer, à cet instant, combien le sort allait se montrer clément à mon égard, combien la chance allait m'éviter le pire, l'irréparable, à maintes reprises.

Il n'y a pas de doute, j'en ai la certitude, maintenant, avec le recul des ans : je suis né sous une bonne étoile…

CHAPITRE II

Notre première escale fut... Oran, où nous devions récupérer deux cents Légionnaires de Sidi Bel Abbès. Ce fut, pour moi, l'occasion de revoir, du bastingage, car nous n'avions pas eu l'autorisation de descendre du navire, l'étape étant trop brève, l'espace d'une petite heure, mes parents. Je suis sûr que leur cœur battait aussi fort que le mien... Notre entretien, plus gestuel qu'oral, fut des plus limité.

L'embarquement des "képis blancs" terminé, le bateau largua ses amarres pour le grand large.

Cette fois, l'aventure commençait pour de bon.

Notre-Dame de Santa-Cruz, qui avait sauvé la ville de la peste au quatorzième siècle, dit-on, semblait, du haut de la colline dominant le port et la cité, les bras écartés, vouloir nous donner sa bénédiction et nous assurer de sa protection.

Nous naviguions par un assez beau temps pour cette période de l'année, sur une mer peu agitée, à peine un peu houleuse. L'arrivée en Égypte, à Port-Saïd, à l'entrée du canal de Suez, était programmée pour le onze février.

Le six au matin, le "Skaubryn" affronta fièrement les remous violents du détroit de Messine, évitant soigneusement les rochers de Charybde et de Scylla qui avaient effrayé tant de navigateurs des temps homériques. Dans ce paysage grandiose se dressait l'Etna se dorant aux feux du soleil levant, gigantesque, empanaché d'une fumée transparente. Nous prîmes ensuite la direction de l'île de Malte puis des côtes libyennes, nous nous dirigeâmes vers le sud de la Crête et commençâmes, peu après, à apercevoir les côtes égyptiennes. Nous arrivâmes à la hauteur d'Aboukir, puis du lac de Menzaleh et, à la date prévue, nous entrâmes, avec l'aide du pilote local, en tout début de matinée, à Port-Saïd pour avitailler.

L'escale devait être assez courte : le franchissement du canal devait débuter à quatorze heures trente, avec le convoi descendant vers le sud. La circulation des navires était strictement réglementée : la voie d'eau n'étant pas suffisamment large pour permettre les croisements. Les officiers et les sous-officiers eurent, malgré le peu de temps dont ils disposaient, l'autorisation de descendre à terre pour une rapide visite de la ville. L'Armée nous avait délivré, à Marseille, un passeport, de plus, chacun de nous avait perçu sa solde (trente mille anciens francs, pour ce qui me concernait), accompagnée de quelques devises étrangères, telles que dollars américains et livres sterling anglaises. À ce pactole, venaient s'ajouter cinq cents piastres indochinoises (dont le taux de change était, en 1953, de dix-sept francs pour une piastre), maximum autorisé par les Douanes françaises, à Saïgon, pour l'entrée sur le territoire. J'apprendrai, plus tard, qu'il existait un trafic de piastres important entre l'Asie du sud-est et l'Europe, et que c'était pour essayer de l'enrayer, que le contrôle de la circulation de cette monnaie était particulièrement sévère.

Nous pûmes donc aller voir de plus près, trop rapidement, à notre gré, cette ville de deux cent mille âmes, vaste bazar cosmopolite, très vivante avec ses commerces nombreux et florissants, sa foule bigarrée, ses odeurs d'épices, de thé, de café, ses bus aux couleurs criardes et bondés de passagers, ses voitures, pour la plupart, vétustes et fumantes, ses charrettes, lourdement chargées, tirées par des bourricots ou des mulets, ses vélos et ses cyclomoteurs zigzaguant, avec adresse, dans cette circulation dense et peu respectueuse du code de la route, le tout, dans un concert, presque ininterrompu, de klaxons et de sonnettes...

Durant ce bref passage dans la cité, j'ai été frappé de voir le nombre de personnes parlant, ou comprenant, peu ou prou, notre langue. Il est vrai, et ceci explique peut-être cela, que le Corps expéditionnaire de Bonaparte avait occupé le pays, de 1798 à 1801. Une "Commission des Arts et des Sciences" fut même créée par les Français et Champollion fit faire un grand pas à l'Égyptologie moderne en déchiffrant les hiéroglyphes. De plus, ici, parler le français, était un signe de bonne éducation et de culture.

Trois-quarts d'heure avant l'heure fixée du départ, nous avions rejoint le bord, enchantés de notre premier contact en terre étrangère.

Nous allions donc traverser le canal de Suez, long de cent soixante et un kilomètres, qui relie la mer Méditerranée à la mer Rouge. Il abrège, de près de la moitié, le trajet entre le Golfe Persique et la mer du Nord. C'est l'une des voies maritimes les plus fréquentées du monde. Son percement, sous l'autorité de Ferdinand de Lesseps, débuta en 1854 et dura quinze longues années.

La "Compagnie du canal de Suez" vit le jour en 1875. La Grande-Bretagne en devint, aussitôt, le principal actionnaire et assura, dès lors, le contrôle militaire jusqu'à son évacuation du pays, en 1954, à la suite de la nationalisation de l'ouvrage par le colonel Nasser.

Suite à l'incessante augmentation de la jauge des navires, la largeur et la profondeur initiales du canal, soit, respectivement, vingt-deux et huit mètres, se sont vite montrées insuffisantes. Des travaux, effectués jusqu'en 1955, ont porté la largeur à cent vingt-cinq mètres, à certains endroits, et la profondeur à quatorze mètres, ce qui rend la voie d'eau accessible, de jour et de nuit, à des navires de soixante-quinze mille tonnes et onze mètres de tirant d'eau. Ainsi, trente à quarante mille bâtiments l'empruntent-ils annuellement.

La statue du concepteur français se détachait, majestueuse, solidement boulonnée sur son piédestal, à l'entrée du port, à l'extrémité de la jetée, face à la mer, un bras tendu vers l'entrée du canal, dans une attitude de bienvenue.

Notre fierté nationale s'en trouva fortement flattée...

À quatorze heures trente, le convoi de navires se forma et notre bâtiment prit sa place au milieu du dispositif. L'arrivée, à Suez, était prévue aux alentours de vingt-deux heures trente, la vitesse, dans le chenal, étant limitée à sept ou huit nœuds.

Nous vîmes défiler, lentement, sur notre tribord, les côtes d'Égypte, quelque peu vertes sur une frange étroite, arides, au-delà. Le désert commence non loin de la vallée du Nil qui se situe à une centaine de kilomètres à l'ouest du canal. Dans le prolongement de la dépression façonnée par ce fleuve mythique long de six mille sept cents kilomètres depuis le lac Victoria et, toujours vers l'ouest, s'étend le désert libyen qui occupe toute la partie occidentale du pays.

Sur notre bâbord l'on pouvait voir la péninsule du Sinaï, pratiquement inhabitée, d'une grande sécheresse, entre les golfes de Suez et d'Akaba, qui sera l'enjeu de violents combats pendant les guerres israélo-arabiques de 1967 et de 1973. Une tradition très ancienne y a localisé la "Montagne de Dieu" où Moïse reçut, de Yahvé, les dix commandements du Créateur (Décalogue).

J'admirais ces paysages que je voyais pour la première fois. Le désert sait, aussi, être prenant, presque envoûtant... Le ciel était d'un bleu sans tâches, la luminosité forte, l'atmosphère agréable, l'air doux pour cette période de l'année. Nous croisâmes, de temps en temps, des felouques, petites embarcations légères et étroites, à voiles et à rames, dont les occupants nous adressèrent des gestes amicaux de bienvenue. Le sens de l'hospitalité de ce peuple plusieurs fois millénaire est légendaire et n'est plus à vanter...

Nous avions quitté nos appontements depuis un peu plus d'une heure, lorsqu'une scène étrange, aussi subite qu'inattendue, se déroula sous nos yeux étonnés. Accoudés à la lisse de la rambarde du navire, nous vîmes un homme, torse nu, enjamber le bastingage du pont inférieur et plonger dans le canal, immédiatement suivi d'un camarade. L'endroit, étroit, était propice et bien choisi. En quelques brasses, les deux déserteurs gagnèrent le rivage.

Compte tenu de la configuration dans laquelle nous nous trouvions au sein du groupe naval, il fut impossible de stopper les machines pour mettre une chaloupe à l'eau. Nous n'avions donc d'autre alternative que de poursuivre notre route jusqu'à Suez que nous devions atteindre dans un peu plus de six heures maintenant.

Nous crûmes, un instant, avoir été l'objet d'une hallucination : cela s'était passé si vite ! Non, nous n'avions pas rêvé : nous comptions, désormais, deux passagers de moins...

À l'heure prévue, nous arrivâmes à notre nouvelle escale où nous devions rester jusqu'au lendemain. Il était trop tard pour aller en ville, aussi nous nous apprêtions à regagner nos cabines lorsque nous perçûmes une agitation anormale, sur le quai, à une telle heure. Quelle ne fut pas, en effet, notre stupéfaction de voir nos deux déserteurs, menottes aux poignets et solidement encadrés de gendarmes égyptiens, monter l'échelle de coupée ! Leur escapade n'avait duré que quelques heures. Les endroits pour se cacher, dans ce décor semi-désertique étaient plutôt rares… et la radio du bord avait bien fonctionné…

Les prisonniers furent, aussitôt, mis en sûreté, dans une cellule qu'ils étaient censés ne plus quitter jusqu'au terme du voyage. Leur sort n'était pas enviable. Désertion en temps de guerre : le code de Justice militaire n'est pas tendre pour ce genre de fautes ! Quand l'on se souvient du lamentable sort qui avait été réservé à un "poilu" de 14/18 ayant refusé de revêtir un pantalon d'uniforme prélevé sur un mort, qui venait de lui être donné par le fourrier de son régiment, et qui fut fusillé, pour "l'exemple", l'on pouvait, raisonnablement, nourrir quelques craintes sérieuses pour les deux fugueurs…

La nuit se passa sans autre incident. Bien qu'un malaise continuât de flotter dans l'air, nous trouvâmes, tout de même, quelques heures de sommeil.

Le lendemain matin, tôt, nous sortirions du golfe de Suez et entrerions dans la mer Rouge, ancienne mer Érythrée, entre l'Afrique et le continent asiatique, qui communique avec l'océan Indien par le détroit de Bab el Mendeb. Nous avions deux mille trois cent cinquante kilomètres à franchir dans ses eaux, larges de vingt-quatre kilomètres au débouché de l'océan Indien et de plus de trois cents entre Massaoua (Éthiopie) et la côte du Yemen. À six heures, nous levâmes l'ancre pour notre prochain point de relâche et de ravitaillement : Djibouti.

La mer Rouge, qui doit son nom à un ciel perpétuellement embrasé par le soleil qui se reflète dans ses eaux, était légèrement agitée, le temps était beau, presque chaud.

Peu après notre départ de Suez, nous fûmes conviés à un exercice "d'abandon de poste", obligatoire sur les longs courriers. L'équipage se montra à la hauteur de sa tâche.

Le treize février, vers dix heures, la sirène du bord nous fit savoir que nous passions par le travers de Djedda, au Soudan, à tribord, et surtout, de La Mecque, sur notre bâbord, capitale du Hedjaz, patrie de Mahomet et ville sainte de l'Islam. Un emplacement, sur le pont supérieur, avait été aménagé à l'intention des passagers de confession musulmane afin qu'ils puissent, prosternés en direction de la Terre Sainte et de la Kaaba, adresser leurs prières à Allah, leur Dieu, créateur de toutes choses selon le Coran qui stipule, en outre, que tout bon Musulman se doit, au moins une fois dans sa vie, de faire un pèlerinage à La Mecque pour avoir droit au titre, très honorifique, de "Hadj".

Quelques heures plus tard, nous passâmes au large de Port-Soudan, ville de cent cinquante mille habitants, exportatrice de coton, sucre de canne, maïs, dattes, bananes... Nous filions une vitesse de quinze nœuds, ce qui ne classait, certes pas, notre unité parmi les "racers"... Mais cela avait, au moins, un avantage : nous avions tout le temps de contempler le paysage ! Les navires des Messageries maritimes qui assurèrent la ligne jusqu'en 1940, tels le "Sinaï", le "Natal", l'"Équateur et le "Cholon", mettaient, eux, une bonne dizaine de jours de plus pour effectuer le même trajet !

Le quinze février, nous arrivâmes en vue de Djibouti.

La traversée de la mer Rouge s'était effectuée sans le moindre problème ; il est vrai que la faune marine, à cet endroit, est plutôt rébarbative, inhospitalière et comprend, notamment, entre autres, le cruel requin blanc qui peut atteindre dix mètres et peser entre quatre et sept cents kilos. Les eaux chaudes lui conviennent parfaitement et il déteste partager son environnement !

Le pilote monta à bord et nous fit entrer dans le port vers midi. Nous pûmes descendre à terre, le départ étant fixé à dix-huit heures. Notre poste d'amarrage jouxtait celui d'un magnifique paquebot, le "Britannia", arrivé la veille et sur le point de mettre le cap sur l'Australie. Il battait pavillon de l'"Union Jack".

Djibouti, ancien Obock, créé en 1896, devint territoire français d'outre-mer en 1946, au lendemain de la deuxième guerre mondiale, sous le nom de "Côte française des Somalis" puis sera autonome en 1957 et enfin, complètement indépendant, vingt ans plus tard, sous son nom actuel de "Territoire des Afars et des Issas". C'est la tête de ligne du chemin de fer le reliant à Addis Abéba, capitale de l'Éthiopie.

Son territoire est aride. La région montrait, à cette époque, un intérêt stratégique par sa situation à la confluence de l'océan Indien et de la mer Rouge. C'était un port franc par lequel les marchandises pouvaient transiter sans payer de droits de douane. C'est, toujours, une escale importante vers Madagascar et l'extrême-Orient. La ville se trouve, néanmoins, dans une situation précaire car l'arrière-pays n'est pas en mesure de lui assurer des ressources commercialisables. Heureusement, un port pétrolier a vu le jour en 1948 et assure l'essentiel de ses exportations. La population, approximativement de cent cinquante mille habitants, est composée de la race dominante des Somalis, le reste étant constitué d'Européens, d'Arabes et de Danakils. Le climat y est très chaud et humide presque toute l'année.

Nous disposions de six heures pour visiter la ville et nous ne nous en privâmes pas. Ceux qui ont, un jour ou l'autre, découvert cette cité ne peuvent pas avoir oublié la fameuse place du "palmier en zinc", dans le centre, où aimaient se retrouver, le soir, dans les bars, les Européens, autour d'une bière bien fraîche…

Ce qui n'a pas manqué de nous étonner, entre bien d'autres curiosités, c'était le nombre important de taxis luxueux : Chevrolet, Lincoln, Oldsmobile, Buick, Packard, tous plus rutilants les uns que les autres ! L'explication était toute simple : ici, le carburant était abondant et pas cher du tout ! Aussi, les chauffeurs de ces véhicules proposaient-ils, aux touristes d'un jour que nous étions, des virées à des prix défiant toute concurrence… Alors, pourquoi s'en priver !

À dix-sept heures, nous regagnâmes nos pénates flottants, les yeux pleins d'images, parfois insolites, la tête, de souvenirs…

Une heure après nous reprîmes notre bâton de pèlerin et, à vingt-trois heures, nous passâmes au large d'Aden, capitale et port principal de la République démocratique du Yemen et grande rivale de Djibouti. Colonie britannique depuis 1839, elle obtint son indépendance en 1968. C'est, aujourd'hui, une ville de trois cent mille âmes et une escale quasi incontournable vers les pays asiatiques.

Enfin, nous pénétrâmes dans l'océan Indien, anciennement appelé : mer des Indes, entre l'Afrique, l'Asie et l'Australie. D'une superficie de soixante-quinze millions de kilomètres carrés, c'est le troisième océan du monde par son étendue. Le bassin oriental est profond, accidenté de fosses dont la plus importante, celle des îles de la Sonde (domaine de l'orang-outang, anthropoïde de près de cent kilos, et de l'impressionnant reptile d'allure préhistorique qu'est le varan de Komodo, de quatre mètres de longueur) dépasse sept mille mètres. La profondeur moyenne est de trois mille neuf cents mètres, la température de l'eau varie de trente degrés centigrades, dans le golfe du Bengale, à zéro degré centigrade aux abords de l'Antarctique. La répartition des zones de pression atmosphérique, au-dessus de l'océan, est responsable de la formation des vents de mousson. Ceux-ci soufflent, alternativement, vers la mer, en hiver : c'est la mousson sèche, et vers la terre, en été : c'est la mousson humide. Ce régime dure plusieurs mois dans l'année.

L'océan est poissonneux sur les côtes de l'Inde, de la Birmanie, de la Malaisie et de l'Afrique du sud. Ses eaux étant riches en plancton, il n'est pas rare d'y trouver des baleines, malheureusement encore chassées aux abords de l'Antarctique, et autres cétacés, tels que cachalots et dauphins.

Le voyage se déroulait le plus agréablement du monde. Rien ne paraissait venir troubler notre quiétude…

Nous avions cinq jours de mer, encore, avant d'arriver à Colombo, capitale de l'île de Ceylan, aujourd'hui, République du Sri-Lanka, et nous profitions toujours du beau temps. Cela n'avait été, depuis Djibouti, qu'une merveilleuse glissade sur la soie bleue de la mer à peine plissée de vaguelettes qui, doucement, venaient se briser sur la coque du navire.

C'est alors qu'un nouvel incident, lui aussi, imprévisible et aux conséquences particulièrement graves, allait semer, à nouveau, un émoi considérable et un trouble immense à bord. Décidément, ce voyage était plein d'imprévus !

Une ronde de routine effectuée, de nuit, dans les locaux occupés par les légionnaires, par deux sous-officiers de service, trouva deux couchages vides de leurs occupants habituels. Les toilettes, les salons, les bars furent visités, sans succès. L'alerte générale fut donnée et les recherches se firent tous azimuts.

Constatation fut faite enfin que, sur le pont supérieur, un radeau de sauvetage manquait, lui aussi, à l'appel. C'était une embarcation légère, de forme rectangulaire, pouvant contenir six à huit personnes, en liège épais, avec un fond en grosse corde tressée. Dans chacun de ses angles, étaient stockées des rations de biscuits et des réserves d'eau douce. Ces radeaux, au nombre d'une douzaine, étaient maintenus sur des pans inclinés par des sangles. En cas de nécessité, il suffisait de dégrafer les "attaches rapides" pour les faire tomber à la mer et recueillir les naufragés. Leur manutention ne demandait que très peu d'efforts musculaires. Le commandant du navire décida aussitôt de rebrousser chemin durant deux, ou trois heures au maximum, à moins, bien sûr, que l'on ne retrouve les deux hommes avant. Les radars étant totalement inefficaces dans ce genre de situation, tous les projecteurs du bord furent allumés, des guetteurs, dans les superstructures, armés de jumelles, scrutèrent la surface de l'eau éclairée. Nous étions en pleine mer, loin de toute terre et nous n'avions croisé aucun navire depuis plusieurs jours.

Aucun fuyard ne fut retrouvé, même pas le radeau…

Les recherches abandonnées, nous reprîmes notre cap initial. Nous avions deux passagers de moins, et définitivement, cette fois ! La colère du commandant du bord et celle du chef du détachement militaire français furent à leur comble. À n'en pas douter, ils avaient de graves soucis à se faire, l'un et l'autre, car il leur faudrait rendre des comptes à leur hiérarchie respective, au terme de notre parcours… La sanction ne tarda pas à tomber : à compter de cet instant, les hommes de troupe seraient enfermés dans leurs cantonnements, à partir de dix-neuf heures, chaque jour, jusqu'à six heures, le lendemain.

Les conditions matérielles de ces hommes n'étaient déjà pas enviables : ils étaient logés dans les parties basses du navire, là où il n'y a pas de hublots, où l'air est suffocant et la chaleur humide qui rend les peaux moites en permanence. Si l'on ajoute à cela que, dans cet endroit du bâtiment, les douches étaient alimentées à l'eau de mer et les points d'eau douce rares, l'on comprendra mieux quel pouvait être le grand inconfort des lieux… et le voyage devait durer encore près de deux semaines.

Un sentiment d'injustice fut ressenti par la communauté pénalisée : les bons allaient payer pour les mauvais...

Nous étions le dix-sept février et l'arrivée à Colombo était programmée pour le vingt et un, avec quelques heures de retard.

Après les événements que nous venions de vivre, la vie, à bord, ne fut plus, tout à fait, la même. L'atmosphère de gaieté, de joie, d'insouciance, de convivialité avait changé. À partir de dix-neuf heures les ponts, les promenoirs, se vidaient de ces jeunes qui mettaient de l'animation, de l'ambiance. Un sentiment de malaise, de gêne, presque d'inquiétude, flotta, dès lors, dans l'air...

J'eus l'intuition que ce voyage qui n'en finissait plus, nous réserverait, encore, des surprises...

Je ne m'étais pas trompé...

Le surlendemain de la décision prise par les autorités du bord, tandis que nous discutions, quelques amis sous-officiers et moi, sur le pont promenade, en attendant l'heure du repas du soir, nous perçûmes, distinctement, une rumeur qui allait en s'amplifiant, provenant de l'avant du navire. Ce tumulte se transforma très vite en brouhaha, vociférations, cris. Dans les secondes qui suivirent, une quarantaine de soldats complètement déchaînés déferla sur le pont. Il était, alors, dix-neuf heures trente et ces hommes venaient de forcer les portes de leur prison.

La faute était d'une extrême gravité pour des militaires qui se révoltaient.

Nous nous regardâmes, mes camarades et moi, muets de stupéfaction. L'action était, encore une fois, tellement inattendue ! Nous reprenions à peine nos esprits lorsque nous vîmes le colonel, chef du détachement français, rapidement avisé des événements, et son adjoint, un commandant de l'Arme blindée, se porter au devant des mutins. Les galons ne produisirent pas l'effet escompté, au contraire, sembla-t-il, car, en un éclair, le colonel fut empoigné par la foule en délire et il se retrouva à cheval sur le bastingage, gesticulant et hurlant comme un animal que l'on égorge. Il allait nous quitter, lui aussi, mais contre son gré, c'était sûr !

Son fidèle adjoint qui essaya de porter secours à son supérieur fut frappé et jeté à terre.

Nous étions en train de visionner un "remake" des "Révoltés du Bounty".

L'équipage norvégien du bateau n'intervint pas. Quant à nous, que pouvions nous faire, seuls contre cette meute assoiffée de vengeance, qui avait perdu tout contrôle et qui, sans l'ombre d'un doute, était décidée à aller jusqu'au bout de ses intentions criminelles ?

La promesse solennelle, arrachée par la force, de lever la sanction prise l'avant-veille, de remettre immédiatement en liberté les deux déserteurs enfermés depuis Suez, d'autoriser la troupe à circuler librement sur le navire et d'occulter, définitivement, tout ce qui s'était passé depuis notre départ de Marseille, sauva la vie de notre chef. L'ultimatum fut très vite négocié…

Remis sur ses pieds, le colonel, tout bouleversé (on l'aurait été à moins), et son adjoint quelque peu "cabossé", disparurent sans demander leur reste du champ de bataille, peu glorieux pour eux, et nous ne les revîmes plus jusqu'à l'arrivée à Saïgon.

Durant les jours qui suivirent, le calme revenu, l'animation, sur les ponts, dans les salons et dans les bars, quelques heures mise en sommeil forcé, reprit son cours normal. Les soldats ne se privèrent pas de l'autorisation qu'ils avaient obtenue, par la force, de pouvoir aller, où bon leur semblait, partout, sur le bateau.

Un certain nombre d'entre eux, des Légionnaires surtout, se livrait à un drôle de "jeu". Ils se rassemblaient par petits groupes de cinq ou six. L'un des participants au divertissement, désigné par le sort, venait se placer devant ses camarades, leur tournant le dos. Au signal, l'un de ceux qui se trouvaient derrière lui, à deux mètres environ, sortait du rang et venait lui administrer une claque sur la joue. Puis, il reprenait, au plus vite, sa place initiale avant que le giflé n'ait eu le temps de démasquer l'auteur du coup. Lorsqu'il y était, enfin, parvenu, le coupable venait prendre sa place et ainsi de suite. Cela durait, parfois, des heures…

Au début des festivités, cela se passait plutôt bien, c'était "gentillet", mais, très vite, cela se gâtait et prenait des allures de "règlement de comptes". Les coups devenaient de plus en plus sonores, à un point tel que l'on n'entendait plus que leur claquement sec, à des dizaines de mètres à la ronde.

Le vieux dicton : "jeux de mains, jeux de vilains" ne semblait pas, à l'évidence, être connu de ces messieurs !

Jamais, jusque-là, je n'aurais pu penser assister, un jour, à un spectacle aussi inattendu, et pourquoi le cacher, aussi navrant…

Une fois, tandis que j'étais allongé sur un transat, sur le point de m'assoupir, l'un des acteurs qui faisait partie du groupe "folklorique" qui se produisait juste devant moi, me proposa, très aimablement, de me joindre à la joyeuse bande.

Une migraine imaginaire me tira, fort opportunément, d'affaire !

Ces "amusements" se prolongeront jusqu'à la fin du voyage.

Dans moins de quarante-huit heures, nous allions toucher Colombo. Pour l'instant, tout se déroulait comme si rien d'anormal ne s'était passé. La tension était tombée, la joie de vivre avait repris ses droits. À la limite, l'on aurait pu penser que nous étions en train de tourner un épisode du très populaire feuilleton télévisé : "La croisière s'amuse…"

Un soir, au terme d'un après-midi particulièrement beau, le "Skaubryn" fut escorté, pendant plus d'une heure, par une famille de dauphins. Le ballet offert à nos yeux émerveillés fut majestueux. Ces cétacés, si à l'aise dans leur milieu naturel, sont prodigieusement attachants. Ils recherchent la présence de l'homme, hélas parfois, pour leur malheur... Ils peuvent atteindre une vitesse de trente nœuds (cinquante-cinq kilomètres à l'heure) sans laisser la moindre trace de turbulence sur l'eau. Ils sont sociables et possèdent un langage fait de sons émis à haute fréquence.

La parade prit fin, trop tôt, à notre goût et ces magnifiques mammifères marins, après un dernier saut, comme pour nous dire adieu, disparurent dans les profondeurs de l'océan.

Le vingt et un février au petit matin, nous commençâmes à apercevoir, dans un léger brouillard, les côtes de l'île de Ceylan. Celle-ci est séparée de l'extrémité méridionale de la péninsule indienne par le détroit de Palk, dont la partie la plus resserrée ne mesure que trente kilomètres. La superficie du territoire est légèrement supérieure à celle de la Belgique et de la Hollande réunies. Son nom, en Sanskrit, signifie : "l'île des tueurs de lions"... bien que ces félidés n'aient, jamais, fréquenté cette terre. La population, d'environ douze millions d'âmes, est composée de Ceylanais, de Tamouls et de Maures qui pratiquent, respectivement, le Bouddhisme, l'Hindouisme et l'Islam.

Ceylan est un producteur important de thé, caoutchouc, coprah, riz, noix de coco, cardamome et curcuma. La pêche y est remarquablement développée, car le poisson abonde dans ses eaux. L'importance de l'industrie est secondaire. Pourtant, la terre renferme une grande variété de minéraux, tels que graphite et pierres précieuses (saphirs et rubis), mais en faibles quantités.

Le climat est équatorial, chaud et humide. Le régime des moussons donne une pluviométrie qui atteint quatre mètres d'eau par an, suivant les régions.

La jungle pullule de serpents dont les plus dangereux sont les cobras et les pythons. L'éléphant, aisément domestiqué, rend de grands services grâce à sa force, son intelligence, sa mémoire et son adresse. Il fait partie intégrante du paysage. Quant au tigre, à la magnifique livrée jaune orangé marquée de zébrures noires, il était, autrefois, en grand nombre. Mais il disparaît, chaque année un peu plus, car il est chassé pour sa peau (qui se négocie fort cher), ses griffes (très appréciées, montées en sautoir) et, aussi parce qu'il cause d'énormes dégâts dans les troupeaux de vaches qui abondent dans l'île du fait qu'ils ne sont pas exploités, malgré l'immense pauvreté de la population, car la religion Hindouiste, pour laquelle ces animaux sont sacrés, rend pratiquement intouchable le plus grand cheptel du monde. La situation est aussi critique, hélas, pour le léopard et la panthère.

La malaria, qui fauchait des familles entières jusqu'à la première moitié de ce siècle, est en recul, mais elle sévit toujours.

Colonie britannique depuis 1796, Ceylan est devenue indépendante en 1948 et a pris le nom de "Sri Lanka" en 1972.

L'accroissement incessant de la population, un peu mieux maîtrisé de nos jours, aggrave la situation économique difficile du pays.

Vers dix heures, nous arrivâmes en vue du port. À quelques encablures de celui-ci, le commandant fit stopper les machines et le navire continua, sur son erre, à la rencontre de la vedette qui se dirigeait vers nous.

Une heure plus tard, nous fûmes à quai pour une escale d'une dizaine d'heures.

Colombo, capitale du pays, est un excellent port artificiel par lequel s'effectue l'essentiel du commerce, à l'importation et à l'exportation. Un ferry relie, régulièrement, l'île à la péninsule indienne. Un aéroport international très actif et situé non loin de la ville, accueille les nombreux touristes venus du monde entier, en quête d'exotisme et de dépaysement.

Nous quittâmes rapidement le bord, mes trois camarades de cabine et moi, afin de profiter au maximum des moments de liberté dont nous disposions.

La ville nous réserva bien des surprises. Chaque rue, chaque carrefour, chaque marché, chaque échoppe que nous découvrions était, pour nos yeux de vingt ans, un étonnement et un émerveillement sans cesse renouvelés. La circulation était tellement dense et indisciplinée que, même "bison futé" dans sa meilleure forme, y aurait perdu son latin et aurait raccroché son tablier... Les véhicules à moteur, les mobylettes, les vélos, les pousses, les charrettes se croisaient, tant bien que mal, dans un concert ininterrompu de trompes, de pétarades, de klaxons, de sonnettes et de cris...

Les "charmeurs de cobras" ne manquaient pas à l'appel. Ils exerçaient leur art devant une foule toujours intéressée et nombreuse qui venait voir le serpent tueur sortir de son panier et se dresser, menaçant et crachant, au son de la flûte agitée devant lui par son maître. Comme beaucoup d'autres nous étions persuadés, nous aussi, que l'animal était sensible à la musique, alors qu'en fait, il est sourd ! Ce sont les mouvements des doigts et le balancement de l'instrument qui le fascinent.

Les incontournables "fakirs" avec leurs planches à clous, ascètes musulmans ou hindous, très prisés, eux aussi, des badauds, exécutaient des tours inouïs : voyance, hypnose, exercices d'insensibilité, jusqu'à la corde qui est jetée en l'air et qui ne retombe pas ! Un chef-d'œuvre d'illusion !

En fin de matinée nous fûmes les témoins d'une scène tout à fait exceptionnelle. Un tramway, bondé de passagers, véritable grappe humaine, était immobilisé parce qu'une vache était couchée sur la voie ! Le wattman, noyé au milieu de la foule, s'acharnait à actionner, avec frénésie, sa cloche pour faire partir l'animal famélique qui devait, comme le reptile que nous venions de voir, lui aussi, être sourd !

Quelques curieux s'approchèrent du bovidé sacré en tapant dans leurs mains, en criant, en gesticulant, tout en prenant bien garde de ne pas le toucher !

Après quelques longues minutes l'animal daigna, enfin, évacuer les lieux.

Heureusement qu'ici, la patience est une vertu et "donner le temps au temps" est une philosophie pratiquée avec un art consommé...

Le hasard de nos pérégrinations nous amena devant l'usine qui fabrique le thé de Ceylan, de réputation mondiale. Nous en profitâmes pour y faire une petite dégustation : moment inoubliable !

Vers midi, nous pensâmes que le moment était venu de nous restaurer. Avec nos dollars, nous achetâmes quelques roupies cingalaises et hélâmes un taxi. Le chauffeur nous proposa, en Anglais, un restaurant tout à fait exceptionnel, à une quinzaine de kilomètres de la ville : le "Mount Lavinia". Nous nous mîmes d'accord sur le montant de la course (qui était minime) et partîmes pour cet "Eldorado" qui nous était promis.

Nous ne le regrettâmes pas : cet établissement luxueux et ce lieu paradisiaque valaient le déplacement. Quant à la cuisine, elle avait été à la hauteur de la réputation de la maison.

À quinze heures, nous retournâmes en ville, le ventre bien rempli et les yeux pleins de belles images.

Pour meubler le temps qui nous restait, le départ étant fixé à vingt et une heures, nous décidâmes de visiter le zoo qui s'avéra être, tout simplement, féerique !

Le tigre royal, bien sûr, y régnait, en monarque qu'il est, avec son mètre cinquante au garrot, ses trois mètres quatre-vingts de longueur et son poids respectable de près de trois cents kilos. Il n'est pas aussi puissant que le lion mais il est plus audacieux que lui.

Des reptiles de toutes sortes, de toutes tailles, dont le crocodile des marais, très dangereux, qui s'avance, parfois, loin dans la mer, des petits macaques rhésus hurlant et en perpétuels mouvements, des gibbons à mains blanches qui se servent de leurs membres postérieurs pour amener leur nourriture à la bouche ainsi qu'une grande variété de représentants de la gent ailée (dont la très élégante aigrette, proche du héron) y étaient représentés.

Nous étions éblouis par la diversité et la richesse de la faune locale.

À dix-huit heures, nous prîmes le chemin du retour. Passant devant une agence de change, nous fûmes surpris de constater que celle-ci proposait la piastre à dix anciens francs français au lieu de dix-sept, au cours officiel. Voyant là une bonne occasion, je transformais, aussitôt, les vingt-cinq mille francs qui me restaient en devises indochinoises qui vinrent s'ajouter aux cinq cents perçues à Marseille. Le bénéfice réalisé n'était pas énorme : il n'était que de dix-sept mille cinq cents francs de l'époque, mais j'étais content de ma transaction…

Il était dix-neuf heures lorsque nous montâmes à bord.

Comme prévu, nous larguâmes les amarres à vingt et une heures précises. Un remorqueur nous hâla, lentement, vers la passe, sous la direction avisée et habile du pilote.

Bientôt, nous atteignîmes l'extrémité de la jetée sur laquelle se dressait un phare, et nous retrouvâmes le grand large.

La vitesse de croisière, quinze nœuds par heure, fut vite atteinte. La mer, qui s'était montrée plutôt clémente avec nous depuis le début de la traversée, commença à changer et devint de plus en plus agitée. La hauteur de la houle et le creux des vagues croissant, de gros paquets d'eau vinrent se fracasser sur notre étrave et inonder le guindeau et la plage avant du navire. Les prévisions météorologiques n'étant pas à l'optimisme, l'équipage entreprit de fermer les écoutilles et les hublots.

La nuit fut, pour le moins, agitée. Le bruit sourd des grosses vagues qui venaient se briser avec violence sur la coque se répercutait sur tout le bâtiment qui frémissait de la proue à la poupe.

La partie méridionale de l'Asie est fortement influencée par le régime des moussons et nous en faisions, là, l'amère constatation, surtout moi, qui n'ai pas le pied marin !

Au petit matin le temps ne s'était toujours pas arrangé. De gros nuages bas, noirs et menaçants, zébrés d'éclairs, nous promettaient de beaux moments à venir… Et nous étions encore à quatre jours de Singapour !

Les salles à manger avaient perdu une partie non négligeable de leurs habitués les plus fidèles. Les "jeux" bruyants des Légionnaires avaient, eux aussi, perdu de leur intensité sans, pour autant, avoir cessé complètement. L'on trouvait toujours quelques irréductibles pratiquant, tant bien que mal compte tenu des mouvements désordonnés du navire, leur amusement favori. Peut-être même, que ceux-ci y trouvaient-ils un charme supplémentaire !

Le vingt-trois février, dans l'après-midi, le temps exécrable commença, enfin, à se lever un peu, ce qui nous permit d'apercevoir, vers dix-huit heures, les côtes de l'une des îles de l'archipel Nicobar, au sud du golfe du Bengale, près de la partie ouest de la presqu'île Malaise que nous devions atteindre le vingt-cinq, tôt, le matin.

Ces terres sont très boisées et peu peuplées car leur climat est malsain, ce qui a découragé les tentatives répétées de colonisation. Elles sont, néanmoins, annexées à l'Inde depuis 1869.

Dans la nuit du vingt-quatre au vingt-cinq, alors que la tempête avait complètement cessé, nous entrâmes dans les eaux malaises.

Britannique depuis 1858, la Malaisie, partie de l'Indonésie, fut occupée par les Japonais (de 1941 à 1945) qui firent édifier par des prisonniers anglais le tristement célèbre pont ferroviaire au-dessus de la rivière Kwaï qui fit l'objet d'un très beau film dont les extérieurs ont été tournés dans la jungle de l'île de Ceylan, non loin de Colombo. En 1957 fut proclamée l'indépendance du pays, dans le cadre du Commonwealth.

En 1963, suite à la réunion de onze états de l'ancienne Fédération malaise des parties orientale et septentrionale de l'île de Bornéo, est née la Malaysia, cent trente et un mille trois cents kilomètres carrés et onze millions d'habitants dont, trois, de Chinois. La capitale est Kuala Lumpur. Cette presqu'île, qui prolonge la Thaïlande, est séparée de Sumatra par le détroit de Malacca.

Très proche de l'équateur, le pays, qui n'échappe pas au régime des moussons, a une température très chaude et très humide toute l'année. Les précipitations sont abondantes en toutes saisons : deux mille quatre cents millimètres d'eau, annuellement, dans la capitale, jusqu'à quatre mille au Sarawak.

Les principales cultures sont le riz, le soja, l'arachide, les bananes, le caoutchouc, le tabac, les épices, le café. Quelques gisements de minerai de fer, de bauxite, de houille, de coke, d'anthracite, de lignite, de pétrole et de métaux rares, ainsi qu'un petit nombre d'industries, telle l'usine de montage des automobiles Fiat, à Tampoï, des manufactures de tabac, de conserves de fruits, constituent l'essentiel des ressources.

La pêche, dont le produit est la base de l'alimentation des Malais, est très importante, les eaux territoriales étant poissonneuses. Cependant, le pays ne se suffit pas à lui-même et doit avoir recours à des importations, dans le domaine alimentaire surtout.

Le vingt-cinq, vers neuf heures, nous arrivâmes en vue de Singapour, par une mer d'huile, un ciel bien dégagé et un soleil resplendissant. Sous la houlette du pilote, nous fîmes notre entrée dans le port, au demeurant, très encombré, et accostâmes à notre poste d'amarrage. Le départ étant fixé à vingt et une heures, nous allions pouvoir profiter de cette dernière escale pour nous dégourdir les jambes après les moments "chahutés" que nous venions de connaître.

Ancienne ville de la Malaysia, Singapour a fait cession avec ce pays en 1965. C'est la capitale d'un état de cinq cent quatre-vingts kilomètres carrés et de deux millions d'habitants composés de Malais et, surtout, de Chinois.

La ville est séparée de la péninsule malaise par le détroit de Johore qui a moins de deux kilomètres de large. Le climat est identique à celui de son grand voisin.

Singapour est un magnifique mouillage, une escale importante pour les longs courriers. C'est, pour le commerce de l'Asie du sud-est, une étape essentielle entre l'est et l'ouest. Son statut de port franc favorise sa fonction d'entrepôt, tant agricole que minier. Le secteur industriel s'est développé en liaison avec les activités portuaires : fonte de l'étain, scieries, usines textiles, constructions mécaniques. En outre, ce petit état possède un aéroport international, Paya Lebar, qui est un grand carrefour de voies aériennes mondiales. Ses chantiers navals sont très productifs et compétitifs grâce, ici aussi, à une main d'œuvre nombreuse et peu coûteuse.

Le pays produit du tabac, des épices, du coprah, des noix d'arec, des ananas et du caoutchouc.

Mes trois camarades de cabine et moi ne fûmes pas déçus de notre visite : même effervescence, même agitation bouillonnante, mêmes bruits, mêmes odeurs, même circulation intense et désordonnée qu'à Colombo.

Autour du vieux centre financier s'étirent les quartiers chinois entourés de vastes zones résidentielles. Là encore, les oppositions, les contrastes sont très marqués. Notre curiosité inextinguible n'était pas sur le point d'être rassasiée !

Une ballade en pousse, à travers la ville, termina notre après-midi. Mais quelle ne fut pas ma stupéfaction, au cours de ce périple, de découvrir, qu'ici, le taux de change de la devise indochinoise était encore plus avantageux qu'à Colombo : sept anciens francs, seulement, pour une piastre ! Quel dommage que je ne l'aie pas su avant !

Les anciens, ceux qui venaient faire un deuxième séjour en Indochine, s'étaient bien gardés de mettre au courant les jeunes que nous étions. Leur petit secret avait été jalousement gardé ! Je me demandais bien pourquoi !

Un peu avant vingt heures, nous rejoignîmes le bord.

Encore une fois, le temps avait passé trop vite !

Nous allions mettre le cap sur Saïgon, terme de notre traversée, que nous devions toucher dans trois jours. Là, les choses sérieuses allaient commencer.

Je ne savais pas, à ce moment-là, à quel point !

Au début de la nuit nous levâmes l'ancre et nous nous dirigeâmes, aidés d'un remorqueur, vers la haute mer.

Nous entrâmes dans la mer de Chine qui s'étend de la Corée jusqu'au nord de Bornéo et au nord-est de la Malaisie. Elle est bordière de l'océan Pacifique au voisinage des côtes chinoises. Sa superficie est de trois millions quatre cent quarante kilomètres carrés et sa profondeur est relativement importante : mille cent quarante mètres, de moyenne, avec un maximum d'un peu plus de cinq mille mètres au nord-ouest de Luçon, aux îles Philippines.

Bien que battue par la mousson et aussi, parfois, par de violents typhons, elle se prête à la navigation, notamment, celle d'embarcations légères, répandues parmi les populations riveraines. Pour preuve, hélas, ces milliers de "boat people" qui sillonnèrent ses côtes, à la fin de la guerre du Viêt-Nam, après le départ des Américains, pour fuir les tortionnaires du nouveau régime et les camps de "rééducation" qui s'étaient multipliés à la vitesse du chiendent, dans la garrigue...

Les dernières journées se passèrent très agréablement. “L’écurie” n’était plus bien loin, maintenant, et nous retrouvions, au fur et à mesure que nous nous en approchions, nos forces, quelque peu mises en sommeil depuis bientôt quatre longues semaines.

Nous devions entrer dans la Song Nha Bé, affluent du Bonnaï, ou “rivière de Saïgon”, longue de quatre-vingts kilomètres jusqu’au port, le vingt-huit février, en fin de matinée, si tout se passait bien. Cette voie d’eau est utilisable par tous les navires ne calant pas plus de neuf mètres cinquante.

Ce qui était notre cas.

La veille, dans le courant de la journée, nous passâmes par le travers des îles Anambas puis, deux heures plus tard, de l’île Natouna.

Dans la nuit nous étions au large de la Cochinchine française et nous doublâmes son extrême partie sud puis le Cap Camau, par l’est, la rive occidentale de l’île Poulo-Condor, face à la localité de Bac-Lieu, dans les bouches du Mékong, et enfin, au petit matin du vingt-huit, vers cinq heures trente, alors qu’une belle journée s’annonçait, nous fûmes en vue du Cap Saint Jacques.

Là, nous prîmes conscience que nous étions arrivés dans un pays en état de guerre, que le danger allait, dorénavant, être notre compagnon de tous les instants…

Deux petits bâtiments armés et blindés, de la Marine nationale, nous attendaient à l’entrée de la rivière. Ils étaient chargés de nous escorter et de nous protéger des “snipers”, tireurs Viêt-Minhs embusqués dans la jungle, de part et d’autre du cours d’eau et qui, eux aussi, nous attendaient, mais pas pour nous souhaiter la bienvenue…

L’ordre fut donné par le commandant du bord, à tous les passagers, de se mettre à l’abri, d’évacuer les ponts. Les ouvertures (sabords, hublots) furent occultées et, à vitesse réduite, le chenal navigable n’étant pas bien large, nous entreprîmes de remonter le “petit Rubicon”.

Durant toute la durée du parcours soit, à peu près cinq heures, nous entendîmes crépiter, à intervalles rapprochés, des rafales d’armes automatiques.

Nous étions entrés dans un monde de violence ; la “dolce vita” était terminée…

Un peu avant onze heures, les tirs prirent fin et nous eûmes l’autorisation de sortir de nos abris.

Devant nous, plus très loin, nous pûmes distinguer l’entrée du port, les flèches des énormes grues, les silos à grains, les bateaux à quai, les cheminées fumantes de quelques usines.

Nos deux “gardes du corps”, leur mission terminée, nous quittèrent pour rejoindre leurs appontements et, après avoir réceptionné le pilote, nous entrâmes dans le port dont une partie importante était “squattée” par des centaines de sampans, peut-être même, des milliers, amarrés les uns aux autres et servant d'habitation à un grand nombre de familles, dans une promiscuité incroyable et un manque d'hygiène total.

Pour l'amateur de couleur locale, il était difficile de trouver mieux !

De nombreuses petites embarcations navigant à la godille et ornées en guise de figure de proue de deux énormes yeux menaçants destinés à chasser les monstres marins maléfiques et chargées jusqu'au plat-bord de marchandises, de légumes, de fleurs, sillonnaient, en tous sens, le plan d'eau.

En Asie, le commerce, sous toutes ses formes, y compris le troc, tient une place prépondérante dans la vie des autochtones.

CHAPITRE III

Nous accostâmes à l'endroit qui nous avait été réservé au port de commerce, en face du grand bâtiment des Douanes, et l'échelle de coupée fut aussitôt mise en place.

Nous allions, très bientôt, faire connaissance avec Saïgon, qui deviendra, en 1976, Hô Chi Minh-Ville lors de la réunification de la République démocratique du Viêt-Nam.

Le contingent militaire fut rassemblé sur le pont inférieur, section par section. Il représentait, environ, six cents hommes, y compris les deux cents Légionnaires de Sidi-Bel-Abbès embarqués à Oran.

Réapparurent, alors, le colonel et son adjoint, que nous n'avions plus revus depuis les événements regrettables de l'océan Indien.

La promesse faite par le chef de détachement, sous la contrainte, serait-elle tenue ?

Les mutins n'allaient plus tarder à le savoir...

Il était dix heures trente et, bien que nous ne fussions encore qu'en février, c'est-à-dire, en hiver, pour les pays de l'hémisphère nord, la chaleur était suffocante à cause du taux d'humidité de l'air qui frisait les quatre-vingts-dix pour cent. Il est vrai que nous nous trouvions tout près de l'équateur, à dix degrés nord à peine, et ceci expliquait cela.

L'accueil fut assuré par un détachement en armes des Troupes de Marine, familièrement appelées "Marsouins", accompagné d'une fanfare qui nous permit d'apprécier son répertoire.

Le spectacle fut très réussi : ce petit air de fête nous fit chaud au cœur.

Le débarquement commença. Le paquetage individuel, qui devait bien peser dans les vingt kilos, sur le dos, nous touchâmes, enfin, la "Terre promise". Cette fois, il ne s'agissait plus d'une escale de routine, mais du terminus. Nos visages ruisselaient de sueur, les chemisettes étaient trempées et le souffle était court.

Du quai, je jetais un dernier regard à ce navire qui avait été notre "home" durant quatre longues semaines et qui nous avait conduits à bon port, contre vents et tempêtes, malgré les incidents de parcours que nous avions connus. C'était un peu comme si je perdais un ami fidèle...

Le “Skaubryn” devait reprendre la mer le lendemain pour Hong Kong, à mille cinq cents kilomètres plus au nord, où il terminerait son périple avec les passagers civils restant à bord : Norvégiens, bien sûr, Suédois, Indiens, quelques Français, surtout des Britanniques, plus un certain nombre d’autres voyageurs qui allaient embarquer ici.

Quant à nous, nous devions accomplir les formalités douanières réglementaires, en général, peu tatillonnes pour les Unités militaires constituées.

Derrière le bâtiment, que nous devions traverser à la queue leu leu, dans toute sa longueur, un convoi de camions, qui devait nous acheminer dans un camp de transit, à une quinzaine de kilomètres de là, nous attendait.

La protection était assurée par deux automitrailleuses “Half-track”, le trajet représentant une cible idéale pour les “snipers” Viêt-Minhs qui n’appréciaient pas du tout les arrivées de renforts militaires français.

À mon entrée dans l’immense bâtisse, je fus interpellé par un fonctionnaire vietnamien qui me demanda, très poliment, avec un adorable accent auquel il me faudrait, désormais, m’habituer, si j’avais quelque chose à déclarer.

Ma réponse ayant été négative, j’eus droit à un signe cabalistique, à la craie, sur mon sac. Je me dirigeais donc vers la sortie, lorsque, sur le point d’y arriver, je fus abordé par un second agent, d’origine métropolitaine, celui-là, qui me demanda combien j’avais de piastres.

Je répondis, sans hésiter : “cinq cents”.

Mon affirmation n’eut pas l’heur de le convaincre car il me pria de vider mes poches.

Le “forfait” fut vite découvert…

À partir de cet instant, l’on me traita comme un véritable trafiquant : être en possession de deux cent cinquante piastres de plus que les cinq cents autorisées constituait un grave délit.

Le douanier fit appel à son chef qui me pria d’entrer dans un local attenant où une fouille au corps minutieuse commença. Puis, la coiffe de ma casquette fut ôtée, la doublure de mes épaulettes, en partie, décousue, mes chaussures (semelles et talons), attentivement examinées.

Mentir à un agent des douanes dans l’exercice de ses fonctions : cela était très mal apprécié…

L’interrogatoire qui suivit dura près de vingt minutes.

Les deux cent cinquante piastres de trop me furent, aussitôt, confisquées.

Un dossier administratif fut constitué et un rapport d’infraction à la législation sur l’entrée des devises sur le territoire, établi. L’inspecteur me fit savoir, en outre, que la “fête” n’était pas terminée et que j’avais, en plus, à régler une amende fiscale de sept cent cinquante piastres.

Royalement, un délai de vingt-quatre heures me fut accordé pour m’acquitter de ma dette.

Comme l'on me laissa en possession de la somme réglementaire autorisée, il me fallait donc encore trouver deux cent cinquante piastres, ma solde ne pouvant être perçue qu'arrivé dans mon Unité d'affectation. Le laps de temps accordé devait être respecté sous peine d'aggraver mon cas. Le lendemain, à midi, l'amende devait, impérativement, être réglée.

Ces menaces, cet acharnement étaient sans proportion avec la faute commise !

Je pus, enfin, quitter ces lieux inhospitaliers et rejoindre les camions qui n'attendaient plus que moi.

Apparemment, personne d'autre n'avait eu de tels ennuis. C'était tout de même étrange sachant pertinemment qu'un bon nombre de militaires avait changé de l'argent à Colombo ou à Singapour.

Je ne m'attardais pas à essayer de comprendre : d'autres préoccupations occupaient mon esprit dans l'immédiat. Il me fallait me ressaisir et essayer de trouver, au plus vite, une solution à mon épineux problème.

En montant à bord du dernier véhicule du convoi, je sentis les regards, à la fois étonnés et pleins de curiosité, de mes compagnons de route, se poser sur moi.

Mais personne ne me posa de questions...

Une demi-heure plus tard, nous arrivâmes au camp de transit qui occupait une partie de la Base aérienne militaire de Tan Son Nhut.

Un grand nombre de tentes qui contenaient, chacune, une douzaine de lits de camp, nous était réservé. Les places furent rapidement attribuées, les paquetages déposés sur des petits meubles bas individuels, en rotin.

Nous eûmes droit à une collation qui fut prise dans une immense construction dont les flancs étaient en dur jusqu'à mi-hauteur, le restant étant constitué de tiges d'osier pour permettre une meilleure circulation d'air. La charpente était soutenue par des rondins de bambou et la toiture était constituée de bottes de paille et de feuilles pennées de cocotiers, liées serrées entre elles et entassées les unes sur les autres, en plusieurs épaisseurs. Cette architecture avait le mérite de bien protéger de la chaleur, tout en résistant efficacement aux pluies diluviennes... De longues tables et des bancs en bois permettaient aux "transitaires" de prendre leurs repas. Une banque, avec des présentoirs, genre "self-service", et un bar qui pouvait servir du café, du thé (le désaltérant le plus efficace qu'il m'ait été donné d'apprécier) et différents sodas, (pas d'alcools) sur présentation de tickets. Le carnet de dix, appelé "kebbout", ne coûtait pas cher, dans les dix à douze piastres.

C'était bien venu pour moi qui ne pouvais m'offrir le luxe de faire des folies...

Après nous être restaurés, un peu trop légèrement, à notre goût, nous utilisâmes les deux heures qui suivirent pour mieux nous installer et pour faire connaissance avec nos colocataires.

Le camp était immense. Hormis les miradors, les projecteurs, les nombreuses sentinelles en armes et les tentes de toile, il avait des points de ressemblance avec son petit frère de Sainte Marthe, à Marseille. Une population importante de militaires, toutes Armes confondues, se croisait sans cesse; l'on pouvait, raisonnablement, bien évaluer à deux mille l'effectif du camp. Cette estimation ne devait pas beaucoup évoluer, les nouveaux arrivants, tels que nous, prenant la place des rapatriés.

Comme en métropole, le confort était inexistant : la queue pour se doucher ou pour accéder aux toilettes avec, en plus, ici, des conditions climatiques autrement plus pénibles !

L'entrée du "campus" était sévèrement contrôlée à un poste de police, bien fourni en gardes armés. Un "Half-track" équipé d'une mitrailleuse lourde y était en position. Un groupe cynophile complétait le dispositif de protection.

De puissants haut-parleurs placés aux quatre coins du camp diffusaient des consignes, des conseils d'hygiène à observer, des rappels de mesures de sécurité... Parfois, ils émettaient des messages individuels.

Une infirmerie était en mesure de prodiguer les premiers soins à ceux qui en avaient besoin.

Sur un immense tableau, près de l'entrée, étaient affichées, dès que connues, les affectations dans le pays, avec les dates et heures de départ, exclusivement, par voie aérienne militaire, ainsi que les instructions concernant les retours sur la France, presque totalement, quant à eux, effectués par voie maritime.

Le temps moyen du séjour dans le camp était d'une à deux semaines.

Je n'oubliais pas que j'avais un rendez-vous important qui m'attendait, le lendemain. Il me fallait, coûte que coûte, trouver, au moins, deux cent cinquante piastres. (Ici, la monnaie du pays était plus couramment appelée : Yat). Les heures passaient vite. J'allais des uns aux autres, quémandant de l'aide... sans succès. J'ai vite compris combien cela pouvait être dur de mendier, de faire appel à la compassion des autres, voire, à leur pitié !

Le soir, à l'heure du dîner, le problème n'avait toujours pas trouvé de solution et tout restait à faire. Comment me sortir de ce mauvais pas ? Que se passerait-il si je n'étais pas au rendez-vous fixé ?

Après une nuit sans sommeil malgré la fatigue, tant physique que nerveuse, tôt, le matin, la chasse reprit, toujours sans le moindre résultat positif.

Vers dix heures trente, la sonorisation du camp me fit savoir que j'étais demandé au poste de police. Là, un téléphone me fut tendu par l'officier de garde : c'était mon ami, l'inspecteur des douanes qui me rappelait à son bon souvenir et qui me faisait, fort obligeamment, remarquer qu'il n'était plus très loin de midi…

C'était, véritablement, du harcèlement !

J'ai déclaré, au début de cet ouvrage, que, né sous une bonne étoile, la chance allait souvent me servir et m'éviter le pire. Ce fut, là, une fort providentielle occasion qu'elle eut de se manifester.

Devant ma mine défaite et mon embarras difficile à dissimuler, un sous-officier qui se trouvait au poste s'approcha de moi et me demanda ce qui n'allait pas. Désemparé, n'ayant pas d'autre exutoire que de me confier, je lui racontais mon histoire et là, oh miracle, il me proposa, sans me connaître plus que cela, de m'aider !

Cette intervention, si inattendue, me laissa, un court instant, sans voix. Le bon génie d'Aladin tout droit sorti des contes des "Mille et une nuits" se dressait devant moi, prêt à accomplir mon vœu le plus cher ! Qui donc pourra, dorénavant, me soutenir que ces histoires n'ont jamais existé que dans l'imagination ?

Nous échangeâmes nos identités et je m'engageais, sur l'honneur, à le rembourser le plus vite possible. Le tableau d'affichage nous apprendrait nos affectations respectives. Il était artilleur… et "bon Samaritain", à l'occasion !

Maintenant, il n'était plus très loin de onze heures : il fallait activer le mouvement…

À l'extérieur du camp, le long du mur d'enceinte, stationnaient des cyclo-pousse en quête de clients. D'autres arrivaient, déposaient leurs passagers et prenaient leur tour d'attente. C'était une véritable noria toute la journée, malgré le risque de se faire tirer dessus, lors des trajets, toujours possible.

Le montant de la course était fixé à trois yats, ce qui était fort peu cher.

Ayant pris place dans le panier, à l'avant du triporteur, je demandais à mon pilote de m'amener à la Direction des douanes, au port, et, surtout, "maoulen", c'est-à-dire : vite !

Le message fut compris… et bien compris !

L'engin était propulsé par un moteur de mobylette, plus ou moins trafiqué. Le démarrage se fit sur les chapeaux de roues, poignée des gaz à fond. Sur la route il y avait très peu de circulation. Le paysage défilait, l'air me faisait du bien. Mais, ce sentiment de bien-être, cette disposition agréable du corps et de l'esprit n'allaient pas durer bien longtemps…

Nous approchions de la mégalopole et, au fur et à mesure que nous progressions, la circulation devenait de plus en plus dense. Mon "Fangio" ne paraissait pas vouloir ralentir et les carrefours, les stops, les passages protégés furent franchis à toute vitesse et sans la moindre hésitation. Les automobiles, les camions, les vélos, les motos, les taxis (quatre chevaux Renault), se croisaient dans un ballet infernal. C'était le plus téméraire (ou le plus inconscient) qui forçait le passage. Il m'est arrivé, comme tout un chacun, d'avoir connu des moments d'inquiétudes, dans ma vie, mais là, ce serait mentir de dire que la sérénité m'habitait ! Les virages étaient pris, carrément, sur deux roues et, quand l'on est à l'avant d'un tel véhicule, cela fait une drôle d'impression !

Ma dernière heure n'ayant pas dû être programmée pour ce jour-là par le Tout Puissant, j'arrivais, intact, à destination.

Le moins que l'on puisse dire c'est, qu'aux Douanes, j'étais attendu.

Un fonctionnaire de cette vénérable Administration me demanda de le suivre. Le bureau du directeur était situé au premier étage.

Nous arrivâmes dans une pièce immense, richement meublée où l'on me pria aimablement de m'asseoir dans l'un des profonds fauteuils en cuir qui faisaient face à un somptueux bureau ministre. Mon "hôte" se dirigea vers un grand meuble duquel il extirpa une chemise cartonnée à sangles sur la couverture de laquelle une étiquette portait, en gros, mon nom. J'étais fiché comme un bandit de grands chemins...

Le douanier me rappela les faits qui m'étaient reprochés et me demanda de régler l'amende qui m'avait été infligée, ce qui fut fait. Il me remit alors un récépissé (document que j'ai toujours, en souvenir). Puis, il se leva, me précisant que ma dette envers l'État ayant été réglée, "l'affaire" était définitivement classée.

Sur le pas de la porte il me tendit la main en me souhaitant un bon séjour en Indochine. Était-ce, de sa part, de l'ironie ou, tout simplement, une marque de politesse que la fonction exigeait ?

Dehors, je me sentis détendu, soulagé (au propre et au figuré), à nouveau, heureux de vivre, tout comme devaient l'être les passagers du "Skaubryn" qui voguaient paisiblement, en ce moment, sur la mer de Chine...

Il ne me restait plus qu'à oublier, au plus vite, cet incident de parcours...

À treize heures trente, j'étais de retour au camp.

Les journées s'écoulèrent, lentement. Les instants les plus recherchés étaient ceux que nous passions au mess, lieu de rencontres privilégié où nous nous attardions bien volontiers.

Une heureuse nouvelle me combla de joie : des affectations venaient d'être affichées et mon nom figurait sur une liste. Ma nouvelle Unité était la Compagnie de Transmissions de l'Air n° 812, sur la Base aérienne de Nha-Trang, province de Khan-Hoa, en Annam, sur les bords de la mer de Chine, à trois cents kilomètres au nord de Saïgon et à trois cent cinquante au sud de Tourane (aujourd'hui : Danang). Le départ était fixé au quatre mars, par avion du Groupe de Transport 1/64 "Béarn". Le camarade qui m'avait aidé figurait, lui aussi, sur une liste. Il était affecté dans un régiment d'Artillerie au Tonkin, à Nam Dinh, sur les bords du fleuve Rouge, et son départ était fixé au cinq mars, également par voie aérienne militaire. Nous échangeâmes nos coordonnées réciproques et, dans la joie qui était la nôtre de bientôt quitter le camp, nous décidâmes de passer la journée du trois mars, veille de mon départ, à la découverte de Saïgon.

Maintenant assuré de percevoir, dans quelques jours, ma solde, je pouvais me permettre cette petite escapade. Rien de tel pour évacuer, totalement, le stress qui m'avait perturbé ces jours derniers.

Nous partîmes vers huit heures afin de profiter au maximum du temps dont nous disposions. Le soir, il fallait être rentrés avant le couvre-feu. À partir de vingt et une heures, les patrouilles militaires avaient l'ordre de tirer, sans sommations.

La ville est située à cent-sept degrés est du méridien de Greenwich et sur le dixième parallèle nord. Le décalage horaire avec Paris est de plus six heures.

Ancien siège des pouvoirs publics de la Cochinchine, c'est un port de commerce très actif situé à l'extrémité nord d'une rivière navigable de quatre-vingts kilomètres qui le relie à la mer de Chine et à un réseau de trois mille kilomètres de voies fluviales qui forment le vaste delta du Mékong. Le climat y est équatorial. Les précipitations d'eau, très importantes, dues aux moussons, favorisent la culture du riz, dont deux récoltes peuvent être faites dans l'année.

Étendu sur cinq kilomètres le long de la rive droite de la rivière, le port, bien équipé, pouvait déjà, en 1953, recevoir des navires atteignant vingt-cinq mille tonneaux de jauge, ce qui permettait les exportations de riz, de thé, de tabac et les importations de machines, de produits métallurgiques et manufacturés. Il possédait, en outre, de puissants arsenaux, des industries alimentaires, de textiles, des papeteries, des cimenteries, des usines de transformation, bénéficiant, là encore, d'une main-d'œuvre abondante et bon marché.

L'agglomération est reliée par un canal, l'"Arroyo", à Cholon, la ville chinoise, à cinq kilomètres au sud. À cette époque, l'avenue Gallieni longeait le canal. À mi-chemin, à peu près, se trouvait un immense établissement de jeu : le "Grand Monde". À l'intérieur de celui-ci, de l'étage, en rotonde, l'argent des mises descendait dans des paniers en raphia suspendus à des cordes, pour être joué sur les tables situées, elles, au rez-de-chaussée.

Le brouhaha incessant, la fumée à couper au couteau donnaient à ces lieux mythiques une atmosphère tout à fait particulière.

Cholon, plus d'un million d'âmes estimé (le recensement de la population en perpétuel mouvement étant très approximatif), où de multiples ethnies et religions se côtoient, était, à cette époque, la ville du jeu sous toutes ses formes, de la prostitution, des plaisirs les plus fous et les plus inattendus (Palais Pétrouchki, aussi appelé : Palais des glaces), de la drogue (en vente libre), des fumeries d'opium, des célèbres canards, malheureux volatiles utilisés à des fins malsaines, la tête coincée dans un tiroir, les pattes et le reste à l'air libre, vendus laqués, après leur utilisation qu'il est aisé d'imaginer, dans les restaurants…

C'était aussi la cité de tous les risques, où la police militaire n'entrait plus, la nuit tombée.

Il ne me serait pas pardonné, par les anciens, de ne pas citer le "parc à buffles" lequel, comme son nom ne l'indique pas, ne renfermait pas des mammifères ruminants mais… des dames de petite vertu. Cet enclos était une immense arène dans laquelle devaient bien "officier" plusieurs centaines de femmes. Dans la mesure du possible, compte tenu de leur grand nombre, elles étaient médicalement contrôlées et suivies par le Service de Santé des Armées, qui avait fort à faire… L'accès à cet endroit se faisait par une sorte de sas, au fond duquel se tenaient deux infirmiers munis de gants en caoutchouc. Les clients faisaient la queue (l'image est tout à fait fortuite) et, arrivés à hauteur des deux hommes, ils avaient droit, avant que de pénétrer dans ce "Colisée" des temps modernes, à l'injection dans le canal de l'urètre, à l'aide d'une canule, d'un produit fortement bactéricide. Précaution non superflue…

Le mur intérieur de l'édifice était aménagé en de nombreuses alvéoles se jouxtant, une couverture ou un drap suspendu à une corde faisant office de séparation. Rien devant, le tout à ciel ouvert.

Sur le sol, une natte tressée et, dans un coin, pour de très sommaires ablutions, une calebasse remplie d'eau, la même, sûrement, depuis le matin…

Au centre du cirque, juché sur une estrade, un petit orchestre local se démenait sans compter, jouant, presque sans interruption, des airs folkloriques aux échos particulièrement discordants pour nos oreilles non accoutumées à une telle débauche de décibels. La prestation des virtuoses, fortement sonorisée, se déroulait dans un climat de foire et dans une moiteur lourde à supporter.

À la sortie, qui s'effectuait par un autre couloir, les "courageux" participants avaient droit au même traitement préventif qu'à l'entrée.

Je crois pouvoir assurer que cette "curiosité" était unique en son genre.

Vers midi, nous nous sommes arrêtés, mon ami l'artilleur et moi, dans une petite échoppe où nous avons dégusté, c'est bien le mot, une succulente soupe chinoise relevée au "nuoc-mâm" et pris un verre de thé froid. Bien sûr, il valait mieux ne pas se montrer trop délicats, quant à la propreté…

J'ai compris, plus tard, pourquoi l'on ne voyait que peu de chiens et de chats dans les rues. La raison en était toute simple : ces braves bêtes entraient dans la confection de certains plats locaux, tels que celui que nous venions d'apprécier…

Ici, la S.P.A (si toutefois elle existait) ne devait pas être débordée !

Au cours de notre promenade, nous sommes passés devant un magnifique établissement. C'était un club privé, le "Kim Son", de grande classe, fréquenté par la bourgeoisie saïgonnaise. Nul doute qu'il a dû cesser ses activités depuis longtemps et que les "taxi-girls" qui faisaient ses beaux jours, ou plutôt, ses folles nuits, ont été réduites au chômage technique, les dirigeants de la République démocratique du Viêt-nam qui allait naître fin 1954, cultivant une autre philosophie privilégiant l'austérité et le travail à la "dolce vita".

Nous avons ensuite visité la Cathédrale Notre-Dame, en briques rouges, impressionnante avec ses deux tours carrées de quarante mètres, située dans le centre de la ville puis, nous avons arpenté la célèbre rue Catinat, abondamment fournie de splendides magasins et de boutiques regorgeant de merveilles. C'est là que nous vîmes un véritable chef-d'œuvre, une pièce digne d'un musée : une défense d'éléphant, un grand mâle sûrement, entièrement sculptée et éclairée de l'intérieur, représentant un village de pêcheurs, avec les paillotes, les filets, les bateaux, les poissons pêchés. L'on pouvait, même, distinguer les longs poils de la barbiche des vieux ! C'était criant de vérité : de la véritable dentelle. L'objet d'art reposait sur un socle en bois d'ébène, lui aussi, entièrement travaillé. L'incisive, à elle seule, devait bien peser dans les vingt kilos ! Par curiosité, nous avons demandé quelle était la valeur de cette magnificence : deux cents mille yats, soit trois millions quatre cent mille francs de l'époque ! Combien d'heures, de semaines, de mois avait-il fallu à celui (ou à ceux) qui avait réalisé cette splendeur ! De splendides objets en laque (résine de couleur rouge brun fournie par l'anacardier) étaient, également, présentés. C'est dans cette même boutique que nous découvrîmes une autre merveille qui nous laissa béats d'admiration. C'était une boule en ivoire, d'une vingtaine de centimètres de diamètre, percée de deux petits orifices diamétralement opposés, à l'intérieur de laquelle se trouvait une seconde sphère, totalement désolidarisée de la première, qui avait été façonnée par les ouvertures étroites pratiquées dans l'enveloppe. Cet objet incroyable portait, fort justement, le nom de : "boules de vie", car les créateurs de tels ouvrages difficiles à trouver, et pour cause, passaient des années, voire, la plus grande partie de leur existence, à les faire ! Nous n'étions pas encore au bout de nos surprises : le vendeur, devant la stupéfaction que nous ne pûmes dissimuler, nous apprit qu'il en existait à trois boules, la plus petite, également, faite selon la même technique ! La patience, l'opiniâtreté sont bien les vertus premières des Asiatiques...

Nous passâmes devant le lycée "Chasseloup-Laubat", l'établissement d'études secondaires le plus important de la ville. Élèves européens et indigènes avaient l'air de très bien s'entendre. Ils plaisantaient, se taquinaient, riaient... Ils semblaient heureux de vivre, ensemble, une partie importante de leur jeunesse, feignant d'ignorer les événements douloureux qui secouaient le pays.

Comme il nous restait encore quelques heures avant de rejoindre le camp, nous allâmes faire un tour au jardin des plantes. Là, émerveillement total : y séjournaient, en grand nombre, des animaux de la faune locale : tigres, buffles, zébus, ours (presque disparus ici, chassés qu'ils sont pour leur bile aux pouvoirs réputés médicamenteux), éléphants, cerfs, tapirs, écureuils, oiseaux multicolores dont le magnifique paon d'Asie ainsi que des reptiles de toutes sortes, de l'iguane (deux mètres de longueur) au dragon volant (lézard qui plane sur de longues distances en se jetant du haut d'un arbre) et au crocodile des marais mangeur d'hommes... Des parterres de fleurs multicolores (dont la magnifique orchidée), des arbres tels le jacquier, le ricin, le tamaris, l'aloès, le giroflier, l'anacardier, l'abaca (duquel l'on tire le chanvre), le muscadier, l'arbre à pain, l'arbre du voyageur, l'avocatier, le banian, le mûrier (dont la feuille nourrit le ver à soie), le mandarinier (dont le fruit confit donne le cum-quat), le litchi, le sagou, le grenadier et le splendide flamboyant à fleurs rouges, nous enchantèrent littéralement. Et la cerise sur le gâteau : un jardin à la Japonaise, avec son petit pont enjambant une pièce d'eau sur laquelle s'étalaient des nénuphars géants, le tout, dans une débauche stupéfiante de couleurs.

À dix-huit heures trente, nous dûmes nous arracher à ce spectacle incomparable, féerique. Nous prîmes, à regret, le chemin du retour au bercail. Le pousse qui nous ramenait au camp passa, à un certain moment, devant une construction quelque peu baroque. Après des palabres laborieuses échangées avec notre pilote, agrémentées de gestes et d'onomatopées plus ou moins approximatives, nous apprîmes qu'il s'agissait de la gare de chemin de fer. Je savais que le pays possédait un réseau très restreint de voies ferrées et que les déplacements hors des villes se faisaient, essentiellement, par la route (plus souvent, des pistes), en autocars délabrés, charrettes tirées par des buffles (on les appelait : boîtes d'allumettes), parfois, à bicyclettes, plus rarement, pour les plus aisés, en avion de l'une des deux compagnies locales, à savoir : "Air Viêt-nam" et la "COSARA" (Comptoir saïgonnais de ravitaillement). La ligne ferroviaire qui reliait Saïgon à Nha-Trang, à trois cents kilomètres au nord-est, qui s'effectuait, en majeure partie, dans la jungle, était à haut risque. Les endroits propices aux embuscades ne manquaient pas. Les ouvrages d'art étaient souvent piégés et le convoi devait s'arrêter avant que de franchir chacun d'eux. L'escorte militaire, le plus souvent composée de Légionnaires, descendait des voitures et inspectait les lieux. Dans le meilleur des cas, la rame repartait, toujours à faible allure, jusqu'à l'arrêt suivant...

Le temps nécessaire pour effectuer le "voyage", nouvelle version du "Salaire de la peur", et lorsque tout s'était bien passé, était de trois jours. La nuit, le convoi ne roulait pas et des arrêts étaient prévus à Phan-Thiêt et à Phan-Rang.

La motrice, alimentée au fuel, poussait une plate-forme chargée de barres de fer et de rails pour parer à l'éventualité de l'explosion d'un engin qui n'aurait pas été décelé. Pendant un temps, ce système s'est avéré être efficace; plus tard il devint complètement inopérant, les Viêts utilisant des explosifs mis à feu par une télécommande qu'ils pouvaient activer au moment précis où ils le désiraient et, surtout, à l'endroit qu'ils avaient choisi, sous le train.

Ce "T.G.V." local (train à grandes vibrations, aurions-nous pu dire!) était connu sous le nom humoristique de : "la Rafale"!

Les personnels de la S.C.F.V.N. (Société des chemins de fer vietnamiens), chauffeurs, mécaniciens, lampistes, aiguilleurs, administratifs, avaient été formés par leurs homologues français de la SNCF. Ils n'étaient pas peu fiers de leur uniforme, surtout le chef de gare, dont la magnifique casquette arborait quatre étoiles, à qui incombait la responsabilité de libérer le "fauve" en agitant son petit drapeau à damier... comme aux vingt-quatre heures du Mans!

Bien évidemment, les horaires de départ et, surtout, d'arrivée, étaient rarement respectés et relevaient de la plus grande fantaisie...

Un peu avant dix-neuf heures trente, l'artilleur et moi avions rejoints, sans encombre, le camp, follement satisfaits de notre journée. Nous nous fîmes nos adieux, avec un brin d'émotion, car nous étions devenus des amis. Nous nous promîmes de nous écrire de temps en temps.

J'eus, par la suite, de ses nouvelles puis, celles-ci s'espacèrent de plus en plus et je finis par ne plus en avoir.

Nous ne nous revîmes plus jamais...

Je n'ai pas su, non plus, la décision prise par le colonel qui avait été molesté sur le bateau. Je constatais cependant, mais peut-être n'était-ce là que pure coïncidence, que la plupart des militaires, hommes de troupe, impliqués dans l'affaire, avaient été mutés au Tonkin, le long de la frontière chinoise, dans des postes particulièrement "sensibles" et dangereux, dont les noms feront tristement parler d'eux : Lao-Kay, Lang Son, Cao-Bang, Bac Quang...

Après le souper, je rejoignis ma tente pour préparer mes affaires. Je pris le temps d'écrire une lettre à mes parents pour leur faire connaître ma nouvelle affectation et leur dire que tout allait bien. J'éludais mes démêlés avec la Douane : c'était inutile de les inquiéter, d'autant que tout était terminé.

Je dormis merveilleusement bien.

Une étape était franchie, une autre vie m'attendait, la page allait être tournée...

Le quatre mars 1953, nous décollâmes, vers huit heures, à bord d'un "Dakota" du Groupe de Transport "Béarn". L'avion avait fait le plein de fret et de passagers militaires, surtout de l'Armée de Terre.

Le voyage fut, quelque peu, mouvementé : vent violent et pluie se mirent de la partie. Des courants atmosphériques descendants, les fameux "trous d'air", perturbaient sérieusement la portance de l'appareil et soumettaient nos organismes, surtout le cœur, à rude épreuve. Nous n'eûmes pas le loisir d'admirer le paysage qui défilait sous nos ailes, d'autant que la visibilité n'était pas bonne du tout. Les aéronefs militaires n'étant pas destinés, par définition, à la pratique du tourisme, le confort, à bord, y était pratiquement nul. Pas de fauteuils : seulement une banquette en cordage courant le long de la carlingue, de chaque côté de celle-ci, les passagers se faisant face et, sur le sol, au milieu, la cargaison (pièces de rechange, outillage, vivres, courrier, colis et paquets divers), solidement haubanée.

Vers neuf heures trente, la tempête, peu à peu, commença à perdre de sa violence. Le temps se leva, les gros cumulo-nimbus qui nous avaient si rudement secoués disparurent pour laisser la place à un ciel d'un bleu magnifique. Nous survolions la côte et nous ne devions plus être bien loin de notre destination.

Le spectacle qui s'offrait à nous était féerique : sur notre gauche se découpaient les contreforts d'une chaîne montagneuse étirée du nord au sud et se moulant sur un socle cristallin, très boisée, devant atteindre mille cinq cents mètres de hauteur, dont l'aspect tourmenté le devait, sûrement, à l'érosion des eaux de ruissellement et, sur notre droite, le rivage de la mer de Chine, rocheux, découpé, faisant place, d'un coup, à une plage de sable d'une quinzaine de kilomètres de longueur, considérée comme étant la plus belle du pays.

Il était dix heures lorsque nous aperçûmes, droit devant, la ville de Nha-Trang.

La procédure d'approche commença.

La piste d'atterrissage était orientée parallèlement à la montagne, peu éloignée de celle-ci et à environ quatre kilomètres de la côte.

Après être passés à la verticale de la station au sol, nous nous éloignâmes au-dessus de la mer, plein ouest, pendant quatre minutes et fîmes un virage de cent quatre-vingts degrés sur notre gauche pour nous retrouver, en fin de manœuvre, en vue du terrain.

Deux îles, de deux à trois cents mètres d'altitude, l'île de Tré et l'île de la Pyramide, distantes l'une de l'autre d'à peine un kilomètre, perpendiculairement situées dans le cap de descente et à quelques encablures seulement du rivage, compliquaient, sérieusement, la tâche des équipages. Au fur et à mesure que nous approchions de l'entrée de bande il fallait augmenter le taux de descente et se "faufiler" dans ce couloir à une altitude inférieure à celle des terres émergées. Le risque de percuter l'une ou l'autre était plutôt minime par beau temps, ce qui était le cas aujourd'hui, mais il était sûrement franchement réel par visibilité réduite.

Peu après dix heures, nous touchâmes terre.

J'allais, enfin, faire la connaissance de mon chef et de mes nouveaux camarades.

Si tout se passait normalement mon séjour ici serait de trois longues années, puisque c'était le choix que j'avais fait...

Sur le parking, un chauffeur m'attendait à bord d'une Jeep. Il était chargé de me réceptionner et de me conduire à la Section des Transmissions de la Base pour y faire la connaissance de son patron, un jeune capitaine. Je le saluais réglementairement et déclinais mes grade, nom et numéro matricule, comme cela est prévu dans ces cas-là. Il se présenta à son tour, me souhaita la bienvenue et me pria de m'asseoir. Il me parla, alors, de la Base sur laquelle j'allais avoir l'honneur de servir, de ses moyens en personnels (mille cinq cents personnes, dont six auxiliaires de santé et cinq téléphonistes féminines), des groupes aériens et des missions qui leur étaient dévolues, des pertes humaines, trop conséquentes, hélas, des consignes de sécurité à observer scrupuleusement, du couvre-feu, à vingt-deux heures, du mot de passe, nouveau chaque jour, à utiliser pour entrer et sortir du camp. (À ce sujet, je n'allais pas tarder à apprendre que celui-ci était connu des conducteurs de pousse-pousse qui le négociaient cinq yats aux étourdis qui avaient omis de s'en enquérir en temps utile... le comble !)

Mon chef insista, également, sur les mesures de prophylaxie à ne pas négliger, particulièrement sous ces latitudes : prise quotidienne de quinine, moustiquaires à utiliser aux moments de repos, ceinture abdominale de flanelle à porter en permanence (nous en étions encore là et, avec cette chaleur humide, c'était un vrai régal !) Enfin, il m'entretint du travail qui devait être le mien, de ce qu'il attendait de moi. La station de radiogoniométrie se trouvait à l'extérieur de la Base, sur la terrasse d'un vieil hôtel en partie occupé par des personnels de l'Armée de terre, sur la côte, à cinq kilomètres, environ, donc particulièrement vulnérable; elle était "armée" par trois sous-officiers (quatre, maintenant avec moi, mais pas pour bien longtemps, puisque l'un des anciens devait être rapatrié très bientôt, son séjour ici terminé). Elle fonctionnait de six à vingt et une heures en temps normal ou sur préavis de trente minutes en dehors de ces heures-là lorsque des équipages civils, français ou étrangers, en faisaient la demande, vingt-quatre heures sur vingt-quatre quand des opérations étaient en cours, ce qui était de plus en plus fréquent. Le service devait être assuré suivant ce processus les trois cent soixante-cinq jours de l'année (un de plus, les années bissextiles), dimanches et jours fériés compris, évidemment!

Un chauffeur venait chercher deux opérateurs radio à onze heures trente, pour le repas de midi qui était pris au mess de la Base, le troisième restait à la station pour assurer la permanence. Il partait, à son tour, au retour de ses deux camarades, vers treize heures. Le soir, les repas s'échelonnaient de dix-neuf à vingt heures quarante-cinq, selon le même procédé.

Les trois sous-officiers logeaient sur place, dans une chambre aménagée sous la station à laquelle ils accédaient à l'aide d'une trappe.

L'entretien avec le capitaine dura près d'une heure.

Avant que de prendre possession de mes nouveaux quartiers, je dus sacrifier aux indispensables formalités pour ma prise en compte administrative : passage au bureau des effectifs, au service de la solde (très important, celui-là!), à l'infirmerie, où un jeune médecin vérifia que mon carnet de vaccinations était bien à jour et enfin, à l'armurerie pour y percevoir mon armement individuel, à savoir, un pistolet automatique "Herstal" de calibre sept millimètres soixante-cinq. (Il sera remplacé, un peu plus tard, par le M.A.C.50, neuf millimètres, de la manufacture d'armes de Châtellerault, autrement plus performant et sûr.)

Lorsque j'arrivais à la station, il était un peu plus de midi. Le chauffeur devant amener au mess deux de mes nouveaux camarades pour le premier service, je n'eus que peu de temps pour me présenter à eux, mais cela n'avait guère d'importance : nous aurions tout le temps de faire plus ample connaissance un peu plus tard... Par contre, je disposais de près d'une heure pour discuter avec Charpentier. Il me désigna mon lit et la petite armoire dans laquelle il m'aida à ranger mes affaires. La station radio, au-dessus de notre chambre, était gardée par deux stagiaires de la jeune Armée vietnamienne qui faisaient l'apprentissage du métier. Un jour, ils prendraient la relève des Français...

Lorsque nos deux collègues revinrent, nous partîmes, à notre tour, pour le second service. Le repas, fort acceptable, accompagné de thé froid, pris sous une paillote qui faisait office de mess, était servi par du personnel civil local, très courtois. Il est vrai qu'en Asie, la politesse est une seconde nature... Notre serveur attitré répondait au nom de : M'Bah, je m'en souviens encore...

Vers treize heures quinze, le chauffeur nous ramena dans nos pénates.

Je pus, alors, mieux connaître Beauffre (le rapatriable) et Bocchetti, avec lesquels je discutais un bon moment.

À l'issue de notre profitable entretien j'eus, enfin, droit à la visite de la station.

Une petite construction en briques, de quatre mètres sur quatre de côté et de deux mètres cinquante environ, de hauteur, abritait deux émetteurs et deux récepteurs radio V.H.F. (très haute fréquence). Elle était située dans l'un des angles de la terrasse qui devait mesurer, elle, trente mètres sur vingt-cinq, face à la mer. La vue sur la plage de sable fin bordée de cocotiers était splendide. À deux miles au large, (trois kilomètres et demi), se dressaient les deux îlots qui donnaient bien du souci aux pilotes...

Les antennes étaient fixées au sommet de mâts de bambou haubanés, de trois à quatre mètres de hauteur.

Mes amis m'expliquèrent de quelle façon se prenait le service. Certaines journées étaient particulièrement chargées, surtout lorsque des opérations étaient en cours, c'est-à-dire, en fait, très souvent !

Un samedi sur deux, tôt le matin, à deux heures, nous devions prendre en charge le Constellation d'Air France qui assurait la ligne Paris, Saïgon, Tokyo, indicatif : F.B.A.Z.A. (dans notre jargon : Fox, Bravo, Alfa, Zoulou, Alfa). Nous le retrouvions le lendemain, dimanche, vers quinze heures, dans le sens inverse.

La station travaillait, également, avec nos amis de la Royal Air Force qui venaient de Hong Kong et qui se rendaient à Singapour, et vice versa, ainsi qu'avec quelques appareils privés de riches planteurs d'hévéas de Dalat (entre Saïgon et Nha-Trang) qui pratiquaient la culture du latex tel, par exemple, ce bimoteur "Bonanza", Lima-Union, qui faisait de fréquents déplacements.

À tour de rôle nous participions, à bord des "Dakota" de la Base, à des calibrations "gonio" (qui servaient à recaler les stations), à des évacuations sanitaires (E.V.A.S.AN), des convoyages de matériel, de munitions ou de vivres, à des missions "bidons spéciaux" (napalm), à des parachutages de troupes et parfois, la nuit, à des opérations "luciole" qui consistaient à baliser, à l'aide de fusées éclairantes suspendues à de petits parachutes afin qu'elles descendent le plus lentement possible, la zone à "traiter" par les chasseurs ou les Unités au sol.

Entre-temps nous devions, aussi, participer à des P.C.I.A. (postes de commandement et d'intervention avancés), en collaboration avec l'Armée de Terre, sur le terrain, dans la jungle. Notre rôle consistait à guider, à l'aide d'une station radio mobile, les avions qui devaient intervenir.

Il n'y avait pas de place pour l'ennui, et c'était tant mieux !

Notre espace habitable était sobrement meublé : quatre lits à baldaquins, avec moustiquaires, autant de petites armoires et un lavabo, quelque peu ébréché, pour une toilette sommaire. Pas de W.C. à l'étage : ils se trouvaient au rez-de-chaussée, quatre étages plus bas. (Pas d'ascenseur, évidemment.) Deux exemplaires, seulement (pour une quarantaine d'usagers). Il y avait le plus grand intérêt à prendre ses précautions et à utiliser ces lieux convoités, si possible, aux "heures creuses", c'est-à-dire, la nuit... Pour les "urgences" c'était, plutôt, em... bêtant ! Quant aux douches, elles étaient, elles aussi, rares et vétustes.

Un petit être vivant semblait avoir jeté son dévolu sur ces lieux qu'il avait quasiment squattés : il s'agissait d'un margouillat, (cousin germain du gecko, ou tocké), petit lézard d'une quinzaine de centimètres, très vif, dont l'extrémité des pattes est munie de ventouses lui permettant de se déplacer sur le plafond, albinos, à la peau translucide et ocellée, de couleur sable, grand amateur d'insectes, donc fort utile. Nous deviendrons vite de grands amis...

L'Asie est bien un continent de contrastes : les deux figures symboliques, emblématiques, du Viêt-nam sont aussi différentes, l'une de l'autre, qu'il est possible de l'être : cet attachant petit vertébré aérien ne dépassant pas, lui, quelques grammes, et le buffle, qui peut peser jusqu'à huit cents kilos!

Je m'intégrais immédiatement à l'équipe et pris mon service, dès le lendemain de mon arrivée, le sergent Beauffre, en fin de séjour, étant sur le point de nous quitter.

Les jours et les nuits passèrent vite, les missions se succédant à un rythme infernal. Nous avions du pain sur la planche...

La Base était enserrée entre la montagne et la mer, ce qui rendait l'approche finale des aéronefs plutôt délicate. La station gonio était chargée de prendre en compte les avions avant qu'ils n'entrent dans le circuit d'aérodrome et de leur donner des caps magnétiques (Q.D.M.). Cette aide à la navigation était précieuse pour les équipages, surtout par mauvaise visibilité, ici le temps changeant vite... et souvent. L'implantation de la station, face à la mer, permettait des liaisons radio d'une excellente qualité, nettement moins bonnes, cependant, pendant les violents orages de mousson.

Les moyens aériens étaient constitués d'une vingtaine de Douglas C.47, "Dakota", (version militaire du D.C.3 civil, avec un plancher renforcé et des portes latérales plus grandes). Ils étaient très robustes. Nés en 1940, certains seront encore en circulation plus d'un demi-siècle après cette date, surtout dans le tiers monde où ils continueront à rendre de grands services. Leur autonomie de vol était un peu supérieure à deux mille kilomètres, leur vitesse de croisière, de trois cent quatre-vingts kilomètres/heure (deux cent dix nœuds) et ils pouvaient charger quatre tonnes (souvent plus...) ou une trentaine de parachutistes avec tout leur équipement. Ils étaient dotés de deux excellents moteurs très fiables "Pratt et Whitney", de mille huit cents chevaux chacun. Ils composaient le Groupe de Transport 1/64 "Béarn".

Une escadrille d'une dizaine de bimoteurs "Marcel Dassault 315", plus légers que les "Dakota", était utilisée, elle aussi, pour la surveillance aérienne, les évacuations sanitaires, le transport, les liaisons d'État-major. Figuraient aussi à la panoplie quelques chasseurs "Republic, P. 47 Thunderbolt" équipés d'un moteur de deux mille trois cents chevaux, de huit mitrailleuses lourdes de calibre de douze-sept millimètres et de deux bombes de quatre cent cinquante kilos chacune, capables de voler, à pleine charge, à trois cent trente nœuds (six cents kilomètres/heure), quelques appareils, très performants également, "Bearcat" et enfin, deux "Privateer", gros quadrimoteurs de l'Aéronavale dotés d'une très grande autonomie de vol (une bonne dizaine d'heures), pouvant voler à la vitesse de deux cent dix nœuds, (trois cent soixante kilomètres/heure). Ils participaient, eux aussi, aux missions "bidons spéciaux".

La Base mettait en œuvre, également, des monomoteurs "Morane 500" utilisés pour l'apprentissage des futurs pilotes vietnamiens et, aussi, pour l'observation aérienne à basse altitude et la photographie. Enfin, la Marine disposait, encore, de quelques avions amphibies "J.R.F. Gruman Goose", chargés de la surveillance des voies de navigation fluviale; ils pouvaient se poser sur de petits plans d'eau, et des rivières appelées ici, "arroyos" ou "rachs".

Sur le terrain, la situation militaire devenait, de jour en jour, plus difficile; les rebelles, depuis le début de l'insurrection, le dix-neuf décembre 1946, avaient bien évolué! Depuis longtemps, ils avaient troqué leurs fourches et leurs fusils de chasse à chevrotines contre des armes automatiques puissantes fournies par leurs amis communistes chinois et russes. Les pieux de bambou, taillés en pointe et plantés dans des fosses creusées dans la jungle et recouvertes de feuillages, avaient fait place à des "hameçons" en fer rouillé, de près d'un mètre de longueur, qui faisaient des ravages énormes parmi les soldats de l'Armée de Terre qui patrouillaient au milieu de cette végétation épaisse et exubérante. Les secours, pour "désempaler" les malheureux qui s'étaient faits piéger et les transporter dans une unité médicale appropriée, n'étaient pas, le plus souvent, suffisamment rapides et l'hémorragie puis, la gangrène, prenaient tout le monde de vitesse... À cette époque, les hélicoptères étaient des denrées rares; les quelques exemplaires dont nous disposions alors étaient, pour la plupart, basés dans le nord où la condition de nos unités, isolées le long de la frontière avec la Chine, était particulièrement inquiétante.

Nos ennemis étaient passés maîtres dans l'utilisation des pièges, plus ingénieux les uns que les autres. Ils avaient une connaissance parfaite du terrain, de plus, ils étaient, naturellement, rusés, courageux, endurants. Ils avaient une foi, une ferveur et une confiance absolues en leur chef suprême Hô-Chi-Minh, (celui qui éclaire), familièrement appelé : l'oncle Hô, fondateur du parti communiste indochinois, en 1930, remarquablement aidé, sur le terrain, par le général Giap, chef des troupes Viêt-Minh, fin tacticien et stratège de grande valeur.

La fermeté et l'énergie morale de nos adversaires frisaient le fanatisme. Leur mobilité était phénoménale. Se contentant de peu de nourriture (une boule de riz, par jour, plus quelques viatiques prélevés chez les paysans, qui avaient intérêt à se montrer coopératifs), ils étaient capables de franchir, dans un terrain hostile, rapidement, des distances insoupçonnables... Ils n'étaient, presque jamais, là où on les attendait. Leur art du camouflage était diabolique.

Au début de l'emploi du napalm, les rebelles payèrent un lourd tribut à ce feu que, même l'eau n'éteignait pas. Mais toute arme nouvelle trouvant, le plus souvent, sa parade, ils ne mirent pas longtemps à la trouver... Elle consista à creuser des galeries souterraines s'entrecroisant les unes les autres et débouchant en surface, parfois à plusieurs centaines de mètres de leur entrée. Pour limiter les bruits de fouissage, des femmes transportant de l'eau avec leur palanche, lorsqu'elles se savaient surveillées, simulaient des chutes en glissant sur le sol répandant, de façon bien innocente, le liquide contenu dans les cruches en terre cuite qui humectait le terrain, le rendant ainsi plus meuble. Quelle ingéniosité déployaient nos adversaires lesquels pouvaient, ainsi, entreposer des vivres, de l'eau, des munitions dans ces abris insoupçonnables. Certaines galeries, parfaitement aménagées, comprenaient même une infirmerie équipée d'une table d'opération chirurgicale. L'énergie électrique nécessaire était fournie par une dynamo actionnée par des pédales que faisait tourner, à tour de rôle, l'un des "troglodytes".

Notre ami Beauffre nous quitta, fin mars 1953. L'avant-veille de son départ il avait tenu à passer la nuit dans une paillote que l'on savait très "accueillante", un peu à l'extérieur de la ville. De retour le lendemain, dans le milieu de la matinée, les premiers mots que nous lui avions adressés avaient été : alors, raconte!... Ce qu'il avait fait sans se faire davantage prier. Le "mobilier" des lieux consistait en quelques nattes de raphia posées sur des "taras" en bois séparés par des tentures dans un état de propreté plus que douteux qui essayaient, sans trop y parvenir, d'offrir un semblant d'intimité aux occupants occasionnels de la hutte, en l'occurrence, deux Légionnaires en galante compagnie. Dans le fond de la suite princière étaient attachés, près d'une calebasse d'eau croupie, deux cochons manifestant leur mauvaise humeur par des grognements sonores. Sans autre ouverture que l'entrée, la chaleur et l'odeur de sueur étaient difficilement supportables mais il avait bien fallu faire avec car, à cette heure de la nuit, il n'était plus question de faire demi tour... À plusieurs reprises, la "maîtresse de maison" avait essayé de tempérer les ardeurs un peu trop bruyantes des locataires, la police militaire faisant souvent des rondes dans le secteur, ce qui avait eu pour effet d'exciter encore davantage ses deux voisins lesquels affirmèrent répondre par la force si ces guerriers de pacotille avaient l'outrecuidance de venir troubler leur paisible retraite. Ils en avaient vu d'autres, eux !

Au petit matin la menace avait pris une forme concrète : la patrouille avait été signalée tout près et se dirigeait vers eux. En un éclair, rapides comme des félins, les deux képis blancs avaient disparu... pour ne plus revenir ! Notre ami avait dû prendre la fuite à son tour, short et chemisette à la main, en slip, torse nu, la casquette (dans la doublure de laquelle il avait caché ses piastres) sur la tête, il s'était mis à l'abri des hautes fougères qui proliféraient à une trentaine de mètres de là. La situation, assurément cocasse, n'avait pas été banale... L'alerte passée, il avait regagné la paillote où il avait attendu la fin du couvre-feu avant de prendre congé de ses hôtes d'une nuit. Un petit chemin de terre rejoignait la route où il avait rapidement trouvé un pousse pour rentrer.

Début avril nous dûmes participer à une évacuation sanitaire à Cam Ranh, à environ cent kilomètres au sud de Nha-Trang, où une unité de "Marsouins" était tombée dans une embuscade. Sur les lieux rapidement, notre "Dakota", équipé d'un maximum de brancards suspendus à la voûte de l'avion, de chaque côté, sur deux hauteurs, fit le plein de blessés. Malgré le dévouement des deux infirmières et du médecin convoyeurs, deux d'entre eux moururent sur le chemin du retour. La plupart des autres était très mal en point. Ce n'était pas beau à voir... Nous venions de côtoyer la misère morale et la douleur physique, et cela ne faisait que commencer ! Deux jours plus tard, un matin, un "Gruman Goose" de la Marine, qui effectuait une patrouille de surveillance au-dessus du Mékong fréquenté par des jonques, sampans et autres embarcations souvent suspectes transportant des armes et du ravitaillement pour les Viêts, fut touché, alors qu'il rentrait à la Base, par des rafales d'armes automatiques lourdes et il s'écrasa dans la jungle. Dès la nouvelle connue, deux avions se rendirent sur les lieux supposés du crash et des unités au sol furent chargées de ratisser les lieux du drame. Malgré tous les efforts entrepris, sur terre et dans le ciel, les deux membres de l'équipage ne furent pas retrouvés, ni le moindre débris de l'appareil qui avait dû s'embraser à l'impact. La végétation luxuriante s'était refermée sur les malheureux, à jamais... Le commandant de la Base eut, une nouvelle fois, le bien triste devoir d'apprendre l'affreuse nouvelle aux familles endeuillées. Deux cercueils sans corps, lestés de terre et de cailloux, furent acheminés quelques jours plus tard sur la métropole par le porte-avions "Arromanches" (Sapho, pour les Pingouins, personnels de l'Aéronavale), qui rentrait en France. Une émouvante cérémonie, en hommage à nos deux camarades, eut lieu devant le personnel au garde-à-vous et le drapeau du régiment fut mis en berne.

Cela faisait, maintenant, un mois et demi que j'étais arrivé en Indochine et le temps avait passé très vite. La cohabitation dans notre petite chambre ne posait pas de problèmes particuliers, chacun de nous respectant les habitudes des deux autres.

La nuit, lorsque la chaleur était étouffante (nous n'avions aucune climatisation), nous montions des nattes de paille sur la terrasse, où il y soufflait, presque toujours, une petite brise marine fort agréable, pour dormir, lorsque le service le permettait… et qu'il ne pleuvait pas. Par contre, l'on devait, dans ce cas de figure, se passer de notre protection de mousseline, ce qui était embêtant. Mais, l'on ne peut pas tout avoir, dit-on ! Le bonheur n'est jamais absolument total ! De notre perchoir, nous apercevions, très distinctement, les éclairages puissants des projecteurs des miradors qui jalonnaient le périmètre de la Base. Celle-ci était un point névralgique d'une grande importance, qu'il fallait protéger au maximum, surtout, connaissant les trésors d'imagination de nos adversaires. Deux réseaux de barbelés, érigés à une trentaine de mètres l'un de l'autre, déterminaient un "no man's land" truffé de mines antipersonnel. Force, cependant, est d'admettre que ces mesures draconiennes ne constituaient pas la panacée à nos soucis concernant la protection rapprochée. Pour preuve : deux aérodromes se trouvaient près de Hanoï : Gialam et la Base aérienne de Bac Maï, laquelle, en tout début d'année, avait reçu la visite d'un commando Viêt de cinq hommes qui avait réussi, profitant des fêtes du Têt, l'exploit d'y pénétrer, de nuit, pour y saboter et complètement détruire, plusieurs avions de chasse. Ces "kamikazes" avaient laissé leur vie dans cet acte téméraire. Ils connaissaient parfaitement le risque qu'ils prenaient en l'accomplissant, et l'avaient accepté. Le fanatisme n'a pas de limites… Pour effectuer leur mission, ils étaient passés sous le champ de mines, dans une galerie étroite, patiemment creusée, pendant des semaines, peut-être des mois, dans l'obscurité des nuits durant lesquelles l'astre naturel de la Terre était absent aux abonnés.

Par temps de pleine lune, de notre terrasse, nous jouissions d'un spectacle de toute beauté. Le corps céleste se reflétait sur la mer, éclairant les îlots proches d'une lumière intense qui accrochait les reliefs, leur donnant des aspects fantasmagoriques…

Le dix-sept avril, le Porte-avions La Fayette, (surnom : Figaro) arriva en baie d'Along (site géographique considéré comme étant la huitième merveille du monde) pour remplacer l'Arromanches qui rentrait en France.

Le lendemain, j'effectuais une mission à Manille, dans l'île de Luçon, archipel des Philippines, à un millier de kilomètres au nord-est de Nha-Trang. Nos "Dakota", cédés ou vendus à l'Armée de l'Air par les États-Unis, devaient faire effectuer les révisions importantes, celles des cinq cents heures de vol, par des spécialistes des usines Douglas. La Base américaine de Manille était, pour nous, la plus proche. Nous y séjournâmes jusqu'au vingt-trois, ce qui nous permit de visiter la ville et ses environs.

L'île de Luçon bénéficie d'une situation géographique remarquable, à la convergence des principales voies de communication. Manille, la capitale (un million d'âmes à cette époque), a été fondée en 1571 par Lopez de Legazpi, sur la route maritime Acapulco-Canton et s'est développée rapidement sous l'impulsion des Espagnols. Elle connut une brève période d'occupation anglaise de 1762 à 1764. Par la suite, elle fut possession japonaise, durant le deuxième conflit mondial, en 1942, puis libérée par les soldats du général Mac-Arthur en février 1945, au terme d'une bataille particulièrement effroyable. Le port est bien équipé et peut recevoir des navires de moyen tonnage qui remontent l'estuaire du Pasig.

S'étendant de part et d'autre du cours d'eau, la cité présente des aspects aussi variés qu'inattendus : sur la rive méridionale se trouve la vieille ville fortifiée, au nord l'on peut voir des constructions modernes, des buildings, voisinant avec des bidonvilles d'une immense pauvreté. Manille est un grand centre commercial et industriel qui emploie le tiers de sa population active dans des chantiers navals très compétitifs, grâce, toujours, à une main-d'œuvre abondante et peu payée. L'on y trouve, également, des usines chimiques et textiles, des conserveries et des manufactures de tabac. L'aérodrome, doté, déjà, dans les années cinquante, de deux radars et d'une infrastructure radio très sophistiquée pour l'époque, est situé au sud de la ville, à cinq ou six kilomètres, près d'une localité dont je me souviens le nom : Baclaran.

Les opérations de révision de notre avion ayant pris fin le vingt-deux au soir le retour fut décidé pour le lendemain matin, huit heures. L'accueil de nos amis avait été parfait. Dans l'armée U.S. les repas étaient pris dans un mess commun, genre "self-service", tous grades confondus. C'est ainsi que nous pûmes voir des gradés de haut rang faire la queue devant les présentoirs, comme les simples soldats, s'asseoir à la même table qu'eux et engager la conversation, appelant ceux-ci, lorsqu'ils les connaissaient bien, par leur prénom. Cette marque de sympathie ne nuisait aucunement à la discipline. Cela nous avait étonnés, parce que, c'était tellement différent chez nous où hommes de troupe, sous-officiers et officiers avaient leur propre mess, et trois cuisines différentes.

Le vingt-trois avril nous remerciâmes nos hôtes puis nous quittâmes le territoire philippin. Après un voyage sans histoires, nous atterrîmes à Nha-Trang, en fin de matinée, mission accomplie, heureux de notre séjour en terre étrangère.

Notre joie allait être de courte durée : la Base était, à nouveau, en deuil. Un "Marcel Dassault 315" en mission sur Song-Cau, à moins de deux cents kilomètres au nord, avait été porté disparu la veille. Là encore, les recherches n'avaient rien donné. Les deux membres de l'équipage étaient des pères de famille; les deux convoyeurs n'avaient que vingt-deux et vingt-quatre ans.

Encore des veuves, des orphelins et des familles plongées dans la douleur et la détresse morale…

Le prix payé en vies humaines, dans ce conflit qui s'éternisait, était très lourd, dans les deux camps…

Périodiquement, nous rendions visite, mes camarades et moi, à l'infirmerie de la Base pour cause de problèmes de peau, pas handicapants mais fort désagréables, occasionnés par la transpiration. Tous les anciens coloniaux (bien rares sont ceux qui y ont échappé !) en ont souffert.

La "bourbouille", tout d'abord, qui cause de fortes démangeaisons, est le nom par lequel les médecins désignent une production bullaire de l'épiderme (lichen tropicus). Elle exerce ses méfaits, plus particulièrement, sur les membres, le torse, les paumes des mains, le cou, les aisselles, la plante des pieds, les organes génitaux et, parfois même, dans la bouche et sur la langue. Le cuir chevelu peut, aussi, être atteint. Le traitement consistait, alors, à faire des lavages à l'acide salicylique et des onctions avec des mixtures boratées. Mais, le traitement le plus efficace que nous connaissions était, tout simplement, l'eau de pluie ! Aussi, lorsqu'une ondée éclatait, il n'était pas rare de voir tous les "bourbouilleux", en petite tenue (souvent, très petite…) profiter de ce bienfait céleste.

Les "dartres annamites", ensuite, lesquels, quant à eux, sont une sorte d'eczéma principalement dû à des acariens. (Ces braves bêtes prolifèrent dans la chaleur et l'humidité). Là, le traitement était plus énergique. Le personnel du service de santé, souvent débordé par le nombre des consultants, passait d'abord, sur les croûtes, une brosse à poils durs, pour les ouvrir et les faire tomber et, ensuite, au pinceau, il badigeonnait les plaies à vif à l'alcool iodé. C'était franchement déplaisant, mais très efficace.

Quand la foule était trop importante, l'on utilisait, carrément, des seaux de dix litres d'alcool iodé et des pinceaux "queue de morue", les mêmes pour tous, bien évidemment ! Il n'y avait pas de temps à perdre en "chichis".

Le deux mai restera, entre autres dates, l'une de celles que je ne pourrai jamais oublier, tant elle me laissera, pendant très longtemps, un souvenir pénible.

Dans la matinée de ce fameux jour, je fus avisé par mon chef que le colonel commandant la Base désirait nous voir, tous les deux, immédiatement. Une présentation impeccable étant de rigueur dans ce cas, je troquais rapidement mes effets de travail contre ceux de "sortie", à savoir : chemisette, short, chaussures et mi-bas blancs. J'avais à peine terminé que le chauffeur était là.

Mon capitaine, que je retrouvais dans son bureau, ne connaissait pas la raison de cette convocation soudaine. Il n'était pas courant d'être appelé, comme cela, inopinément, par le grand patron. Ce fut donc, étonnés et impatients, que nous nous dirigeâmes vers le P.C.

Nous saluâmes, comme il se devait, notre colonel qui nous pria de nous asseoir.

Il s'adressa alors à mon chef et lui fit savoir que l'un de ses sous-officiers venait de se voir infliger, par le généralissime Salan, une sanction de soixante jours d'arrêts de rigueur pour le motif suivant : "A importé frauduleusement, le vingt-huit février 1953, deux cent cinquante piastres indochinoises. Fausse déclaration à un agent des douanes."

Le sous-officier dont il venait d'être question ne pouvait être que moi...

Mon capitaine resta muet de surprise, quant à moi, je crus que le ciel me tombait sur la tête ! J'avais complètement oublié l'incident de Saïgon, d'autant que j'avais payé ma dette et que le Directeur des douanes m'avait assuré que l'affaire était terminée... Il m'avait menti !

J'étais, donc, puni deux fois : au plan civil pénal et par le code de justice militaire qui répertoriait ce genre d'infractions dans la catégorie des "fautes dites infamantes, portant atteinte au bon renom de l'Armée."

C'était la sanction la plus grave, pour un sous-officier, avant la perte du grade !

Et tout cela pour deux cent cinquante malheureuses piastres !

Le colonel s'adressa à moi et me fit part de son étonnement : le poids de la punition n'était pas proportionnel (et de loin !) à la faute commise.

La sanction émanant du plus haut échelon de la hiérarchie militaire, le colonel se trouvait dans l'obligation de la faire inscrire sur mon livret de notes, in extenso, à l'encre rouge, comme cela était prévu dans pareil cas. Mon avancement était sérieusement compromis, sûrement, pour de longues années...

Par contre, et de cela, il en prenait l'entière responsabilité, je ne serai pas enfermé dans un local disciplinaire durant la durée de la punition. Il me permit aussi de continuer normalement mon travail et de prendre mes repas au mess. En contrepartie, je dus donner ma parole de ne pas sortir de la Base durant ce laps de temps.

Je le remerciais de sa bienveillance à mon égard et, l'entretien terminé, nous nous séparâmes.

Sur le chemin du retour, mon capitaine m'assura, à son tour, de sa compréhension.

J'avais des chefs dignes de ce nom, qui savaient faire la vraie part des choses et manier, avec discernement, la sévérité, lorsqu'elle était nécessaire, et l'indulgence quand la faute commise le permettait.

Ils faisaient honneur à l'Armée.

Je purgeais donc, lentement, ma peine. Ce fut long, deux mois sans sortir ! La visite de la ville, que je n'avais pas encore eu le temps de faire, serait pour plus tard. Le service, dans lequel je puisais des forces, m'aida beaucoup, moralement.

Le dix-neuf mai, mon généreux bienfaiteur, le général Salan, surnommé le "mandarin" ou encore, le "Chinois" pour sa grande connaissance de l'extrême-orient, qui avait succédé au général De Lattre de Tassigny en 1952, fut remplacé par le général Navarre, nouveau commandant en chef qui décida, dès sa prise de fonctions, de rendre les Unités terrestres plus mobiles. Le général Cogny prit, lui, le commandement des troupes du Tonkin.

La situation n'était guère brillante. La majeure partie du nord du pays, ainsi que la zone comprise entre le Fleuve Rouge (ou Song-Koï) né au Yun-Nan, qui rejoint la mer de Chine méridionale en formant le delta du Tonkin (où se trouve, en autres nombreux édifices religieux, la célèbre pagode dédiée à la déesse Quan Am, incarnation féminine de Bouddha, construite au sommet du Huong Tich Son, ou : montagne des parfums), et la Rivière Noire, son affluent, coulant parallèlement à lui, cent kilomètres plus au sud, traversant Laï Chau, Son-La, Hoa-Binh, Ninh-Binh et se jetant, elle aussi, dans le golfe du Tonkin, était contrôlée par Giap.

Début juillet, les opérations "Hirondelle" et "Aronde", auxquelles participèrent activement les groupes de transport aériens "Anjou", "Franche-Comté" et "Béarn", mettant en œuvre une soixantaine de "Dakota", furent déclenchées. La mission assignée fut de dégager et d'évacuer les postes de Nasan et de Langson assiégés, à la frontière de Chine. Ces manœuvres furent couronnées de succès. Par contre, l'opération "Camargue" qui eut lieu simultanément, destinée à anéantir un régiment Viêt, dans une zone baptisée "la rue sans joie", n'obtint pas le résultat escompté.

Le vingt du même mois, je fus désigné pour remplacer, à Séno, au Laos, à huit cents kilomètres au nord-ouest de Nha-Trang, un opérateur radio tombé, subitement, assez gravement malade et en instance de rapatriement sanitaire sur la France. Ma vacation était prévue pour trois mois, environ, jusqu'à l'arrivée d'un nouvel affecté.

J'atterris dans ce coin du bout du monde dans la soirée.

La station était, pour le moins, vétuste, voire, délabrée. C'était une paillote; les antennes étaient fixées à des bambous. Avec un peu d'imagination, l'on aurait pu croire qu'il s'agissait de la cabane de Robinson Crusoé. La piste d'atterrissage, rudimentaire, se trouvait à six kilomètres plus au nord.

"L'habit ne fait pas le moine", dit-on. En effet, malgré son apparence peu séduisante, cette aide à la navigation aérienne était très sollicitée. Sa position entre Paksé au sud, à trois cents kilomètres, et Luang Prabang, à cinq cents kilomètres au nord, était fort judicieuse, le couloir aérien dont elle avait la charge étant très fréquenté. Si l'on ajoute à cela les continuelles mauvaises conditions météorologiques locales, l'on comprendra mieux qu'elle fût implantée à cet endroit si particulièrement névralgique.

Séno, petite bourgade peuplée de paysans et d'agriculteurs, se trouve à peu de distance du fleuve Mékong, à cheval sur le dix-septième parallèle nord. La région est sauvage ; c'est le royaume de l'éléphant et du buffle dont, certains, domestiqués, rendent les plus grands services aux indigènes : débroussaillement, port de lourdes charges, labourage et autres travaux divers.

La capitale du Laos est Vientiane. La superficie du pays est, à peu près, la moitié de celle de la France ; sa population était, en 1953, de deux millions et demi d'habitants, constituée de Laos, à cinquante pour cent, de Thaïs et de Siamois pour le reste.

Situé dans la partie centre orientale de la péninsule indochinoise, le pays s'étire du nord-ouest au sud-est sur mille kilomètres. Sa largeur ne dépasse pas deux cent cinquante kilomètres.

Les Japonais occupèrent brièvement le territoire pendant la seconde guerre mondiale. Ils l'évacuèrent en 1945.

Le Laos, après son indépendance, en 1949, fut gouverné par le Prince Souvanna-Phouma jusqu'en 1975.

Des conditions physiques ingrates pouvaient expliquer le retard économique du royaume. Le riz était (aujourd'hui encore) la base de l'alimentation ; l'arachide, la canne à sucre, le maïs, le gingembre, le kaki, le panax (ginseng, aux propriétés toniques reconnues), le café et le sel étaient les principales ressources. La culture du pavot, dont l'on extrayait, dans les années cinquante, dix mille tonnes d'opium, assurait aux trafiquants des profits fabuleux. Quelques petits gisements d'or, d'argent, de plomb, de zinc, d'étain, de wolfram et de tungstène existaient mais produisaient assez peu.

Le cheptel (hormis le porc d'Asie, très apprécié ici) était mal soigné et, de ce fait, peu rentable, ce qui impliquait des importations de viande. La seule ressource d'énergie était le charbon de bois produit par les forestiers.

Le Mékong, mal maîtrisé, la production hydroélectrique était presque inexistante. Un vaste projet de domestication des ardeurs irrégulières du fleuve avait bien été à l'étude, dès 1952, mais il fut contrarié par les conflits qui se sont succédés, d'abord, celui des Français contre le Viêt-Minh, puis, celui des Américains contre le Viêt-Cong, de 1962 à 1969. Entre ces deux guerres, et même au-delà, le pays connut de graves problèmes internes avec les forces du Pathet-Lao.

Soumis au régime de la mousson, le Laos connaît, de mai à octobre, une saison très humide et malsaine à laquelle succède une saison sèche, très chaude, surtout de février à fin avril (plus de quarante degrés centigrades, sous abri). Le climat tropical est favorable au développement de la forêt qui constitue un appoint indispensable à l'économie (exportations de teck et d'ébène).

Le Mékong, source de vie, coule, tantôt dans des gorges encaissées, tantôt s'élargit dans de petits bassins qui sont les zones essentielles du pays. Malgré les chutes et les rapides qui encombrent son cours, il reste le principal moyen de communication. Pirogues, sampans et chalands le remontent, de Savannakhet à Vientiane.

Ce fleuve de légende, qui naît à plus de cinq mille mètres d'altitude, dans les hauts plateaux du Tibet, est la frontière naturelle avec la Thaïlande (Siam). Il traverse, au sud, le Cambodge et se jette dans la mer de Chine en formant un vaste delta. Son cours est de plus de quatre mille kilomètres.

Le séjour à Séno restera, pour moi, inoubliable. À quatre, dont un dépanneur radio, nous assurions le service, du mieux possible, compte tenu de nos faibles moyens en matériel. Heureusement pour notre employeur que les heures supplémentaires n'étaient pas facturées, car nous ne comptions pas le temps de présence, non seulement, pour faire notre travail, mais aussi, et surtout, pour rafistoler ce qui pouvait encore l'être…

Le vingt-sept septembre, la relève annoncée arriva, un peu plus tôt que prévue. Le sergent Breuil avait fait le voyage de France à bord du paquebot transport de troupes "Pasteur" que beaucoup d'anciens connaissent bien pour en avoir été les hôtes. La suite du parcours s'était effectuée par avion militaire. Le bon vieux "Dakota" qui avait acheminé notre camarade depuis Saïgon, après une courte escale de deux heures, devait me déposer ensuite, ma mission terminée ici, à Nha-Trang, terminus de son voyage.

Bizarrement, j'étais partagé entre la joie de retrouver mes habitudes, mes amis, et la nostalgie de quitter ce pays auquel je m'étais attaché, en si peu de temps et qui m'avait, littéralement, conquis. La beauté sauvage des paysages, la gentillesse, l'amabilité, l'infime délicatesse des indigènes y étaient, indubitablement, pour quelque chose…

Les consignes passées, les adieux faits, nous prîmes congé de ce petit paradis en début d'après-midi avec, pour ce qui me concernait, le cœur serré… Que voulez-vous, quand l'on a eu la chance de connaître, même brièvement, une vie aussi étroitement mêlée à la véritable nature, l'on reste marqué à tout jamais ! Chacun des jours passés avait été différent du précèdent et m'avait donné un avant-goût de l'Aventure…

Le survol de la Cordillère annamitique fut magnifique, surtout que la visibilité était excellente. Décidément, j'étais gâté sur toute la ligne ! Ce relief déchiqueté, allongé, marque la frontière du Laos, à l'est, avec l'Annam. C'est aussi un obstacle aux communications avec le Cambodge, au sud. Épine dorsale de la péninsule, elle atteint une altitude de trois mille mètres, dans sa partie nord et s'abaisse, dans le sud, jusqu'à mille cinq cents mètres. Ses pentes sont douces vers l'ouest et abruptes côté est. Son franchissement, par air, est toujours délicat : des turbulences fort gênantes se formant sur ses contreforts.

L'approche sur Nha-Trang et cette mer turquoise que l'on commençait à apercevoir, scintillante sous les rayons obliques du soleil déclinant, fut un réel enchantement.

J'eus le loisir de dialoguer, par la radio V.H.F. du bord, avec mes collègues au sol qui nous avaient pris en charge pour effectuer la "percée". Avec eux aux manettes, l'on ne risquait plus rien : le passage entre les deux "parpaings" émergeant de l'eau, ne serait qu'une simple formalité ! Ils étaient très heureux de me retrouver et moi, de les revoir bientôt.

Nous nous posâmes un peu avant dix-sept heures.

L'intermède laotien venait de prendre fin…

Mes amis me firent part de ce qui s'était passé d'important pendant mon absence. L'un de nos "Dakota" avait dû faire un atterrissage forcé à Phan Thiêt, à deux cents kilomètres au sud, sur la côte. Un circuit hydraulique avait été touché par des tirs d'armes automatiques lourdes au moment de son approche du terrain. Le train d'atterrissage ne voulait pas sortir. Après avoir effectué toutes les manœuvres de secours prévues dans ces cas-là, tourné en rond au-dessus de la mer pour épuiser le maximum possible de carburant afin de limiter les risques d'explosion et d'incendie à l'impact, le pilote, et commandant de bord, qui avait le choix entre la petite piste en dur du terrain et l'amerrissage en mer, près de la côte, avait opté pour le dur. Il était souverain dans sa prise de décision. Le choc, malgré le savoir-faire du "cocher", avait été rude. Métal contre béton, ce fut, paraît-il, le feu d'artifice du quatorze juillet avant l'heure ! Par chance, hormis quelques bosses et blessures sans trop de gravité, il n'y eut pas de morts à déplorer. La faux de la "Camarde" n'avait pas fonctionné… L'appareil, lui, était complètement irrécupérable, mais cela n'avait que bien peu d'importance !

Au sujet du commandement, à bord des avions militaires, je crois bon de préciser que ce n'est pas, forcément, le pilote qui en est le détenteur. En effet, le commandant de bord, seul maître après Dieu, est le membre d'équipage qui est titulaire du diplôme de "commandant d'avion" et ce, quel que soit son grade. Ainsi, il n'était pas rare de voir un sous-officier (adjudant-chef, par exemple) être le patron, à bord, et donner des ordres à un officier, non titulaire de ce brevet. Dans l'Armée de l'Air, c'est le degré de qualification qui prime le grade. De retour sur le plancher des vaches, la hiérarchie militaire reprend ses droits.

À mon tour, je parlais de mon séjour à Séno, de la vie monacale des quatre servants de la station, des paysages, de la faune, riche et variée, du fleuve, source de vie…

Je retrouvais vite mes habitudes, quelque temps interrompues, et repris du service aussitôt, mes camarades n'ayant pas chômé pendant mon absence et ayant besoin de souffler un peu.

La prochaine vacation de nuit avec Air France était pour moi.

J'ai toujours, dans l'oreille, la voix grave de l'un des deux pilotes contactant notre station deux fois par mois, vers deux heures. Dans le silence de la nuit, elle prenait une tonalité particulière, elle semblait venir d'un autre monde…

Les émetteurs et les récepteurs mis sous tension dès une heure trente, les appareils calés sur la fréquence radio appropriée, à savoir : cent dix-sept neuf mégacycles, il ne restait plus qu'à attendre l'appel de mon interlocuteur sans visage des ténèbres.

Au moment prévu, ou presque, les haut-parleurs prenaient vie :

- Nha-Trang gonio, ici Air France Fox-Zoulou-Alfa. Me recevez-vous? Répondez !

- Air France Zoulou-Alfa, ici Nha-Trang qui vous reçoit fort et clair, cinq sur cinq et qui vous écoute.

- De Zoulou-Alfa, bonjour. En provenance de Saïgon-Tan Son Nhut que j'ai quitté à une heure quinze, je suis au cap zéro quarante-cinq, à l'altitude de vingt-cinq mille pieds, vitesse deux cent quatre-vingts nœuds, à destination de Tokyo, via Formose que j'estime à six heures. Voulez-vous me donner la force et la direction du vent ainsi que la pression barométrique au niveau du sol? Répondez !

Les renseignements demandés, aussitôt transmis, étaient complétés par la position relevée de l'appareil.

- De zoulou-Alfa, bien reçu : vent de secteur nord-est faible, Q.N.H. mille treize millibars, azimut deux, unité, cinq.

Quelques minutes plus tard, le quadrimoteur passait à la verticale de la station et prenait son cap d'éloignement nord-nord-est : trente-cinq degrés magnétiques. La conversation continuait ainsi jusqu'à ce que la liaison radio, devenue presque inaudible, ne soit plus exploitable. Nous quittions alors la fréquence, le Constellation passant sur celle de la station de Tourane (Danang) qui prenait le relais.

La voix de cet homme invisible semblait venir de l'au-delà ; oui, elle avait quelque chose de surnaturel, de magique… Aujourd'hui encore je l'entends. Elle aura toujours une place de choix dans un petit coin de ma mémoire, elle ne mourra qu'avec moi…

Le vingt-neuf septembre, le porte-avions Arromanches qui était de retour de France arriva au cap Saint Jacques. Il ne pouvait pas remonter la rivière de Saïgon, son tirant d'eau ne le permettant pas. Il rejoindra la baie d'Along, au Tonkin, près d'Haïphong son port d'attache, le quatre octobre.

Depuis quelques jours, je ne me sentais plus très en forme. Des douleurs abdominales de plus en plus intenses, accompagnées d'une lassitude proche de la prostration, suivies d'une phase d'amaigrissement, m'inquiétèrent sérieusement. Les examens médicaux pratiqués aussitôt au service médical de la Base confirmèrent le diagnostic du médecin : dysenterie amibienne. L'hospitalisation à l'Institut Pasteur de la ville, fondé en 1920 et filiale de celui de Paris, fondé, lui, en 1888, spécialisé dans le traitement des maladies tropicales, bactériologiques et virales, fut immédiatement ordonné.

Le responsable de mon état délabré était un protozoaire rhizopode vivant à l'état de parasite dans l'eau et le sol qui, après avoir été ingéré, se localise dans le gros intestin où il forme des kystes et des ulcères, parfois, dans le foie (hépatite amibienne) et même, dans le cerveau. Ce locataire indésirable comporte un grand nombre de variétés répertoriées par les biologistes. Malheureusement pour moi, celui qui m'avait choisi faisait partie des plus virulents, car il était "hématophage". Ce dévoreur de globules rouges provoque cette maladie qui sévit à l'état endémique et qui peut être grave.

La forme aiguë des troubles dure, environ, un mois. Puis survient un état de latence, souvent extrêmement long (des années, quelques fois toute la vie), suivi de périodes successives de rémissions et de résurgences douloureuses avec altération de l'état général du malade.

Pour être plus clair, c'est une maladie dont l'on ne se débarrasse pas facilement, parfois, jamais. Les soins consistent en une injection quotidienne dans les fesses, pendant les quinze premiers jours du traitement, d'un mélange d'émétine (alcaloïde de la racine d'ipéca cuanha) et de strychnine (arséniate et sulfate tétanisant, peu soluble dans l'eau et l'alcool, qui est un accélérateur du cœur et peut provoquer la contracture, puis, la paralysie des muscles. Mais, à faibles doses, il est stimulant).

Quelle ne fut pas ma surprise de voir arriver dans la chambre, le premier jour de mon hospitalisation, un infirmier de couleur, revêtu d'une blouse d'un blanc immaculé qui tranchait fortement avec la carnation de sa peau. Il était immense : un véritable colosse ! Dans ses mains, deux fois grandes comme les miennes, disparaissait, presque entièrement, la seringue : il n'y avait que l'aiguille qui en dépassait ! Et dire que j'avais vu de douces infirmières dans l'établissement ! Il avait fallu que je tombe sur cette montagne ! Je n'étais pas spécialement rassuré, à tort car il se montra d'une adresse incroyable à laquelle il était difficile de s'attendre pour l'exécution de ce genre de travail. Il se montra, durant tout mon séjour à l'Institut, d'une délicatesse et d'une douceur inversement proportionnelles à ce que son apparence physique pouvait faire craindre. Une fois encore, l'habit n'avait pas fait le moine !

Chaque matin, il se présenta, un peu avant midi et, chaque fois, il se montra aussi parfait. Dire que sa venue était attendue avec impatience et délectation serait exagéré, mais elle n'était pas, non plus, redoutée... Au fil des jours nous étions devenus des copains et il lui arrivait, lorsque le service le lui permettait, de rester un moment à discuter avec moi. J'appris ainsi qu'il se prénommait Abdul et qu'il était originaire du Sénégal.

Le séjour à Pasteur dura un mois. À la sortie de l'établissement hospitalier, une exemption de service de trente jours en poches, j'avais perdu quinze kilos et je me sentais très faible.

Il me fallait vite reprendre du "poil de la bête".

Avec le temps, petit à petit, mes forces revinrent. Il fallait que je reprenne ma place au plus vite afin de soulager mes camarades qui faisaient face à un surcroît de travail du fait de ma défaillance.

En attendant je profitais de mes derniers jours de convalescence pour visiter la ville, ce qu'il ne m'avait pas été possible de faire jusque-là et que je n'aurai, peut-être plus, l'opportunité de réaliser dans les jours à venir.

Nha-Trang était une cité de moyenne importance, un port actif du centre-Annam, sur la mer de Chine. Territoire Cham du troisième au dix-septième siècle, sa population avait la particularité, en ces temps-là, d'utiliser une langue monosyllabique. La ville devint, par la suite, chef-lieu de la province de Khan-Hoa.

Ses principaux revenus provenaient de la culture du riz et surtout, de la pêche maritime. Sa plage de sable fin, bordée de cocotiers, passait pour être la plus belle du pays. La température de l'eau était idéale toute l'année et faisait le bonheur des amateurs, nombreux, de bains de mer. Toutefois, cette joie était ternie, heureusement quelques semaines seulement dans l'année, par l'apparition de requins et autres squales qui recherchent les eaux chaudes pour se reproduire.

Un marché très pittoresque, regorgeant de noix de coco, bananes, ananas, mangues, papayes, goyaves, frangipanes, longanes, ignames, sapotilles (dont le goût sucré rappelle celui de la poire), mangoustans (en forme de citrouille), de légumes de toutes sortes, viande de buffle, et même de chien, de poissons, de coquillages, était le lieu de rencontre privilégié des habitants, l'endroit où l'on prenait connaissance des dernières nouvelles...

Je découvris la gare de "la Rafale" avec, en face, l'incontournable hôtel "Terminus", la Poste (Bû-Dien), une très belle église catholique, bien évidemment, des temples "Khmers", avec des statues et des sculptures au symbolisme architectural très poussé, ornés de riches décors taillés dans le bois ou la pierre et, en grand nombre, des pagodes bouddhistes, également merveilleux édifices dont certains devaient bien faire une vingtaine de mètres de hauteur, abritant, les uns, des ouvrages immenses représentant Bouddha debout, en prières, d'autres, des œuvres funéraires figurant un personnage couché (gisant) ou à genoux (orant).

La ville, d'une activité exubérante, me donna l'impression d'ignorer la guerre dans laquelle le pays était plongé, chacun semblant vouloir jouir, au maximum, du temps de vie que l'Être suprême était décidé à lui accorder.

Un cinéma, le "Tan Tan" passait, l'après-midi, des films chinois et surtout, indiens, sous-titrés, à grands renforts de décibels. Ce jour-là, était à l'affiche un "Tarzan", version indienne !

Dans l'artère principale de la ville se croisaient, dans un délire de bruits, des pétrolettes, des pousse-pousse, des charrettes, des cyclistes en permanence crispés sur leur sonnette, quelques voitures, parfois des véhicules militaires armés qui jouaient, en quelque sorte, les "trouble-fête", dans cette débauche de joie de vivre.

Ce qui me frappa le plus, ce fut de voir les "dentistes" locaux officier sur le trottoir, au milieu d'une foule demandeuse de soins, dans la poussière soulevée par tout ce qui roulait sur la chaussée en terre battue. Leur "cabinet" de consultation était constitué d'un tabouret pour les patients, de deux tréteaux en bois sur lesquels était posée une planche recouverte d'un tissu de couleur indéterminée, d'un coffret rempli de dents factices, certaines de couleur noir ébène, les plus chères, très demandées par les clients les plus aisés qui voyaient en elles un côté esthétique indéniable et qui n'hésitaient pas, pour mettre leurs dents saines dans le même ton, à utiliser une teinture à base d'alcool de riz, de tanin, de sulfate ferrique et de jus de citron, d'autres, pour les moins nantis et ceux qui chiquaient le bétel (mélange masticatoire fait de feuilles de poivre, de noix d'arec et d'un zeste de chaux vive), d'une teinte rougeâtre.

Sur l'étal se trouvaient aussi une seringue avec son aiguille, un flacon d'alcool médicinal, une fiole de produit anesthésiant, un davier, à l'aspect peu engageant et, enfin, une roulette reliée par une cordelette à un jeu compliqué de poulies que les hommes de l'art actionnaient à l'aide d'une pédale. Plus ils "moulinaient" vigoureusement, plus vite tournait la fraise. La turbine ne risquait pas, et pour un bon moment, sûrement, de trouver, ici, de la concurrence !

C'étaient les "arracheurs de dents" du moyen âge qui avaient survécu aux siècles... Ces praticiens étaient, le plus souvent, assez vieux, peut-être parce que le nombre d'années d'études avait-il été important !

Les coiffeurs, qui fleurissaient dans le bourg, étaient, eux aussi, dignes d'intérêt. Pendant que le "Figaro" opérait, toujours avec une infinie délicatesse et une douceur extrême qui vous donnaient des frissons dans le dos, une jeune fille, de dix à quatorze ans, venait s'asseoir à côté du client, sur un petit siège bas en rotin et, à l'aide d'une fine tige de bambou (dont une extrémité était recouverte de coton hydrophile imbibé d'une mixture) qu'elle faisait tourner, très vite, entre ses doigts habiles, s'employait à faire le nettoyage des conduits auditifs du patient. Cela durait tout le temps de la coupe de cheveux ! Original, non ?

Était à voir, également, le vivarium de Tri-Nguyen, implanté dans un îlot proche, magnifique réserve alimentée en eau de mer, qui contenait une multitude de poissons d'une très grande variété et qui était aménagé de façon à reproduire, au mieux, le milieu et l'habitat naturels de ses résidents.

Il serait bien dommage de terminer cette énumération sans faire état du village de pêcheurs de Cu-Lao, à quelques kilomètres de la ville, où il était possible de déguster des produits frais de la mer, tels que crabes, crevettes et langoustes, dans de petites échoppes réservées à cet effet. Le nuoc-mâm, condiment obtenu par macération de poisson dans une saumure, était abondamment utilisé, surtout par les clients qui ne craignaient pas les maux d'estomac ou alors qui désiraient, tout simplement, maltraiter des parasites intestinaux récalcitrants…

Enfin, l'on pouvait voir, pas bien loin de ce village, la magnifique résidence secondaire de l'empereur Bao Daï qui était chef de l'État vietnamien et qui le restera jusqu'en 1955.

Le trente novembre je repris, officiellement, mon service, à la grande satisfaction de mes collègues. La fatigue avait presque totalement disparu et la forme physique semblait être de retour. Maintenant, il fallait essayer de rattraper le temps perdu…

Fin octobre, le commandant du Corps expéditionnaire français (C.E.F.) envisagea d'occuper la vallée encaissée de Diên Biên Phu. En y installant une importante base aéroterrestre, le général Navarre comptait pouvoir utiliser ce qu'il pensait être une excellente position stratégique pour enrayer une éventuelle invasion du Laos et défendre mieux, en même temps, le Tonkin. Ainsi, la R.C.41 (route coloniale), dans la région ouest du col des Méos, qui serpentait entre les vallées de Song Ma, Mai Son et Son La, jusqu'à Diên Biên Phu, très fréquentée, empruntée la nuit (et le jour, sous le couvert de la jungle épaisse) par le régiment Viêt quatre-vingts-huit, la R.C.7, également au nord Laos, reliant Luang Prabang à la plaine des Jarres, axe important de ravitaillement de nos ennemis et la R.C.3, reliant Vientiane à Tranninh, appelée : la route de la reine Astrid, seraient plus aisément surveillées, ce qui ne manquerait pas, pensait-on, de poser de sérieux problèmes à notre ami Giap.

Cette idée ne souleva guère l'enthousiasme de l'entourage de Navarre.

Parallèlement, éclata l'"affaire des fuites". L'on découvrit, tout à fait par hasard, que les ambassades des pays de l'est, à Paris, renseignaient le Viêt-Minh des décisions prises par la commission de la Défense nationale française.

Le scandale fut à la hauteur de l'événement, d'autant que, non seulement les rebelles étaient tenus au courant des opérations militaires envisagées par les Français mais, aussi, de la faiblesse des renforts impatiemment attendus en Indochine...

Le premier novembre, une délégation de la Base se rendit au cimetière militaire de Nha-Trang pour rendre les honneurs aux morts et fleurir les tombes, étroitement mêlées, des Vietnamiens et des Français qui avaient été unis dans la même souffrance, dans le même combat.

Le ciel était bas, plombé : il semblait vouloir s'associer à notre chagrin.

La décision du commandant en chef d'occuper la cuvette de Diên Biên Phu prise, l'ordre fut donné au général Gilles de mener à bien cette opération qui débuta le vingt novembre. Cogny, l'un des plus proches collaborateurs de Navarre, fit part à son chef de ses inquiétudes, arguant que les terrains d'aviation les plus proches de la cuvette se trouvaient à plus de trois cents kilomètres de celle-ci (ce qui serait un handicap sérieux pour l'appui aérien), que les chasseurs embarqués "Hellcat" et "Corsair" de l'Aéronavale, basés en baie d'Along, n'ayant pas une autonomie de vol suffisante, ils devraient être équipés de "belly-tanks", réservoirs supplémentaires de carburant accrochés sous les ailes (ce qui réduirait d'autant leur armement), que la météorologie était souvent défavorable dans cette région montagneuse, ce qui compliquerait, forcément, le ravitaillement qui ne pourrait se faire que par air et que, si les Viêts arrivaient à hisser des pièces lourdes au sommet des montagnes ceinturant la plaine, la situation de nos troupes deviendrait vite intenable.

Navarre se refusa à imaginer que le Viêt-Minh puisse mettre en batterie de grosses pièces d'artillerie sur les hauteurs. Si contre toute probabilité, il y arrivait, celles-ci seraient vite réduites au silence, l'officier supérieur en charge de l'ensemble des bouches à feu françaises du camp retranché le lui ayant assuré. Un appui aérien musclé ferait le reste. Enfin, il était pratiquement impossible pour l'ennemi de concentrer, à cet endroit, suffisamment d'hommes et de matériel pour menacer, sérieusement, une garnison forte de plus de dix mille soldats.

L'on s'installa donc dans ce qui allait bientôt devenir un piège mortel. Un second désastre de Sedan était en marche : rien ne pouvait, désormais, arrêter le cours de l'Histoire...

La piste d'atterrissage construite par les Japonais en 1941 fut remise en état. L'on y adjoignit un balisage lumineux constitué de lampes à pétrole type "goose-neck". Une station de radiographie H.F. (fréquence : six mille cinq cent quatre-vingts quinze kilocycles) et une station de radiogoniométrie V.H.F. (cent dix-huit un mégacycles, indicatif : Torri rouge) furent mises en service. Une infirmerie, avec bloc opératoire, vit le jour, des tentes et des baraques préfabriquées, pour le personnel, furent montées, des travaux de protection entrepris et des points d'appui, à l'extérieur du camp, mais non loin de celui-ci, implantés et solidement fortifiés, pour constituer la défense rapprochée du dispositif.

Le décor était planté, la tragédie pouvait commencer...

Les parachutages de vivres, de médicaments, de munitions, les évacuations sanitaires, les missions d'appui feu au profit des troupes au sol (dans notre jargon : straffings), se succédèrent sans désemparer, nécessités par une situation de plus en plus lourde et dure à gérer. Le Viêt-Minh se faisait plus présent chaque jour, plus incisif, de mieux en mieux armé. Il était entraîné par les experts en art militaire de Mao Tsé-Toung, alors Président du Conseil et qui deviendra, en 1954, Président de la République populaire de Chine.

Les renforts, impatiemment attendus par le général Navarre, tardaient à arriver; ils ne seront, jamais, à la mesure des besoins. L'Armée de l'Air paya un lourd tribut aux "coupes sombres" budgétaires décidées par le Gouvernement. Elle manqua, cruellement, d'équipages. Les disparus en service commandé ne furent, en aucun temps, remplacés, nombre pour nombre. Les missions aériennes ne devant pas faiblir pour autant, les personnels, toutes spécialités confondues, avaient des cadences de travail démentielles. Je me souviens avoir vu des pilotes s'assoupir aux commandes de leur appareil... L'Aéronavale, la moins pénalisée en effectifs, nous prêtera des navigants qui combattront et se distingueront dans nos rangs. La fraternité d'Armes, depuis longtemps mise à l'épreuve, ne se démentira jamais...

Quant aux Unités de l'Armée de terre qui souffraient et peinaient dans la jungle, dans la boue des rizières, elles ne verront jamais, elles non plus, leurs immenses pertes en hommes, compensées.

Nous nous sentions bien loin de la métropole. Nous avions le très net sentiment qu'elle oubliait, un peu plus chaque jour, ses propres enfants...

Des pluies torrentielles, qui eurent pour effet d'annuler certaines opérations programmées, s'abattirent soudain sur la région. Les pistes se trouvèrent plusieurs fois en Q.G.O. (interdiction d'atterrir ou de décoller). Cette situation fit bien l'affaire des Viêts... et des crapauds-buffles (énormes : jusqu'à quarante centimètres de longueur), grands consommateurs d'insectes, dont l'on pouvait entendre le coassement rauque à des kilomètres, amplifié qu'il était par le nombre important de ces batraciens qui pullulaient sous cette latitude. Par contre, ces abondantes précipitations n'étaient guère appréciées, voire, pas du tout, des reptiles, tel le varan (deux à trois mètres), lui aussi friand d'invertébrés arthropodes, et des primates, dont la plupart, ont une sainte horreur de l'eau.

C'est vrai : le bonheur des uns fait bien, parfois, le malheur des autres !

Fin novembre parut, en métropole, un livre intitulé : "Trafic de piastres", écrit par un certain Jacques Despuech. Cet ouvrage dénonçait un commerce clandestin et illicite de devises indochinoises effectué sur une très grande échelle entre la France et l'Asie du sud-est, depuis des années, par de hauts fonctionnaires, la plupart encore, à ce moment-là, en poste, et des chefs de grandes industries privées. Selon l'auteur le trafic s'élevait à plusieurs milliards de francs de l'époque ! La publication, qui mettait en cause beaucoup de monde, fut interdite à la vente et retirée de la circulation peu de jours après sa parution. Cependant elle avait eu le temps de faire un véritable scandale au sein de la population française.

Mais comme l'a écrit, avec tant de vérité, voilà trois siècles, le fabuliste Jean de La Fontaine, pour ne pas le citer : "Selon que vous serez puissant ou misérable, les jugements de Cour vous rendrons blanc ou noir…", l'affaire n'eut pas les suites qu'elle aurait dû avoir et son instruction se perdit dans les méandres obscurs des complicités bienveillantes, des influences douteuses, des relations bien placées. L'on ne s'attaque pas au "Gotha" comme cela !

Et dire que l'on m'avait fait payer si cher, pour si peu !

Les principes sacrés de la "Déclaration des droits de l'homme et du citoyen" qui stipulent que : "Tous les hommes naissent et demeurent libres et égaux en droit" ne devaient pas m'être applicables…

Dès les premiers jours de décembre, le général Cogny renouvela, auprès de son chef, ses appréhensions et ses craintes concernant l'occupation, par nos troupes, de la position de Diên Biên Phu.

En vain.

Le quatre du même mois, mes deux amis et moi, nous nous associâmes pour l'achat d'une petite embarcation, de confection locale, en caiphèn, qu'un vieux pêcheur indigène usé par de nombreuses années de dur labeur ne pouvait plus utiliser. Elle était équipée d'un moteur à essence Monet-Goyon de deux chevaux, lui aussi assez fatigué. (L'on ne tardera pas à en faire l'amère constatation.) Le prix était fort attractif, alors pourquoi s'en priver? Ainsi, en organisant un tour entre nous, nous pourrions, lorsque le temps, et le service, le permettraient, aller visiter les îles voisines, inhabitées, sauf par des petits singes, fort curieux, selon les pêcheurs qui connaissaient bien le coin. En outre, toujours selon eux, la végétation, sur ces terres, présentait une grande variété d'arbres, de plantes, de fruits savoureux et de fleurs de toutes les couleurs.

Nous devrions toujours être deux à bord (c'était, d'ailleurs, le maximum que pouvait supporter le rafiot), le troisième copropriétaire devant rester à la station avec les stagiaires. Nous étions ravis de notre acquisition et n'attendions plus que l'occasion de passer à l'acte.

Bien entendu, notre hiérarchie n'avait pas été tenue au courant de notre caprice et mieux valait, pour nous, qu'elle ne le fût jamais...

Deux jours plus tard, une magnifique journée s'annonçant et la mer étant d'un calme plat de bon augure, le "Queen Elisabeth II", que nous avions garé dans un local désaffecté, retrouva son élément naturel. Nous décidâmes, Charpentier et moi, les deux premiers à faire le voyage d'inauguration, de partir tôt, ce matin-là, afin d'être de retour en milieu d'après-midi, au plus tard. Bocchetti serait, lui, de la prochaine expédition, avec l'un de nous deux.

À sept heures, nous donnâmes les premiers coups de pagaie pour nous éloigner de quelques mètres du rivage. Nous entreprîmes, alors, de mettre le moteur en marche. Cette opération fut, pour le moins, laborieuse. Pourtant, nous avions pris le soin de nettoyer, la veille, la bougie (qui en avait bigrement besoin), vérifié l'allumage et l'arrivée d'essence. Enfin, au bout d'une dizaine de minutes, Monet-Goyon voulut bien se montrer coopératif. Il toussota, d'abord, puis accepta de monter en régime. Nous mîmes donc le cap sur le "grand large", heureux comme des collégiens en goguette. Avec un peu d'imagination (et nous n'en manquions pas!) l'on se serait pris pour des navigateurs partant à la découverte d'un nouveau monde!...

Nous n'avancions guère vite, et cela fut un bien pour nous... En effet, alors que nous devions nous trouver à, environ, deux cents mètres de la côte, un craquement, pour le moins, insolite, se fit entendre, bientôt suivi par un second, carrément sinistre et ne présageant rien de bon. Nous nous regardâmes, mon compagnon et moi, mais n'eûmes pas le temps de nous poser des questions : l'embarcation, laquelle, contrairement au "Titanic", n'avait pas heurté d'iceberg, commença à s'ouvrir en deux, en son milieu : le caiphèn était pourri, et nous ne nous en étions pas rendus compte à l'achat. L'eau s'engouffra, ce qui précipita le mouvement amorcé vers le bas. En quelques secondes, nous fûmes à l'eau, la moitié allégée du "paquebot" disparaissant lentement dans les profondeurs, l'autre, qui supportait le moteur étant, elle, déjà sûrement au fond...

Heureusement que nous savions nager! Nous fîmes donc le chemin inverse à la brasse, de conserve, afin de nous aider mutuellement, si besoin était, pas fiers de nous !

Fatigués, mais soulagés de nous en être tirés à si bon compte (l'incident aurait aussi bien pu se produire beaucoup plus loin), nous fûmes de retour à notre point de départ bien avant l'heure prévue. Arrivés enfin sur le rivage, nous partîmes d'un grand éclat de rire...

C'étaient les nerfs qui s'extériorisaient...

Nous ne retrouvâmes jamais notre vendeur... et cela fut mieux ainsi ! Quant aux témoins de la transaction, facilement retrouvés, ils jurèrent ne pas le connaître. Nous étions bien loin de la Sicile, mais l'"omerta", la fameuse loi du silence, avait joué, ici aussi...

Le huit décembre restera une date particulièrement mémorable. En effet, ce jour-là, la vie d'un nombre important des personnels de la Base ne tint qu'à un fil. Le Viêt-Minh avait bien failli réussir un coup de maître... Mais le destin en avait décidé, lui, autrement...

Une heure avant le premier service du repas de midi, Lo Van Theu, le seul cuisinier indigène du mess des sous-officiers, qui avait, sous la menace de nos ennemis, empoisonné la nourriture devant être servie, n'osa aller jusqu'au bout de son acte et donna l'alerte avant qu'il ne soit trop tard.

Il venait de signer son arrêt de mort... Les Viêts ne lui pardonneraient jamais sa trahison. Quant à nous, nous l'avions échappé belle ! Jamais, nous n'avions savouré, auparavant, avec autant de plaisir que cette fois-là, les "rations K." qui remplacèrent le menu du jour !

Le commandant de la Base prit, aussitôt, des dispositions pour loger, sur place, notre sauveur, et sa famille qui risquait autant que lui-même.

Le lendemain, je me retrouvais seul à la station : il était midi et mes deux camarades venaient de partir au mess, les stagiaires dans leur casernement. Le temps était exécrable ; il tombait des trombes d'eau, le ciel, zébré d'éclairs, était noir et bas. Le déluge était si dru que, de mon poste, il n'était presque plus possible de distinguer la balustrade de la terrasse. L'aérodrome était, évidemment, complètement impraticable.

Aucun aéronef n'était en l'air, selon toute probabilité...

Tout à coup, parmi les crépitements de mes récepteurs, il me sembla entendre un appel, très faible, presque inaudible. Par instants, la voix prenait un peu de force puis, elle s'éteignait complètement, revenait, légèrement plus perceptible... J'émettais, à mon tour, sur la fréquence : sans résultat. Un avion, non attendu, se trouvait dans la tourmente ; comment cela pouvait-il être possible ? Je réitérais mes appels : toujours sans succès. Ce jeu de "cache-cache" était sinistre... À un moment, je crus percevoir : "Ban Me Thuot gonio..." puis, plus rien, la fin du message se perdant dans le fracas de l'orage. Le pilote pouvait toujours attendre la réponse de la station qu'il appelait : il n'y avait pas d'aide à la navigation à cet endroit ! Enfin, quelques minutes plus tard l'appel se fit à nouveau entendre, beaucoup plus distinctement cette fois : "This is Air Force one, zero, height, zero. May day, may day, may day !" C'était la première fois qu'il m'était donné de capter un appel de détresse... Il s'agissait d'un appareil américain du M.A.T.S. (Military Air Transport Service) en grande difficulté, lequel, pris dans la violence inouïe des perturbations atmosphériques, tournait en rond, complètement perdu.

Le contact radio put, enfin, péniblement, être établi, le pilote, se trouvant, à ce moment-là, plus près de notre station. Dans un flot de paroles qu'il ne maîtrisait plus, tant sa tension devait être extrême, il réussit, tout de même, à me faire savoir qu'il était en provenance de Davao, dans l'île de Mindanao, archipel des Philippines, que sa destination prévue initialement était Saïgon (il était donc bien loin de sa route) où il ne pouvait plus se rendre étant maintenant à court de carburant, qu'il transportait des officiers supérieurs, qu'il lui fallait, à tout prix, essayer de se poser à Nha-Trang, malgré l'interdiction : il y avait grande urgence !

Une fraction de seconde, une image se présenta à mon esprit : celle d'un homme sur le point de se noyer et qui tend la main hors de l'eau pour qu'on le tire de sa fâcheuse position ! Seul témoin du drame qui se jouait, je devais prendre cette main... Il fallait, avant tout, tenter de rassurer le pilote, de lui expliquer ce que nous aurions à faire ensemble. Dans de telles circonstances, ce ne fut pas chose aisée. L'Anglais scolaire, c'est une chose, l'Anglais parlé par un Américain (qui utilisait un laryngophone, de surcroît), c'est encore autre chose ! Notre conversation ne fut donc pas des plus facile...

Le but de la manœuvre était d'amener l'appareil, dans un premier temps, à la verticale de la station en lui donnant des caps puis, cette phase de l'approche terminée, l'éloigner sur la mer, plein est, à trois mille pieds d'altitude, pendant quatre minutes. Ensuite, il devrait négocier un virage à gauche de cent quatre-vingts degrés pour se retrouver, si tout s'était bien passé, face au terrain, commencer, alors, la partie la plus difficile des "réjouissances" c'est-à-dire amorcer la descente, passer entre les deux îlots situés près de la côte à une altitude inférieure à la leur (ce qui relèverait de l'exploit, dans de telles conditions), repasser, à nouveau, à la verticale de la station mais, cette fois, très bas, pour se présenter à très peu de distance de la "terre promise", dans le meilleur des cas...

La première tentative échoua : le pilote, presque complètement aveugle, hésitait à afficher le taux de descente prévu dans la phase finale de l'approche, n'apercevant toujours pas le sol. L'aiguille de la jauge de carburant étant, maintenant, dans la zone critique, l'essai suivant, devait être le bon, sinon...

Entre-temps, les deux stagiaires étaient revenus, ce qui me soulagea de la tenue du livre de bord (incorrectement appelé : procès-verbal) et du téléphone me reliant avec la station météo qui me tenait constamment au courant de la force, de la direction du vent et de la pression barométrique. Pour eux, il s'agissait d'une expérience inespérée, quant à moi, c'était une bien lourde responsabilité qui pesait sur mes épaules : la vie d'une trentaine de personnes, tout simplement ! Une erreur dans les relèvements de, seulement, deux degrés, à droite ou à gauche, et tous ces malheureux étaient envoyés "ad patres"...

Nous entreprîmes donc la seconde, et dernière, tentative.

Cette fois, n'ayant pas d'autre choix, le pilote suivit les instructions à la lettre : l'avion surgit à verticale de la station, à très basse altitude, au point d'arracher les mâts des antennes. Malgré le vent violent de la tempête, nous sentîmes le souffle des hélices et le bruit des deux moteurs poussés au maximum de leurs possibilités...

La suite des événements ne nous appartenait plus : c'était le pilote, et lui seul, qui redevenait maître de son destin, et de celui de ses passagers.

Au tout dernier instant, entre deux éclairs, il aperçut la bande et, après avoir effectué une "baïonnette" pour s'aligner plein sud au cap cent quatre-vingts-cinq, il plaqua ses roues sur le sol. Le choc dut être rude... De notre poste nous ne pouvions pas voir le spectacle mais nous apprîmes que l'avion avait réussi à rouler quelques centaines de mètres sur la piste inondée, qu'il en était sorti et avait terminé sa course folle dans les champs bourbeux par un "cheval de bois".

Quelques ecchymoses, pas de blessures graves, sinon une immense frayeur...

L'aventure s'était bien terminée, le pire avait été évité.

Sur la Base, les commentaires allèrent bon train. C'était, fort heureusement, un événement peu courant.

Dans l'après-midi, nous reçûmes un appel téléphonique du chef de Corps lequel nous faisait part de sa satisfaction.

Ce fut tout.

Nous n'avions fait que notre travail, rien que notre travail...

Du treize au vingt décembre je participais, avec deux autres personnels de la Base, en collaboration avec l'Armée de Terre, à un P.C.I.A. dans la région de Hué. Le déplacement s'effectua par la route, le long du littoral. L'un des deux stagiaires vietnamiens fut également du voyage. Nous avions pour mission de mettre en œuvre une station radio V.H.F. mobile installée dans un camion G.M.C., une importante opération ayant été décidée, avec l'appui des avions de l'Aéronavale basés en baie d'Along. Le paysage était somptueux : le franchissement du "col des nuages" offrait un point de vue exceptionnel.

Quant à Hué, ex-capitale du Royaume d'Annam, renommée pour sa

Pagode de Dame Céleste, son Temple des N'Guyen, ses mausolées impériaux et sa rivière des Parfums, nous n'eûmes, ni le temps, ni le loisir, de nous y attarder : nous avions bien d'autres choses à faire... Peut-être qu'un jour, si Dieu me prête vie, la paix enfin retrouvée, éprouverai-je le besoin de revenir dans ce pays de rêve : un pèlerinage, en quelque sorte !

L'intervention, qui avait mobilisé des forces importantes et qui avait été montée pour nettoyer une vaste région au sud de Quang-Tri, localité de plus en plus infiltrée par l'ennemi, ne donna pas le résultat escompté. Le Viêt-Minh chassé disparaissait un temps, s'évanouissait dans la nature, et revenait en force. Ses troupes, en perpétuel mouvement, tel le ressac de la mer, usaient, minaient, sapaient nos forces...

Ce fut avec beaucoup de plaisir, et de soulagement, que nous retrouvâmes notre "port d'attache", après une courte halte, pour une nuit, à Tourane.

Noël approchait et nous serions tous bien loin de nos familles. Cette pensée nous rendit, quelque peu, moroses, tristes, d'autant que les "réjouissances", ici, seraient réduites au strict minimum...

Trois jours avant la fin de l'année le Commandement décida de rendre inutilisable, tout au moins, pendant un bon bout de temps, une partie de la fameuse "piste Hô-Chi-Minh" qui était utilisée par les Viêts pour l'acheminement de leur ravitaillement, à partir de la Chine, vers le Tonkin et au-delà. Ce chemin était le cordon ombilical des régiments de Giap.

Une vaste opération aérienne fut mise sur pieds. Tout ce qui était en état de voler fut rassemblé au-dessus de cette voie de communication afin de la pilonner, l'écraser, la labourer sur des kilomètres, à partir de la frontière nord du Tonkin, vers le sud. Le résultat fut une succession de cratères, de cavités énormes : un véritable paysage lunaire ! "L'oncle Hô" et ses généraux venaient de prendre, là, un mauvais coup !

Encore une fois nous avions sous-estimé le potentiel d'énergie, d'organisation, la formidable aptitude à réagir de nos adversaires... En effet, le lendemain de ce bombardement sans précédent dans les annales de ce conflit, un observateur, à bord d'un petit avion de reconnaissance "Morane 500", chargé de vérifier les dégâts occasionnés à la zone traitée n'en crut pas ses yeux : le tronçon de piste "sinistré" avait été remis en état, les milliers de trous remplis de terre et empierrés ! En survolant à très basse altitude le "chantier", il put même distinguer, et photographier, les traces de pneus laissées par les camions "Molotova" qui étaient passés durant la nuit ! C'était ahurissant, époustouflant, impensable, incroyable, mais pourtant vrai ! Le fameux "impossible n'est pas Français" n'avait plus le monopole de son affirmation ! Des milliers de coolies avaient effectué le travail de remblayage, de nuit, chacun d'eux déversant, inlassablement, des quantités innombrables de sacs de terre et de cailloux dans les cratères. De simples vélos avaient été transformés en véhicules de transport (xe thô) après avoir subi quelques transformations : renforcement de la fourche, jantes acier et pneus pleins, mise en place de deux tiges de bambou, la première à l'horizontale pour rallonger le guidon et la seconde, à la verticale, attachée à la tige de la selle afin d'obtenir une meilleure prise pour pousser le cycle. Deux ou trois hommes étaient nécessaires pour faire avancer l'engin. Les charges ainsi transportées étaient de cent à cent cinquante kilos voire, parfois, deux cents kilos. Difficilement croyable, peut-être, réel, sûrement ! Tant de détermination et d'imagination forcent au respect...

Bien que la guerre d'Indochine ne fût pas le souci majeur d'une grande partie de la population française (hormis les parents et les proches de ceux qui étaient ici), un grand hebdomadaire métropolitain relata l'affaire, photos à l'appui, l'exploit accompli par nos adversaires étant tout à fait exceptionnel.

Les Viêts-Minhs renouvelleront, à maintes reprises, ce tour de force, et notamment, l'année suivante, à Diên Biên Phu, imités par la suite par les Viêts-Congs dans la guerre qui les opposera aux Américains lesquels déverseront sur le pays, sans plus de succès, en une seule journée, dans le courant de 1968, avec leurs super bombardiers géants B 52 un tonnage d'explosifs supérieur à tout ce qui avait été largué sur Berlin durant la seconde guerre mondiale !

Les réveillons de Noël et du jour de l'an se passèrent entre nous, tristounets, à la station, que nous ne devions pas quitter. Ces nuits-là, des recrudescences d'attentats, d'attaques, de sabotages étaient à redouter. Les craintes s'avérèrent justifiées : de sourdes explosions, en ville, et même, tout près, des rafales rageuses d'armes automatiques ne cessèrent de se faire entendre. Nous restâmes en éveil, ces deux soirées-là, nos armes à portée de main. De toute façon, qu'aurions-nous pu faire, seuls tous les trois, contre une horde assoiffée de sang et de haine ? Heureusement pour nous qu'elle nous ignora... Les premières lueurs du jour, attendues avec impatience, nous délivrèrent de nos angoisses.

Le mess, sobrement décoré, avait essayé, tout de même, de revêtir un habit de fête pour les traditionnels repas de la Saint Sylvestre et du jour de l'an. Mais, le cœur des "commensaux" n'y était pas : nous sentions, inconsciemment, que quelque chose de grave se préparait... Les efforts fournis, sans relâche, par tous, n'avaient pas été payés de retour, l'ennemi, le plus souvent invisible, était devenu de plus en plus fort, aidé à outrance par ses amis chinois et russes. En outre, il élevait son engagement, physique et philosophique, au rang de sacerdoce...

Quant à nous, nous avions le sentiment d'être les enfants pauvres d'un régime quelque peu dépassé par les événements...

1953 venait de s'achever dans la douleur et la confusion ; l'année nouvelle venait de naître dans le doute et l'incertitude. Nous ne savions pas encore qu'elle allait sonner le glas des derniers espoirs de notre Armée, malgré tout son courage, son énergie et son abnégation souvent à la limite de l'héroïsme.

La machine infernale était en marche, inexorablement. Notre funeste destinée était écrite, à l'encre indélébile…

Début janvier des mouvements de troupes ennemis furent décelés dans le secteur de Diên Biên Phu. Quelques obus de moyen calibre commencèrent à tomber sur la garnison française, ne l'inquiétant pas outre mesure, les tirs étant sporadiques et imprécis.

Le lendemain, le général Cogny fit part à nouveau de ses appréhensions au commandant en Chef : l'occupation par nos forces de la vallée encaissée du haut Tonkin ne présageait rien de bon, la cuvette n'était qu'une souricière, un piège qui se refermerait, tôt ou tard, sur les malheureuses victimes d'une stratégie inadaptée. Il était encore temps d'éviter le désastre prévisible en repliant, au plus vite, nos troupes sur le nord.

Le général Navarre se montra intraitable et refusa de faire marche arrière. Ulcéré par l'entêtement, qu'il jugea déplacé, de son adjoint, il se fâcha, lui fit savoir que la décision qu'il avait prise était irrévocable, sans appel, et le menaça même de le mettre aux arrêts de rigueur s'il avait l'outrecuidance d'insister.

L'incident était définitivement clos.

Le trois, une évacuation sanitaire fut décidée sur Kon Tum, riveraine du Le San, l'un des nombreux affluents du Mékong, à trois cents kilomètres au nord-ouest de notre Base. Un sérieux accrochage avec l'ennemi avait fait de gros dégâts dans nos rangs. Il y avait grand besoin de brancardiers, aussi nous portâmes-nous volontaires, Charpentier et moi, non de permanence ce jour-là, pour faire partie du convoi. Le spectacle qui nous fut offert n'était pas beau à voir. Il jurait, au milieu de cette nature si belle, si généreuse, si somptueuse…

Une fois encore, nous reprîmes l'air avec notre précieux chargement, carrément en excès de poids. Les ingénieurs du constructeur Douglas pouvaient être fiers d'eux : le "Dakota", qu'ils avaient conçu, se révéla être un avion d'exception, un véritable "chameau", sobre, sûr et d'une solidité à toute épreuve, ou presque ! C'est une page d'anthologie dans l'histoire de l'aviation.

Jamais, l'efficacité et le magnifique dévouement des médecins et des infirmières ne faibliront; malgré l'ampleur de la misère humaine, de la douleur auxquelles ils furent constamment confrontés, ces bons samaritains ne céderont pas au découragement et seront toujours à la hauteur de l'immense tâche qui fut la leur.

Que l'hommage qu'ils méritent leur soit ici rendu.

À partir du quatre janvier, les tirs ennemis sur Diên Biên Phu se firent plus fréquents et surtout, plus précis. Cela gênait considérablement les rotations aériennes sans, pour autant, les interrompre. Ce qui commença à, sérieusement, inquiéter les états-majors devant gérer un problème nouveau. Nos avions durent faire de plus en plus de missions pour ravitailler la garnison en vivres, médicaments et, bien sûr, munitions dont elle était grande consommatrice vu la tournure que prenaient les événements. L'aéronavale participa, très activement, aux opérations de "straffing" sur les hauteurs et les environs rapprochés du site, de plus en plus menacé.

Et si le général Cogny avait été un visionnaire ?

Le sergent radiotélégraphiste Deschamps et moi-même fûmes désignés le cinq pour présenter un examen de langue anglaise au lycée "Chasseloup-Laubat" de Saïgon. Nous devions partir par la "Rafale", la majorité de nos moyens aériens étant mobilisée pour le Tonkin. Je n'aurais jamais imaginé qu'un jour je serais amené à utiliser ce tortillard d'une époque surannée !

Par contre, nous aurions la chance de faire le voyage retour, le dix, dans la soirée, sur la ligne régulière de la compagnie aérienne C.O.S.A.R.A.

Au jour dit, à sept heures, nos ordres de mission en poche, une mallette à la main, nous prîmes place sur l'une des banquettes en bois (les fauteuils Pullman ne faisant pas partie de l'équipement) qu'offraient les quelques voitures que la draisine (qui n'était pas le dernier modèle du salon ferroviaire) allait essayer, tant bien que mal, de tirer. La rouille était omniprésente, quant aux vitres, elles pointaient aux abonnés absents, ce qui, somme toute, nous permettrait d'avoir un peu d'air… Une heure et demi plus tard, soit avec quarante-cinq minutes de retard sur l'horaire, le chef de gare libéra le pur-sang qui piaffait d'impatience. Le convoi était, comme toujours, copieusement garni de voyageurs lourdement chargés, non seulement de paquets, mais aussi, d'animaux de basse-cour cancanant, piaillant, roucoulant, gloussant… Le folklore était au rendez-vous.

La section de protection était à son poste, prête à intervenir au moindre incident.

Notre voyage, à travers un paysage somptueux, ne fut pas une odyssée : il se déroula sans problème particulier. L'escorte ne se manifesta qu'au franchissement des "ouvrages d'art". Nous respectâmes néanmoins les arrêts de nuit programmés et arrivâmes en gare de Saïgon presque dans les délais prévus, le huit vers dix heures. Nous avions eu de la chance (encore elle !) car, à cette période, le Viêt-Minh avait des priorités à mettre en œuvre ; il devait concentrer de plus en plus de troupes sur Diên Biên Phu, devenu sa préoccupation principale, il devait organiser l'offensive à venir et, de ce fait, il négligeait, momentanément, les objectifs qui n'étaient pas primordiaux.

Nous ne nous en plaignîmes pas…

À Tan Son Nhut, nous devions être hébergés pour la durée de la mission, soit trois jours.

Après avoir fait la toilette qui s'imposait, nous être rasés et changés, nous nous accordâmes une petite heure de repos, jusqu'au repas de midi au mess de la Base.

Vers quatorze heures, en pleine forme, nous décidâmes de faire un tour en ville, l'examen du lendemain n'étant pas, je l'avoue bien volontiers, un souci majeur pour nous…

C'est ainsi que nous visitâmes la pagode Thiên Hân, le marché central, le temple caodaïste de Tay Ninh, la pagode Giac Lam qui passait pour être l'une des plus anciennes de la cité, et une fabrique de laque. Dans les rues s'alignaient des magasins, des échoppes, des étals, mais aussi, des marchandises disposées à même le trottoir par les vendeurs à la sauvette.

À Cholon (le grand marché, en Chinois), nous nous rendîmes dans l'immense centre commercial de Binh Thay, le plus fréquenté de cette immense agglomération, où l'on peut (presque) tout trouver.

Avec ce que j'avais pu découvrir, en février de l'année passée j'avais acquis une bonne connaissance des lieux. Bien sûr, je n'aurais pas été apte à faire le chauffeur de taxi ni le guide touristique, mais enfin !

Nous avions décidé, Deschamps et moi, de ne pas rentrer trop tard pour nous reposer afin d'être détendus pour l'épreuve du lendemain. Nous nous devions, aussi, de nous présenter au lycée dans une tenue parfaitement correcte.

Sur le chemin du retour, nous nous arrêtâmes, cependant, la chaleur étant lourde, dans un petit débit de boissons pour nous rafraîchir. Mal nous en prit car cette petite "gâterie" anodine que nous nous étions accordée aurait pu avoir des conséquences néfastes pour nous.

En effet, tandis que nous sirotions avec délectation notre breuvage, l'une des serveuses du bar s'adressa à nous dans un très mauvais français. Je crus comprendre, néanmoins, qu'elle se félicitait des pertes que nous infligeait le Viêt-Minh, qu'à Diên Biên Phu nous serions écrasés, que nous serions vaincus et obligés de rentrer en France. Mon geste qui suivit, une gifle, ne fut ni prémédité, ni réfléchi, mais un réflexe non maîtrisé : j'avais perdu le contrôle de moi-même devant une telle insulte envers nos camarades qui tombaient, en ce moment même, dans la fournaise du camp retranché. Je n'avais jamais ressenti, auparavant, un tel sentiment de haine…

La "congaï" se mit à hurler et à appeler les videurs qui devaient se trouver dans l'arrière boutique à jouer leurs "yats" au mah-jong, jeu de dominos à cent vingt pièces, si prisé en Asie, et à boire du choum, alcool de riz qui titre soixante degrés (à l'ombre !) auquel l'on ajoute du sucre de canne non raffiné. Avant que les gorilles de service n'aient eu le temps de réagir, nous avions détalé, mon ami et moi, à en perdre le souffle, comme des lapins poursuivis par un renard, enfilant les ruelles les unes après les autres pour brouiller notre piste. Heureusement que nous étions jeunes !

Ce repli stratégique, peu glorieux, mais fulgurant dans son exécution, nous tira d'un mauvais pas, d'un très mauvais pas.

Nous n'avions même pas réglé nos consommations, et pour cause !

Jamais nous ne fûmes aussi heureux que ce jour-là de retrouver notre casernement... La nuit qui suivit fut un délice.

L'examen, au lycée Chasseloup-Laubat, se passa mieux que prévu. Sans vouloir nous sous-estimer, je pense sincèrement que notre examinateur s'était montré très tolérant avec nous... Ce brave homme (un professeur français), je l'ai revu, à l'occasion d'un rassemblement de réservistes, à Aix en Provence, en janvier 1990, soit trente-six ans, exactement, plus tard ! Lui ne m'avait pas reconnu, moi si, bien qu'il ne fût plus très jeune. Il avait gardé la même expression du visage, la même voix et, surtout, les mêmes lunettes, équipées de verres solaires qui se relèvent ou s'abaissent, solidaires de la monture, d'un modèle peu courant. Après m'être rappelé à son bon souvenir en lui remémorant les circonstances qui nous avaient mis en présence l'un de l'autre, il y avait si longtemps, nous fûmes très heureux de reparler de ces moments passés.

Deux ou trois ans après nos retrouvailles, j'appris son décès, suite à une longue maladie, et j'en fus sincèrement peiné.

Notre certificat d'aptitude en poche, nous ne nous attardâmes pas en ville : la prudence est mère de la sûreté, dit-on, sûrement à juste titre. Ce n'était pas la peine de tenter le diable !

À treize heures, nous étions de retour à Tan Son Nhut, et n'en bougeâmes plus jusqu'au lendemain, jour de notre départ.

Le dix janvier, à dix-sept heures trente, nous décollâmes de Saïgon à destination de Nha-Trang à bord d'un "S.O.30.P Bretagne" de la C.O.S.A.R.A, chef de bord commandant Caron, qui nous accueillit, Deschamps et moi, seuls militaires à bord, quelques instants, dans le poste de pilotage. Il utilisait, à chaque vol, les stations radio de l'Armée et les appréciait beaucoup. Nous fûmes touchés, mon ami et moi, de sa délicate attention à notre égard.

Vers dix-neuf heures, après un voyage sans histoires, nous touchâmes le bitume de la piste, mission accomplie.

Le quatorze janvier débuta l'opération "Atlante" dirigée par le général Navarre, qui avait pour but de pacifier les hauts plateaux du centre Annam, libérer les zones côtières tenues par les Viêts, de Thuy Hoa et de Qui Nhon à, respectivement, deux cent cinquante et cent quatre-vingts kilomètres au nord de Nha-Trang, et de mobiliser les troupes dont Giap allait avoir besoin pour augmenter son potentiel offensif à Diên Biên Phu. Un général de l'Arme blindée fut chargé de mettre en œuvre le dispositif. Un débarquement de troupes françaises était prévu à Qui Nhon afin d'y établir une solide tête de pont. Le plan prévoyait, ensuite, une progression vers Vinh et Thanh Hoa, au nord, pour effectuer une jonction avec les troupes du Tonkin.

Le mois de janvier est l'un des plus pénibles, dans le centre Annam. Les averses se succèdent à une cadence rapprochée sans, pour autant, apporter le moindre semblant de bien-être. Les insectes prolifèrent : moustiques, fourmis, termites, ainsi que les sangsues assoiffées de sang qui se laissent tomber, en grappes serrées, des plantes moussues, sur les visages en sueur, les bras, les jambes des soldats de la boue qui en souffrirent énormément.

Bloquée par l'offensive Viêt sur Kontum, l'opération "Atlante" piétina. Le débarquement des forces françaises à Qui Nhon, au petit matin, vers quatre heures, effectué par les L.C.T. (Landing Craft Tank : cinquante mètres de longueur, dix de largeur, pouvant transporter cent cinquante hommes équipés et du matériel, armés d'un canon de quarante millimètres, quatre de vingt, et de plusieurs mitrailleuses lourdes) de la Marine, fut très difficile et pénible. Les Viêts, encore une fois, bien renseignés et avertis de nos intentions, avaient tendu une embuscade à quelques kilomètres à l'intérieur des terres. La surprise fut totale, l'accrochage très violent et nos pertes très lourdes.

Comme par hasard, quelques heures avant le débarquement, un soldat vietnamien assurant les fonctions de planton dans la salle des opérations d'où partaient tous les ordres disparut de la circulation. L'on ne le revit jamais plus...

Nos "Dakota" furent mobilisés pour effectuer des rotations ininterrompues sur Qui Nhon où une piste d'atterrissage en grilles de fer perforées s'entrelaçant les unes dans les autres comme un jeu de construction (Perforated Steel Plates), fut hâtivement construite par le Génie militaire, sur la plage de sable, afin d'évacuer les blessés et les morts.

La noria dura deux jours.

L'accouchement d'"Atlante" s'était fait aux forceps...

Pour ajouter à nos difficultés, le dépôt de carburants de Nha-Trang, pourtant très bien protégé, dans lequel étaient précieusement stockées plusieurs centaines de milliers de litres d'essence, de gazole et d'huile nécessaires à l'opération en cours, sauta dans la nuit du dix-huit, vers trois heures. Les saboteurs avaient bénéficié de complicités internes, aucune trace de tunnels ou de boyaux souterrains n'ayant été décelée.

De notre perchoir nous assistâmes, mes camarades et moi, à un feu d'artifice comme nous n'en avions jamais vu de notre vie. C'était un avant-goût de l'apocalypse : les chaudrons de Lucifer avaient de la concurrence...

Les bidons de deux cents litres étaient projetés en l'air, comme de simples fétus de paille, et explosaient dans des gerbes de feu, sans discontinuer. Le ciel fut éclairé "a giorno" jusqu'au matin. Quand il n'y eut plus rien à brûler, une épaisse fumée noire prit le relais. Elle persista durant trois jours. Les quelques lances à eau mises en batterie ne furent pas d'une grande efficacité, malgré l'acharnement et le courage de leurs servants, compte tenu de la violence du sinistre.

Quant aux dégâts en vies humaines, ils furent énormes : l'effet de surprise avait été total ; la propagation fulgurante des flammes avait surpris la presque totalité des gardiens. Une fois de plus, des cercueils sans corps feraient route vers la France, à l'occasion du retour au pays de l'un de nos porte-avions...

"Atlante" prenait, là, un autre très mauvais coup, le ravitaillement en carburant des avions, des blindés et autres véhicules, se trouvant interrompu. Vraiment, nous n'avions pas besoin de cette nouvelle catastrophe !

Nos ennemis, qui n'avaient jamais douté de la réussite de leur funeste entreprise, savaient manier aussi, parfois, l'ironie provocante, agressive. En effet, autour du dépôt complètement détruit, dans les rues avoisinantes, l'on retrouva une multitude de tracts imprimés, d'un côté en français, de l'autre, en Vietnamien, qui disaient ceci, je cite : "Cette nuit, à trois heures, le dépôt de carburants de Nha-Trang a cessé d'exister. Serviteurs de l'impérialisme, vous avez perdu cette guerre. Rejoignez nos rangs, alors qu'il en est encore temps, vous serez traités en soldats."

Vers la fin de ce même mois, la population indigène se prépara à célébrer le nouvel an annamite, fête rituelle millénaire qui remonte à la nuit des temps, commence avec la première lune tombant entre le vingt janvier et le quinze février. Cette année-là, la fête du Têt (tel est son nom) débuta le vingt-neuf janvier. Les salutations et formules rituelles échangées par les familles, la journée fut utilisée pour procéder au nettoyage des tablettes des ancêtres et de tous les instruments en bois servant au culte. Le lendemain, les enfants préparèrent de la nourriture et disposèrent des plateaux de victuailles sur les présentoirs pour que les ascendants défunts puissent prendre part aux réjouissances du renouvellement de l'année.

Le calendrier lunaire est divisé en douze mois de vingt-neuf ou trente jours avec, tous les quatre ans, une année à treize mois pour compenser les espaces de temps perdus. Cette fête est un temps fort où les traditions les plus anciennes se mêlent aux convictions religieuses inspirées de la mythologie et au culte des ancêtres. Chaque année lunaire possède son propre signe, au total, douze : le rat, le bœuf, le tigre, le lièvre, le dragon, le serpent, le cheval, la chèvre, le singe, le coq, le chien et le cochon. En 1954, si ma mémoire ne me joue pas des tours, c'était le serpent qui était à l'honneur.

À l'occasion de ces solennités religieuses, hautement symboliques pour la population (Khin, ethnie majoritaire dans les basses terres, les Hoas occupant, eux, les hauts plateaux), le Viêt-Minh redoublait de virulence pour montrer qu'il était bien là et pour frapper les esprits. Le sachant, nous nous tenions, encore davantage, sur nos gardes. "À bon entendeur, salut!"

Quand cette boucherie finirait-elle?

À Diên Biên Phu, des combats se déroulaient, maintenant, dans la périphérie directe du camp où d'importantes unités ennemies avaient été rassemblées.

L'encerclement de la cuvette s'était mis en place. Les picadors avaient commencé leur travail de sape et de harcèlement; la mise à mort n'allait plus tarder...

Au tout début de février, l'un des trois régulateurs-chiffreurs de la Base fut hospitalisé, en urgence, à Saïgon. Cela s'avéra fort gênant, le volume du trafic radiotélégraphique, en morse, de la Base, étant très important. La plupart des messages devaient être cryptés, compte tenu des informations confidentielles qu'ils contenaient. Nous savions que l'ennemi les interceptait, il fallait donc les protéger, les "camoufler" en employant une méthode de chiffrage efficace. Les coordonnées géographiques des positions à bombarder, les moyens destinés à traiter les objectifs, les déplacements et l'identification de nos troupes, leur potentiel offensif, ne devaient, dans toute la mesure du possible, pas être connus des Viêts.

Pour rendre ces informations, le plus souvent très urgentes, incompréhensibles par l'ennemi, les spécialistes du "chiffre" utilisaient un imposant document, une sorte de dictionnaire dans lequel se trouvaient tous les mots susceptibles d'être employés dans les textes, en "clair", avec leur équivalence codée sous la forme, pour chacun d'eux, d'un groupe de cinq chiffres.

Les Viêts ayant réussi à entrer en possession de l'un de nos recueils de mots secrets (encore un tour de force de leur part!) ils déchiffraient nos messages aussi rapidement que nos propres spécialistes... L'État-major dut trouver une parade pour arrêter cette hémorragie. Il institua l'utilisation d'une "clé" constituée d'un nombre à cinq chiffres, ultra secret, qui changeait, toutes les vingt-quatre heures, à minuit. Pour coder, il fallait l'additionner à celui correspondant au mot à camoufler (trouvé dans le dictionnaire), sans tenir compte des retenues afin que le total de ses caractères, pour chaque mot, soit toujours le même. Pour déchiffrer, il fallait faire le contraire, en soustrayant la clé. La moindre erreur dans les calculs rendait le message indéchiffrable par son destinataire.

Deux mois après la mise en place de ce système, le Commandement dut passer à une vitesse supérieure, l'ennemi arrivant encore, plus difficilement, certes, mais tout de même, à traduire nos informations secrètes... Le

“Sésame, ouvre-toi !” changea alors, deux fois par jour, à douze heures et à minuit... Si cela compliqua la tâche de nos adversaires, elle rendit plus difficile aussi, la nôtre, car il ne fallait pas se tromper de clé, sous peine de rendre le texte inexploitable, bien utiliser celle qui était en vigueur au moment du codage. De quoi avoir, à la fin de la vacation, le tournis !

Comme il n'y avait, sur la Base, que trois spécialistes chiffreurs, réduits, maintenant, à deux suite à la défection, bien involontaire, de l'un d'entre eux, et que l'atelier devait fonctionner vingt-quatre heures sur vingt-quatre, il fut décidé par mon commandant d'Unité que j'aille prêter main-forte, le temps de recevoir, en urgence, un spécialiste de Tourane (où ils étaient quatre), à mes deux camarades qui ne pouvaient plus assurer le service à eux seuls. Cette période de renfort devait être très courte : une demi-journée seulement.

Le “chiffre” est une spécialité à part entière, qui nécessite un stage, en école, de six mois, sanctionné par un certificat d'aptitude. Mon intervention était donc tout à fait exceptionnelle et dictée par les événements. Le service s'effectuait de douze à vingt-quatre heures et de zéro heure à midi. Le repas du soir se prenait dans l'atelier. L'un des deux chiffreurs restant eut pour tâche de m'apprendre, en une heure, l'essentiel de ce que je devais savoir, n'ayant aucune connaissance dans ce domaine.

Le même jour, cinq février, à midi, je pris donc la vacation qui m'avait été confiée jusqu'à minuit, laquelle, avec un peu de chance, si le remplaçant demandé en urgence arrivait dans les délais les plus courts, serait la seule qu'il me faudrait effectuer.

Les premières heures de l'après-midi se passèrent plutôt bien. Pas très à l'aise, j'assumais tout de même du mieux possible.

À dix-huit heures cinquante, l'on me remit un message à coder et à transmettre à Hanoï en “flash”, urgence suprême, équivalente au S.O.S des marins en perdition ou au “may day” des aviateurs en grande difficulté. Une telle situation devait être traitée dans un délai maximum de quinze minutes, accusé de réception du destinataire (Q.S.L.) compris. Bien entendu, les messages de ce type se devaient d'être courts, quatre à cinq lignes au plus. Il s'agissait, en l'occurrence, d'un appel désespéré reçu au P.C. Atlante émanant d'un petit détachement d'une douzaine de soldats de l'infanterie coloniale (R.I.C.) occupant un P.K. (point kilométrique), c'est-à-dire une tour fortifiée, situé sur la RC.8 qui traversait la cordillère annamitique, de Vientiane (au Laos), à Vinh (en Annam), point de progression de l'opération en cours. Cette poignée d'hommes, assiégée et sur le point de succomber sous les coups de boutoir de l'ennemi très supérieur en nombre, demandait, en dernier recours, l'appui de la chasse pour la dégager.

En une dizaine de minutes à peine le message fut exploité et adressé à

FKC.7. L'opérateur télégraphiste chargé de la transmission interrompit aussitôt sa communication en cours, moins urgente, pour contacter le destinataire qui accusa réception dans les délais prévus.

Dans une trentaine de minutes, les méchants recevraient la visite de deux "Republic P. 47 Thunderbolt" qui se chargeraient de leur apprendre le sens de l'hospitalité...

À minuit, l'un de mes deux collègues vint prendre la relève.

Après tous ces moments de tension, mission accomplie, retrouver la petite chambre qui m'avait été réservée sur la Base (à cette heure-ci, il n'était pas question de rentrer à la station gonio pour cause de couvre-feu) fut un véritable soulagement.

Je mis longtemps à m'endormir, malgré la fatigue. Mon sommeil n'était pas paisible, reposant. Il était agité; un sentiment d'inquiétude mêlé d'angoisse m'étreignait... Prémonition ?

Vers quatre heures trente, l'on frappa à ma porte à coups redoublés. C'était une sentinelle qui me faisait savoir que mon chef voulait me voir immédiatement. Si tôt, cela ne présageait rien de bon !

À la Section des Transmissions, mon capitaine, lui aussi tiré de son lit, les traits tirés, le visage défait, me tendit, sans un mot, une feuille de papier. C'était un message "flash" qui venait d'arriver, émanant du Quartier Général des forces du Tonkin et adressé à notre commandant de Base. Je me souviens parfaitement, mot à mot, du texte : "Vous demande raisons pour lesquelles le cryptogramme flash numéro vingt, en date du cinq février, est parvenu à son destinataire avec une heure trente de retard. Attire votre attention sur ce manquement extrêmement grave. Demande sanction exemplaire à l'encontre du responsable. Fin de message."

À l'atelier du "chiffre" où nous nous rendîmes, nous comprîmes aussitôt, en retrouvant le document en cause : j'avais commis une erreur monumentale, gravissime, en transmettant celui-ci à FKC.7 qui était l'indicatif radio de Hué (où il n'y avait pas de chasseurs disponibles), au lieu de le faire parvenir à Hanoï, indicatif : FKC.5...

Le chiffreur qui avait reçu mon message comprit, après l'avoir déchiffré, qu'il ne le concernait pas.

Il ne m'en fit pas part, pensant, à juste raison, qu'il devait être pour le Commandement opérationnel du Tonkin. Afin de limiter les dégâts, quant au retard déjà occasionné par ce mauvais routage, il estima préférable de le transmettre lui-même au bon destinataire. Mais tout cela avait pris de précieuses minutes...

Quand la Base de Hanoï reçut, enfin, le message numéro vingt, le cinq février, il était vingt heures, la nuit était tombée, et les chasseurs, non équipés pour trouver, de nuit, ce point minuscule dans la jungle que constituait le P.

K, ne décollèrent qu'au petit matin suivant.

Pour un chiffre, et par ma faute, la vie d'une douzaine des nôtres avait sans doute basculé…

Le commandant de la Base, immédiatement informé, fut atterré par la nouvelle. Cette fois, mes galons, il les voyait en "pointillés", selon sa propre expression. J'étais effondré, anéanti, non pas par la sanction qui ne manquerait pas de m'être infligée, mais par les conséquences désastreuses de mon erreur, tandis que, indifférent au drame qui venait, sûrement, de se jouer, le soleil, lentement, commençait à embraser le ciel…

S'il y a des moments, dans la vie, où l'on en arrive à regretter d'être venu sur terre, je vivais l'un de ceux-là !

Coup de théâtre : à sept heures et demi nous apprîmes, toujours par message "flash", que nos douze valeureux camarades étaient en vie. Cela était à peine croyable, un véritable miracle ! L'ennemi n'était pas allé jusqu'au bout de son action et avait abandonné le terrain ! L'on supposa, mais ce n'était qu'une hypothèse, que les Viêts, qui déchiffraient nos messages aussi vite que nous-mêmes, ou presque, avaient cru que la chasse appelée en renfort, allait se précipiter au secours des assiégés et pensé qu'il était plus prudent pour eux de décrocher.

Ce ne serait que partie remise…

Supposition fondée ou pas, le résultat était là et nous nous en félicitions tous.

Mais il n'en était pas moins qu'une faute grave avait été commise et que, même si elle n'avait pas eu les conséquences irrémédiables qu'elle aurait pu entraîner, elle devait être lourdement sanctionnée.

Le sept février, surlendemain de cette regrettable affaire, un Conseil d'enquête constitué de cinq officiers fut chargé de statuer sur mon sort. Après la lecture des faits qui m'étaient reprochés l'on me demanda de m'exprimer. Après avoir insisté sur le fait que, n'étant pas chiffreur d'origine, il m'avait été, généreusement, octroyé une heure pour assimiler ce qui fait, normalement, l'objet de six mois de stage en école, je concluais ma défense en affirmant que la faute commise n'était pas le fait d'un manque de motivation de ma part ou d'un laisser-aller coupable mais plutôt celui d'une formation très nettement insuffisante pour la tâche qui m'avait été assignée.

Ma "plaidoirie" dut tempérer la sévérité de mes juges qui furent bien obligés d'admettre qu'ils ne pouvaient punir sévèrement un sous-officier que l'on avait désigné pour faire un travail pour lequel il avait été, vu l'urgence de la situation, si insuffisamment préparé. De plus, le désastre que l'on aurait pu déplorer, n'avait pas eu lieu, ce qui était, et de loin, en définitive, le plus important.

Dans ces conditions, le Conseil ne m'infligea qu'une peine de principe :

deux jours d'arrêts simples, pour le motif, ainsi laconiquement formulé : "retard dans la transmission d'un message."

J'avais frôlé la correctionnelle !

Cette clémence, je la dois, peut-être aussi, au fait que le chef de Corps réclamait, depuis des mois, l'affectation d'un quatrième chiffreur, comme cela était prévu au T.E.G. (tableau d'effectifs guerre) de la Base, et que les hautes sphères étaient toujours restées sourdes à ses demandes, pour le moins fort justifiées, maintes fois réitérées.

Il y avait, peut-être là, également, une erreur du commandement...

La chance ne m'avait pas abandonné ni, et c'était bien cela qui comptait le plus, la poignée de "Marsouins"...

Quant au spécialiste demandé en urgence, il arriva dès le lendemain.

Je repris aussitôt mes fonctions à la station gonio. Là, non plus, le travail ne manquait pas, mais au moins, j'étais dans mon élément.

Dans les derniers jours de février, en fin de matinée, alors que le temps était exécrable, la visibilité très réduite et le terrain à la limite du Q.G.O, nous eûmes, une nouvelle fois, l'occasion, mes deux collègues et moi, d'apprécier la maîtrise de nos pilotes du "Béarn". Un "S.O.30.P.Bretagne" d'une compagnie aérienne locale assurant la ligne régulière Saïgon-Dalat-Nha-Trang entama une procédure de "percée" avec notre station. Le premier essai échoua, le pilote n'osant pas suffisamment descendre dans le passage étroit entre Tré et la Pyramide dont les sommets étaient cachés par de gros nuages noirs, sièges de fortes turbulences (cumulo-nimbus). De ce fait, il avait été trop long pour l'atterrissage. Il essaya une seconde fois... et ne réussit pas mieux, pourtant il connaissait bien le terrain et ses environs immédiats. Le commandant de bord décida alors de se dérouter et de poursuivre sa route sur Tourane où les conditions météorologiques étaient meilleures et l'approche plus aisée.

À peine avait-il quitté notre fréquence que nous reçûmes un appel émanant de l'un de nos "Dakota", pilote et commandant d'avion : capitaine Chanais, que nous connaissions bien pour avoir, maintes fois, été en mission avec lui. Il arrivait de Paksé, au Laos (à quatre cent cinquante kilomètres au nord ouest de Nha-Trang) et rejoignait la Base. Après une approche impeccable suivie d'un modèle de "percée", il se posa, dans la foulée. La confiance (car il s'agissait bien de cela) que nos équipages nous accordaient, sans faille, sans ambiguïté, et le savoir-faire de ceux-ci, étaient les meilleurs gages de réussite.

Nous leur en saurons toujours gré...

Le treize mars, en fin d'après-midi, un déluge de feu s'abattit sur Diên

Biên Phu. Giap se préparait, avec trois divisions plus quelques Unités d'importance moindre, à donner l'assaut, à porter l'estocade finale au camp retranché, baptisé "G.O.N.O." (Groupement opérationnel du nord-ouest). C'était sans compter sur le courage héroïque de nos soldats commandés par le colonel de Castries. La météo, bien qu'épouvantable, n'empêcha pas les bombardiers et les chasseurs d'intervenir. La D.C.A. ennemie était particulièrement violente. Un "Dakota" fut touché, de plein fouet, à huit mille pieds d'altitude (deux mille sept cents mètres), au-dessus de la couche de nuages. L'on commença, alors, à parler de tirs guidés par radar... Le premier point d'appui à tomber aux mains de l'ennemi fut "Béatrice", tenu par une demi-brigade de Légionnaires qui se battit jusqu'à épuisement de ses munitions, dans la grande tradition de ce régiment d'élite.

L'artillerie française fut incapable de repérer les emplacements des bouches à feu ennemies, comme elle avait cru pouvoir le faire. Et pour cause, les canons de cent cinq millimètres des forces ennemies, hissés au sommet des crêtes ceinturant la cuvette, exploit, déjà, tout à fait remarquable en soi, crachaient leur venin à travers des ouvertures pratiquées dans le roc. Ainsi, d'en bas, il fut impossible de repérer les flammes au sortir des obus. Quant au ravitaillement en vivres et en munitions, il avait été acheminé par des vélos transformés en véhicules de transport pouvant s'accommoder de charges impressionnantes. Une partie non négligeable du succès à venir de l'oncle Hô reviendra à ces montures transformées en "chevaux de fer". Les taxis de la Marne, de Foch, avaient fait des émules dignes du plus grand respect...

Le lendemain, quatorze mars, le colonel d'artillerie Piroth se sentant responsable de ce cuisant échec, se suicida avec son pistolet d'ordonnance...

Le quinze, un cargo "C.119 Fairchild Packet" tenta de se poser mais échoua dans sa tentative, atteint par une salve ennemie. Il put tout de même remettre les gaz et dégager la zone.

Le dernier avion à se poser sur la piste, le vingt-huit mars, fut un "Dakota" du Groupe de Transport "Anjou" lequel, atteint d'une rafale d'arme automatique, ne pourra plus repartir. À son bord, se trouvaient, parmi l'équipage, le second du Groupe et l'infirmière convoyeuse de l'Air Geneviève de Galard qui fut la seule présence féminine du camp. Ils resteront définitivement bloqués là jusqu'à la fin de la bataille.

Les rotations aériennes et le pilonnage intensif des crêtes ceinturant le camp retranché se firent de plus en plus nombreux, à un rythme infernal, sans tempérer pour autant l'ardeur de l'adversaire. Pendant que les personnels au sol refaisaient les pleins en carburant des appareils revenant de mission, effectuaient les chargements, complétaient les stocks de munitions, les équipages, fatigués physiquement et nerveusement, se reposaient au pied de leur appareil, tout équipés, sur des lits de camp. Deux heures plus tard, ils repartaient. Ainsi, il était possible d'effectuer jusqu'à deux allers retours par jour sur l'objectif. La piste, sérieusement endommagée, ne permettait plus les atterrissages.

Diên Biên Phu reçut, en mars 1954, deux cents tonnes de fret par jour... Les largages s'effectuant de plus en plus haut, la D.C.A. ennemie étant particulièrement efficace, l'angle de chute des containers était, de ce fait, plus ouvert et la précision des largages très approximative. L'on savait que la moitié des ravitaillements tombait chez l'ennemi, mais l'ordre avait été donné de poursuivre, les besoins pressants de la garnison française étant prioritaires.

À ce sujet, l'on ne rendra jamais assez hommage à ces pilotes de l'aéronavale des flottilles 3.F, 11.F et 28.F (que les "Pingouins" me pardonnent si j'en oublie) qui accomplirent un travail phénoménal de courage et d'abnégation digne du plus grand respect, certains n'hésitant pas à s'intercaler entre les tirs ennemis et nos avions de transport pour que ceux-ci puissent larguer leur cargaison. Trop de nos amis marins le payèrent de leur vie.

Les assauts répétés du Viêt-Minh se firent de plus en plus incisifs, de plus en plus meurtriers; des combats, au corps à corps, eurent lieu dans certains points d'appui du camp.

"Dominique et Éliane" tombèrent dans la nuit du trente et un mars, après une résistance héroïque de leurs défenseurs.

L'écho lugubre de l'hallali, renvoyé par les montagnes, ne tardera plus à se faire entendre. "Alea jacta est"...

La veille, dans la matinée, un "Dakota" effectuant une mission de parachutage avait été abattu, en flammes. À peine deux heures plus tard, un "Privateer" était tombé au nord-ouest du point d'appui "Anne-Marie". Seuls, deux de ses membres d'équipage avaient pu sauter en parachute et se tirer de ce mauvais pas, ayant eu la chance de tomber dans les lignes amies. Enfin, dans la soirée de ce même jour particulièrement noir, deux bombardiers "B.26", victimes, sans doute de la mauvaise visibilité, s'étaient télescopés en vol. Il n'y avait eu aucun rescapé.

Le premier avril, ce fut mon tour de participer à une nouvelle mission aérienne. Destination : Siem Réap, au Cambodge, sur la rive nord-est du grand lac Tonlé Sap, à cinq cents kilomètres à l'ouest et légèrement au nord de Nha-Trang, où nous devions prendre en charge une Unité de l'Armée de terre réclamée en renfort pour les opérations en cours dans le centre Annam.

L'aller-retour devant s'effectuer dans la journée, nous décollâmes, à vide, à six heures. Le trajet devait se faire, normalement, en une heure trente, approche du terrain d'arrivée comprise. À six heures vingt-cinq, conformément à nos prévisions, nous passâmes la frontière du Cambodge, moins de vingt minutes plus tard, nous survolâmes le Mékong, dont la crue annuelle n'avait pas encore commencé, et une demi-heure plus tard, nous fûmes au-dessus d'Angkor, à douze kilomètres au nord de Siem Réap, exactement sur la trajectoire de notre approche. Nous pûmes ainsi admirer, certes d'en haut, mais à basse altitude, le groupe de monuments religieux anciens dont la construction dura du neuvième au douzième siècle, d'un puissant intérêt archéologique et artistique, découvert par l'explorateur français Mouhot en 1860. Angkor-Vat, la plus "moderne" de ces constructions, est un immense temple avec trois enceintes, de vastes terrasses et une tour centrale imposante. C'est l'exemple le plus magnifique d'un art indien et brahmanique transplanté au Cambodge par la dynastie des Khmers.

Le spectacle fut à la hauteur de la réputation des lieux.

La ville de Siem Réap (trois cent mille âmes, à cette époque-là), et son petit aérodrome apparurent, droit devant, la piste bien en vue. L'atterrissage se fit à sept heures quarante, presque comme prévu... à dix minutes près. L'escale devant être de deux heures, temps nécessaire au réapprovisionnement en carburant, au chargement du matériel et des équipements et, enfin, à l'embarquement des passagers, nous pûmes nous rendre, pour quelques instants, en ville, toute proche du grand lac Tonlé Sap. Très poissonneux, celui-ci voit sa superficie passer de trois mille à dix mille kilomètres carrés et sa profondeur, de trois à quatorze mètres lors de la crue du Mékong qui commence en juin et atteint son maximum en septembre, son débit pouvant aller jusqu'à soixante mille mètres cubes d'eau par minute.

Avant de regagner l'aérodrome, nous nous arrêtâmes dans un petit établissement pour y siroter un verre de thé froid, la température étant déjà bien élevée... Près de notre table, des indigènes étaient en train de manger quelque chose qui, apparemment, faisait leur bonheur. Nous engageâmes une brève conversation, l'un des convives s'exprimant dans un bon français, un peu scolaire, peut-être, mais très compréhensible. Il nous apprit qu'il s'agissait, en la circonstance, de riz trempé dans du "padek" qui est une saumure de piment et d'entrailles de poisson. Nous déclinâmes, très poliment, l'offre qui nous fut faite de participer au festin, prétextant le manque de temps, et prîmes congé après avoir, à nouveau, remercié nos charmants voisins. Le retour sur Nha-Trang se fit dans d'excellentes conditions et, un peu après midi, nous roulions sur la piste.

Le dix avril au matin, Charpentier nous quitta, désigné pour effectuer une mission au Commandement des Transmissions Nord, à Hanoï, où il devait percevoir une documentation technique relative à des modifications dans les procédures radio, qui devaient prendre effet le premier mai, à zéro heure. Le treize, dans l'après-midi, il était, à nouveau, parmi nous. La veille de son retour, sa journée étant libre, il en avait profité pour se rendre dans la capitale du Tonkin dont l'on disait volontiers que c'était une très belle ville, d'une élégance discrète, presque austère, l'une des plus fascinantes de l'Asie. L'appareil photo ne chôma pas : notre ami était un amateur éclairé de belles images. Sa visite l'enchanta, littéralement. Fort heureusement, toutes les missions ne se ressemblaient pas : il arrivait, parfois, qu'elles fussent agréables… Charpentier nous parla du pont Doumer, du nom du Gouverneur général de l'Indochine (et futur Président de la République française, en 1931) qui l'inaugura. C'est un ouvrage métallique de mille six cent quatre-vingts mètres, dessiné par Gustave Eiffel et construit en 1902, très fréquenté, qui unit les deux rives du fleuve Rouge. Notre ami poursuivit son énumération des curiosités qu'il n'avait pas manqué d'aller voir par la cathédrale Saint Joseph, de style néo-gothique avec ses deux tours carrées et sa flèche centrale, tout près de l'Opéra, legs architectural français, le magnifique petit plan d'eau, joliment appelé : "lac de la Restitution de l'Épée" avec, en son centre, la minuscule pagode de la Tortue, l'hôtel Pullman Métropole, réputé être le meilleur de la ville, la rue Paul Bert, du nom d'un ancien gouverneur au Tonkin, dans laquelle les cafés faisaient le plein (chez Betty, au Normandy), le quartier européen qui se singularisait par ses larges avenues bordées de magasins et ses belles villas de style colonial, la partie indigène de la ville, peuplée surtout de Daos et de Muongs, près de la Citadelle, avec ses artères pleines de vie et de couleurs portant chacune un nom évocateur du produit que l'on y vendait : rue de la soie, du bambou, des lanternes, de la pharmacopée, du riz, du coton, du cuivre… les bistrots desquels se déversaient, à l'envi, des musiques un peu nasillardes. Partout, l'intensité de la circulation était impressionnante : tous les moyens de transport, y compris les plus inattendus, étaient bons ! Enfin, notre collègue nous énuméra les lieux de culte consacrés, non seulement au Bouddhisme, mais aussi au Caodaïsme et au Confucianisme : la pagode de Chua Mot Cot, ou "pagode au pilier unique", construite en 1049 par la dynastie des N'Guyèn et dont la forme rappelle celle d'une fleur de lotus, celle de Tran Quoc, l'une des plus anciennes de la ville, de Quan Tran, des Ambassadeurs, occupée par des missionnaires bouddhistes et, enfin, le fameux "Temple de la littérature", datant de 1225, où l'on trouve des ouvrages écrits en "quoc ngu", système d'écriture latine mis au point, au dix-septième siècle, par le jésuite français Alexandre de Rhodes pour remplacer les caractères chinois. Cette énumération, non exhaustive, s'arrêta là. Assurément, il aurait fallu de bien plus d'une journée pour savourer et apprécier, à leur juste valeur, toutes ces merveilles. Peut-être qu'un jour aurai-je l'opportunité d'en faire moi-même l'inventaire détaillé…

Dans la journée du trente avril, le porte-avions "Bois Belleau" (de la même classe que le "La Fayette"), en provenance de métropole, prit ses appontements près de l'"Arromanches", en baie d'Along, dans le golfe du Tonkin, échancrure naturelle splendide avec ses rochers calcaires déchiquetés et sa "Descente du Dragon", dont les soubresauts ont créé une multitude d'îlots. La flottille 3.F. qui s'illustrera à Diên Biên Phu (entre autres champs de bataille), était à son bord.

Le lendemain, le premier B.C.P. (Bataillon de Chasseurs parachutistes) fut largué, avec beaucoup de difficultés, et de pertes, sur le camp retranché de plus en plus en difficulté. Il faisait un temps de mousson et les crêtes des montagnes baignaient dans un brouillard opaque.

Le deux mai, un avion-cargo américain fut surpris, tout à fait par hasard, par deux de nos chasseurs qui patrouillaient dans la région de Kratié sur la rive gauche du Mékong, au Cambodge, larguant, à très basse altitude, des containers. Aucun doute n'était possible : certains de nos amis d'outre-Atlantique participaient, eux aussi, au ravitaillement des troupes ennemies ! Le commerce des armes a toujours été très lucratif... Cet appareil était en possession d'une autorisation de survol, mais celle-ci ne prévoyait pas un déroutement sur Kratié.

Pris en flagrant délit, l'avion américain eut droit à un arraisonnement en règle et fut contraint de se poser à Saïgon, sur la Base militaire de Tan Son Nhut où un comité d'accueil l'attendait. L'ambassade des États-Unis, fort gênée, déplora cet incident, considéré très grave par les autorités françaises, et promit d'ouvrir une enquête... qui resta sans suite !

Dans la plaine tonkinoise, le sort de la garnison française était de plus en plus compromis. Tout ce qui était en état de prendre l'air se croisait dans un va-et-vient incessant au-dessus de la "souricière" : bombardiers des G.B.1/91 Bourgogne, G.B.1/25 Tunisie et G.B.1/19 Gascogne, avions-cargos, chasseurs de l'Armée de l'Air, "Hellcat", "Helldiver", "Corsair", "Privateer" de la Marine, tous unis dans la même volonté d'aider, dans une folle débauche d'énergie et de courage, les malheureux qui, en dessous, souffraient le martyre dans leur chair et dans leur tête. Les réseaux radio étaient encombrés, saturés et cela compliquait, encore, la tâche des équipages. Les risques de collisions, compte tenu du mauvais temps qui régnait sur la région et de la très forte concentration d'aéronefs, étaient omniprésents.

Le point d'appui "Claudine" tomba à son tour. Seul "Isabelle" tenait encore. Toutes les défenses rapprochées situées à l'est du camp retranché étaient, maintenant, aux mains de l'ennemi, ce qui entamait sérieusement le dispositif dont le périmètre s'amenuisait de plus en plus. Entre le deux et le cinq mai, trois mille hommes, non brevetés parachutistes, tous volontaires, sautèrent sur Diên Biên Phu. Entre temps, le colonel de Castries avait été promu général de brigade.

Le sept mai, à dix-sept heures, "Isabelle" ne répondit plus : tout était consommé...

Le soir même l'on pu voir, au sommet de la colline Doc Lap (ancien point d'appui Éliane), à des kilomètres à la ronde, l'éclatante lueur du gigantesque feu de joie allumé par les "Bo Doï" de la division Viêt 3O8...

Les prisonniers valides furent aussitôt regroupés par nos ennemis dans une vaste clairière, quant aux grands blessés, ils furent laissés dans la çuvette. Ceux-ci seront évacués, plus tard, grâce à un geste magnanime de l'"oncle Hô", par voie aérienne, quand la piste aura été sommairement remise en état. Notre Groupe de Transport, comme tous les autres, participa activement à cette opération. Le spectacle qui nous attendait, sur le terrain, fut pitoyable, navrant, lamentable, à la limite du soutenable...

Les mangeurs de boules de riz au couvre-chef de forme conique, en feuilles de latanier, orné d'une étoile jaune, avaient eu raison des impérialistes venus de l'occident...

Au plus fort de la bataille, le Corps expéditionnaire français compta deux cent cinquante mille soldats. L'effectif des troupes américaines sera, lui, en 1967, lors de la guerre du Viêt-nam, de cinq cent mille combattants, puissamment armés et dotés d'une logistique et d'un matériel phénoménaux, sans commune mesure avec les nôtres. Et pourtant, ces diables de petits hommes aux tenues vertes, aux yeux bridés, ne baissèrent jamais les bras ; ils subirent, certes, des pertes énormes, mais ils tinrent bon... et ils vainquirent !

Commencèrent, alors, les longues marches de nuit des huit mille prisonniers vers les camps. Près de sept cents kilomètres, jalonnés de corps épuisés par les coups des tortionnaires et la dysenterie, firent de nombreux morts qui s'ajoutèrent aux neuf mille malheureuses victimes qui avaient péri au cours de la bataille.

Le huit mai 1954, la presse du monde entier annonça, en gros titres, la chute du camp retranché de Diên Biên Phu.

Vô N'Guyèn Giap (professeur d'Histoire avant de devenir le grand stratège, chef de l'Armée de libération) avait pour devise : "Si l'ennemi est puissant : évite-le ; s'il est faible, attaque-le !" À n'en pas douter, ce brillant général était le La Palice, version asiatique !

Fort de sa victoire sur l'Armée française, moralement et physiquement atteinte, il décida, sans plus tarder, de partir à la conquête de l'est, c'est-à-dire, du delta du fleuve Rouge. Ainsi, s'il parvenait à ses fins, ce qu'il était en mesure d'espérer, toute la zone nord de la péninsule serait sous son hégémonie.

Dans un sursaut de désespoir, l'État-major français déclencha l'opération "Églantine" (qui sera la dernière), ayant pour but d'enrayer la progression ennemie vers le golfe du Tonkin tout en permettant l'évacuation de la garnison d'An Khé, en très mauvaise posture. Le Groupe de bombardement 1/25 Tunisie et les avions des onzième et vingt-huitième Flottilles, ne réussirent pas, malgré tous leurs efforts, à éviter à la colonne en repli de perdre plus du tiers de ses effectifs.

Ce nouveau désastre sonna le glas de nos derniers espoirs...

Le quatorze juillet, jour anniversaire de notre fête nationale, le Viêt-Minh, rendu euphorique par ses succès, nous montra jusqu'où pouvait aller son imagination diabolique. Au petit matin, alors que le jour commençait à poindre, les sentinelles de faction dans l'un des miradors de la Base crurent apercevoir, dans le pinceau de leur projecteur, quelque chose d'indéfinissable, le sujet de leur inquiétude étant un peu trop éloigné et la brume pas encore suffisamment dissipée. Quand, enfin, celle-ci céda sa place aux premières lueurs du soleil levant, quelle ne fut pas leur stupéfaction, et le mot est encore bien trop faible, de distinguer trois têtes humaines, coiffées, chacune, d'un képi blanc, empalées sur des bambous taillés en pointe et plantés en terre à, environ, soixante mètres de nos défenses !

Le "cessez-le-feu" fut officiellement déclaré le vingt juillet 1954.

Plus de cent mille combattants, vietnamiens et français, perdirent la vie dans ce conflit. Certaines familles auront le triste privilège de pouvoir fleurir la sépulture d'un être cher, beaucoup d'autres ne l'auront même pas...

François Rabelais aurait dit, sur son lit de mort : "Tirez les rideaux, la farce est terminée !". Pour nous aussi la toile de misère était tombée et la tragédie avait, enfin, cessé... Nos politiques de l'époque, dont certains semblaient si peu concernés par cette guerre lointaine, auraient dû tirer, quant à eux, la leçon de nos erreurs à répétition et mettre à profit, pour l'avenir, son enseignement. Mais ils furent incapables de le faire... et l'Histoire, hélas, se répétera...

Début août, le gouvernement Mendès France et les dirigeants du Viêt-Minh signèrent, en présence des représentants des grandes puissances, les accords de Genève par lesquels les Français abandonnaient définitivement l'Indochine. Le Laos et le Cambodge devenaient indépendants et l'Annam était scindé en deux parties, de part et d'autre du dix-septième parallèle, le nord passant sous l'entière autorité d'Hô Chi Minh. Des élections libres étaient prévues sur l'ensemble du territoire dans les deux ans à venir. Chacun pourrait, alors, choisir son camp. Ngô Dinh Diêm, né en 1901, profitera de cette situation pour s'auto proclamer Président du Sud Viêt-Nam en octobre 1955.

Seuls, les États-Unis ne ratifièrent pas le traité.

En vertu de ces accords, les prisonniers de chacun des belligérants devaient être libérés en septembre; les Français étaient tenus de regrouper leurs forces dans la partie sud dès que possible afin de commencer, dans les mois suivants, leur rapatriement. Celui-ci se terminera fin 1956, début 1957.

Qu'est-il advenu, après notre départ et l'invasion de la partie méridionale du pays, en 1974, par Hô Chi Minh, des Vietnamiens (et de leurs familles) qui avaient combattu à nos côtés, de tous ceux et de toutes celles qui avaient collaboré, d'une façon ou d'une autre, avec les méprisables impérialistes qui les laissèrent seuls face à leur triste destinée, de nos deux jeunes stagiaires militaires, de M'Ba, notre dévoué serveur du mess, de Lo Van Theu, le cuisinier qui avait trahi ses frères, et de tant d'autres ? L'on ne tardera guère à apprendre que des jugements sommaires, des règlements de comptes, des envois massifs dans des camps de "rééducation" desquels beaucoup ne revinrent jamais, allongèrent la liste, déjà bien longue, des morts…

La mauvaise conscience n'empêcha sûrement pas ceux qui avaient quelques bonnes raisons de l'avoir, de dormir…

Conformément aux accords conclus entre les deux parties, l'échange des prisonniers commença le dix-neuf août. Après les dernières séances de "lavage de cerveau", pendant lesquelles nos camarades durent remercier l'oncle Hô pour sa grande clémence, ils furent remis, revêtus d'un treillis de couleur verte, de la traditionnelle coiffure en feuilles de latanier et de chaussures de tennis, le plus souvent d'une pointure trop petite, aux représentants français. Dans le même temps, les prisonniers ennemis furent restitués aux autorités Viêts-Minhs qui ne manquèrent pas de filmer ceux d'entre eux qui étaient le plus mal en point. Ainsi, le monde entier pourrait voir de quelle manière ils avaient été traités… Puis, les mêmes cameramen prirent des images des prisonniers français les plus présentables. (Il n'y en avait pas beaucoup !) La désinformation, à ce niveau-là, c'est de l'art !

Le général Cogny accueillit nos compatriotes qui revenaient de captivité à Hanoï, où ils reçurent de nouveaux vêtements et des affaires de première nécessité. La plupart d'entre eux se trouvaient dans un état physique lamentable. Ils furent l'objet des soins attentifs et indispensables que nécessitait leur condition sanitaire puis, dirigés vers des camps de repos (Do-Son, Dalat, Cap Saint Jacques) où ils purent prendre un mois de convalescence avant d'être rapatriés sur la métropole.

Les jours qui suivirent furent presque exclusivement réservés à la récupération et au transport de nos prisonniers. Ainsi, le vingt et un août, nous fîmes plusieurs rotations aériennes sur Qui Nhon, au nord de Nha-Trang, pour en récupérer le maximum. De son côté, la Marine utilisa ses L.C.T. pour évacuer le restant.

Là encore, le dévouement du personnel médical fut sans limites…

Nous avions tous vu, en d'autres temps, des films montrant le retour, en 1945, des rescapés des stalags d'extermination nazis : nos camarades qui revinrent des camps Viêts leur ressemblaient comme deux gouttes d'eau : maigreur effrayante à voir, os apparents sous la peau, joues creusées, yeux hagards enfoncés dans des orbites saillantes…

Le huit septembre à onze heures, nous reçûmes sur la Base, arrivant de Saïgon par un "Dakota" français mis à sa disposition, une importante délégation de l'état-major sud vietnamien qui venait prendre possession de nos installations situées au-dessous du dix-septième parallèle, conformément aux accords de Genève.

Sur l'immense parking, devant les hangars, la fanfare et les troupes au grand complet, dans un garde-à-vous impeccable, présentèrent les armes, comme la tradition militaire le veut, à nos successeurs. La sonnerie "aux couleurs" retentit, rompant le silence sépulcral, tandis que deux de nos soldats "amenaient", pour l'ultime fois, l'emblème national pour lequel tant des nôtres avaient donné leur vie et le drapeau aux trois bandes rouges horizontales sur fond d'or prit sa place au sommet de l'immense mât.

Ainsi, soixante-dix ans de présence française venaient, définitivement, de prendre fin...

Ce jour-là, j'ai vu, de mes yeux vu, des anciens, des vieux baroudeurs, pleurer...

Le premier novembre, une délégation de la Base rendit une dernière visite à nos morts qui reposaient dans le petit cimetière militaire. Qui donc, maintenant, viendrait fleurir leurs tombes ?

Le lendemain, nous apprîmes par la radio qu'un couple d'instituteurs français avait été lâchement assassiné dans l'est de l'Algérie, le jour de la Toussaint. C'était le début de l'insurrection dans les Aurès et en Grande Kabylie, qui s'étendra, ensuite, à tout le pays et qui durera huit longues années.

Un nouveau drame venait de naître...

Cette fin d'année fut la plus triste qu'il m'ait été donné de connaître...

Le deux janvier 1955, mes deux camarades et moi reçûmes notre ordre de repli sur Saïgon. Mon séjour ici, initialement prévu pour trois ans, n'irait donc pas à son terme...

Nous passâmes les consignes aux deux soldats vietnamiens qui, maintenant, étaient en mesure de faire fonctionner la station. Leur apprentissage était terminé. À leur tour, ils formeraient de nouveaux stagiaires : ainsi va la vie...

Le sept, à dix heures, nous leur fîmes nos adieux. Ils nous remercièrent de leur avoir appris le métier, nous assurèrent qu'ils feraient de leur mieux pour bien l'exercer, et nous nous souhaitâmes réciproquement bonne chance.

Moment émouvant, pour de multiples raisons...

De la "jeep" qui nous amenait au terrain d'aviation, je jetais un dernier regard à ce qui avait été, depuis deux ans, ma "résidence principale". Une foule de souvenirs, des bons, des moins bons, envahirent, durant quelques secondes, mon esprit... À cinq cents mètres environ de la station, je pus apercevoir, pour la dernière fois, le haut des mâts d'antennes, ces "oreilles" qui avaient été, si souvent, à l'écoute des pilotes pour les aider à retrouver le chemin du retour au bercail. J'avais la gorge serrée...

"Objets inanimés, avez-vous donc une âme qui s'attache à notre âme et la force d'aimer ?"

Les bons vieux "Dakota" du Groupe de Transport (dont deux manquaient à l'appel), ces serviteurs fidèles, ces amis inoubliables qui m'avaient toujours ramené au gîte, étaient alignés dans un ordre parfait sur le parking. Celui que nous devions prendre terminait son chargement de militaires, de bagages, de colis divers. Les autres ne tarderaient pas, dans les semaines, les mois à venir, à prendre, eux aussi, leur dernier envol, après avoir terminé leurs missions de regroupement des troupes françaises sur Saïgon.

Nous décollâmes à onze heures.

La visibilité était parfaite, le soleil brillait de mille feux. Le paysage ne m'avait jamais paru aussi beau : la mer, d'une couleur émeraude, ressemblait à un lac, les montagnes environnantes se découpaient parfaitement sur un ciel sans nuages, d'un bleu profond, les îlots de Tré et de la Pyramide avaient revêtu leurs plus beaux atours comme pour vouloir nous faire honneur et se faire pardonner les soucis qu'ils nous avaient donnés, les flamboyants qui y proliféraient incendiant le site de leur couleur rouge sang…

Nous survolâmes, à basse altitude, une dernière fois, la ville de Nha-Trang. À cette heure de la journée, l'animation, dans les rues, battait son plein, le marché était noir de monde, les petits commerces devaient faire leurs affaires, les "dentistes" pédaler ferme pour faire tourner la fraise, les "Figaro" jouer du ciseau et du rasoir, leurs "assistantes" manier avec dextérité leurs petites tiges de bambou et le "Tan-Tan" devait se préparer pour la séance cinématographique de l'après-midi…

"Ce n'est, peut-être, qu'un au revoir, mes frères !"

Un peu après onze heures, nous nous posâmes à Tan Son Nhut et retrouvâmes le camp de transit que j'avais connu deux ans plus tôt. Il n'avait changé, ni en bien, ni en mal. Il fallait toujours faire la queue pour accéder aux sanitaires, les conditions d'hébergement étaient toujours aussi sommaires… Les rapatriables, en provenance de tout le pays, avaient commencé leur "migration". Heureusement que leur afflux était compensé par l'arrêt des arrivées de renforts de France.

Je cherchais désespérément mon ami l'artilleur : en vain…

Tout comme lors de mon arrivée, en février 1953, les listes des militaires en instance de rejoindre la métropole étaient affichées sur de grands panneaux, à l'entrée du camp, mentionnant leur date d'embarquement et le moyen de transport. Certains d'entre eux étaient rapatriés par voie aérienne, civile ou militaire (deux Armagnac de l'Armée de l'Air participaient activement aux opérations), les autres, les plus nombreux, par voie maritime. Des navires étrangers (Skaugum, Skaubryn, Cyrénia…) et des bateaux français (la Marseillaise, le Clément Ader, l'infatigable Pasteur, le Tonkin, le Magellan, le Malaisien, qui ressemblaient à autant d'Exodus, effectuèrent les rotations sur la métropole qui se poursuivirent jusqu'en janvier 1957. N'étant pas spécialement attiré par les longs voyages en mer, je caressais l'espoir (bien maigre) de faire partie de ceux qui rentreraient au pays par avion. Celui-ci fut déçu : mon nom figurait sur la liste des passagers du "S.S. Cyrénia", battant pavillon Grec, de la "Hellenic mediterranean lines", départ prévu le onze janvier à dix heures, arrivée à Marseille estimée : le dix février ! Ainsi, mon deuxième séjour dans ce camp ne devait durer que quatre jours, et cela n'était pas pour me déplaire.

L'avant-veille du départ je me rendis, pour la dernière fois, à Saïgon, avec deux autres camarades. Après un bon déjeuner pris dans un restaurant du centre ville, nous décidâmes de passer notre après-midi au cinéma "Les Tropiques". Je me souviens encore du film qui était à l'affiche : "Les misérables", version Harry Baur ! Avant la projection du film, un enregistrement de l'hymne vietnamien fut diffusé, à grands renforts de décibels.

La fête du Têt n'avait pas encore débuté, mais l'on pouvait, déjà, percevoir dans les rues, les magasins, les échoppes, les marchés, une agitation particulière. Les préparatifs de sa célébration avaient commencé. Cette année, placée sous le signe du cheval, les cérémonies revêtiraient, sans doute, dans la paix retrouvée, un éclat exceptionnel et se dérouleraient dans un enthousiasme général, un peu comme dans les pays latins, à l'occasion des grands carnavals.

Le onze, à neuf heures, en compagnie de quelques centaines de militaires de toutes Armes, je traversais, une nouvelle fois, le bâtiment des Douanes françaises, cette fois, dans le sens inverse du trajet effectué deux ans plus tôt, avec, tout de même, une certaine amertume rétrospective.

Tout se passa bien.

L'embarquement se fit sous les flonflons d'une fanfare militaire et en présence d'un détachement en armes, de la garnison, venu rendre les honneurs à ceux qui partaient. Aux alentours de midi les amarres furent larguées et notre paquebot, halé par deux remorqueurs commença à s'éloigner du quai. Une fois le port traversé, maintenant libre de ses manœuvres, le navire entreprit de descendre, lentement, la rivière Song Nha Bé jusqu'au Cap Saint Jacques.

Je partageais une très confortable cabine avec trois autres sous-officiers dont, l'un d'eux, en service dans un régiment étranger de parachutistes, et qui avait un adorable accent "proche oriental", se prénommait Mourad. Au cours de l'une de nos conversations, il nous apprit qu'il était fils de Prince. Surpris, nous aurions aimé en apprendre davantage sur lui mais il ne crut pas bon devoir nous en dire plus et, bien sûr, nous n'insistâmes pas...

Bien qu'heureux de rentrer au bercail, ce fut avec un sentiment proche de la nostalgie que nous regardâmes le grandiose paysage défiler, comme un film visionné au ralenti. Nous en avions plein les yeux...

Quelques heures plus tard, nous entrâmes dans la partie méridionale de la mer de Chine, cap au sud, en direction de la Malaisie et de l'entrée ouest du détroit de Malacca.

Ce fut avec énormément d'émotion que nous vîmes s'éloigner les rivages de ce pays qui m'avait enchanté, séduit, charmé, parfois, fasciné... Les mauvais moments passés étaient déjà oubliés : ils étaient restés accrochés dans les branches des derniers arbres que nous pouvions voir encore, plus pour longtemps...

Le navire prit sa vitesse de croisière (quinze nœuds par heure); le grand large était à nous.

Les escales furent, à deux exceptions près, celles que j'avais faites lors du voyage "aller".

L'arrivée à Singapour était programmée pour le quatorze. Une très forte tempête s'étant levée et le navire s'étant mis à rouler bord sur bord, il nous fut impossible, deux autres de mes camarades et moi, de quitter notre cabine et de nous rendre à la salle à manger. Notre ami parachutiste, totalement insensible au mal de mer, joua les bons Samaritains et apporta, à ses trois malheureux colocataires, durant ces deux jours, les viatiques susceptibles de les empêcher de ressembler, à brève échéance, à de véritables "zombies"...

La veille de notre arrivée à Singapour la mer se calma peu à peu, le vent et la pluie cessèrent, ce qui permit aux trois vieux "loups de mer" en délicatesse avec Neptune de refaire surface, pas très fiers d'eux-mêmes...

"Après la pluie, le beau temps !" , ne dit-on pas ?

Nous repartîmes de Malaisie le quatorze, vers vingt heures, et pénétrâmes dans l'océan Indien, en direction de l'île de Ceylan.

Le dix-huit janvier, nous touchâmes Colombo, aux environ de dix heures.

Il ne m'est pas possible de passer sous silence la petite "mésaventure" dont nous fûmes les innocentes "victimes", en ville, mes camarades et moi, lors de cette escale.

En début d'après-midi, après avoir fait un excellent repas, un chauffeur de taxi en maraude nous accosta et nous proposa de nous amener dans un endroit où l'on trouvait de jeunes beautés, très "tolérantes". Il déclara se prénommer Assam et, d'après lui, le déplacement en valait la "chandelle", selon l'expression consacrée et sans vouloir faire de jeu de mots déplacé...

Nous étions en pleine forme, heureux de vivre, alors, pourquoi pas ?

Après une course d'une dizaine de kilomètres, Assam nous déposa devant une petite porte qui se trouvait sur l'arrière de ce qui semblait être une très belle bâtisse.

Devant notre étonnement, il nous expliqua, qu'étant des militaires étrangers, notre entrée par la porte principale n'était pas recommandée (pour des raisons que nous ne comprîmes pas bien). Il nous demanda d'attendre là, jusqu'à ce que l'on nous ouvre, de l'intérieur, cette issue (quelque peu, dérobée), ce qui ne devait tarder.

Assam encaissa le montant de sa course et repartit aussitôt.

Nous patientâmes donc, sagement, mais, tout de même, légèrement inquiets par cette façon de procéder. Nous étions vraiment naïfs !

Au bout d'une bonne quinzaine de minutes rien de ce que nous attendions ne se produisant, nos doutes allèrent en augmentant. Nous fîmes alors le tour de la maison et, arrivés devant l'entrée principale constituée d'un immense porche, quelle ne fut pas notre surprise d'y trouver des personnes âgées assises sur un banc de pierre, tout étonnées de nous voir... Sur le fronton du bâtiment était accroché un panneau portant cette inscription, en grosses lettres : "The Salvation Army" (L'Armée du Salut).

Nous nous regardâmes, muets comme des carpes..., et partîmes d'un grand éclat de rire ! Il n'y avait plus que cela à faire !

Les vieux, peu habitués sûrement à une telle démonstration de joie (plus nerveuse que réelle), nous prirent, sans aucun doute, pour des demeurés ! Enfin, nous leur aurons, au moins, fait passer un court, mais bon moment !

Nous avions été piégés comme des bleus !

C'était une bonne leçon à retenir; à l'avenir, nous tâcherions d'être plus perspicaces...

"Il jura, mais un peu tard, qu'on ne l'y prendrait plus..."

À notre retour à bord nous nous gardâmes, bien évidemment, de parler de notre infortune afin d'éviter les quolibets qui n'auraient pas manqué de nous abreuver. Tout au contraire, en réponse aux questions qui nous furent posées sur le déroulement de notre journée, nous répondîmes, avec la plus parfaite mauvaise foi, et d'un commun accord, que nous nous étions follement amusés...

Notre destination suivante fut Aden, à l'extrémité méridionale de la péninsule arabique, sur le golfe du même nom, que nous atteignîmes le vingt-quatre janvier à cinq heures, où nous devions embarquer des passagers anglais qui rentraient au pays. L'escale devait être de courte durée, trois à quatre heures. Nous en profitâmes pour aller faire un petit tour en ville. Celle-ci, peuplée de deux cent mille habitants, à cette époque, était encore sous domination britannique. Elle n'obtiendra son indépendance qu'en 1968.

Aden occupe une position exceptionnelle sur l'une des routes maritimes les plus fréquentées du monde. Elle a une fonction surtout commerciale mais possède, aussi, d'autres activités économiques : raffinerie de pétrole, production de sel, pêche...

En fin de matinée, nous poursuivîmes notre chemin sur Djibouti, seulement distante de sa grande rivale de deux cents kilomètres à l'ouest, que nous devions atteindre dans la soirée du même jour.

Le vingt-huit, nous fîmes une halte à Port-Soudan, qui se situe à mi-distance de la Côte des Somalis et du canal de Suez, et est le principal débouché maritime sur la mer Rouge de la République du Soudan (qui naîtra en 1956), le plus vaste pays d'Afrique avec une superficie de plus de deux millions et demi de kilomètres carrés. La capitale de cet État, Khartoum, est située à la confluence du Nil blanc et du Nil bleu et est reliée à Port-Soudan par une voie ferrée de six cents kilomètres. Grâce à elle les produits du pays ont un accès direct et rapide à la mer.

La Mecque, la ville sainte, se trouve sensiblement à la même latitude, juste en face, sur la péninsule arabique, à moins de trois cents kilomètres.

Au matin du deux février nous arrivâmes à Suez, y attendîmes la formation du convoi de navires montant vers le nord, prîmes notre emplacement dans le dispositif et jetâmes l'ancre, quelques heures plus tard, à Port-Saïd, notre dernière escale.

Dans la soirée nous reprîmes notre bâton de pèlerin pour ce qui devait être notre ultime étape : Marseille. Tandis que nous quittions le port, alors que nous allions franchir la passe, nous eûmes la triste surprise de n'apercevoir que le piédestal, seul, de la statue de notre compatriote Ferdinand de Lesseps. La sculpture avait été déboulonnée et renversée sous les ordres du colonel Nasser, nouveau maître de l'Égypte qui avait écarté du pouvoir Néguib en 1954.

La mer Méditerranée s'ouvrait, droit devant nous. Elle était d'un bleu qui n'appartient qu'à elle, profond, intense ; une légère houle, ni très haute, ni très longue, faisait onduler sa surface, sans que les vagues, très rapprochées, ne déferlassent.

Nous avions encore huit jours devant nous avant de terminer, définitivement, la “croisière”. Notre ami, le “fils de Prince” avait été, avec nous, de toutes les escales. Nous avions pu apprécier sa correction exemplaire, sa parfaite éducation, ses délicates attentions à notre égard, sa présentation toujours impeccable, sa classe indéniable.

“Bon sang ne saurait mentir…”

Mes deux autres camarades et moi découvrîmes, malheureusement un peu tard, qu'il était, aussi, un peu musicien. À Port-Saïd, il avait eu l'excellente idée de se rendre acquéreur d'une guitare et le soir, avant de nous coucher, il nous interprétait, fort honorablement, quelques petits morceaux de musique. Ce n'était, certes pas, un concertiste chevronné, mais, tout de même, il se débrouillait très bien… à tel point, que nous en redemandions !

“Poète, prends ton luth et m'en joue !”

Dans son répertoire figurait, en bonne place, le fameux, l'incontournable “Tiens, voilà du boudin” repris en chœur, bien évidemment, par les mélomanes que nous étions !

Que de merveilleux moments de détente avons-nous connus grâce au “maestro” Mourad ! Décidément, ce voyage n'avait pas grand-chose de comparable avec celui que j'avais fait, deux ans plus tôt !

Dans l'après-midi du sept nous pûmes apercevoir, sur notre bâbord, la côte est de la petite île italienne de Pantelleria qui se situe à mi-chemin entre la côte occidentale de la Sicile et la pointe du cap Bon, en Tunisie, légèrement au sud-est de celui-ci.

Nous n'étions, maintenant, plus très loin de l'arrivée et je suis persuadé que notre taux d'adrénaline avait, déjà, dû monter…

Après quatre semaines de mer, nous aperçûmes enfin, dans la soirée du dix février 1955, les côtes de France. La mer était d'huile ; nous étions tous sur les ponts, rivés au bastingage… La distance qui nous séparait du rivage diminuait, trop lentement, à notre goût.

Vers vingt heures nous étions au large de la cité phocéenne dont nous pouvions distinguer les phares des voitures, les lumières du port et des maisons en bordure du littoral.

Cette fois, la boucle était bouclée… ou presque.

En effet, au large de la colline de l'Estaque, à l'ouest de Marseille, le navire ralentit. Nous pensâmes que c'était pour accueillir le pilote. Hélas, nous nous étions trompés… Les machines stoppèrent, l'ancre fut jetée et pas de vedette à l'horizon ! Nous ne tardâmes pas à en connaître les raisons. Les haut-parleurs du bord diffusèrent, en Anglais et en Français, les informations que nous attendions : nous n'avions pas l'autorisation de rentrer, de nuit, dans le port, l'accostage était donc différé au lendemain matin, très tôt.

Nous restâmes une grande partie de la nuit sur le pont à contempler cet "Eldorado" qui ne voulait pas de nous ce soir, qui se faisait désirer… Non, ce n'était pas un mirage et nous ne rêvions pas !

Conformément à ce qui avait été annoncé, le onze, à six heures, le pilote monta à bord et, une heure plus tard, nous franchîmes la passe du Pharo. Nous prîmes nos appontements au quai de la Joliette et le débarquement des passagers put commencer.

Comme il était de coutume lors de chaque arrivée d'Unités militaires, la fanfare était là, ainsi qu'un détachement en armes de la garnison venu rendre les honneurs.

Nous étions enfin sur le sol de France, cette terre d'accueil dont nous avions bien souvent rêvé, tandis que nous étions à l'autre bout du globe !

Une page de ma vie, et non la moindre, venait de se tourner…

Les inévitables opérations de douane ne furent qu'une simple formalité. Des camions nous amenèrent au camp de transit de Sainte Marthe (toujours lui !) où nous reçûmes, individuellement, un titre de transport pour rejoindre nos foyers, accompagné d'une permission de fin de campagne dont la durée était fonction du temps de séjour effectué. (Pour ce qui me concernait elle était de deux mois et demi.)

Nous nous fîmes nos adieux, mes trois camarades et moi, et nous nous quittâmes, sans doute pour ne plus jamais nous revoir… Il en était ainsi, dans cette grande famille à laquelle j'appartenais, depuis un peu plus de quatre ans maintenant. Ses membres étaient atteints d'une maladie chronique, incurable : la "bougeotte !" Des amitiés très fortes se nouaient et se défaisaient à la vitesse du vent d'hiver, le temps d'une affectation.

Dans cette communauté si particulière, les états d'âme n'ont que très peu de place...

C'est, peut-être, cette philosophie qui assure, depuis des siècles, la pérennité de la "grande muette"...

Ma place sur la ligne régulière d'Air France Marseille-Oran avait été retenue. Le départ était fixé à dix-sept heures, ce qui me donna largement le temps de prévenir mes parents de mon arrivée, à l'aérodrome de La Sénia, vers dix-neuf heures trente.

Les retrouvailles furent très chaleureuses. Cette séparation de deux années nous avait fait du bien à tous...

Étant encore sous contrat avec l'Armée pour une dizaine de mois, ma nouvelle affectation me serait signifiée durant mon congé de fin de séjour outre-mer. Ainsi, j'aurai tout le temps de réfléchir quant à l'orientation future de ma vie...

Pour le moment, j'avais bien l'intention d'employer au mieux, et de la plus agréable façon, les soixante-quinze jours de détente qui m'avaient été si généreusement octroyés...

Ces deux années écoulées m'avaient appris beaucoup ; j'avais surtout retenu que l'existence d'un être humain n'était, parfois, que bien peu de chose, qu'elle était négociable, trop souvent, à bas prix, quand ce n'était pas pour rien, que la folie, la stupidité, la cupidité de certains hommes n'avaient pas de limites, elles m'avaient enseigné l'humilité, la tolérance, le pardon parfois... Maintenant, plus à même de mieux comprendre les autres et d'accepter leurs différences, j'étais mieux armé, me semblait-il, pour affronter et essayer d'éviter les arcanes que le destin ne manquait pas de semer sur les chemins sinueux de la vie...

Un fragile début de sagesse, peut-être !

CHAPITRE IV

Lorsque les hostilités cessèrent officiellement en extrême-orient, après une guerre qui aura duré huit ans, je crus que, plus jamais, une telle horreur ne plongerait un jour, à nouveau, ma Patrie et mes compatriotes dans le malheur.

Quelle naïveté était la mienne ! Mes pieuses convictions, qui relevaient plus de l'utopie que de la triste réalité, ne tardèrent pas à être fortement déçues…

Rentré en Algérie il ne me fallut pas bien longtemps pour me rendre compte que ma terre natale, si chère à mon cœur, n'était plus le havre de paix que j'avais connu. En effet, le pays venait de basculer, depuis peu, dans un conflit qui durera, lui aussi, (affreuse analogie de temps avec celui d'Indochine) huit longues années pendant lesquelles deux communautés s'entre-déchireront sans merci. Cette guerre, que l'on appela, à l'époque, un peu candidement : "opération de maintien de l'ordre", se soldera par vingt-cinq mille morts, civils et militaires, et l'abandon du territoire après cent trente-deux ans de présence française.

Les leçons tirées des noires années précédentes n'avaient pas porté leurs fruits ; l'arbre devait être stérile…

Trois mois avant mon retour au pays, le premier novembre 1954, sur une petite route du massif des Aurès, dans l'est du pays, en bordure du désert, un car de voyageurs avait été arrêté par une bande de musulmans armés et un couple d'instituteurs (les Monnerot), ainsi qu'un caïd, froidement abattus. Le même jour, un peu partout, des sabotages et des attentats avaient été perpétrés dans les trois départements.

La simultanéité des actions de terrorisme qui furent déclenchées, pratiquement toutes à la même heure, était frappante.

Ce jour historique portera le bien triste nom de : "Toussaint rouge".

C'est dans le Constantinois que l'offensive fut la plus spectaculaire et la plus meurtrière du fait, pensa-t-on, de la proximité de la frontière, très perméable, avec la Tunisie qui bénéficiait, depuis les accords de Carthage signés par Mendès-France le trente et un juillet 1954, d'une autonomie interne facilitant grandement le passage d'armes et de munitions au profit des rebelles algériens. De plus, les caches insoupçonnables offertes par la zone montagneuse impénétrable des Aurès procuraient à ceux-ci des abris sûrs, quasi inviolables.

En Indochine, informé bien sûr de ce qui s'était passé ici mais, toutefois, avec assez peu de détails, je ne m'étais pas inquiété outre mesure pensant que l'ordre serait vite rétabli.

La réalité des faits, découverte sur place, fut plus alarmante : elle avait de quoi donner à réfléchir...

J'appris que, déjà, le dix-neuf janvier, tandis que j'étais encore en mer, le chef de la dixième Région militaire avait déclenché une opération d'envergure dans les Aurès (la première, sans doute, de cette importance) baptisée : "Véronique". Cinq mille hommes, des blindés et l'aviation y avaient participé, sans obtenir le succès escompté.

Six chefs avaient pris la direction du mouvement insurrectionnel et avaient décidé de partager le pays en autant de régions qui deviendront, plus tard, des "Willayas".

Du côté français, c'était le général Cherrière qui avait la responsabilité de la Région militaire d'Alger. Le secteur le plus sensible, le Constantinois, avait été attribué au général Spillmann. Le Gouverneur général de l'Algérie était, depuis janvier 1955, Jacques Soustelle qui avait remplacé Roger Léonard à ce poste.

Pour mémoire, je rappellerai que le Président de la quatrième République était René Coty, le chef du gouvernement, Mendès-France, le ministre de l'intérieur, François Mitterrand et le secrétaire d'état à la Défense nationale, Jacques Chevallier.

La donne des cartes était faite, les acteurs du mélodrame étaient en place, la tragédie, sur laquelle le rideau rouge venait, à nouveau, de se lever, allait être longue, longue...

Le deux avril, mon affectation me fut communiquée : la Base aérienne de Télergma, dans le Constantinois, au pied du massif des Aurès, qu'il me fallait rejoindre à l'issue de mon congé, le vingt-sept du même mois.

Enfant de ce pays qui, peu à peu, mais sûrement, se préparait de bien tristes lendemains, je me sentais particulièrement concerné. Cette désignation allait me donner une nouvelle occasion de me rendre utile et de servir une cause qui me touchait de très près.

Le mois d'avril fut marqué par de nombreux attentats et coups de main.

L'insécurité s'était, partout, installée et, plus particulièrement, dans l'est du pays où les insurgés pouvaient compter sur la logistique tunisienne, laquelle ne manquera jamais de fonctionner à plein...

Le vingt-cinq, je pris l'"inox" (nom donné au train dont les voitures étaient en aluminium), à sept heures, pour Alger où l'arrivée eut lieu vers midi. Le départ pour Constantine, toujours par voie ferrée, étant fixé au lendemain matin, tôt, je pris donc une chambre dans un petit hôtel restaurant, tout près de la gare. Après un repas correct, sans plus, et un brin de toilette, n'ayant rien d'autre à faire, je décidais de passer l'après-midi en ville.

Je connaissais Alger pour y avoir séjourné une semaine, fin 1949, chez une vieille tante dont le mari avait été tué sur le front, peu avant la fin de la deuxième guerre mondiale. Cependant, je n'aurai pas le plaisir, cette fois, de lui rendre une petite visite car elle nous avait, elle aussi, quittés, il y avait deux ans, pour un monde meilleur, comme l'on dit…

Alger est une grande et belle ville, située à mi-distance des frontières est et ouest du pays, qui s'élève en amphithéâtre sur le flanc de hautes collines en bordure d'une large baie. Elle est environnée de la plaine des coteaux du Sahel et de celle, riche, de la Mitidja. En cette année, la cité comptait environ trois cent cinquante mille âmes et le port, très bien équipé, avait une activité importante : la plus grande partie des échanges commerciaux maritimes se faisait avec la métropole. À la darse turque (la ville avait été possession du sultan de Constantinople, en 1515), s'étaient ajoutés plusieurs bassins : ceux de l'Agha, de Mustapha, du Hamma. Des quartiers européens s'étaient édifiés autour de la Casbah sur une étroite bande côtière et se prolongeaient par les banlieues d'Hussein-Dey et de Maison-Carrée au sud-est, de Saint-Eugène et de Bab-el-Oued au nord-est. Le “grand Alger” comprenait les circonscriptions d'El Biar, de la Bouzaréah, de Birmandreis, de Kouba et de Birkadem qui portaient, toujours en 1955, le nombre des habitants de cette conurbation à plus de cinq cent mille.

L'aéroport de Maison-Blanche (aujourd'hui : Dar el Beïda) possédait des installations et un équipement très modernes et il connaissait un trafic aérien en continuelle progression.

Malgré les inquiétudes et les craintes dues aux événements, les rues étaient pleines de monde, les cinémas et les cafés faisaient toujours recette. Il est vrai que nous n'étions qu'au tout début du drame algérien et que la population ne s'était pas encore habituée à ce qui n'allait pas tarder à devenir sa préoccupation au quotidien : échapper aux coups aveugles et meurtriers des terroristes…

À sept heures, le lendemain, je repris le train pour la direction de Constantine. Il faisait un temps splendide. Le paysage qui défilait sous nos yeux changea, brusquement, d'aspect, trois heures après notre départ d'Alger : pratiquement tous les poteaux téléphoniques plantés à une vingtaine de mètres de la voie ferrée, parallèlement à celle-ci, étaient sciés à la base et jonchaient le sol. Dans les champs, des maisonnettes et des fermes avaient été incendiées, certaines d'entre elles étaient encore fumantes… Manifestement, les rebelles venaient de passer par là, et depuis peu !

Je partageais le compartiment avec un couple et un vieux monsieur. Nous étions, non seulement, indignés, scandalisés par le spectacle de désolation qui nous était offert, mais aussi, conscients du danger qui rôdait… Celui-ci ne tarda pas à se matérialiser : à dix heures trente, alors que nous venions de passer un lieu-dit : "les Portes de fer", une violente explosion secoua le convoi. Les vitres volèrent en éclat, les sacs et les valises entreposés dans les porte-bagages furent projetés à terre, tout comme nous. Des cris se firent entendre, une épaisse fumée envahit le wagon puis, plus rien..., sinon un silence qui ne présageait rien de bon. La rame était stoppée, notre voiture toujours sur ses boggies. Nous étions immobilisés entre deux talus, la voie ayant été percée, à cet endroit, dans une zone montagneuse. Couchés sur le sol, essayant de nous protéger, bien aléatoirement, sous les banquettes, sans blessures apparentes toutefois, nous nous attendîmes au pire car nous étions devenus des cibles idéales pour des tireurs bien postés. Nous savions très bien, également, que les rebelles ne reculaient devant rien et qu'ils jouaient du rasoir avec une très grande dextérité : ils l'avaient prouvé à maintes reprises...

Nous n'osions ni bouger, ni parler; les minutes qui suivirent nous parurent interminables...

Au bout d'un certain temps, peut-être une demi-heure, rien de ce que nous appréhendions ne se produisant, nous entreprîmes de sortir de nos précaires abris. Nous pûmes donc nous rendre compte que, par miracle, aucun wagon ne s'était couché, seule, la motrice, sous laquelle la mine avait explosé, était gravement endommagée. Nous apprîmes qu'il n'y avait aucun mort à déplorer, seulement quelques blessés légers par éclats de vitre ou chute de bagages. Par contre, les deux chauffeurs semblaient sérieusement touchés. Les secours arrivèrent à onze heures et demi. Ils étaient constitués de trois hélicoptères de l'Armée de l'Air transportant une vingtaine de soldats, un médecin et des infirmiers. Les deux blessés, jugés gravement atteints, furent, après les premiers soins, transportés d'urgence, par l'un des hélicoptères, à l'hôpital de Sétif, le plus proche. Une heure plus tard, une rame en provenance de Constantine plus très loin prit en charge la totalité des passagers encore sous le coup de l'émotion.

Rétrospectivement, je pensais que nous avions eu, là, une chance insolente (encore elle), car nous aurions pu être tirés comme des lapins, immobilisés et sans défense, dans ce piège ! Mais il devait être écrit, quelque part dans le grand livre céleste, que le moment de quitter cette terre n'était pas encore arrivé pour nous. Une inscription latine qui était inscrite, anciennement, sur les cadrans des horloges, au fronton des églises et de certains monuments publics, au sujet des heures, me revint en mémoire, "Vulnerant omnes, ultima necat" : toutes blessent, la dernière tue..., et celle-ci n'avait pas encore sonné !

Nous arrivâmes à Constantine vers seize heures. Je rejoignis, aussitôt le camp de transit, près de la rue Caraman, dans le centre de la ville, où les consignes pour la suite du "périple" me furent données. Celles-ci précisaient que le départ pour la Base de Télergma aurait lieu le lendemain à huit heures par véhicule militaire dûment escorté.

Constantine, ville de plus de cent mille habitants à cette époque, à quatre cent quarante kilomètres à l'est d'Alger, occupe une position défensive sur une esplanade rocheuse qui culmine à six cents mètres, au pied de laquelle coule l'oued Rummel, dans une vallée étroite enjambée par un pont duquel la vue offerte est splendide. La cité comprend, à côté d'importants faubourgs aux constructions modernes, un quartier très ancien qui a conservé une intense couleur locale. Le site est particulièrement pittoresque.

La région possède des industries locales très variées : tanneries, miroiteries, ateliers où l'on travaille le cuivre. C'est, également, le siège d'un important marché agricole : fruits, légumes, vigne, tabac, céréales... Ici encore, la vie semblait s'écouler tout à fait normalement, et pourtant, cette région du pays était particulièrement visée par les rebelles.

Les mois qui suivront le prouveront...

Le lendemain, vingt-sept avril, à huit heures, j'embarquais à bord d'un camion G.M.C. avec une dizaine de permissionnaires qui rejoignaient leurs Unités. Une automitrailleuse assurait la protection. À dix heures, nous franchîmes le poste de contrôle de la Base de Telergma.

Celle-ci, implantée dans cette région particulièrement sensible des Aurès, était importante par les effectifs qui y stationnaient (le pilote Pierre Closterman, l'as français aux trente-trois victoires, du Groupe "Alsace" de la deuxième guerre mondiale, auteur du "Grand cirque", ancien député à l'Assemblée nationale, y avait fait un court séjour) ainsi que par les moyens mis en œuvre : groupes de bombardement, de chasse, de liaison, de transport, escadron d'hélicoptères...

L'Aéronavale n'était pas absente et, comme elle l'avait déjà si souvent fait, en d'autres occasions, elle participait activement aux "festivités".

Mon nouveau chef, un commandant, m'apprit que j'allais devoir assurer un remplacement d'environ un mois à la station de Oued Hammimine, à une quarantaine de kilomètres de là. Habitué à ces petits détachements implantés dans la nature, un peu oubliés, ce fut sans la moindre contrariété que je rejoignis la petite communauté (quinze hommes, dont douze uniquement pour assurer la protection) qui me fit un accueil chaleureux. Ce n'était pas mon premier poste isolé, ni le dernier, sûrement...

À la station radio, nous n'avions pas le temps de nous ennuyer, les interventions aériennes se succédant à un rythme soutenu. Les "exilés" que nous étions n'avaient pas l'occasion de trop gamberger, et c'était très bien comme cela !

Nous apprîmes, le cinq mai, que le gouvernement venait de prendre la décision d'envoyer en Algérie les jeunes soldats du contingent (aucun appelé n'avait été envoyé en Indochine pendant la guerre contre le Viêt-Minh, le Corps expéditionnaire n'étant composé, durant les huit années que dura le conflit, que de volontaires) et de porter la durée du service militaire à trente mois.

Les rebelles avaient trouvé, en plus de l'aide tunisienne, un soutien financier important de la part des "oulémas", les docteurs de la foi, qui espéraient tirer parti du succès escompté de la révolution. Ceux-ci se montrèrent particulièrement violents, menaçant de représailles sévères les Musulmans qui entendaient continuer à vivre en bonne intelligence avec les colonisateurs. De son côté, l'Espagne, qui avait, depuis longtemps, mené une politique amicale à l'égard de la France et de bon voisinage avec le Maroc, tendit à se tourner, de plus en plus, vers les pays arabes pour des raisons qui resteront assez obscures. Ainsi, la zone espagnole du Maroc ne tardera pas à devenir, elle aussi, une plaque tournante pour les unités de l'Armée de libération qui y trouveront le soutien en vivres, en armes et en munitions, pour intervenir en Oranie.

L'Armée française était prise dans les mâchoires d'une immense tenaille...

L'exercice de mes fonctions à Oued Hammimine n'ayant été prévu que pour une durée d'un mois, comme me l'avait précisé mon commandant d'Unité à mon arrivée à Télergma, j'étais donc dans l'attente d'une nouvelle affectation, (une de plus). Celle-ci me fut signifiée dans la seconde quinzaine du mois de mai : il s'agissait du Détachement de Terrain Opérationnel (D.T.O.) n° 34/540, à Ouargla, une oasis saharienne du grand Erg oriental, à six cents kilomètres au sud de Constantine et deux cent quatre-vingts au sud ouest de la frontière tunisienne, où le poste de responsable de la station de radiogoniométrie m'attendait.

Le départ sur Biskra, la porte du désert, était fixé au vingt-cinq. Aux date et heure prévues, le "Dakota" 284 Fox-sierra-yankee, du Groupe de Transport 3/62 "Sahara", vint s'aligner en bout de bande. La "check-list" terminée, le régime des deux moteurs poussés à fond étant satisfaisant, le pilote desserra ses freins de parking et le gros oiseau, assez lourdement chargé en passagers et en fret, s'élança sur le bitume et commença à prendre de la vitesse.

Nous roulions depuis, peut-être, une quinzaine de secondes lorsque le moteur gauche se mit brutalement à cafouiller et, un très bref instant après, s'arrêta...

Avant que nous eûmes le temps de nous poser des questions, dans la foulée, le moteur de droite se mit, à son tour, à hoqueter et, lui aussi, il s'arrêta ! Nous étions presque au maximum de notre élan et nous avions déjà utilisé une bonne moitié de la longueur de la piste... Nous entendîmes le crissement aigu du long frottement sur l'asphalte des pneumatiques. J'imaginais le pilote et son assistant arc-boutés à mort sur les pédales de frein... Vingt-cinq tonnes lancées à cent cinquante kilomètres à l'heure, cela ne s'immobilise pas en quelques mètres..., et il n'y avait pas de barrière d'arrêt !

Après un moment qui nous parut durer des heures, les deux cochers réussirent, au prix d'efforts désespérés, à stopper enfin la course de l'appareil. Par bonheur, et malgré la contrainte énorme qu'il venait de subir, le train avait tenu le coup. Par contre, nous avions dû laisser une bonne couche de gomme sur le sol !

Nous étions presque arrivés en bout de bande…

À une poignée de secondes près l'avion prenait son envol… et c'était le crash, avec des réservoirs pleins d'un carburant particulièrement inflammable et des pipes d'échappement chauffées à blanc !

Nous évacuâmes l'appareil au plus vite et fûmes ramenés sur le parking par les véhicules de secours, très rapidement arrivés sur les lieux, tandis que les pompiers restaient sur place, au cas où…

Nous connûmes, une heure plus tard, les raisons de cet incident qui aurait pu avoir de tragiques conséquences : la citerne qui avait servi à faire les pleins avait contenu, par erreur, avant que d'être remplie d'essence avion, de l'eau… ce qui expliquait ces pétarades que nous avions entendues avant l'arrêt des moteurs.

Les enquêteurs questionnèrent longuement le mécanicien du bord. Celui-ci avait-il bien actionné, avant le départ, lors de la vérification qui faisait partie de ses attributions, les valves de purge des réservoirs, placées sous les ailes, permettant à la condensation due à la chaleur ou à l'eau (lorsqu'il y en a, et c'était le cas cette fois-ci), d'une densité supérieure à celle de l'essence, de s'évacuer ?

Cette question restera, pour nous, sans réponse…

Vers dix heures trente, les opérations de transbordement du fret terminées, nous reçûmes l'ordre d'embarquer dans un autre appareil et, une demi-heure après, nous décollâmes (avec, tout de même, une légère appréhension), mais cette fois-ci, sans problème, à destination de Biskra que nous atteignîmes une heure plus tard.

Le chef d'escale m'apprit que mon avion pour Ouargla ne décollerait que le surlendemain, à sept heures. J'avais donc le temps de prendre un peu de repos.

Après un bon repas au mess, le restant de la journée se passa au cercle de la Base où l'on pouvait lire, jouer aux cartes, aux échecs, au baby-foot, écouter de la musique… L'après-midi du lendemain serait réservée à la visite de la ville, dont j'avais entendu le plus grand bien.

Je ne fus pas déçu, une fois de plus.

Cette agglomération de moyenne importance qui fait partie de l'arrondissement de Batna, est située sur le versant méridional du mont des Aurès. Ancienne cité romaine qui a gardé peu de vestiges des temps anciens, c'est la capitale des "Ziban", groupe de petites oasis qui s'échelonnent au pied de l'Atlas saharien, et un marché important pour les nomades qui peuvent y trouver des caravansérails. En plus d'une production artisanale très appréciée, la ville est célèbre pour ses dattes, dont la renommée a largement dépassé ses frontières et dont la culture remonte à des temps fort reculés (les palmeraies s'étendent à perte de vue autour de la ville), et pour sa production de laine de mouton et de chameau.

Une ligne de chemin de fer à voie étroite, débouché sur la Méditerranée, relie Biskra, au nord, à Batna, à Constantine et à Philippeville. Elle se poursuit, au sud, jusqu'à Touggourt, à deux cents kilomètres sur les bords de l'oued Righ.

La ville comptait une salle de spectacles, des bars, quelques hôtels restaurants, un marché très actif, de nombreuses échoppes; les rues montraient une animation, non seulement très colorée mais aussi, très dense pour une cité de cette dimension.

La tribu des "Ouled Naïls", agricole, pastorale et sédentaire, y avait droit de cité : elle occupait des rues entières. Les jeunes femmes, d'une grande beauté, parées de nombreux bijoux, faisaient admirer leur talent inné de danseuses dans les cafés qui ne désemplissaient pas car le spectacle valait le coup d'œil...

Bien qu'étant encore au printemps, la chaleur avait déjà fait son apparition aussi ce fut avec délectation que je sirotais un petit thé à la menthe succulent et parfumé à souhait dont les Arabes, du désert dont nous n'étions plus très loin, ont le secret.

L'embarquement pour le territoire des oasis se fit le lendemain, sept heures, à bord d'un vieil avion immatriculé : Toucan n° 390 appartenant au G.S.R.A.76 de Tunis (Groupement saharien de reconnaissance et d'appui) détaché en permanence à Ouargla, qui était venu à Biskra prendre des pièces de rechange, du matériel divers, des vivres et qui retournait sur sa Base. Il s'agissait d'un trimoteur à hélices "JU.52" conçu par l'ingénieur allemand Hugo Junkers, en 1931, et qui avait fait toute la deuxième guerre mondiale dans l'Armée allemande. Il devait avoir un nombre considérable d'heures de vol! La cellule était en tôle d'aluminium ondulée, les moteurs avaient (ou avaient eu, à l'origine) une puissance de six cent soixante chevaux chacun, ce qui était assez peu pour le poids, en charge, de l'appareil : douze tonnes. L'autonomie de vol était de mille trois cents kilomètres et l'aéronef pouvait transporter une vingtaine de parachutistes équipés. Sa vitesse de croisière n'était que de cent trente nœuds (deux cents kilomètres/heure), et quand le vent n'était pas trop défavorable...

Nous n'étions que quatre à bord, l'équipage et moi. Par contre, de nombreux colis avaient été chargés. Le commandant de bord n'était autre que le chef de l'Unité où j'aurai l'honneur de servir. Il me souhaita, fort aimablement, la bienvenue et, à l'heure dite, il "enleva" notre gros oiseau, moteurs poussés au maximum de ce qu'ils pouvaient encore donner. À bord, le bruit était plus que conséquent, l'insonorisation étant totalement inexistante et, de ce fait, il était impossible d'engager une conversation, pour meubler le temps, sans crier. Cela avait au moins un avantage : les moteurs, on les entendait tellement bien qu'il n'y avait pas besoin de surveiller les tachymètres du tableau de bord !...

Nous devions atteindre Ouargla, à quatre cents kilomètres au sud, vers huit heures quarante.

C'était, du moins, ce qui était prévu...

Environ vingt minutes après avoir décollé de Biskra, nous eûmes des soucis avec le moteur central : sa pression d'huile accusait une chute importante et en constante augmentation, au point que le pilote dut se résoudre à le stopper. Avec les deux moteurs restants qui paraissaient donner satisfaction, il n'y avait pratiquement pas de risques à craindre aussi, bien que nous fussions encore assez loin du point de non-retour, le commandant de bord décida-t-il de poursuivre sa route. Malheureusement, l'appareil devint vite de plus en plus ingouvernable car de l'huile s'échappait du moteur défaillant et était, avec la force de l'air, violemment projetée contre la vitre du cockpit, rendant, de ce fait, la visibilité très aléatoire, voire, presque nulle.

Dans ces conditions, il n'était plus question de persister à vouloir prolonger notre vol. Aussi, un atterrissage forcé fut-il aussitôt envisagé. Nous survolions une zone aride et, par chance, peu recouverte de sable : le sol semblait être assez ferme. À une quinzaine de kilomètres de là, se trouvait une toute petite bourgade appelée, d'après notre carte de navigation : "Ouled Djellal".

Ne voyant pratiquement plus rien devant lui, le pilote posa son appareil en regardant par les vitres latérales. C'était, certes, une manœuvre peu orthodoxe, mais très efficace puisque tout se passa sans la moindre casse... Nous fûmes juste un peu secoués à l'arrivée !

Avant l'atterrissage dans le désert, le pilote avait fait connaître, par V.H.F. ses intentions et notre position exacte au centre de contrôle aérien de Biskra qui se chargea d'informer immédiatement le G.S.R.A. 76 de Tunis ainsi qu'une Unité saharienne de méharistes en poste à Tolga, à une vingtaine de kilomètres au sud de notre position, au pied des monts du Zab, sur les bords de l'oued Djédi.

Il était près de huit heures, le soleil était, déjà, haut dans un ciel sans nuages, d'un bleu lavande. La journée s'annonçait chaude, il y avait peu, ou presque pas de vent. Nous étions assis à l'ombre, sous l'une des ailes de l'avion et contemplions le paysage qui s'offrait à nous : rien, pas la moindre végétation à perte de vue, sur les trois cent soixante degrés de la "rose des vents"... S'il y avait de la vie quelque part, elle se cachait bien ! Nous avions de l'eau dans des jerricanes, des biscuits, des rations de survie : nous pouvions envisager les heures à venir avec sérénité... à condition qu'elles ne s'éternisent pas trop !

Décidément, ces derniers jours, les voyages en avion ne me réussissaient pas tellement ! Ou bien je portais la "scoumoune" à tout le monde ou bien j'avais le "mauvais œil" ! Mais, comme les issues avaient toujours été, jusqu'à présent, heureuses, je pouvais aussi penser que Saint Christophe, martyr sous le règne de l'Empereur Dèce vers 250, évêque d'Antioche, protecteur des voyageurs, n'était pas un mythe : il suffisait de faire appel à lui, dans les situations critiques, et voilà tout !

"Pars, et va-t'en rassuré..."

Vers midi, un nuage de poussière à l'horizon attira notre attention : un peloton de méharistes venait à notre rencontre. Ce petit groupe comprenait une dizaine d'autochtones sous les ordres d'un maréchal des logis-chef européen. Ces hommes, alertés par le P.C. de Biskra, étaient venus en protection le temps que l'on vienne nous sortir de là. Ils firent baraquer leurs dromadaires et tournèrent autour du grand oiseau blessé à plusieurs reprises. Ce genre de situation n'était pas tellement courant pour eux. Leur chef nous proposa de l'eau, des vivres. Nous déclinâmes poliment son offre car nous avions ce qu'il fallait. Par contre, ce fut avec un réel plaisir que nous acceptâmes du thé à la menthe que deux Arabes entreprirent de nous préparer.

Ici, tout commençait et tout finissait par ce breuvage divin...

La discussion qui s'en suivit nous fit apparaître que ces unités sahariennes n'étaient pas tellement au fait des derniers événements d'Algérie : elles paraissaient même être bien loin des réalités. Leur mission, à elles, c'était de parcourir le désert, de sauver des vies, de retrouver les égarés, de protéger les caravanes des nomades contre les pillards qui ne manquaient pas dans cette vaste région. Elles faisaient un travail dont l'on parlait bien peu, mais qui était si utile !

À quatorze heures, nous entendîmes un bruit que nous connaissions bien : celui d'un avion en approche. Il s'agissait d'un autre "JU.52" envoyé à notre secours par le G.S.R.A. de Tunis, via Biskra. Il fit un passage au-dessus de nous, à basse altitude, puis entama sa descente et se posa, dans une gerbe de cailloux et de terre mélangés, quinze minutes plus tard, à proximité de son frère jumeau cloué au sol.

L'appareil, immatriculé : Toucan n° 398, piloté par le capitaine Justan, transportait une équipe de mécaniciens et le matériel nécessaire pour réparer sur place. La remise en état de vol effectuée, (remplacement de canalisations d'huile), nos "sauveteurs" devaient ramener l'avion sommairement réparé, en fin d'après-midi, sur Tunis, via Biskra afin d'y refaire le plein de carburant.

Quant à nous, après avoir effectué, avec l'aide des méharistes, le transbordement du fret que nous devions acheminer sur Ouargla, nous embarquâmes dans l'avion qui venait d'arriver, après avoir chaleureusement remercié le sous-officier et ses hommes ainsi que nos collègues de l'Armée de l'Air venus à notre aide. Notre pilote poussa les gaz à fond et décolla.

Il était quinze heures. Le nouveau pensionnaire du D.T.O. n° 34/540 prit de l'altitude, battit deux ou trois fois des ailes en signe d'au revoir et mit le cap au sud. L'arrivée à Ouargla, à trois cents kilomètres, était prévue pour seize heures trente. Mais il était écrit que, cette fois encore, rien ne se passerait normalement…

Nous survolions, maintenant, des dunes à perte de vue qui avaient succédé au "Reg". Nous pouvions nous estimer heureux de ne pas avoir eu notre incident une quarantaine de kilomètres, seulement, au sud d'Ouled Djellal car, se poser dans cette immensité de sable, avec un train d'atterrissage fixe, c'eût été, tout simplement, suicidaire !

Alors que le temps avait été, jusque-là, parfaitement beau, il commença, subitement, à se dégrader. Dans ces régions, il peut passer rapidement d'un extrême à l'autre sans que l'on ne s'y attende. Ici, il n'y a pas de meilleurs baromètres que les dromadaires pour pressentir ces perturbations… et nous n'en avions pas à bord !

Une demi-heure après notre décollage, nous eûmes droit à un violent vent de sable soufflant de face avec des pointes, en rafales, de plus de cent dix kilomètres/heure. C'était beaucoup pour notre vieil aéronef dont la vitesse relative au sol, sous les coups de boutoir des masses d'air déchaînées, était, par instants, nulle, ce qui signifiait que nous faisions du "sur place" ! Nous étions secoués comme des pruneaux sur un arbre au moment de la récolte, l'importante envergure des ailes de l'appareil amplifiant encore le mouvement. Les innombrables grains de sable projetés avec violence sur les vitres, lesquelles pour l'instant tenaient bon, et le bruit qu'ils faisaient en frappant les parties métalliques de l'avion était inquiétant et sinistre.

La "fête" dura près d'une heure pendant laquelle nous n'eûmes pas la possibilité d'échanger entre nous la moindre impression, sinon par gestes.

Puis, aussi subitement qu'elle avait entamé les hostilités, la tempête s'apaisa et ne devint plus, bientôt, qu'un mauvais souvenir. À bord, la sérénité avait remplacé l'incertitude. Notre bonne vieille "Julie" avait tenu le coup : elle s'était comportée comme une grande. Notre arrivée serait retardée mais, cela nous importait peu…

Vers dix-sept heures trente nous commençâmes à apercevoir la magnifique palmeraie de Ouargla, quinze minutes plus tard nous survolâmes le bourg et, peu de temps après, nous étions en approche finale en vue de l'atterrissage qui se fit vers dix-huit heures, soit avec une heure et demi de retard sur les prévisions.

Nous étions heureux d'être, enfin, arrivés "chez nous"...

Je fis connaissance de mes nouveaux compagnons. Les présentations furent vite faites. L'effectif total de cette Unité isolée, qui n'avait été créée que depuis quelques mois, était, en tout et pour tout, de dix-huit hommes, à savoir, pour commencer, et en tout bien tout honneur : le capitaine Guérin, chef du détachement et pilote de l'avion qui allait prendre la succession de celui laissé en panne dans le désert, quelques sous-officiers dont un mécanicien de bord, un radiotélégraphiste, un armurier, un infirmier, un cuisinier, un fourrier, depuis peu, moi-même, responsable de la station de radiogoniométrie, devant être aidé dans ma tâche par deux opérateurs, enfin, huit soldats "fusiliers de l'Air" pour monter la garde.

La durée de mon affectation ici ne m'avait pas été précisée mais cela ne me préoccupait pas outre mesure. De toute façon, mon contrat avec l'Armée prendrait fin dans sept mois, ce qui me donnait tout le temps de voir venir... et de m'intégrer complètement à cette petite communauté.

Ouargla est le chef-lieu du territoire des oasis sahariennes, c'est une grande palmeraie à quatre cents kilomètres au sud de Biskra, sur le trente-deuxième parallèle, à sept cents kilomètres au nord du tropique du Cancer, à cent quatre-vingts de la frontière sud tunisienne et à deux cent quarante au nord-ouest de la frontière libyenne. C'est un important marché de dromadaires et de bétail.

Nous logions dans un "bordj", construit, au début de ce siècle, par la Légion étrangère, en plein dans les sables et à une douzaine de kilomètres au sud de l'oasis. L'électricité était fournie par deux groupes électrogènes fonctionnant au fuel, l'eau, d'un fort goût saumâtre, mais luxe tout de même, à consommer et à utiliser avec parcimonie, que nous allions chercher avec une citerne, provenait d'un puits situé dans la palmeraie, quant aux appareils de climatisation ils étaient totalement absents des listes constituant l'inventaire du matériel existant. Dans la petite cuisine un vieux réfrigérateur, essoufflé et d'une capacité insuffisante essayait désespérément de faire illusion. Aussi, nous utilisions tous des "gargoulettes" (vases poreux dans lesquels l'eau se rafraîchit par évaporation), confectionnées localement. Pendant les fortes chaleurs, ce qui était courant, nous buvions chacun pas loin d'une bonne dizaine de litres d'eau par jour pour éviter la déshydratation.

Une piste d'atterrissage, en dur, avait été construite par le Génie militaire. Sensiblement orientée nord sud, elle était utilisée par les appareils du C.O.T.A.M. (commandement opérationnel du transport aérien militaire), des avions-cargos "Nord 2501", qui effectuaient la ligne régulière Orléans-Alger-Biskra-Ouargla-Tamanrasset et retour et, à l'occasion, par tout autre aéronef qui le demandait, quel que soit son pays d'origine. Elle nous donna bien du souci car, sous l'effet des vents, elle s'ensablait vite. De plus, démunie de balisage électrique, nous devions mettre en place pour les mouvements de nuit, de chaque côté de la bande, tous les cent cinquante mètres, des éclairages fonctionnant au pétrole (lampes goose-neck). La station gonio était dans son axe, à deux kilomètres de celle-ci. C'était une petite baraque plutôt vétuste qui, non seulement abritait les appareils radio, mais aussi quelques varans et autres scorpions qui y avaient élu domicile. Aussi, nous prenions la sage précaution de nous annoncer bruyamment lorsque nous venions effectuer nos vacations. Le service se prenait sur préavis d'une demi-heure ou vingt-quatre heures sur vingt-quatre lorsque la situation le nécessitait.

Nos missions étaient variées : surveillance aérienne de la région, détection et destruction des caravanes suspectées de transporter, pour les rebelles, des armes, des vivres et des munitions, évacuations sanitaires (EVASAN) et ravitaillement au profit des postes éparpillés dans le désert, et ils étaient nombreux : El Goléa (la Forteresse), El Oued, oasis principale du Souf, Ghardaïa, sur les plateaux rocheux du Mzab, In Salah, au pied du mont Tademaït, Laghouat, sur le revers méridional du Djebel Amour, versant sud de l'Atlas saharien, ou même, Fort Lallemand, Fort Flatters et Fort Polignac, toutes petites oasis à trois cents kilomètres au sud est de Ouargla.

Nous devions effectuer, également, des liaisons régulières sur Biskra, notre Base support : transports de matériel, de documents, de courrier et de personnel (visites médicales, formalités administratives, relèves...) En complément de ces missions diverses, la station de radiogoniométrie s'avérait être une aide à la navigation aérienne de première importance, aussi bien pour les civils que pour les militaires, toutes nationalités confondues, les points de repère étant plutôt rares dans le secteur... Elle faisait office, également, de station météorologique et de tour de contrôle.

Les semaines passèrent et je m'étais fait pleinement à cette vie. Ici, au moins, l'"espace vital" de chacun d'entre nous était pratiquement illimité... et le silence était roi !

De nombreuses missions me permirent de découvrir les endroits les plus déshérités du désert le plus vaste du monde (plus de sept millions de kilomètres carrés !) où l'extrême sécheresse de l'air engendre une évaporation intense, avec des températures de plus de cinquante degrés centigrades à l'ombre, le jour, et la nuit, une colonne de mercure qui descend jusqu'au point de congélation de l'eau. Des vents, parfois très violents, chargés de sable et d'électricité statique créée par le frottement des poussières de roche sédimentaire et des grains quartzeux entre eux, se lèvent brutalement, obligeant les caravaniers à s'arrêter, à se recouvrir entièrement la tête de leur chèche et à se protéger du mieux possible derrière leurs montures baraquées et groupées. Quelques heures plus tard, le calme revenu, le silence retombe sur l'immensité et la vie reprend ses droits. Les pluies sont rares, accidentelles, plus ou moins locales. Il tombe ici, en moyenne, moins de cent millimètres d'eau par an... Les plantes, pour se défendre contre la sécheresse, restent au ras du sol, à l'abri du vent desséchant; elles sont dépourvues de feuilles mais couvertes d'épines pour éviter au maximum l'évaporation. Par contre, elles possèdent des racines étonnamment développées et profondes. Contrairement à ce que l'on pourrait penser, il existe une faune variée, peu visible aux heures chaudes : antilopes, gazelles, chacals, fennecs, hyènes, vipères des sables, pangolins géants. Ont, également, droit de cité, des arachnides tels que scorpions, araignées, une multitude d'insectes de tout genre : scarabées, mouches, criquets, cloportes, scolopendres, fourmis, termites, moustiques, ainsi que des charognards, véritables éboueurs du désert.

Le Sahara présente un relief varié : massifs montagneux au centre et à l'est, dunes du grand erg oriental au nord, plateaux rocailleux (reg) à l'ouest et au sud. Il s'étend de l'Atlantique à la mer Rouge soit, sur plus de quatre mille kilomètres, et du pied méridional de l'Atlas jusqu'au quinzième parallèle de latitude nord soit mille huit cents kilomètres. De grandes tribus nomades le sillonnent avec leurs troupeaux de dromadaires (les vaisseaux du désert), de chevaux, de bœufs, de moutons, de chèvres. Les dunes de sable recouvrent la plus grande partie de ces lieux, le reg ne représentant qu'un dixième de la superficie totale.

Devant une telle immensité qui force au respect et à l'humilité, l'homme se sent bien petit; il apprend à être modeste...

Au début de l'été 1955 le général Lorillot remplaça le général Cherrière à la tête de la dixième Région militaire à Alger.

Le dix juillet, vers dix heures, une section de la Légion étrangère nous signala le franchissement de la frontière sud tunisienne par une importante caravane chargée d'armes et de munitions à destination des rebelles. Nous sautâmes aussitôt dans notre "Junkers" et partîmes à sa recherche, instruits des coordonnées et du carroyage donnés par la troupe amie. Cette bande suspecte qui se trouvait dans le "no man's land" où aucune circulation n'était permise fut repérée à, environ, cent quatre-vingts kilomètres, plein est de Ouargla. D'en haut, la visibilité était excellente. Comme nous étions encore assez loin, les rebelles ne nous entendirent pas. Nous prîmes le plus qu'il était possible d'altitude et les contournèrent par l'arrière, de façon à ce qu'ils aient le soleil de face au moment de l'attaque. Quand le moment fut jugé opportun l'avion plongea, tel un oiseau de proie, sur la "procession". La mitrailleuse, de calibre douze-sept millimètres, qui avait été montée sur notre appareil, crépita et lâcha son venin mortel. L'effet de surprise fut total... et payant.

À notre retour nous dénombrâmes quelques impacts d'armes automatiques, de faible calibre, à l'arrière droit du fuselage, non loin de l'empennage vertical, qui n'avaient causé, fort heureusement, aucun dégât majeur. À ce sujet, il faut souligner le courage dont faisaient preuve les rebelles : même surpris et en position défavorable, ils n'hésitaient pas à réagir, s'exposant dangereusement pour riposter aux coups qui leur étaient portés.

Le vingt août nous apprîmes que des bandes de terroristes s'étaient ruées sur les Européens, les Musulmans fidèles à la France et les Juifs, dans la région de Philippeville et de Collo. Elles avaient reçu la consigne de tuer et elles tuèrent avec une cruauté incroyable, un "raffinement" diabolique, torturant même les enfants, les bébés, avant que de les égorger… Elles attaquèrent, également, des gendarmeries pour y prendre des armes. À El Halia, dans le Constantinois, où se trouvaient des mines de pyrite, les ouvriers européens et leurs familles furent littéralement lardés au rasoir. C'était le muezzin lui-même qui avait donné l'ordre de l'attaque !

Fin septembre, un maquis organisé dans l'Ouarsenis, massif calcaire au sud du Chélif (Orléansville), fut anéanti par les soldats français. Parmi les tués ennemis l'on retrouva le corps d'un aspirant, déserteur de l'armée française…

Les mois avaient passé et l'heure était venue, maintenant, de prendre une décision quant à mon devenir. Nous étions en octobre et, dans moins de trois mois, mes obligations militaires actives arriveraient à leur échéance. En janvier 1956, j'aurai effectué cinq années dans l'Armée ; allais-je arrêter là ? Mon choix fut rapidement fait ; il était, surtout, affectif : je continuerai à servir cette noble institution qui m'avait appris tant de choses, qui m'avait offert des moments d'intenses émotions, de peur, mais, aussi, de joies… Je me sentais intimement impliqué dans cette aventure : tout quitter maintenant, c'était, d'une certaine façon, renier mes convictions, c'était, quelque part, abandonner mes "pays"…

Le vingt-cinq octobre, je partis en mission à Biskra pour signer, devant le Commissaire des Bases de l'Air, mon rengagement.

À la fin du mois, l'état-major fit part de son inquiétude à toutes les Unités réparties sur le territoire, craignant, pour l'anniversaire de la Toussaint Rouge, une recrudescence d'attentats, d'agressions, de sabotages, le F.L.N. (Front de Libération National) ayant annoncé qu'il entendait célébrer le jour du souvenir du déclenchement de la rébellion par une nouvelle flambée de violence.

Mais, le premier novembre 1955, rien de ce qui était à craindre ne se produisit. Peut-être, l'arrivée de métropole, quelques jours plus tôt, de renforts de rappelés, fit-elle hésiter les rebelles ?

Le dix-neuf novembre, nous dûmes effectuer une "calibration" de la gonio. L'on avait remarqué que, dans le secteur sud-est, les relèvements des appareils en vol, effectués par notre station radio, n'avaient pas la précision que les équipages étaient en droit d'espérer : ils présentaient un décalage de quelques degrés avec la réalité. Cela était, peut-être, dû à un sous-sol contenant des minerais ferreux créant un champ magnétique interférant. D'où la nécessité de faire une "compensation" pour corriger artificiellement cet écart angulaire. Mais encore fallait-il le connaître exactement ! Le capitaine Guérin prit la décision de survoler, dans la zone incriminée, une agglomération dont l'on connaissait parfaitement la position géographique indiquée sur les cartes de navigation. La manœuvre devait consister à demander un gisement à la station de Ouargla au moment précis où nous serions à la verticale du point choisi, à savoir, la petite oasis de Fort Lallemand, (du nom du général français qui réprima la formidable insurrection de 1871), au sud-est et dans le cap magnétique cent trente, précis, de notre station.

À huit heures nous prîmes l'air et, arrivés au-dessus de la petite bourgade, la station de Ouargla nous releva au cap cent trente-trois, ce qui constituait une erreur de plus trois degrés. La "compensation" à effectuer, dans ce secteur, devait donc être de moins trois degrés.

Notre mission accomplie, le commandant de bord décida de poursuivre notre vol en direction de Ghadamès, une oasis saharienne à forte population nigritisée dont les ruines attestent son antique prospérité, située à trois cents kilomètres plus au sud, à la confluence des frontières sud tunisienne, ouest libyenne et sud-est algérienne, dans l'espoir de repérer des caravanes suspectes, puisque nous avions du temps devant nous.

Nous ne trouvâmes rien : les pourvoyeurs d'armes se faisaient de plus en plus durs à trouver le long de la frontière tunisienne, ou dans ses parages immédiats. Ils refusaient de jouer les proies faciles et n'exerçaient plus leur coupable activité que la nuit.

Nous reprîmes donc le chemin du retour et, vers douze heures trente, nos pneus crissèrent sur la piste après un vol qui nous avait permis de joindre l'utile à l'agréable (une fois n'est pas coutume, dit-on), la météorologie ayant été excellente… et la mécanique au mieux de ce que l'on pouvait lui demander.

Les nouvelles que nous avions de la situation militaire, dans le nord, n'étaient guère encourageantes. À partir du dix-huit décembre, les rebelles se déchaînèrent, à nouveau, en Kabylie et dans l'est constantinois. Les victimes furent nombreuses et l'on déplora la mort de dix soldats français et d'une quarantaine de civils musulmans (Berbères qui résistaient à l'arabisation), sans compter un nombre important de blessés. Aussi, les interventions aériennes, à partir des Bases de la région allèrent-elles "crescendo" et notre station connut un trafic radio plus important qu'à l'accoutumée.

Cette année qui se terminait avait été riche, elle aussi, en événements dramatiques ; elle ne sera pas, hélas, la dernière à faire pleurer dans les chaumières…

À la suite des élections législatives qui eurent lieu le deux janvier 1956, Guy Mollet fut chargé par le Président Coty de former un nouveau gouvernement. Ce fut une tâche particulièrement ardue…

Ainsi, le Gouverneur général de l'Algérie qui succéda à Jacques Soustelle, Robert Lacoste, ancien résistant dont le père avait été fusillé par les Allemands, connu pour son courage et son énergie, prit ses fonctions le onze février 1956.

Le mois suivant, le neuf, le Maroc accéda à l'indépendance ; le vingt, la Tunisie jouira du même privilège.

Le printemps de cette année-là vit éclore de nombreux événements, aux plans militaire et politique.

Les exactions, sabotages, attaques se multiplièrent à la vitesse d'un ouragan. Les groupes de combat ennemis étaient formés à l'image des commandos français et ils se montrèrent, à maintes occasions, d'une efficacité redoutable. La plupart de leurs chefs avaient acquis leur expérience dans nos rangs. Ils en avaient retenu le grand principe de base, à savoir que : “la discipline faisant la force principale des armées, il importait que tout supérieur obtienne de ses subordonnés une obéissance entière et une soumission de tous les instants…”

Dans le courant du mois de juin, la Société nationale des recherches de pétrole en Algérie (S.N.R.P.A.) et la Compagnie française des pétroles (C.F.P.) détectèrent une poche pétrolifère qui semblait être très prometteuse, dans la région d'Hassi-Messaoud, à une soixantaine de kilomètres au sud-est de Ouargla. Bien vite, les réserves de naphte furent estimées entre trois cents et cinq cents millions de tonnes, à une grande profondeur, plus de trois mille mètres, dans une roche poreuse, ce qui laissait présager des forages coûteux. Cette découverte concerna, directement, notre petite communauté, puisque nous dûmes maintenir en service notre station de radioguidage, à partir de cet instant, jour et nuit, cela pendant plusieurs mois, au profit des équipages de “Bréguet deux ponts” et d'avions-cargos qui entamèrent un véritable pont aérien entre la métropole et Ouargla, digne de celui de Berlin en 1948-1949, mis en place par les Alliés à la suite du blocus de cette ville par l'URSS.

Des baraques préfabriquées, des groupes électrogènes, des éléments de derricks, des foreuses, des engins de terrassement, des tracteurs et du personnel furent ainsi amenés sur place. Les tout premiers jours, nous dûmes héberger ces aventuriers des temps modernes et cela ne fut pas sans poser quelques problèmes d'intendance, compte tenu de nos maigres possibilités. Mais, bien vite, une infrastructure d'accueil vit le jour sur le chantier, une hôtellerie, une infirmerie… et même une piste d'atterrissage, rapidement construite en grilles de fer perforées parfaitement adaptées aux surfaces sablonneuses. Bien sûr, elle n'était pas comparable à celles d'Orly, ni encore moins, de Charles de Gaulle, mais elle s'avéra être suffisante pour les besoins de la cause.

Nous restâmes en permanence, par la suite, à la disposition des pétroliers pour ce qui concernait le contrôle de la circulation aérienne.

Parallèlement aux travaux de forage, et lorsque l'on eut la certitude que l'exploitation serait rentable, la construction d'un oléoduc, long de sept cent cinquante kilomètres, rejoignant le port méditerranéen de Bougie, fut entreprise sous la protection de l'Armée.

La même année, quelques semaines plus tard, le plus important gisement de gaz naturel d'Algérie fut découvert par la S.N.R.P.A. à Hassi R'Mel, au sud-ouest de Laghouat. Il se trouvait à deux mille deux cents mètres de profondeur, dans un terrain gréseux. Les réserves, considérables, furent estimées à huit cents milliards de mètres cubes. Là encore, la construction (qui durera plusieurs années) d'un gazoduc, long de près de huit cents kilomètres, reliant le chantier à Arzew, près de la frontière marocaine, où le méthane devrait être stocké sous forme liquide avant d'être expédié à Oran et à Alger pour être exporté ensuite vers la France, et surtout, l'Angleterre, fut décidée. Cet ouvrage gigantesque ne sera mis en service qu'au début de 1966.

Le contrôle des frontières de l'ouest, mais aussi, de l'est, constituait, pour l'état-major français, une préoccupation quasi permanente. De source bien informée, l'on apprit que plus de quatre mille rebelles les franchissaient, hebdomadairement, par petits groupes, et de nuit. Les services de renseignements français apportèrent la preuve que le Président tunisien Bourguiba permettait à nos ennemis la création de bases F.L.N. sur son territoire et concourrait même, à l'entraînement militaire des combattants. L'électrification des barrages mis en place coûtait une fortune et les crédits ne suivaient pas. Aussi, le Génie militaire manqua-t-il cruellement de moyens. L'ennemi profitera de cette situation au maximum…

Le quinze juillet, un incident peu banal et qui aurait pu avoir des conséquences dramatiques, eut lieu aux abords immédiats de notre piste d'atterrissage. Un avion-cargo "Nord-Atlas 2501", du C.O.T.A.M. en provenance d'Alger et à destination de Tamanrasset, au Hoggar, s'était posé sur notre terrain, le matin, vers dix heures. Son départ, était fixé à midi, après le repas de l'équipage et des quelques passagers, le plein de carburant complété. Nous étions à la période la plus chaude de l'année : le thermomètre flirtait allègrement (à l'ombre) avec les cinquante degrés centigrades ! (À ce sujet, et pour la petite anecdote, je relaterai que le cuistot faisait cuire, pour le déjeuner, les "biftecks" de dromadaires, au demeurant très bons, quoique, un peu durs, ainsi que les œufs au plat, sur une plaque de tôle exposée au soleil !)

À l'heure dite la station gonio était ouverte et en mesure de donner les consignes de décollage au pilote : force et direction du vent, pression barométrique au sol, nébulosité en altitude, visibilité horizontale, enfin, ce que l'on appelle, en procédure radio, le "Q.A.M.", ou bulletin météorologique local.

La piste à utiliser était la trente-quatre, celle qui était à l'opposé (à cent quatre-vingts degrés) de la seize, de laquelle la station se trouvait, à trois mille mètres, dans son axe.

Le point fixe normalement effectué, l'avion s'élança, prit de la vitesse et, après neuf cents à mille mètres de course, il quitta le "plancher des vaches". Le copilote venait tout juste de remonter les roues lorsque les deux moteurs se mirent, en même temps à cafouiller et ils s'arrêtèrent brusquement. Privé de ses appareils de propulsion, l'avion tomba, pratiquement, à la verticale. Heureusement qu'il était encore très bas, qu'il venait de dépasser l'extrémité opposée de la piste et que le train était rentré, ce qui évita ce que l'on appelle, dans notre jargon, le "cheval de bois" ou, capotage, et qu'il trouva, pour le recevoir, une épaisse couche de sable meuble. Il s'était crashé, sur le ventre, très exactement entre notre station et la fin de la bande ! Quelques secondes de plus et il nous tombait dessus !

Il n'y eut pas de blessés, juste quelques ecchymoses ; quant aux dégâts matériels, ils étaient réduits au minimum, à savoir, le cargo légèrement "vrillé". Nous nous rendîmes, le plus rapidement possible auprès des membres d'équipage et des passagers lesquels, à notre arrivée, avaient déjà évacué l'avion.

Une équipe de mécaniciens arriva d'Alger, dès le lendemain et nous apprîmes les raisons de cet incident : il était dû au "vapor-lock". Sous l'effet de la chaleur (optimale à midi), le mélange gazeux essence air s'était totalement évaporé avant que d'arriver dans les carburateurs.

Des vérins hydrauliques placés sous les ailes permirent de soulever l'appareil et de sortir le train. Puis l'avion fut remorqué, avec difficulté à cause du sable, jusque sur la piste. Après un sérieux examen, l'on put constater que celui-ci n'était presque pas endommagé. Le commandant de bord prit alors la décision de redécoller, cette fois, tôt le matin du lendemain, et à vide de passagers et de fret, pour Alger... ce qui se fit, tout à fait normalement. L'on put juste remarquer, du sol, que le "Nord-Atlas 2501" volait, tout de même, quelque peu en crabe...

Peu avant midi, nous reçûmes un message du contrôle aérien d'Alger nous annonçant l'arrivée de l'avion à Maison-Blanche.

Ainsi, tout était bien qui finissait bien...

Le même jour de la semaine suivante, un incident, en tous points similaire à celui qui venait de se produire, eut lieu, approximativement, à la même heure et rigoureusement pour des raisons identiques. Un autre "Nord-Atlas

2501" en provenance d'Alger se posa sur notre terrain, vers dix heures. Peu après midi, le pilote, qui assurait la ligne régulière sur Tamanrasset, demanda les consignes de décollage. Cette fois, l'envol devait se faire dans le sens inverse de celui de la semaine antérieure, compte tenu de la direction du vent. L'avion prit de la vitesse, s'éleva d'une douzaine de mètres, train rentré… et se crasha tout juste après la fin de la piste, heureusement, encore une fois, dans le sable. Ses moteurs avaient stoppé net, eux aussi, au même moment !

Comme la première fois, il n'y eut pas de blessés, juste le cargo très légèrement endommagé.

Le rapatriement de l'appareil et de ses passagers, sur Alger, eut lieu dans des conditions identiques à celles du premier accident.

Le Commandement du transport aérien militaire, dans sa grande sagesse, décida alors de décaler de deux heures (plus tôt) les horaires de la ligne, pendant la période de grande chaleur.

Nous n'eûmes plus aucun incident de ce genre à déplorer, dès lors. Néanmoins, la leçon du premier crash n'avait pas été retenue ; il avait fallu attendre qu'un second ne se produise pour, enfin, réagir et prendre la bonne décision !

À la fin de l'été, quelques cas de choléra ayant été signalés dans notre secteur, chacun de nous eut droit à deux injections de sérum anti-cholérique, à huit jours d'intervalle. Cette maladie épidémique n'était pas rare dans ces régions où la qualité de l'eau est loin d'être excellente et l'hygiène des populations, surtout nomades, plutôt insuffisante. Au camp, nous suivions une prophylaxie appropriée : cachets quotidiens de quinine, de permanganate de potassium et, bien sûr, nous utilisions, lorsque possible, des bougies filtrantes, en porcelaine, la nappe phréatique qui nous alimentait étant sujette à quelques critiques quant à sa pureté…

Dans le courant du mois d'octobre, une nouvelle d'importance tomba sur les téléscripteurs : l'avion dans lequel se trouvait le chef F.L.N. Ben Bella avait été arraisonné au-dessus de la mer, au large d'Alger, par l'aviation française.

La rébellion venait de subir, là, un échec considérable…

Au tout début du mois de novembre le patron me désigna pour convoyer, par voie aérienne militaire, sur Maison-Blanche, l'un de nos hommes, caporal de son état, le seul de notre groupe à être de confession musulmane, qui nous donnait, depuis quelque temps, matière à interrogations quant à sa conduite. Lors des conversations que nous avions, entre nous, au sujet de la situation générale, des massacres que nous apprenions, des attentats, il ne semblait pas partager notre écœurement, à la limite, tout juste s'il ne se réjouissait pas de la tournure que prenaient les événements ! Bien sûr, il ne dévoilait pas clairement ses pensées, mais nous nous posâmes, tout de même, des questions au sujet de son comportement.

Le chef du Détachement fit fouiller ses affaires dans lesquelles l'on trouva des coupures de journaux relatant les massacres perpétrés par les hommes de Ouamrane et d'Amirouche dans le Constantinois, ainsi que des photos particulièrement éloquentes... Nous découvrîmes également, et cela était peut-être le plus inquiétant, un plan, dessiné au crayon, de nos installations, de nos points de défense, de nos moyens en armes et en munitions.

La Sécurité militaire fut immédiatement avisée et le transfert de ce soldat aux services de Gendarmerie d'Alger, immédiatement décidé, rapport dûment circonstancié à l'appui. Le voyage s'effectua le surlendemain matin par un Nord 2501 en provenance de Tamanrasset, lequel rentrait à Alger après une courte escale à Ouargla.

Récépissé de remise du prévenu aux agents judiciaires en poche, je rejoignis mon Unité quarante-huit heures plus tard à l'occasion d'une rotation aérienne programmée.

Nous ne connûmes jamais le dénouement de cette affaire.

Le dix de ce même mois, nous reçûmes un appel radio en provenance d'Hassi-Messaoud : un ouvrier du chantier avait été assez sérieusement intoxiqué par des émanations de vapeurs sulfureuses lors d'un forage. Son évacuation sanitaire, par voie aérienne, vers une structure médicalisée appropriée à son état, était urgente.

Le capitaine Guérin et deux hommes, dont notre infirmier, partirent aussitôt avec le "JU.52" récupérer le malade pour le transporter, ensuite, à Biskra, où un hôpital était à même de lui prodiguer les soins nécessaires à son état.

Une dizaine de jours plus tard, notre patient était sur pieds, prêt à reprendre son travail.

Le quatorze décembre, le général Lorillot fut remplacé, à la tête de la dixième Région militaire par le général Salan, préféré à Cogny. C'était, pour moi, une vieille connaissance... et un bien triste souvenir ! Le "Mandarin", admirateur inconditionnel de la "Grande Armée" napoléonienne, jouissait d'une solide réputation de guerrier et de meneur d'hommes. Il entreprit de débuter son règne par des opérations "coups de poing", invitant les têtes galonnées de ses troupes à intensifier leurs actions sur terre, sur mer et dans les airs. Selon lui l'hiver ne devait pas émousser leur ardeur au combat.

Quelques succès remportés sur le terrain par nos Unités vinrent lui donner raison.

La fin de cette année 1956 fut endeuillée, le vingt-huit décembre, par l'assassinat à Alger, vers dix heures, d'Amédée Froger, Président de la Fédération des maires d'Algérie et premier magistrat de Boufarik, petite ville située à trente kilomètres de la capitale, au centre de la plaine de la Mitidja, par un homme de main du chef terroriste Yacef Saadi, surnommé "Ali la pointe", qui réussit à échapper, dans une voiture qui l'attendait, moteur en marche, aux témoins du drame lancés à sa poursuite. L'émoi, parmi la population "pieds noirs" fut considérable.

Le fossé s'était creusé, encore un peu plus, entre les Musulmans et les Européens...

Quant à nous, ici, à Ouargla, nous poursuivîmes les missions pour lesquelles nous étions là, sans faiblir, avec toute la foi et la conviction que nous avions en nous.

Mais, nous nous sentions, tout de même, bien seuls, perdus dans ce coin de désert...

Le seize janvier 1957, nous apprîmes que deux violentes explosions avaient ébranlé l'immeuble qui abritait les locaux de la dixième Région militaire, à Alger. D'une terrasse qui surplombait les fenêtres du bureau du général Salan, deux obus venaient d'être tirés par des inconnus qui avaient utilisé un "bazooka" à deux tubes jumelés, d'un type très particulier, mis à feu depuis le porche du bâtiment. Se fondre dans la foule, leur forfait accompli, n'avait été qu'un jeu pour les auteurs de l'attentat.

À cet instant, Salan se trouvait en conférence dans le bureau de Robert Lacoste, ce qui lui sauva la vie. Par contre, le commandant Rodier, chef de cabinet du général, alors présent dans la pièce visée, fut tué.

L'enquête, rapidement et efficacement menée, permit d'arrêter, le lendemain, l'un des auteurs de l'agression qui passa vite aux aveux : cette exaction était l'œuvre d'un groupe d'activistes européens qui reprochaient à Salan d'avoir fait tuer beaucoup de Français en Indochine et d'avoir perdu la guerre. Ces partisans d'une propagande active au service de leur doctrine, pensaient qu'il en serait de même pour l'Algérie.

Ils ne faisaient pas confiance au "Mandarin"...

Le trente, notre chef de Détachement, appelé à d'autres fonctions en métropole, fut remplacé par le commandant Delmotte, également pilote, qui nous arrivait de la Base aérienne de Toulouse-Balma. Quatre hommes de troupe et quatre sous-officiers l'accompagnaient, eux aussi affectés à Ouargla, ce qui porta notre effectif à vingt-six, très momentanément, car trois d'entre-nous, leur séjour au Sahara terminé, embarquèrent pour Alger, le lendemain, avec le capitaine Guérin, dans la fidèle "Julie" pilotée par notre nouveau chef.

Je savais, quant à moi, que mon tour de partir ne tarderait guère, ayant déjà effectué vingt mois ici.

Le vingt-huit mars, une embuscade ennemie tendue dans les environs de Collo, dans l'arrondissement de Philippeville (aujourd'hui : Skikda), fit une trentaine de morts et une quarantaine de blessés. Dans le même mois, un audacieux coup de main contre une caserne de Sétif causa la mort de dix officiers et de soixante-dix soldats. En outre, les rebelles firent trois prisonniers et emportèrent un lot très important d'armes.

Nous apprîmes, également, que les désertions dans les Unités musulmanes servant sous la bannière tricolore se faisaient de plus en plus nombreuses...

"Le combat avait changé d'âme; l'espoir avait changé de camp..."

Le trente et un mars j'effectuais à bord d'un appareil du C.O.T.A.M. ce qui pouvait bien être, avais-je tout lieu de penser, ma dernière mission dans les territoires du sud algérien. Il s'agissait de convoyer des documents confidentiels destinés au commandement de la garnison française de Tamanrasset, la perle du Hoggar, lieu mythique que, sous la plume de Pierre Benoît, la belle et mystérieuse Antinéa qui attirait les voyageurs pour les rendre fous d'amour et les tuer ensuite, a immortalisé.

Tamanrasset, aujourd'hui Fort Motilinski, à neuf cents kilomètres au sud de Ouargla et à soixante du tropique du Cancer, est une importante oasis. Le père de Foucault s'y était établi en 1805 et y fut assassiné par les Touaregs en 1916, à l'instigation des ennemis de la France. Il est inhumé auprès de son ami, le général Laperrine tué, lui, dans un accident d'avion. Ce lieu plein de charme est situé au pied d'un massif volcanique. Celui-ci, bien arrosé par les pluies en raison de son altitude (trois mille mètres au mont Taha, et même trois mille quatre cents à l'Emi Koussi) est, de ce fait, bien moins aride que le reste du désert. C'est le point de naissance de véritables cours d'eau : Igharghar, Taghit, Tafassasset.

Au retour, le lendemain après-midi, nous nous attardâmes un moment, trop court à mon gré, au-dessus des gorges d'Arack. Les rayons obliques du soleil qui commençait, lentement, à décliner, frappaient le versant ouest de la montagne, donnant aux roches une couleur de feu contrastant avec les tâches sombres des vallées profondes.

Le spectacle, vu d'en haut, était majestueux, grandiose...

En avril, il me fut notifié, comme cela était prévisible, que mon tour était arrivé de quitter Ouargla, après deux années de présence au Sahara. Ma nouvelle affectation était la Base aérienne opérationnelle de Bône, sur la côte orientale méditerranéenne de l'Algérie, à une cinquantaine de kilomètres de la frontière tunisienne.

Une mutation de plus; d'autres camarades, d'autres missions, de nouvelles aventures m'attendaient. Pour l'état-major, le militaire n'était autre chose qu'un numéro matricule, un pion qu'il pouvait déplacer, à son gré, sur un échiquier; il n'était absolument pas tenu compte de sa situation familiale. Sachant cela avant que de prendre la décision de m'engager et ayant sciemment accepté la règle du jeu je n'avais, donc, aucun regret à avoir.

Le départ de Ouargla eut lieu le quinze mai, à huit heures, après des adieux, comme à chaque fois, émouvants, à bord du vieux, mais toujours solide au poste "Junkers 52" qui m'avait permis de voir tant de choses, d'emmagasiner tellement de souvenirs, bons et moins bons... Ce sont, heureusement, les premiers qui survivent le plus longtemps, les autres, l'on tâche de les ranger dans le coin le plus retiré de sa mémoire...

Firent partie du voyage sur Biskra, où nous arrivâmes un peu avant dix heures, après un dernier survol de la palmeraie de Touggourt, à mi-chemin, au point de jonction des vallées désertiques de l'Igharghar et de l'oued Mya, quatre ouvriers du chantier d'Hassi-Messaoud qui allaient prendre quelques jours de repos, bien mérité, à Alger.

Quant à moi, je repartis, le lendemain à huit heures, pour Bône, à trois cent cinquante kilomètres au nord-est, à bord du "Nord-Atlas 2501" n° 47 du Groupe de Transport "Algérie", commandant de bord : lieutenant Poulin. Nous nous posâmes vers neuf heures trente.

Ainsi prit fin mon séjour dans les sables. Je sentais, au plus profond de moi-même, qu'il m'avait marqué et que, malgré le climat très dur, le manque quasi total de confort, l'éloignement, j'en garderai, quelque part, une certaine nostalgie.

Les grands espaces, le silence, le vent, la camaraderie d'un petit groupe étroitement soudé : tout cela ne pouvait laisser indifférent...

Il n'y avait pas de doute : à mes yeux, le désert exerçait un charme fascinant, une magie mystérieuse...

CHAPITRE V

Aux "Salines", nom donné à la Base aérienne opérationnelle 213 de Bône, je venais relever l'adjudant Imbert, responsable de la station gonio, qui rejoignait la métropole. Le chef des Transmissions était un jeune capitaine, très avenant, qui me reçut d'une façon fort courtoise. Décidément j'avais, jusqu'à présent du moins, beaucoup de chance avec mes chefs... L'entretien que nous eûmes, dans son bureau, fut des plus instructif.

Au début de l'après-midi je rejoignis la station qui se trouvait à cinq kilomètres de l'extrémité est de la piste principale 29-11 et dans son axe. Elle assurait un volume de trafic radio important du fait des nombreuses opérations qui avaient lieu dans le secteur. L'effectif qui la mettait en œuvre était, en plus du chef de station, de trois opérateurs radio et de huit "fusiliers commandos de l'Air" pour la protection et la garde. Il était logé sous des tentes équipées de lits de camp et d'un mobilier sommaire. L'eau, le carburant pour les deux groupes électrogènes et le courrier, étaient livrés, hebdomadairement, par le service de l'intendance ainsi que, chaque jour, les repas. L'armement du poste était composé d'un fusil mitrailleur "F.M.24-29", de grenades à main et de fusées; les hommes étaient équipés d'une arme automatique "M.A.T.49". Quant à moi, j'étais en possession du pistolet "M.A.C.50" de neuf millimètres. Un mirador avec projecteur complétait le dispositif de défense. La zone étant particulièrement "sensible", la plus grande vigilance était recommandée.

À tout juste deux kilomètres, se trouvait une ferme exploitée par des "pieds noirs" qui rendaient, parfois, visite aux militaires de la station avec lesquels ils avaient sympathisé. Je fis, à mon tour, la connaissance de ces agriculteurs qui ne manquèrent pas de me faire part de leur inquiétude grandissante quant à la situation qui ne paraissait pas s'améliorer. Ils se félicitaient de nous savoir pas trop loin d'eux ; néanmoins, ils se sentaient bien isolés tout de même, surtout la nuit. La crainte et l'angoisse étaient leur pain quotidien. Je tâchais, de mon mieux, de les rassurer...

Je ne me sentais pas très fier de moi car, ce qu'ils ne savaient pas, c'est que nous avions l'ordre formel de ne quitter la station en aucun cas, quoi qu'il arrive ! Et, comme l'avait fait mon prédécesseur, je leur avais soigneusement caché ce "détail" pour ne pas ajouter à leur désarroi.

Il est bien vrai que la vérité n'est pas, toujours, bonne à dire…

Les missions principales de la Base étaient le bombardement des zones rebelles, le parachutage, le ravitaillement des postes isolés, leur protection par une couverture aérienne efficace, de jour comme de nuit, et la surveillance continuelle de la frontière tunisienne, toute proche. Le barrage électrifié était long de plusieurs centaines de kilomètres et, malgré des rangées successives de barbelés, des champs de mines, des postes de guet équipés de projecteurs puissants pour aveugler l'adversaire, il restait perméable : la ruse et la ténacité des rebelles n'avaient pas de limites. Tout ce déploiement de moyens, au demeurant fort coûteux, ne les empêcha jamais de traverser les mailles du filet, au prix de nombreux morts.

Mais, chaque nuit, ils passèrent…

Bône, aujourd'hui Annaba, se trouve à une dizaine de kilomètres à l'ouest des "Salines". C'est un port méditerranéen au nord-est de Constantine et à cinquante kilomètres du barrage électrifié, bien protégé du mauvais temps noroît par l'avancée du cap de Garde et très actif débouché minier de Tébessa, au sud, auquel il est relié par une voie ferrée. Il exporte du phosphate, des agrumes (citrons, oranges, mandarines, bergamotes, pamplemousses), du bois, des céréales, du coton et du tabac. Ses importations consistent, surtout, en produits manufacturés.

La cité abrita un comptoir punique avant de devenir, au quatrième siècle, une colonie romaine sous le nom d'Hippone. De nombreux vestiges en témoignent.

À l'embouchure de la Seybouse, Bône était à cette époque une ville de cent vingt mille habitants, laquelle, avant les événements, avait dû être une cité où il faisait bon vivre, très agréable, avec son square Bertagna, lieu de rendez-vous privilégié de la jeunesse (et aussi, des moins jeunes), ses commerces très vivants, ses marchés, ses belles artères, cet ensemble d'immeubles récents appelé : "Palais Loucheur", ses plages de sable fin… Il n'est pas possible de ne pas citer son cimetière européen, véritable curiosité locale, pour un peu, classé "monument historique" ! Il était si particulier, aménagé dans une débauche de verdure et de fontaines, si bien entretenu, aux allées d'une propreté si parfaite qu'une boutade, à son sujet, avait largement dépassé les frontières du département. C'était celle-ci : "le cimetière de Bône, envie de mourir il te donne !" Évidemment, avec l'accent si particulier des gens de cette région, la blague n'en avait que plus de saveur…

Mais, depuis deux ans, la vie, ici, avait radicalement changé : les attentats étaient devenus de plus en plus fréquents, la proximité de la frontière tunisienne n'étant sûrement pas étrangère à cet état de fait. Aussi, dès vingt heures, les rues se vidaient-elles de leurs passants, les cafés fermaient-ils leurs portes et la vie s'arrêtait jusqu'au matin… Seules, des patrouilles militaires sillonnaient inlassablement les quartiers momentanément désertés de l'agglomération.

Bône a pour voisines les cités de La Calle, pratiquement aux confins est du pays, de Souk Ahras, au-dessus d'un petit affluent de la Medjerda, patrie de saint Augustin, de Guelma, grand marché de bestiaux, de Philippeville, port exportateur de minerai de fer et de phosphate, de Sétif, sur un plateau du massif des Aurès, riche en marques du passé, de Bougie, entre l'embouchure de l'oued Sahel et le cap Carbon, avec ses productions de fruits (figues, caroubes, jujubes), d'arganiers, de genévriers, de lentisques, d'alfa et de céréales. Cette région de l'Algérie était la cible privilégiée des terroristes, pour des raisons que l'on connaissait fort bien. Les services de renseignements français avaient apporté la preuve que Bourguiba permettait au colonel du F.L.N. Ouamrane d'entraîner ses troupes dans son pays. De plus, le gouvernement tunisien venait de mettre un terme à la libre circulation de nos Unités stationnées sur son territoire. Ainsi, les convois d'armes algériens ne risquaient-ils plus d'être interceptés par celles-ci.

Nous apprîmes, le mois suivant, que la guerre s'était intensifiée au Sahara. La centrale électrique de Laghouat et des convois pétroliers avaient été attaqués près de la frontière libyenne. Cette manœuvre de diversion avait pour but de fixer une partie des troupes françaises dans le désert.

Quant à la partie ouest du pays, bien qu'elle aussi, soumise à l'action des terroristes, elle était, pour l'instant, la moins touchée.

Mais cela ne durera pas...

La République tunisienne fut proclamée le vingt-cinq juillet 1957 et reconnue par la France le trente et un. La première déclaration officielle de Bourguiba fut en faveur de l'indépendance de l'Algérie.

Fin septembre, des avions français, dont deux bombardiers "B.26", survolant le territoire algérien, furent pris à partie par des tirs d'armes automatiques installées en Tunisie. Trois d'entre eux furent touchés et durent rejoindre en catastrophe la Base de Telergma. À partir de ce moment les aviateurs français reçurent l'ordre de riposter, désormais, en cas d'agressions caractérisées provenant de Tunisie.

En mesure de représailles, Bourguiba expulsa plusieurs Français de son pays et rappela son ambassadeur à Paris.

Dans le courant du mois de novembre, le roi du Maroc prit position, lui aussi dans l'affaire algérienne. Cependant, ses propos furent plus nuancés que ceux du leader tunisien. Ils firent état de la nécessité de mettre fin à l'effusion de sang par la reconnaissance, par la France, de l'indépendance de l'Algérie, mais, et cela était d'importance, dans le respect des intérêts des Français et de la France. Au plan pratique, le Maroc se montra moins coopératif, avec les Algériens, que la Tunisie. Certes, des bases de soutien au F.L.N. existaient-elles au Maroc, mais beaucoup moins nombreuses que celles de Tunisie.

C'est toujours au cours de ce mois qu'"Ali la pointe", assiégé par les parachutistes, fut tué par l'explosion des bombes qu'il avait entreposées dans la cache où il se terrait.

L'hiver 1957 fut rude. La pluie ne cessa de tomber pendant trois ou quatre jours, dans la deuxième moitié du mois de décembre, transformant notre cantonnement en véritable bourbier. Nos moyens de chauffage étant très limités, nous n'avions pas la grande forme. Le linge "fraîchement" lavé avait du mal à sécher et son humidité permanente nous collait à la peau, ce qui était fort désagréable.

La fin de cette année, comme les trois précédentes, fut d'une morosité à couper au couteau. Elle fut dramatique pour nos voisins agriculteurs qui furent tous massacrés, dans la nuit du trente et un décembre au premier janvier, par les rebelles. Nous entendîmes, impuissants, leurs cris qui n'avaient plus rien d'humain. Nous apprîmes, au matin du premier jour de l'année 1958, par les gendarmes qui nous rendirent visite pour les besoins de l'enquête, que le père, la mère, la fille, le gendre et un petit garçon de huit ans avaient été égorgés comme des moutons. Le cadavre de l'enfant n'avait plus de mains : celles-ci avaient été tranchées à coups de hache... Quant à la jeune femme, elle avait été violée puis jetée sur la cuisinière en fonte chauffée à son maximum...

L'ignominie n'avait pas duré plus d'une demi-heure... L'avilissement de l'homme avait atteint le point de non-retour...

Le neuf janvier, Bourguiba redemanda à la France d'évacuer, dans un délai rapproché, ses troupes du territoire tunisien. Décidément, il en avait fait une idée fixe !

Deux jours plus tard, dans la région de Sétif, des fellaghas tendirent une embuscade à une patrouille française, faisant une vingtaine de morts et trois prisonniers qu'ils amenèrent avec eux en Tunisie.

L'émoi causé fut considérable à l'État-major de la dixième région militaire, à Alger. Une fois encore, le barrage électrifié qui avait coûté si cher et qui mobilisait un nombre important de militaires, venait de prouver que son efficacité n'était que toute relative. Il existait toujours un endroit, moins surveillé, pour passer...

Le sept février, un avion français qui effectuait un vol de reconnaissance, essuya, alors qu'il se trouvait au-dessus du petit village de Sakhiet Sidi Youssef, juste de l'autre côté du barrage, un tir, heureusement imprécis, d'armes automatiques servies par des combattants du F.L.N. installés en territoire tunisien. Le même incident se reproduisit le lendemain, au même endroit. Mais cette fois, l'appareil qui avait décollé des "Salines", fut atteint, sans pour autant être mis en difficulté, par plusieurs projectiles ennemis.

Les confrontations de ce genre se reproduisant trop fréquemment, le général d'aviation Challe donna, dans l'heure qui suivit cette nouvelle agression, l'ordre de riposte aérienne immédiate.

Plusieurs bombardiers de la Base de Bône, ainsi que des "Corsair" prirent l'air et attaquèrent les positions rebelles situées tout près du village tunisien d'où étaient partis les tirs.

C'était un samedi, jour de marché. Le bilan des victimes fut très lourd : soixante morts et près d'une centaine de blessés, dont, hélas, des enfants.

Vers midi, nos avions rejoignirent la Base. L'un des bombardiers ne put sortir son train d'atterrissage, une conduite hydraulique ayant été sectionnée par des projectiles. Nous le fîmes tourner en "hippodrome" pour brûler le maximum de carburant, tandis que les autres se posaient. N'ayant plus d'explosifs à bord, les risques d'incendie, à l'impact, étaient, non pas, totalement écartés, mais réduits.

Nous l'avions pris en compte, à la station, afin de l'aligner le plus exactement possible dans l'axe de la piste. Les secours au sol étaient en place, de part et d'autre de la bande : ambulances, pompiers. Quand le pilote jugea le moment venu, il entama sa descente, passa, très bas, à notre verticale et, quelques secondes plus tard, après une dernière manœuvre impeccable, il glissa sur le bitume, dans une gerbe d'étincelles, pour terminer sa course folle sur le ventre quatre ou cinq cents mètres plus loin, sans autres dommages que matériels. L'équipage avait eu beaucoup de chance...

Furieux de la riposte française, Bourguiba émit une violente protestation contre la France. Il en profita pour renouveler, avec insistance, sa demande d'évacuation de son territoire des troupes françaises, y compris, et cela était nouveau, celle de la Base de Bizerte. Il fit, en outre, connaître son intention d'avoir recours aux Nations Unies.

Cette affaire était très grave... Le commandement militaire en Algérie avait agi sans avoir demandé, au préalable, à sa hiérarchie, l'autorisation d'agir. Jacques Chaban-Delmas, alors ministre de la Défense nationale, apporta, néanmoins, son soutien aux militaires qui n'avaient fait qu'exercer, selon lui, un droit de légitime défense.

Au soir du vingt-six avril, le ministre résidant, Robert Lacoste, fit savoir au gouvernement que, de sources sûres, l'Armée, en Algérie, prenait de plus en plus fait et cause pour les "pieds noirs", ainsi que la police et une grande partie de l'administration locale. Cela ne présageait, selon lui, rien de bon... La semaine suivante, pressentant le pire et la situation devenant de plus en plus compliquée, le Président Coty chargea le général Ganeval de prendre contact avec l'ancien chef de la France libre retiré à Colombey-les-deux-Églises.

Dans le courant du même mois une affreuse nouvelle se répandit, comme une traînée de poudre, dans tout le pays : les trois soldats français faits prisonniers à Sétif et condamnés à mort par un tribunal de l'"Armée de Libération Nationale" venaient d'être exécutés...

Le quatorze mai, le président Coty, Chef des Armées en vertu de l'article trente-trois de la Constitution, face à une situation qui s'aggravait de jour en jour, adressa un appel solennel aux militaires, leur ordonnant de rester disciplinés et d'obéir, dans le devoir, au gouvernement de la République française.

Deux jours plus tard, à Paris, le général Ely, chef d'État-major, donnait sa démission.

Le seize mai, les Algérois assistèrent à une manifestation tout à fait exceptionnelle : quatre mille Musulmans descendus de la Casbah se dirigeaient vers le Forum, face au Palais du gouvernement général de l'Algérie, en affirmant leur volonté de rester Français et en acclamant le nom de De Gaulle. Pour eux, il n'y avait plus d'Européens, de "pieds noirs", d'Arabes, mais que des Français à part entière. Les scènes de fraternisation se multiplièrent dans tout le pays. Celle à laquelle il me fut donné d'assister, à Bône, restera gravée dans ma mémoire...

Hélas, nous n'avons pas su saisir cette occasion : elle ne se représentera jamais plus. Nous avions raté là, à tout jamais, le grand rendez-vous...

Les journées passèrent vite. Les interventions de l'aviation étant très nombreuses, nous avions beaucoup de travail à la station. Les opérations nocturnes "lucioles" nous occupaient plusieurs nuits par semaine. Les tirs antiaériens des rebelles s'étaient faits de plus en plus denses et efficaces. Aussi, n'était-il pas rare de voir revenir nos appareils, leur mission accomplie, avec du plomb dans les ailes. Mais, ils rentraient à la Base, et c'était bien là, l'essentiel! Ce ne fut pas le cas, hélas, pour ce bombardier "B.26", des "Salines", qui, le vingt mai, en vol au-dessus du massif des Aurès, touché sérieusement par des rafales de mitrailleuses lourdes, s'écrasa, les deux moteurs en flammes, sur les pentes de la montagne. Il n'y eut aucun rescapé. L'équipage n'avait pas eu le temps de sauter en parachute, l'avion étant trop bas.

La liste des victimes du devoir s'allongeait... ainsi que celle des familles plongées dans la douleur...

Une nouvelle mutation me fut signifiée début juin. Cette fois, il s'agissait de la Base aérienne d'Oran-La-Sénia, à une centaine de kilomètres à peine, à l'est de la frontière marocaine, que je devais rejoindre le quinze du mois en cours.

Le jour dit, après avoir passé les consignes à mon successeur et avoir fait mes adieux à mes chefs et à mes camarades, je quittais la Base de Bône, où je venais de passer un peu plus d'un an, à huit heures, à bord du "Nord-Atlas 2501" n° 47 (une vieille connaissance), du Groupe de Transport 1/62

“Algérie”. Nous fîmes une courte escale à Alger pour y décharger du matériel et reprîmes notre route sur Oran où nous arrivâmes vers quatorze heures.

Reçu par l’officier, chef des Transmissions de la Base aérienne n° 141, celui-ci m’apprit que mes fonctions s’exerceraient dans une station de radiogoniométrie dite, de “flanquement”, à cent vingt kilomètres de là, entre Sidi Bel Abbès et Relizane, implantée au sommet du Djebel Maadja. L’effectif était de douze soldats, plus le responsable que je venais relever. La station travaillait en “triangulation”, simultanément avec deux autres situées à une centaine de kilomètres, le dispositif formant un polygone à trois sommets.

Décidément, les petits postes isolés dans la nature étaient ma vocation ! Cette fois encore, les commodités d’une Base telles que mess, chambre, succinctement mais correctement meublée, douches avec eau chaude, foyer, salle de sport, de cinéma, parfois, c’était pour les autres...

Mon acheminement sur Maadja étant prévu pour le lendemain matin, je pus rendre une courte visite à mes parents qui étaient toujours à Oran. Cela faisait un sacré bout de temps que nous ne nous étions vus, aussi les retrouvailles furent-elles très chaleureuses.

Nous en profitâmes pour faire un petit tour en ville. J’étais tellement heureux de retrouver, également, mon petit coin de terre natale, celui qui laisse des marques indélébiles, celui dans lequel puisent, profondément, vos racines...

Oran était une grande et belle agglomération de plus de deux cent mille âmes. Le port, grand rival de celui d’Alger, permet l’exportation de primeurs, d’agrumes, de céréales et l’importation de produits manufacturés. Il est bien abrité, au fond d’une large baie naturelle, au pied du rebord oriental du Djebel Murdjadjo (altitude : trois cent cinquante mètres) au sommet duquel est bâti le fort de Santa-Cruz, datant du quatorzième siècle.

La ville a été fondée aux environs de l’an neuf cent trois par les Espagnols. Le trafic commercial fut aussitôt très intense entre l’Afrique du nord et la péninsule ibérique. Il consistait à échanger des textiles et des épices contre de la laine et des esclaves soudanais. Les Français prirent possession, en mille huit cent trente et un, de la cité qui connut, immédiatement, un essor démographique rapide lié, en grande partie, à l’immigration d’Espagnols et de Français. Le port artificiel de Mers-el-Kébir, à six kilomètres à l’ouest d’Oran, au débouché du détroit de Gibraltar, fut construit en mille huit cent quarante-huit... Sa vocation était, essentiellement, militaire. Un arsenal important avait été aménagé, après la seconde guerre mondiale, dans le roc, sous la montagne, équipé pour la réparation et l’armement des bâtiments de la Marine nationale.

Ne devant pas tarder à rejoindre la Base, il ne me fut pas possible, hélas, de revoir mes amis d'enfance. D'ailleurs il n'en restait plus beaucoup : les plus jeunes étaient sous les drapeaux, souvent, loin d'ici, les autres s'étaient mariés et avaient changé de port d'attache.

J'étais sur le chemin du retour et venais de passer, depuis deux à trois minutes à peine, devant l'un des plus beaux bars restaurants du centre ville, rue maréchal Leclerc (ex rue d'Arzew) lorsque deux violentes déflagrations firent voler en éclat les grandes vitres de l'établissement. Une épaisse fumée opaque s'échappait de l'ouverture béante tandis qu'une pluie de gravats de toutes sortes arrosait le trottoir et la chaussée. Des hurlements, des gémissements de douleur, des appels au secours se faisaient entendre et nul doute qu'à l'intérieur le spectacle devait être apocalyptique. Presque aussitôt après, je vis un petit musulman d'une quinzaine d'années à peu près qui s'enfuyait à toutes jambes, poursuivi par une foule déchaînée, au paroxysme de la colère. Il criait de toutes ses forces : "c'est pas moi !... c'est pas moi !..." Lorsque les forces de l'ordre furent sur les lieux, très rapidement, elles ne trouvèrent qu'un petit corps d'adolescent, sans vie, désarticulé, affreusement mutilé...

Ce n'était pas lui qui avait commis le forfait ; sa fuite, due à la peur, l'avait condamné.

Dans la soirée, une radio locale fit état de l'arrestation des responsables du massacre qui venaient d'être arrêtés. Il s'agissait de deux jeunes hommes maghrébins en possession d'autres grenades qu'ils avaient l'intention de "faire parler" dans le hall toujours très fréquenté du cinéma le "Rialto", trois cents mètres plus loin...

Ce même jour, dans la soirée, le général de Gaulle, qui avait accepté de former un nouveau gouvernement à la suite de la démission de Pierre Pfimlin, reçut l'investiture de l'Assemblée nationale. Des modifications, rédigées par Michel Debré, à la Constitution qui deviendra plus tard celle de la cinquième République, devaient être soumises, par voie de référendum, au suffrage universel, en septembre de cette année.

Le lendemain, deux juin, je pris place à bord d'un hélicoptère de l'E.H.2 pour rejoindre ma nouvelle affectation et relever le chef de station, en place depuis quatre-vingts-dix jours, qui devait m'attendre avec impatience. Le séjour, à la tête de ce poste isolé, était de trois mois, renouvelables. En effet, nous n'étions que trois sous-officiers à nous partager la tâche, à tour de rôle, ce qui signifiait que celui qui était relevé revenait sur le piton de Maadja un semestre plus tard pour un nouveau séjour de quatre-vingts-dix jours, et ainsi de suite. Entre-temps, il effectuait son service à la station radio-gonio axiale de la Base d'Oran. Le système de triangulation avait été mis en place depuis trois ans et s'avérait être très efficace et très utile pour la navigation aérienne, de plus en plus dense, compte tenu des événements.

Le survol du massif montagneux au sommet duquel était bâtie la station, en cette belle matinée ensoleillée, était assez impressionnant : aucune, ou très peu de végétation, la roche à nu, quelques petits douars au fond de la vallée, une sécheresse digne des espaces sahariens. Nous nous posâmes à l'intérieur de la cour aménagée, pour la circonstance, en héliport.

Je fus reçu, avec la joie que l'on devine aisément, par mon collègue qui terminait son séjour ici et qui ne reviendrait que dans six mois. Il me présenta les douze hommes de troupe avec lesquels j'allais passer un trimestre, tous des appelés du contingent, qui restaient là, eux, six mois avant d'être relevés : deux opérateurs radio, un maître de chien de guerre, avec son animal, un molosse d'une cinquantaine de kilos, tout en muscles, très dissuasif et, sûrement, un excellent gardien, le conducteur de l'half-track, le tireur en charge de la mitrailleuse lourde montée à bord du véhicule, et sept fusiliers commandos de l'Air. Hormis le chef de détachement et les deux spécialistes des Transmissions, tout le personnel restant, soit dix hommes au total, était chargé, en plus de fonctions occasionnelles, de la garde et de la protection. La tour carrée, en béton, devait avoir une bonne dizaine de mètres de hauteur. Elle comprenait, de bas en haut : la chambre des soldats (qui faisait, également, office de réfectoire), avec son râtelier d'armes, une petite pièce attenante qui servait de magasin et d'armurerie, au-dessus, la station radio et, au niveau supérieur, ma chambre qui était aussi mon bureau. Enfin, coiffant le tout, une terrasse sur laquelle se trouvaient un petit abri à l'épreuve des pluies, lourdement lesté de sacs de terre de vingt-cinq kilos chacun, destiné à protéger un gros projecteur, et deux antennes solidement haubanées. La bâtisse avait été construite à l'à-pic de la montagne qui surplombait la vallée, trois cents mètres en contrebas. La cour intérieure, d'environ quatre-vingts mètres de longueur sur soixante-dix de largeur, hébergeait le chenil et un édicule destiné à abriter les deux groupes électrogènes avec leur réserve de fuel et d'huile, ainsi que le carburant nécessaire à l'automitrailleuse que nous utilisions une fois par semaine pour aller nous ravitailler, dans les douars, en légumes et en fruits. Deux réseaux de barbelés séparés l'un de l'autre par un champ de mines antipersonnel d'une dizaine de mètres de largeur, ceinturaient le camp. Un portail en fer, à l'entrée, de près de trois mètres de haut, complétait le système de protection. Aux quatre coins du dispositif étaient aménagés des points d'appui avec, chacun, une meurtrière.

Tous les quinze jours, un hélicoptère nous amenait le courrier, le matériel à remplacer, le combustible ainsi que l'argent des I.S.A. (indemnités spéciales d'alimentation) qu'il me fallait gérer au mieux. Quant à l'eau potable, nous allions la chercher à un puits situé à une dizaine de kilomètres plus bas, avec une citerne tractée par l'half-track. Les corvées de "pluche" étaient assurées par tout le monde. Deux soldats, un peu cuisiniers, essayaient de composer, avec les moyens du bord, et ils n'étaient pas grands, des repas acceptables. Ils faisaient de leur mieux et, de toute façon, nous n'avions ni le choix, ni la prétention de faire, ici, un séjour touristique ou gastronomique… Ce n'était certes pas au "Maadja Palace" que l'on aurait pu reprendre cette phrase célèbre : "ce soir, Lucullus dîne chez Lucullus" !

Dans la journée, les risques d'attaque ennemie n'étant pas trop préoccupants, une seule sentinelle était de faction, relevée toutes les trois heures. Le personnel, non de service, pouvait jouer au ballon dans la cour, nettoyer ses affaires, faire un brin de courrier, bref, occuper le temps du mieux qu'il était possible de le faire. La décontraction, la confiance étaient de règle. Par contre, dès que la nuit commençait à tomber, il n'en était plus de même. Nous savions combien nous étions vulnérables à partir de ce moment-là, malgré les sentinelles qui étaient doublées, dos à dos, sur la terrasse, et qui avaient l'ordre de tirer au moindre bruit suspect, sans faire les sommations d'usage.

Des consignes bien précises étaient en vigueur, notamment pour ce qui concernait la capacité du personnel à réagir très rapidement en cas d'attaque. Pour cela, un entraînement spécifique était absolument nécessaire. Chacun de nous devait savoir, exactement, ce qu'il avait à faire, quel point d'appui il devait rejoindre; les gestes à effectuer devaient devenir des réflexes. Nous savions tous que la promptitude à réagir, dans l'éventualité d'une agression ennemie, était le meilleur moyen pour préserver nos vies. Lors de chaque exercice l'half-track était positionné face à l'à-pic de la montagne, avec sa mitrailleuse pointée vers la vallée, cet endroit étant le point sensible le plus susceptible d'être choisi par des assaillants potentiels, celui qui leur offrirait la meilleure possibilité de nous approcher tout en étant camouflés. Le rôle du chauffeur consistait à mettre le moteur de son blindé en marche, dès l'alerte donnée, pour le cas où il faudrait déplacer celui-ci en fonction de l'attaque, quant au tireur, il devait, dans le même temps, enlever la gaine de protection de la mitrailleuse et armer celle-ci. Les bandes de cartouches, qu'il composait lui-même, étaient, en permanence, engagées.

Chaque semaine l'aptitude du personnel à effectuer rapidement et correctement les gestes indispensables pour notre protection était testée. Pour ce faire, de ma chambre, j'actionnais une sirène à une heure choisie, non innocemment, tard dans la nuit ou très tôt le matin. Le temps maximum de la mise en place était fixé à trois minutes. À aucun prix, il ne fallait dépasser ce seuil. C'était le prix de la survie…

Lorsque tout le dispositif était en place l'ordre d'ouvrir le feu était donné : juste une rafale par homme, tirée en l'air, ceci pour être sûr du bon état de fonctionnement des armes. La mitrailleuse crachait, elle aussi, son venin, dans la vallée et dans un secteur que nous savions inhabité. Son aboiement sourd se répercutait dans les montagnes et, dans la nuit, la trajectoire des balles traçantes était impressionnante. Nous espérions, de la sorte, dissuader un ennemi éventuel tapi dans l'ombre, de venir nous rendre visite... Ainsi, il savait que nous étions prêts à le recevoir !

Il n'y a que la foi qui sauve, dit-on fort justement !

À la fin de chaque exercice un compte rendu mentionnant, très précisément, le temps utilisé pour se mettre en place ainsi que le nombre de cartouches tirées (en vue de leur réapprovisionnement) était dûment établi.

J'étais à Maadja depuis cinq à six jours lorsqu'il se passa, un soir, un événement peu banal. Il devait être vingt et une heures lorsque, de ma chambre, il me sembla entendre un bruit confus provenant du local des soldats, comme si l'on déplaçait des meubles... Pressentant le pire, je dévalais les escaliers et pénétrais dans la pièce d'où provenait ce remue-ménage et là, oh stupéfaction : trois hommes étaient en train de tabasser l'un de leurs collègues, un grand diable taillé en athlète, en très mauvaise posture sous le nombre des assaillants. Avec énormément de difficultés les autres soldats et moi-même réussîmes à faire cesser le pugilat qui tournait à la véritable correction du colosse, lequel avait le nez en sang, un œil poché et les lèvres tuméfiées. Comment avait-on pu en arriver là ? En période de guerre, et de nuit, cette affaire était très grave. Les conséquences qu'elle aurait pu avoir et le danger qu'elle avait fait courir à la communauté étaient énormes...

Ne pouvant laisser l'homme battu, fou de rage, hurlant et menaçant ses collègues de les descendre, dans une chambre où se trouvaient entreposées des armes, il fut décidé aussitôt de l'isoler. Le poste ne disposant pas de local disciplinaire, la seule solution qui me restait était celle qui consistait à enfermer le forcené dans le chenil, porte solidement cadenassée, à la place du chien lequel, pour cette nuit, transhuma dans l'abri des groupes électrogènes, ce qui ne sembla pas lui déplaire. Heureusement que nous étions en nombre pour mener à bien cette délicate manœuvre ! Comme nous étions encore en hiver et qu'à cette altitude il faisait froid, il fut remis au prisonnier qui secouait avec frénésie les barreaux de la cage (heureusement qu'elle était solide !) plusieurs couvertures en laine.

Vers vingt-deux heures, l'ordre rétabli, je rendis compte par radio à l'officier de garde de la Base d'Oran de ce qui venait de se passer ici, des mesures qui avaient été prises, et demandais un hélicoptère pour venir chercher le prisonnier, en urgence, le lendemain à la première heure, et son remplacement par un autre soldat. L'officier de garde, stupéfait, me fit savoir que la relève ne pourrait avoir lieu dans le délai demandé, tous les appareils disponibles devant participer à une opération. J'insistais énergiquement, signifiant à mon interlocuteur que mes responsabilités ne seraient plus engagées si satisfaction ne m'était pas donnée, la situation étant extrêmement délicate. Il n'y avait pas d'autre solution à envisager...

À six heures, le lendemain, l'un des deux opérateurs radio vint m'annoncer qu'un hélicoptère venait de le contacter et se dirigeait vers nous. Une demi-heure plus tard, la grosse libellule se posait dans la cour avec la relève demandée. Le prisonnier, dûment menotté par un gendarme de l'air qui avait fait le déplacement, fut rapidement embarqué avec son paquetage. Mon rapport écrit destiné au commandant de la Base fut remis au pilote.

J'appris par les témoins de l'incident que cet homme, un ancien parachutiste mis sur la touche pour indiscipline, avait toujours exercé sur eux un ascendant néfaste, abusant de sa force physique pour, en quelque sorte, les "rançonner". À table, il se servait toujours le premier, choisissant les plus beaux morceaux (ou les moins mauvais), il s'octroyait régulièrement une double ration de vin, au détriment de ses camarades qui n'osaient rien dire, ni rien faire... jusqu'à ce soir-là où ceux-ci décidèrent, d'un commun accord, au signal convenu, de lui tomber dessus, tous ensemble, afin de lui donner une sévère leçon. J'ignorais ces agissements, prenant mes repas avec les deux opérateurs radio, à la station. La loi du silence (ou du plus fort, en l'occurrence) avait bien joué...

Nous eûmes droit, le surlendemain des faits, à la visite, toujours par hélicoptère, du commandant de la Base, d'un officier supérieur de la sécurité militaire et du chef des Transmissions qui venaient effectuer l'enquête d'usage. Je dus répéter à ces messieurs, très exactement, ce qui s'était passé ici. Tout le personnel du détachement fut interrogé.

Ce ne fut qu'un mois plus tard que nous apprîmes que le soldat racketteur qui avait proféré (et cela aggravait singulièrement son cas), des menaces de mort envers ses collègues, devait être, incessamment, traduit devant le Tribunal permanent des Forces Armées, lequel, comme chacun sait, n'est pas tendre pour les fautes de ce genre, commises, de surcroît, en temps de guerre.

La vie avait repris son cours normal sur le piton. Nous évitions de parler de l'incident grave que nous avions vécu. J'étais en charge, aussi, du moral de la petite troupe et il fallait faire le maximum pour le maintenir en bon état. Ainsi, les après-midi, les travaux d'"utilité générale" effectués (cuisine, vaisselle, désherbage, nettoyage des locaux), nous faisions, tous ensemble, une petite partie de football dans la cour et, le moins que l'on puisse dire, est que ces "confrontations", très amicales au demeurant, étaient bien animées. Notre souci permanent était d'éviter, autant que faire se pouvait, d'envoyer le ballon par-dessus les barbelés, dans le champ de mines, non pas que cela fût dangereux (les explosifs étant réglés pour une pression verticale de vingt cinq kilos), mais parce qu'il fallait récupérer le ballon... Pour ce faire, nous utilisions une perche de trois mètres de longueur laquelle n'était pas opérationnelle lorsque l'objet du délit tombait au milieu du "no man's land" qui accusait dix mètres de profondeur. Dans ces cas-là, nous faisions avancer le ballon de quelques mètres, à coups de pierres, pour pouvoir, ensuite, le récupérer du côté opposé. Cela ne présentait pas, a priori, de danger, mais tout de même, la plus grande précaution était indispensable, les mines étant des engins souvent très capricieux... Bien sûr, l'habitude nous avait permis d'acquérir une maîtrise incontestable. Mais, que l'on ne s'y trompe pas, la routine est sournoise et dangereuse : avec elle, la prudence, petit à petit, s'estompe et finit par disparaître... La camarde était à l'affût du plus petit faux pas; elle attendait patiemment son heure...

Début septembre, séjour terminé, ma relève eut lieu me permettant de retrouver avec plaisir cette bonne Base d'Oran pour une durée de six mois avant de respirer, à nouveau, ce temps de répit écoulé, l'air pur des montagnes.

La rédaction, par une équipe de juristes sous la direction de Michel Debré, de la nouvelle Constitution de la France, se termina dans la première quinzaine de ce même mois et le général de Gaulle décida, comme il l'avait promis, que son texte serait soumis au référendum populaire le vingt-huit.

Le résultat de la consultation nationale fut un succès extraordinaire pour le futur président. La participation au scrutin fut un record dans l'histoire électorale française. En métropole, quatre-vingts pour cent et, en Algérie, quatre-vingts-dix pour cent des électeurs votèrent "oui" en faveur du texte proposé. La réponse du F.L.N. à cette belle réussite fut la création du Gouvernement Provisoire de la République algérienne (G.P.R.A.) et la multiplication des attentats à Alger ainsi que dans le reste du pays.

Le mois suivant, du deux au cinq octobre, fort des pleins pouvoirs qui lui avaient été accordés et du résultat largement positif du référendum, de Gaulle mit en place le "Plan de Constantine" destiné au développement du pays. De nombreuses entreprises métropolitaines s'implantèrent alors en Algérie tandis qu'à la même époque, le général d'aviation Challe remplaçait, à la tête de la dixième Région militaire, le général Salan.

Le quatorze octobre 1958 (jour de la proclamation de la République malgache sous la présidence de Philibert Tsiranana), une décision gouvernementale ordonna aux officiers de quitter les Comités de salut public. La surprise, pour l'armée, fut d'autant plus désagréable que ce fut par les journaux, qui s'étaient affranchis de la voie hiérarchique, qu'elle apprit la nouvelle...

Une semaine plus tard, de Gaulle, dans une conférence de presse donnée à l'Hôtel Matignon, laissa entrevoir la possibilité d'une "paix des braves", ce qui plongea les Français d'Algérie dans un trouble et un émoi profonds.

Début novembre, je fus désigné pour effectuer une mission à Reggane dont la station radio devait être ravitaillée en matériel et en documentation technique. Nous avions, également, à livrer un groupe électrogène et des pièces de rechange pour le petit parc automobile. Ce poste du Sahara algérien était un centre d'essais de fusées à charges nucléaires situé dans la région du Touat, sur les bords de la Saoura, grand oued formé par la réunion du Guir, venu des montagnes marocaines, et de la Zousfana descendue de l'Atlas. L'oasis se trouve à un millier de kilomètres au sud d'Oran.

Nous arrivâmes en fin d'après-midi et passâmes la nuit dans cette petite Base dont l'hôtellerie n'avait rien de comparable, à coup sûr, avec le Club Med...

Le lendemain, tôt dans la matinée, notre fidèle "Nord-Atlas 2501" reprit son envol pour Colomb-Béchar, sur le chemin du retour, à cinq cent cinquante kilomètres au nord, où nous devions prendre une vingtaine de passagers à destination d'Oran.

À dix heures trente nous nous posâmes sur la piste après un voyage très agréable.

Béchar est une ville située sur l'oued du même nom, près de la frontière marocaine, au débouché du Guir, à la jonction des voies ferrées Oran-Perrégaux-Oujda et de la piste du Tanezrouft qui aboutit à Gao, au Niger. Les alentours sont riches en gisements de fer, de cuivre et de manganèse. L'Armée de l'Air française avait installé, à proximité immédiate, une annexe du Centre d'expériences aériennes militaires pour y essayer les nouveaux engins "sol-air" et fusées de défense aérienne. Il y avait maintenant trois ans que les lieux avaient été transformés en "Centre interarmées d'engins spéciaux".

Au mess, à midi, je fis la connaissance d'un sous-officier de la Légion étrangère avec lequel, tout naturellement, je sympathisais. Il avait fait, lui aussi, la campagne d'Indochine, à peu près à la même époque que moi, et nous évoquâmes longuement nos souvenirs. Il était ici depuis une année et paraissait s'y plaire. Il me raconta une anecdote que je ne suis pas près d'oublier tant elle me parut pleine d'enseignements. Il avait vu, à Bou Dénib, un petit poste en territoire marocain à une centaine de kilomètres à peine d'ici, où il avait fait un court séjour, un tunnel d'une soixantaine de mètres de longueur, trois de hauteur et huit de large, creusé dans le roc, en 1937, par les sapeurs du troisième régiment étranger à la dynamite, mais aussi, et surtout, au pic et à la barre à mine. Des inscriptions avaient été gravées au burin, celle-ci, à l'entrée de l'ouvrage : "Ici, la montagne barrait la route; l'ordre fut donné aux légionnaires de passer : ils passèrent!" et cette autre, à la sortie : "L'énergie de leurs muscles et leur indomptable volonté furent leurs seuls moyens...". Ces actes de foi sont, toujours, visibles...

Je sais bien que, de nos jours, cette admiration ressentie si profondément au fond de moi-même pour ces hommes, hors du commun, ces bâtisseurs invétérés, qui peinèrent là, comme des bagnards, peut paraître puérile, naïve, passée de mode. Mais, au risque de décevoir ceux qui n'ont plus de points de repère, les désabusés de notre société de consommation, les aigris, je continuerai, quant à moi, à croire aux vertus que nous ont léguées nos anciens, aux valeurs sûres, à celles qui ont résisté aux outrages du temps… Des milliers de kilomètres de pistes, de routes, ont ainsi, été construits dans le monde par des hommes de cette trempe. Dans les coins les plus déshérités, les plus inhospitaliers, les plus inaccessibles du désert, je n'ai presque jamais vu un bout de piste que l'on ne doive à la Légion. Bien des décennies après son passage, l'on sent encore son empreinte.

À quinze heures, le gros oiseau, pleins de carburant et chargement effectués, reprit son vol en direction d'Oran, où nous arrivâmes vers dix-sept heures. Je retrouvais mes compagnons de travail avec beaucoup de plaisir.

Le général de Gaulle fut élu Président de la République le vingt et un décembre 1958.

L'année allait bientôt se terminer et le bilan n'était pas des meilleurs… Bien des drames avaient à nouveau plongé des familles dans le désarroi. Combien de temps cela allait-il encore durer ?

Le huit janvier 1959, le nouveau Président reçut, officiellement, des mains de René Coty, ses pouvoirs de chef de l'état. Dans son discours d'investiture, il déclara que l'Algérie allait trouver une nouvelle personnalité et que, étroitement associée à la France, une place de choix lui était destinée.

Ces propos tenus par le chef de l'état, loin de rassurer les Européens d'Algérie, ne firent qu'augmenter leur inquiétude.

Dans le courant du mois de février, nous eûmes à déplorer la perte d'un équipage abattu dans la région de Méchéria, à deux cent cinquante kilomètres au sud de la Base, parmi lequel se trouvait l'adjudant Cerdan, mécanicien de bord, que j'avais connu, lorsque nous étions gamins et que nous fréquentions le même établissement scolaire. Il n'avait qu'un an de plus que moi et il était marié depuis peu… J'en fus très peiné.

Les corps des membres de l'équipage ne furent jamais retrouvés.

Quelques jours plus tard, attendu avec impatience par le chef de station qui venait de passer la presque totalité de l'hiver sur le piton et qui avait hâte de retrouver les commodités, et les bienfaits, de la civilisation, je rejoignis les "alpages" arides du djebel Maadja.

Un soldat avait fait le déplacement avec moi : il venait relever l'un des pensionnaires du "centre aéré" lequel, arrivé depuis peu de métropole, ne pouvait supporter cette vie retirée, à certains égards, presque monacale. Malgré tous les efforts prodigués par le personnel du camp pour l'aider, le réconforter, lui redonner confiance, il avait sombré, peu à peu, dans un état d'abattement, de tristesse, d'angoisse, qui l'amenait, irrémédiablement, vers la dépression nerveuse. Ici, l'on ne pouvait permettre la moindre faiblesse dans notre dispositif. Un maillon de la chaîne était sur le point de céder : il fallait, impérativement, le remplacer, et rapidement.

Mon prédécesseur, lors du rapport qu'il me fit avant de nous séparer, sur le moral des hommes, m'expliqua qu'il n'avait pas eu beaucoup de mal pour obtenir la relève du jeune appelé. Le commandement, dont la responsabilité était en jeu, ne pouvait pas ne pas prendre très au sérieux les allégations parfaitement fondées du chef de détachement.

Le passage réglementaire des consignes, effectué, les signatures de décharge, pour le partant, de prise en compte, pour son successeur, des listes inventaires concernant les matériels, les armes, les munitions et l'ameublement échangées, l'hélicoptère reprit son envol pour rejoindre la Base.

Ce fut avec un petit pincement au cœur que je le vis prendre de l'altitude et s'éloigner. Après le bruit assourdissant des pales du rotor fouettant l'air, le silence, peu à peu, retomba sur notre solitude.

J'étais, à nouveau, redevenu un exilé pour trois longs mois...

L'hiver n'était pas terminé et il ne faisait vraiment pas chaud sur le piton. De fortes pluies se mirent à tomber, les jours qui suivirent mon arrivée, et un vent épouvantable se mit à souffler. Notre anémomètre accusa, par moments, des rafales dépassant parfois cent vingt kilomètres à l'heure. Lorsque la tempête faiblissait quelque peu, un brouillard à couper au couteau, véritable frimas, s'installait, glaçant les os. La nuit, les sentinelles devaient être relevées plus souvent, car, sur la terrasse, même bien emmitouflées dans leur parka, pratiquement immobiles, elles souffraient beaucoup.

Nous étions les acteurs, bien involontaires, du remake des "Hauts de Hurlevent", d'Emily Brontë...

Les éléments déchaînés qui ne faiblissaient pas rendaient la vie, sur notre perchoir, très difficile. Un soir, en fin d'après-midi, une rafale plus forte que les autres arracha notre portail. Les deux grands vantaux, d'un poids pourtant respectable, s'envolèrent comme fétus de paille, pour terminer leur course folle une bonne centaine de mètres en contrebas de la montagne. Heureusement pour nous que le vent les avait chassés vers l'extérieur du camp et non vers l'intérieur, dans lequel cas, nous aurions certainement eu d'énormes dégâts à déplorer, peut-être, même, des vies humaines... Nous avions eu beaucoup de chance, également, qu'ils n'aient pas labouré le champ de mines... qu'ils se contentèrent de "survoler" !

Maintenant, un trou colossal béait dans notre dispositif de protection et cela était fort préoccupant. Il fallait faire avec, gérer cette situation nouvelle et prendre, immédiatement, des mesures appropriées La nuit n'allant pas tarder à tomber, je décidais d'utiliser notre chien de guerre qui fut aussitôt attaché, par son maître, à sa longe dont l'extrémité fut solidement fixée à ce qui restait de l'un des énormes gonds du portail détruit. Encore un rapport, dûment circonstancié, à faire !

Pour l'heure, nous avions, quant à nous, intérêt à redoubler de vigilance...

La nuit fut, pour tout le monde, un véritable cauchemar. Le chien, ce "fauve", duquel personne, en dehors du soldat qui le soignait, ne pouvait, dans la journée, s'approcher sous peine de morsures très graves, avait peur, seul, hors de sa niche, de l'obscurité et de la tempête qui soufflait avec une telle violence. Ce n'était plus du tout le même : il avait perdu de sa superbe, était devenu une véritable loque à laquelle nous ne pouvions confier nos vies. Ses gémissements continuels, ses hurlements à la mort ajoutés aux mugissements furieux du vent donnaient à ces lieux un air lugubre, sinistre. Nous n'étions pourtant, pas en Écosse, région célèbre pour ses châteaux hantés, mais avec, même très peu, d'imagination, l'on aurait pu s'y croire !

Je passais une partie de la nuit sur la terrasse, avec les deux sentinelles, ce qui me permit de me rendre compte que le pinceau lumineux de notre projecteur d'une puissance, tout de même respectable, de deux mille watts, régulièrement dirigé vers le trou béant, n'arrivait pas à percer la nappe de brouillard au-delà d'une cinquantaine de mètres, ce qui revient à dire qu'il n'était pas, à ces moments-là, d'une grande efficacité !

Le lendemain, en début d'après-midi, mon commandant d'Unité auquel un compte rendu par radio avait été adressé par mes soins, quelques heures plus tôt, me fit savoir que le portail ne serait pas remplacé. Par contre, lors de la prochaine rotation aérienne, dans une semaine, nous aurions la visite de personnels du service "infrastructure" de la Base chargés de planter deux gros piquets en fer, de part et d'autre de la brèche, solidement maçonnés dans la terre, reliés par une chaîne à laquelle un "trolley" serait adjoint afin que le chien, relié à ce système, puisse bénéficier ainsi d'une amplitude de mouvements suffisante pour aller et venir. Je ne manquais pas de faire remarquer à mon chef le peu d'enthousiasme (et le mot n'était pas exagéré) de la bête à rester dehors la nuit, la peur la rendant totalement inefficace. Mes arguments n'eurent pas l'effet que j'escomptais, mon interlocuteur étant persuadé, quant à lui, que cette frayeur de l'animal allait vite disparaître. Le verdict fut irrévocable et, insister eût été, de ma part, malvenu.

Notre "cerbère" ne montrant, les nuits suivantes, aucune amélioration, mais, au contraire, une aggravation de son comportement et sachant que, dans ces moments-là, il ne nous servait pas à grand-chose, je pris la responsabilité de le relever de ses fonctions nocturnes qu'il était incapable d'assurer et de le remettre dans son chenil... où il retrouva, aussitôt à l'abri, toute son agressivité et son assurance. Notre problème restait entier...

Dans la nuit du trente et un mars, vers deux heures, un événement pour le moins, peu banal, inattendu, tout à fait imprévu et, finalement, cocasse, se produisit. Des rafales de pistolet-mitrailleur furent tirées par les sentinelles en place sur la terrasse. Après avoir déclenché l'alerte générale, je me précipitais à l'étage supérieur où les gardes m'apprirent qu'ils avaient entendu du bruit provenant des fourrés, juste un peu au-delà des réseaux de barbelés, côté "à-pic" de la montagne. Comme le prévoyaient, très clairement, les consignes, ils avaient aussitôt ouvert le feu. C'était encore une nuit particulièrement noire et très brumeuse au point que notre projecteur, braqué dans la direction incriminée, ne nous permit pas de définir, avec suffisamment de certitude, ce que pouvait bien être cette masse inerte, qui gisait, à une quarantaine de mètres, nous sembla-t-il. Hormis le sifflement lugubre du vent, aucun autre bruit suspect ne se faisait entendre. Tout le personnel était en position de défense et prêt à agir, le cas échéant. Nous restâmes, tout de même, sur le qui-vive une bonne heure après laquelle le signal de fin d'alerte fut donné et la plus extrême prudence fut recommandée.

Au petit matin, à l'aube, alors que le brouillard s'était dissipé, nous pûmes enfin distinguer le "corpus delictus" : un bourricot, de bonne taille, copieusement criblé de balles, qui avait cru bon monter, de son douar, nous rendre une petite visite de nuit. Hélas pour lui, il avait omis de nous avertir !

Comme il était trop près de nos mines, qu'il avait même engagé l'une de ses pattes à travers les barbelés et que celle-ci se trouvait carrément dans le champ piégé il ne fallait pas prendre le risque de le tirer vers l'extérieur. Il pesait, sûrement, un poids honorable et cela était, aussi, à prendre en considération. La seule solution qui restait était de le recouvrir de chaux vive, sur place, pour qu'il n'attire pas les prédateurs et, aussi, pour éviter la putréfaction. Comme nous ne disposions pas d'oxyde de calcium, je profitais du compte rendu d'incident adressé à mon supérieur hiérarchique pour lui demander de m'en faire parvenir, dès que possible, en quantité suffisante. Celle-ci n'arrivera qu'au début du mois de juin, à l'occasion de ma relève… En attendant, nous dûmes faire avec les moyens du bord : une fois par semaine, le cadavre fut arrosé de gas-oil… Nous reçûmes la visite du propriétaire de l'âne qui réclamait un dédommagement pour le préjudice occasionné. Comme nous n'étions nullement responsables de cette affaire, il en fut pour ses frais. Mais que la discussion fut laborieuse !

Le dix-huit avril débuta l'opération "Courroie" autour d'Alger et dans l'Ouarsenis. Les résultats obtenus, sur le terrain, furent satisfaisants. Challe estima que le F.L.N. avait perdu, là, quarante pour cent de son potentiel offensif.

Mais le général en chef était d'une nature, plutôt, optimiste…

Depuis quelque temps, une idée me trottait dans la tête : celle de construire une petite cuisine attenante à la tour, au niveau du sol, protégée du vent. Elle nous serait fort utile, si le projet se réalisait, ce qui était loin d'être sûr. Nous étions le vingt avril et, avec un peu de chance et de réussite, elle pourrait être terminée avant ma relève, le premier juin. Bien entendu, il n'était pas dans mes intentions de rivaliser avec le "Maxim's" ou le "Fouquet's" ; mes prétentions et, surtout mes moyens, étaient bien trop modestes... Mais c'était là une excellente occasion d'occuper les hommes, de leur changer les idées.

Le mauvais temps avait, enfin, cessé et la température était redevenue très agréable. Nous étions maintenant au printemps et celui-ci s'annonçait bien. Dans la vallée, se trouvait une petite cimenterie, à proximité d'une carrière encore en exploitation : peut-être son gérant accepterait-il de nous aider en nous offrant quelques sacs de ciment et des parpaings en aggloméré ? De toute façon, qui ne tente rien n'a rien, n'est-ce pas ?

Ayant fait part de mon idée au personnel celui-ci, d'abord surpris, réagit très vite en m'assurant de sa totale collaboration.

Il n'y avait plus qu'à passer à l'acte, ce qui représentait la partie la plus délicate de mon inspiration, pourquoi ne pas le dire, avec un manque total de modestie (mais, tant pis !) : géniale !

Un matin, de bonne heure, nous quittâmes le camp en half-track, le tireur (au cas où), un soldat et moi et mîmes le cap, à allure réduite, vers celui que j'avais autorisé, dans mon esprit, sans qu'il ne le sache, évidemment, à jouer le rôle de père Noël, bien que nous fussions encore loin du mois de décembre.

L'accueil que nous reçûmes auprès du gérant et des ouvriers du chantier fut enthousiaste, au-delà de mes espérances.

Nous sûmes, tout de suite, que la partie était gagnée...

Le responsable et son équipe furent, visiblement, ravis de notre visite. Par les temps qui couraient, la présence de militaires français, même à quelques kilomètres, était rassurante pour eux et dissuasive, pensaient-ils, pour les rebelles. Nous savions bien, quant à nous, qu'en cas d'attaque de la petite exploitation, nous ne pourrions rien faire pour aider ces hommes, surtout de nuit. Le gérant s'en doutait peut-être un peu, refusant, cependant, au fond de lui-même, de perdre tout espoir... Il n'y a que la foi qui sauve, n'est-ce pas ?

Le brave homme nous offrit, gracieusement, ce dont nous avions besoin et, la cerise sur le gâteau : trois plaques de tôle ondulée pour la couverture du futur palace ainsi qu'une vieille porte en bois avec son chambranle et une petite fenêtre avec son cadre, dont il n'avait plus l'usage. Ses hommes nous aidèrent à charger copieusement le véhicule et, après avoir chaleureusement remercié tout le monde, nous nous quittâmes pour rejoindre notre campement où nous étions attendus avec beaucoup d'impatience.

La joie du personnel, lorsqu'il vit que nous n'avions pas fait le déplacement pour rien, nous fit chaud au cœur. Le déchargement des matériaux se fit dans l'euphorie générale et ne traîna pas.

D'un coup, je me trouvais à la tête d'une petite entreprise...

Dans l'effectif nous disposions d'un jeune qui avait travaillé dans le bâtiment avant d'être appelé sous les drapeaux. Il fut promu, d'emblée, chef de chantier et se révéla être d'une utilité précieuse dans ses nouvelles fonctions.

Dès le début de l'après-midi, après avoir soigneusement choisi l'endroit le mieux abrité, contre la tour, délimité le périmètre : quatre mètres sur quatre, nous entreprîmes de creuser les fondations, c'est-à-dire, une saignée d'une cinquantaine de centimètres de profondeur. Il ne restait plus qu'à monter les parpaings, bien perpendiculairement, à mettre en place la menuiserie et à maçonner le tout, sous la conduite éclairée de notre mentor. L'ouvrage ne devait pas dépasser deux mètres trente de hauteur.

Les jours, les semaines passèrent à une vitesse folle. J'avais trouvé le moyen de tirer les hommes, lesquels, de toute évidence, s'étaient totalement investis dans ce qui allait devenir leur "chose", de leur immobilité, de leur passivité forcées. Leur joie et leur exaltation grandissaient au fur et à mesure que les murs s'élevaient… Cela faisait plaisir à voir !

Moins d'une semaine avant ma relève, la couverture de plaques de tôle ondulée, légèrement pentue pour permettre l'écoulement des eaux de pluie, fut mise en place et lestée, sur tout son pourtour, des lourds agglomérés inutilisés pour la construction du petit édifice afin d'assurer une résistance efficace aux rafales de vent les plus violentes.

Le "chef d'œuvre" était terminé. Bien sûr, il n'avait rien de comparable avec le Panthéon ou la pyramide de Khéops mais, tout de même, nous avions le sentiment d'avoir réalisé quelque chose de bien… Chacun de nous avait mis la main à la pâte (ou, plutôt, dans le ciment) ; nous nous sentions, individuellement, une âme de bâtisseur… Il ne restait plus qu'à "fignoler" l'intérieur. Avec un peu de jugement, pas mal d'idées et beaucoup de bonne volonté, nous avions pu mener ce projet ambitieux à son terme.

Bien sûr, nous fêtâmes l'événement comme il se devait. Au repas du lendemain midi, que nous prîmes tous ensemble (l'homme de garde fut, pour la circonstance, relevé plus tôt par un camarade, afin de ne pas rater complètement les agapes), une double ration d'alcool, exceptionnellement, fut accordée et très appréciée de tout le monde. Nous étions contents de nous…

Bien que conscient de m'être affranchi de la fameuse voie hiérarchique et d'avoir outrepassé mes prérogatives, comme dans la chanson, je ne regrettais rien !

Mes successeurs, grâce au travail opiniâtre d'une équipe soudée et déterminée, profiteraient utilement et durablement de cette initiative.

Le deux juillet, avec quelques jours de retard, non prévus au programme, je quittais le piton en compagnie de deux soldats, lesquels ayant terminé leur séjour, étaient relevés par deux nouvelles jeunes recrues.

À la Base une excellente nouvelle m'attendait : deux sous-officiers spécialisés en radiogoniométrie, récemment arrivés de métropole, venaient d'être affectés dans notre Unité. Ainsi nous allions être plus nombreux à assurer, d'ici à trois mois, le temps nécessaire pour les préparer aux fonctions qui les attendaient, les permanences à Maadja, ce qui allait rendre celles-ci moins fréquentes et permettre aux anciens de souffler un peu.

Cinq ou six fois par an, le commandant de la Base, un officier de la Compagnie de Protection et le chef des Transmissions se rendaient en inspection inopinée, d'une heure ou deux, à Maadja. La construction de la cuisine ne pouvait donc pas passer bien longtemps inaperçue…

J'étais revenu du piton depuis à peine quelques jours que ce qui devait arriver arriva : l'honorable aréopage précité décida d'effectuer l'une des missions de contrôle prévues. Dès le retour de l'hélicoptère à la Base, dans l'après-midi du même jour, je fus convoqué par mon commandant d'Unité qui me reprocha, lors de l'entretien, quelque peu tendu, d'avoir agi sans autorisation et, de plus, de n'avoir pas rendu compte, ce qui avait placé mes supérieurs devant le fait accompli. Qu'un subalterne ait des idées, prenne des initiatives, même bonnes, cela a l'heur de froisser la susceptibilité des chefs, ce qui est bien connu… Disciplinairement, je tombais sous le coup d'une sanction prévue par le règlement de discipline générale dans les Armées. Cependant, compte tenu que cette construction sans prétention ne mettait, en aucune façon, la sécurité de la petite communauté en cause, qu'elle s'avérait être, somme toute, très utile et très appréciée du personnel, enfin, qu'elle n'avait coûté aucun denier à l'état, la punition fut écartée. Un avertissement oral fit l'affaire. Sans la moindre fatuité déplacée me concernant, je crus même déceler, dans le discours de mon supérieur hiérarchique, une certaine compréhension, voire, une approbation tacite, qu'il ne pouvait avouer… Peut-être était-ce un peu prétentieux de ma part de le croire !

L'"esprit" l'avait emporté sur la "lettre", ce qui était très bien, surtout dans une corporation si respectueuse des principes… Les chefs qui avaient jalonné ma carrière militaire étaient dignes d'exercer leurs délicates fonctions : ils se sont toujours montrés compréhensifs lorsqu'il le fallait (exception faite pour celui qui m'avait infligé une lourde sanction six ans plus tôt) : ils avaient laissé aux vestiaires les œillères des esprits étroits et torturés…

Le quatre juillet démarra, en Kabylie, l'opération "Jumelles". Le lendemain, ce fut le tour d'"Étincelles", dans le Hodna, dépression marécageuse des hautes plaines orientales de l'Algérie. Les résultats obtenus furent très satisfaisants : les rebelles perdirent dans ces batailles quarante à cinquante pour cent de leurs effectifs engagés, le reste ayant dû fuir pour échapper à l'encerclement de nos troupes.

À la fin du mois d'août, la veille de la relève du sous-officier qui m'avait remplacé à Maadja trois mois plus tôt, se produisit sur le piton un événement grave. En essayant de récupérer le ballon de football tombé (pour la énième fois) dans le champ de mines, à l'aide de la perche qui avait été si souvent utilisée à cet effet, un soldat fit sauter deux engins. Heureusement que ses camarades étaient en retrait et que lui-même était accroupi à ce moment-là ! Il ne fut pas tué mais il perdit un œil par le ricochet d'une pierre et reçut plusieurs blessures par éclats. Dans son malheur il avait, tout de même, eu beaucoup de chance (en employant un euphémisme peut-être quelque peu déplacé), de ne pas y laisser sa vie…

Il faut préciser que ces charges explosives enterrées, à déclenchement par pression, étaient reliées entre elles, deux par deux, par un fil de laiton branché sur leur système de mise à feu respectif, ceci afin de provoquer des déflagrations en "chapelet" en cas de franchissement, par des ennemis, du "no man's land". Les fils avaient été, au départ, cachés sous la terre, mais avec le temps, l'effet du vent, de la pluie, ils affleuraient, par endroits, la surface du sol. Avec sa perche, l'homme avait dû, malencontreusement accrocher, sans s'en rendre compte, l'un de ceux-ci et exercer une traction suffisante pour actionner les détonateurs. Le résultat ne s'était pas fait attendre… Ces mines avaient fait un blessé parmi ceux qu'elles étaient censées protéger, quelle dérision ! Nous avions sous-estimé leur susceptibilité et, la routine, toujours elle, avait fait le reste…

Un hélicoptère appelé en urgence fut sur les lieux très rapidement avec un médecin et assura l'évacuation du blessé sur l'hôpital militaire Baudens d'Oran. Le chef du détachement fut, dés le lendemain, remplacé. Il eut pas mal d'ennuis à la suite de l'enquête qui fut aussitôt diligentée et écopa de quarante-cinq jours d'arrêts de rigueur pour avoir toléré ces jeux dangereux, mais ne fut pas, pour autant, exempté de reprendre, du service à Maadja (pour cause de manque de personnel) lorsque son tour reviendrait, à l'issue de sa punition. Cette triste affaire aurait très bien pu se produire lors de mes précédents séjours sur le piton. Le destin en avait décidé autrement…

Quant au soldat blessé, auquel je rendis visite à l'hôpital, il fut définitivement réformé et rentra dans ses foyers, trois semaines après son accident.

Ce déplorable événement fut une leçon pour tout le monde ; malheureusement, il avait fallu une victime pour qu'elle ne soit prise, désormais, très au sérieux. Les chefs de détachement successifs, dont moi, bien sûr, avaient tous une part de responsabilité dans cette affaire pour avoir permis, et participé même, à ces activités à haut risque. L'un d'eux, seul, avait payé cette erreur qui avait cruellement meurtri un soldat dans sa chair. Cela était profondément injuste…

Dans la seconde quinzaine de septembre, le général de Gaulle s'adressa à la Nation. Toute l'Armée, les Musulmans et les Européens suivirent ses propos avec une attention particulière : ils pressentaient que ceux-ci seraient historiques. Ils avaient subodoré juste… Il fut, en effet, question, dans cette intervention, que, lorsque l'apaisement aurait été retrouvé en Algérie, il serait proposé, d'une part aux Algériens, de décider eux-mêmes, par voie de référendum, de leur sort à venir et, d'autre part, à tous les Français, d'entériner (ou non) le choix qui aurait été fait par les Musulmans. Cette déclaration fit l'effet d'une bombe pour ceux qui nourrissaient encore des espoirs de voir l'Algérie rester française.

Quelques jours plus tard, à Tunis, Ferhat Abbas, le chef du G.P.R.A, se félicita du droit reconnu pour ses frères à l'autodétermination, qu'il considéra comme une victoire sur le colonialisme décadent.

Les rapports entre les deux communautés, déjà bien difficiles, devinrent encore plus tendus : le moindre prétexte fut sujet à embrasement… Ainsi, à Saïda, petite ville située à un peu plus de cent kilomètres au sud d'Oran, un militaire français fut blessé, un soir d'octobre, à l'arme blanche (rasoir), dans un quartier mal famé de la cité. Cette agression, rapidement connue, donna lieu, dans l'heure qui suivit, à une action de représailles. Vingt de ses camarades quittèrent précipitamment leur casernement, mirent à sac plusieurs bars et boutiques indigènes du quartier incriminé et rossèrent leurs propriétaires. Les officiers du régiment n'avaient rien pu faire pour arrêter ce "tsunami" dévastateur. La police militaire, rapidement sur les lieux, eut les plus grandes difficultés, malgré l'abondante utilisation des matraques, à rétablir l'ordre. Le mal avait été fait et la blessure n'était pas près de se cicatriser…

Les deux sous-officiers arrivés dans notre Unité fin mai de cette année, maintenant rompus aux subtilités de la goniomètrie, furent déclarés aptes, par notre chef, à servir à Maadja : du coup, mon tour fut reporté au tout début de l'été suivant, ce qui me combla de joie. Ainsi, si le service le permettait, il me serait peut-être possible de passer Noël en famille. Mon attente ne fut pas déçue car l'autorisation que j'appelais de mes vœux me fut accordée, faveur rarissime en ces temps troublés… Je partageais ma joie en invitant à la maison l'un des opérateurs de la station radio, appelé du contingent, dont la famille résidait en métropole. Ainsi, ce jour-là, nous donnâmes à ce soldat qui partagea notre repas, un peu de chaleur en tâchant de lui faire oublier son éloignement de ses proches et de sa terre natale.

La fin de l'année fut, encore une fois, maussade, marquée par l'incertitude pesante et l'aggravation latente, mais bien réelle, de la situation…

Le tout début de 1960 fut marqué, le vingt-quatre janvier, par une émeute sanglante qui prit naissance à Alger et dura jusqu'au premier février. Les

Européens, qui s'accrochaient encore à leurs illusions, dressèrent des barricades dans la ville et déclenchèrent une grève générale. La Garde mobile reçut l'ordre d'intervenir. L'affrontement qui s'en suivit aboutit à un véritable massacre : plus de vingt morts au total, des deux côtés, et une centaine de blessés, certains très grièvement.

L'impensable, l'horreur, l'irréparable avaient eu lieu : des Français avaient tiré sur d'autres Français...

Devant la gravité de la situation, le général Challe décréta l'état de siège interdisant les rassemblements, dans les rues, de plus de trois personnes.

Le premier février, les insurgés, encerclés par les forces de l'ordre et à court de munitions, furent obligés de se rendre.

L'"affaire des barricades" s'était soldée par un échec pour les farouches partisans de l'Algérie française; les Musulmans qui étaient restés favorables à la présence française et fidèles à nos couleurs, basculèrent en masse dans le camp opposé. Ils étaient pris dans un maelström : si le F.L.N. gagnait la partie, ce qui devenait de moins en moins improbable, ils auraient des comptes à rendre à leurs "frères", au motif de trahison. En tout état de cause, leur sort n'était pas enviable...

Devant la confusion des événements et le doute qui s'était infiltré dans l'esprit des militaires, le Président de la République décida d'effectuer, à partir du trois mars, un déplacement en Algérie qui sera plus connu sous le nom de : "tournée des popotes". Ce fut au cours de ce voyage d'inspection que le général de Gaulle prononça, pour la première fois, cette phrase qui restera gravée dans les mémoires : "l'Algérie sera algérienne !"

La population européenne, complètement abasourdie, crut que le ciel, tout à coup, lui tombait sur la tête, comme l'avaient craint, en d'autres temps, ses lointains ancêtres les Gaulois. Petit à petit, le sort des "pieds noirs" s'insérait dans l'inévitable processus de décolonisation, dans ce qu'ils appelèrent : "la grande braderie". Quant à l'Armée, elle fut, encore plus, plongée dans le doute... Tous les ingrédients du mélange explosif, qui n'attendait plus que l'étincelle libératrice, étaient en place...

Le surlendemain de cette fracassante annonce faite par le chef de l'état, le général Challe fut remplacé, à la tête de la dixième Région militaire, par le général Crépin, polytechnicien et gaulliste inconditionnel.

Ce fut cette année-là qu'explosa, près de Reggane, au Sahara, la première bombe nucléaire française.

Au début du mois de juin soit, un an après ma dernière relève de Maadja, je retournais sur le piton. Nous allions entrer, sous peu, dans la saison d'été et je ne savais pas, à ce moment-là, que ce serait mon ultime séjour dans ce poste...

Le personnel avait, petit à petit, été complètement renouvelé, aussi, l'une de mes premières préoccupations fut de tester la valeur de son entraînement par quelques exercices d'alerte, parfaitement inopinés. Celle-ci se révéla être de très bonne qualité. Les nouveaux faisaient honneur à leurs aînés.

Nous suivions, à la radio, l'évolution de la situation dans le pays. Nous sentions bien qu'un dénouement à cette crise (heureux pour les plus optimistes, en grande minorité, malheureux pour les plus réalistes) finirait bien, un jour, par arriver. Ainsi, nous apprîmes que, du quinze au dix-neuf de ce même mois, des négociations secrètes de paix avaient été entreprises, à Melun, entre des représentants du F.L.N. et de la France… sans résultat.

Quant à nous, ici, nous devions poursuivre les missions qui étaient les nôtres avec toute l'énergie qui était en nous.

Le nouveau chien de guerre, en place depuis quatre mois, un magnifique berger allemand dans toute la force de son âge, n'avait pas grand-chose de comparable avec son prédécesseur. La nuit, il tenait très bien sa place au trolley, à l'entrée béante du camp. La peur ne semblait pas le perturber le moins du monde. Son maître me certifia que, l'hiver passé, malgré le vent et la pluie, il avait parfaitement monté la garde et s'était montré particulièrement sécurisant pour le personnel.

Tout paraissait donc devoir se dérouler sous les meilleurs auspices durant mon nouveau "mandat" : la discipline et l'ordre régnaient, les nouvelles recrues avaient, apparemment, bon moral, tout le monde s'entendait parfaitement bien, il faisait beau. Que demander de plus ?

Ce camp, que je connaissais bien pour y avoir séjourné pas mal de mois au total, me parut un jour, d'un coup, pas comme il aurait dû être. Cela peut paraître étrange, voire même, un tantinet farfelu, mais je trouvais qu'il lui manquait quelque chose, en quelque sorte, une âme, une personnalité qui soit bien à lui, une identité. J'en avais la certitude et… je venais de trouver ! Il lui manquait le drapeau tricolore, cet emblème national dont nous étions les fidèles représentants et défenseurs.

À partir du moment où la "grâce" venait de me toucher, je n'eus de cesse de mettre mon projet à exécution. Les hommes furent enchantés de mon idée. Ainsi, outre le plaisir de participer à une noble cause, ils auraient de quoi meubler les longues journées d'été.

Comment se pouvait-il que personne n'ait eu, jusque-là, l'idée de sortir le poste de son anonymat, de lui donner une identité !

Maintenant que l'adhésion était totale il ne restait plus qu'à se mettre au travail.

Il nous fallait une hampe haute de quatre mètres, hors sol, plantée suffisamment profondément à cause des vents, souvent violents, surtout l'hiver, balayant le piton. Comme il restait un sac de ciment non utilisé pour la confection de la cuisine, et non ouvert, nous pourrions consolider, à l'aide de cette matière pulvérulente, la base enfoncée en terre. Des cornières d'un mètre cinquante de longueur, perforées à leurs extrémités et en leur centre (qui servaient à faire ce que l'on appelle, dans notre jargon militaire, des "chevaux de frise" en forme de croix de Saint André), solidement fixées entre elles : voilà exactement ce qui conviendrait. Ces pièces profilées en équerre, boulonnées bout à bout, renforcées en les doublant, constitueraient un mât très acceptable. J'évaluais nos besoins : le nombre d'éléments nécessaires, une solide drisse d'une douzaine de mètres de longueur, une petite poulie, des boulons de dix-huit millimètres de diamètre, un pot de minium, un pinceau "queue de morue", une brosse métallique et, enfin, un pavillon national. Nous disposions d'un jeu de clés dans l'abri des groupes électrogènes qui ferait très bien l'affaire pour effectuer le montage.

Ne voulant pas rééditer l'"exploit" que j'avais réalisé, l'année précédente, en m'affranchissant de la voie hiérarchique, pour la construction de la cuisine, je fis part de mon intention à mon chef... qui fut d'abord, très surpris, car cette idée n'avait effleuré l'esprit de personne jusque-là puis, après un très court instant de réflexion, d'accord pour la réalisation projetée. J'eus même droit à, ce qui était le plus inattendu, ses félicitations et ses encouragements ! Cette activité ne pouvait qu'être salutaire au moral de la troupe qui trouverait, là, une excellente occasion d'occuper agréablement son temps libre, les parties de football de l'après-midi ayant été formellement interdites depuis l'accident grave survenu à l'un d'entre-nous. J'indiquais à mon supérieur l'endroit choisi pour planter la hampe, celle-ci ne devant pas gêner les manœuvres des hélicoptères : le côté à-pic du piton, de façon à laisser la cour intérieure entièrement dégagée. Mon choix obtint son approbation. Il ne me restait plus qu'à lui donner la liste de ce dont nous avions besoin : il me promit de faire le maximum pour nous aider.

Une rotation était justement prévue dans cinq jours pour nous amener le courrier et différentes pièces de rechange, dont des filtres à gas-oil nécessaires pour les groupes. Elle ne pouvait pas mieux tomber !

Lorsque "ventilateur Golf-Sierra" se posa dans la cour, le jour dit, en début d'après-midi, le trou qui devait recevoir le mât était déjà creusé. Bien sûr, le courrier était attendu avec impatience par les soldats mais, cette fois-là, il partagea la vedette avec le matériel qui était bien au rendez-vous. Mais quelle ne fut pas ma surprise de découvrir dans le carton que le pilote me tendit un drapeau d'une dimension disproportionnée avec la hauteur de la hampe : il était bien trop grand ! Un petit mot me faisait savoir que le magasin de la Base n'en avait pas de plus petit à me proposer. Eh bien, nous ferions avec, l'essentiel étant de réaliser notre projet… Au moins, il se verrait de loin, notre emblème national !

Les trois jours suivants furent nécessaires à la confection du mât. Il fallait absolument qu'il fût très résistant, c'est pourquoi, puisque nous avions assez de cornières, celles-ci furent doublées et solidement boulonnées, bout à bout, entre elles. La journée suivante fut consacrée à un sérieux grattage, à la brosse métallique, des ferrures, puis, à la peinture de l'ensemble. La totalité du pot de minium y passa car nous appliquâmes plusieurs couches au "chef-d'œuvre". Le séchage fut rapide grâce au soleil qui brillait de tous ses feux. La petite poulie fixée à ce qui allait être le sommet de la hampe, la drisse mise en place, nous nous attaquâmes, dans la soirée, au positionnement de la base du mât dans la cavité prévue à cet effet que nous empierrâmes et dans laquelle nous fîmes couler le ciment. La terre fut bien tassée et damée. Les Dieux étaient avec nous : le vent était presque totalement tombé, ce qui évita au mât, qui avait, au demeurant, fière allure, de bouger et donna au ciment le temps de bien prendre.

Pour ce soir-là, nous avions terminé notre travail. Les hommes avaient mené à bien la tâche qu'il leur avait été proposé de réaliser; ils étaient très satisfaits de leur prestation… et moi aussi.

Le tout premier "lever des couleurs" de l'existence du détachement eut lieu le lendemain matin. Oh, la solennité exigée dans ce cas fut réduite à sa plus simple expression, mais le salut au drapeau se fit avec tout le respect qui lui était dû. Tout l'effectif était là, tête nue. Après le réglementaire "attention pour les couleurs… envoyez !" , qui résonna pour la première fois sur le piton, le soldat choisi, en l'occurrence, le plus jeune, hissa, lentement, le drapeau dans un silence qui eût été total, sans le grincement de la poulie, que nous avions oublié de graisser !

Nous étions tous un peu émus, comme dépassés par cet événement, pour nous, historique. Qu'elles étaient belles nos couleurs dans l'azur pur du ciel !

Il fut décidé que, chaque matin, les couleurs seraient envoyées, sans cérémonial particulier, à sept heures, par le soldat prenant son tour de garde, et amenées, à dix-huit heures, par la sentinelle relevée, afin de respecter la tradition qui veut que le pavillon national ne doive flotter que dans la lumière.

Il en fut ainsi, tous les jours, pendant ma présence à Maadja… et bien après celle-ci, mes successeurs ne manquant pas de perpétuer la symbolique.

Une nuit, dans le courant du mois d'août, deux coups de feu furent tirés sur les sentinelles en position sur la terrasse, à moins que ce ne fût sur le projecteur qui devait gêner des indésirables, sans causer le moindre dégât. Ces tirs émanaient d'une arme de chasse, sûrement vétuste : les plombs ne purent franchir la distance, en l'occurrence trop grande pour eux, qui séparait le tireur du but à atteindre... La riposte fut immédiate mais, cette fois, l'on ne retrouva aucun corps, le lendemain matin, dans les fourrés. Le chien, pourtant excellent gardien, se trouvant à l'opposé de l'endroit d'où étaient partis les deux coups de feu, donc trop loin, n'avait pas donné l'alerte.

Bien que non suivie d'effet, cette agression prouvait bien que, la nuit, le coin n'était pas si inhabité que l'on aurait pu le croire...

Nous considérâmes cela comme un rappel à l'ordre, sans frais, pour cette fois...

Le premier septembre, je fus relevé par le sous-officier qui avait eu l'un de ses hommes gravement blessé par les mines. Visiblement il avait été marqué, psychologiquement, par ce drame. Qui ne l'aurait été, à sa place ?

Les consignes passées, les mains serrées, je laissais la petite colonie à ses préoccupations journalières. Ce n'était qu'un au revoir... croyais-je !

Vu d'en haut, le spectacle fut, à mes yeux, encore plus beau que d'habitude ; il me parut grandiose. Il avait quelque chose de plus : ce drapeau immense, entièrement déployé dans le vent, se découpant sur le ciel bleu et sans tâches de l'été. Tandis que nous nous éloignions, je le suivis des yeux, de longues minutes, jusqu'à ce qu'il ne fût plus qu'un point à l'horizon...

Une quinzaine de jours après mon départ de Maadja, j'appris que le chien de guerre du détachement avait été trouvé mort, le matin, de bonne heure, par son maître venu le libérer du trolley, à l'entrée du camp.

Dans l'après-midi du même jour, un hélicoptère transporta sur le piton un nouveau couple homme, chien, et ramena l'ancien maître, ainsi que le corps de l'animal pour autopsie. Le résultat de l'examen vétérinaire ne fut pas long à être connu : la bête avait été mortellement intoxiquée par l'absorption de boulettes de viande empoisonnées à l'arsenic...

La vie dans le camp devenant de plus en plus dure et dangereuse, le commandement décida de porter, rapidement, l'effectif de treize à seize hommes, afin de renforcer les gardes, ce qui ne fut pas chose aisée à réaliser, les locaux et le mobilier en place n'étant pas prévus pour trois personnes de plus. Il fallut donc revoir l'agencement des lieux. L'accouchement se fit dans la douleur, mais se fit tout de même.

La sécurité n'a pas de prix...

Les généraux Salan et Jouhaud, en total désaccord avec la politique du gouvernement, venaient de quitter le service actif et s'étaient retirés, le premier, à Hydra, dans sa villa, près d'Alger, le second, dans son Oranie natale. Quant à Challe qui avait formulé, également, une demande de mise en disponibilité, il vit celle-ci ajournée jusqu'au lendemain du référendum national fixé au huit janvier 1961 par le Président de la République.

Le fossé entre l'état et son Armée en Algérie se creusa de plus en plus. Les militaires acceptèrent mal le fait qu'obtenant des résultats encourageants sur le terrain ils fussent si peu soutenus par les politiques.

Conscient de cet état d'esprit qui se dégradait, le général de Gaulle prit la décision de se rendre, à nouveau, en Algérie, le huit décembre, afin de reprendre en main l'Armée qu'il sentait bien, hésitante. À Alger, il fut hué par la foule qui avait compris que son destin allait basculer. Les esprits échauffés, la confiance perdue, les Européens s'en prirent aux Musulmans et une véritable émeute qui dura plusieurs jours éclata. Chacune des deux communautés enterra ses morts à la hâte. Le fossé, entre elles, était devenu un gouffre, un précipice qu'il ne sera plus possible de combler…

Beaucoup de cadres militaires, connus (ou soupçonnés) pour leur hostilité à la politique algérienne du chef de l'état, ainsi qu'un certain nombre de "pieds noirs" servant sous leurs ordres, furent déplacés et mutés en métropole, par mesure de sécurité.

Ce raz de marée ne m'épargna pas car, le douze décembre, mon affectation pour la Base aérienne n° 125 Istres, qu'il me fallait rejoindre impérativement le vingt et un décembre, me fut notifiée. Un délai d'à peine plus d'une semaine m'avait été royalement accordé pour régler mes affaires personnelles. Ce n'était pas beaucoup… Il faut croire qu'il y avait urgence !

Quelques jours plus tard, le dix-huit, l'ONU saisie du problème de l'Algérie, reconnut le droit à son peuple à la libre détermination et à l'indépendance.

Après avoir, une nouvelle fois, fait mes adieux à mes chefs, à mes amis de la Section de Transmissions et avoir embrassé mes parents, j'embarquais, le dix-neuf décembre, à neuf heures, quai du Havre, sur le Sidi-Bel-Abbès, à destination de Marseille où l'arrivée eut lieu le lendemain, à dix-huit heures. Je passais la nuit dans un petit hôtel, rue Curiol, près de la Canebière.

Quelques minutes après avoir franchi le poste de police de la Base d'Istres, le vingt et un à huit heures, je me présentais à mon nouveau chef, un commandant, qui me souhaita la bienvenue et me fit connaître mon nouveau poste : la tour de contrôle qui était équipée d'un appareil gonio automatique "Dubourg", tout récent. Puis, notre entretien terminé, ce fut l'inévitable tournée des services administratifs en vue de ma prise en compte et de l'attribution d'une chambre. Après un repas pris au mess de la Base, je me rendis à la tour où un officier contrôleur chef de quart me reçut.

Une nouvelle vie, pour moi, venait de commencer, très certainement plus calme que celle que j'avais connue jusque-là, mais aussi, tellement plus monotone ! Ici, sur cette grande Base, au milieu de cette foule de près de trois mille personnes, je me sentais seul… Il faudrait du temps, et de la patience, pour apprivoiser le demi-sauvage que j'étais devenu, pour réapprendre les bonnes manières… Des images du nid d'aigle que je venais de quitter, où je m'étais senti plus utile qu'ici, où j'avais beaucoup appris de la vie, où j'avais eu des initiatives, des décisions souvent, à prendre, où j'avais laissé tant de souvenirs, des bons et des moins bons, mais aussi des traces de mes passages successifs qui resteraient et témoigneraient, longtemps, c'était à espérer, de la volonté et de l'esprit d'équipe de tout un groupe d'hommes admirables, me traversèrent l'esprit...

Que me réservait l'avenir, combien de temps mon séjour ici durerait-il ?

L'année s'acheva dans une morosité pesante...

Le huit janvier 1961 eut lieu, comme prévu, le référendum national sur le droit au peuple algérien de choisir, s'il le désirait, la voie de l'indépendance. La réponse à donner devait se résumer à un mot : oui ou non. Le résultat fut tout à fait éloquent : soixante-quinze pour cent des votants en métropole et autant en Algérie furent favorables au "oui".

Les dés étaient jetés, la messe était dite et, si je puis me permettre : les carottes étaient cuites...

Les Européens d'Algérie (qui ne représentaient que le dixième de la population du pays) furent comme anesthésiés par les résultats de la consultation nationale. Mais la stupeur passée, leur réaction de désespoir fut à la hauteur de leur amère désillusion. Ils répondirent en créant l'O.A.S. (Organisation de l'armée secrète) décidée à frapper fort tous ceux qui n'épousaient pas leurs idées. Ce fut alors l'engrenage de la violence, la multiplication des représailles et des règlements de compte.

Le général Crépin fut remplacé, le trente et un janvier, à la tête de la dixième région militaire, par le général Gambiez connu pour sa fidélité sans réserve à de Gaulle. Le même jour, le général Challe put enfin, comme le lui avait promis le chef de l'état, se retirer du service actif.

La Base d'Istres est une plate-forme très importante pour l'Armée de l'Air. Elle accueille le C.E.V. (Centre d'essais en vol) où sont expérimentés tous les prototypes par des ingénieurs et des pilotes d'essais militaires, mais aussi, civils. La Base est, également, une escale incontournable pour les longs courriers du transport aérien militaire, basés à Orléans, desservant les pays d'Afrique, Madagascar et la Réunion. Le trafic est donc, de jour et de nuit, considérable et l'espace aérien, chargé. Mais les spécialistes de la navigation, experts en la matière et très vigilants, veillent...

La petite ville d'Istres, ancienne colonie massaliote, se trouve à cinq ou six kilomètres de la Base, à quarante-cinq d'Aix-en-Provence, entre l'étang de Berre et celui de l'Olivier. Des salines, des fabriques de soude, des usines de produits chimiques et des raffineries de pétrole sont implantées dans sa périphérie. À une douzaine de kilomètres au sud se trouve la commune de Martigues, la "Venise provençale", fierté, à juste titre, de ses habitants.

Ce fut au mois d'avril, le vingt-deux, que nous apprîmes le "putsch" qui venait d'éclater à Alger à l'initiative des généraux, alors placés en disponibilité : Salan, Challe, Jouhaud et Zeller. La confusion, aussi bien en métropole qu'en Algérie fut totale. L'anarchie s'installa dans l'Armée divisée; des soldats du contingent refusèrent d'obéir à leurs chefs, des appels à la révolte contre les généraux félons furent lancés dans les casernes et sur les Bases, les désertions se multiplièrent.

Le "quarteron" d'officiers généraux dissidents, sentant que la bataille, dans ces conditions, était perdue, abandonna la partie le vingt-cinq. Le coup d'état avait lamentablement échoué. Toutes les plus folles illusions des "pieds noirs" venaient de s'envoler, cette fois, à jamais.

Challe et Zeller décidèrent de se rendre aux forces loyales, quant à Jouhaud et Salan, ils préférèrent disparaître, à la faveur du désordre, espérant encore pouvoir reprendre la lutte dans la clandestinité où ils allaient trouver refuge. Les autres gradés qui avaient pris une part active dans ce mélodrame furent activement recherchés. Les arrestations furent nombreuses; il ne restait plus qu'à attendre que "justice passe"... Et nous savions tous, qu'elle ne serait pas tendre et que son bras armé ne tremblerait pas.

De mars à mai 1961 eurent lieu, à Evian, des rencontres entre les représentants du F.L.N. et la délégation française. Les accords qui en résultèrent furent : la reconnaissance par la France d'un état algérien, la double nationalité, pendant trois années, pour les Européens qui décideraient de rester dans le pays, la sauvegarde des intérêts français au Sahara pendant cinq ans, l'utilisation de la Base navale de Mers-el-Kébir par la Marine nationale, pendant quinze ans et, enfin, l'évacuation de la totalité de l'Armée française d'ici à trois ans.

Le dix-neuf juillet, Bourguiba, qui désirait, lui aussi, sa part de gâteau et sentant que l'instant était favorable, décida de reprendre la Base de Bizerte, encore sous contrôle français. Il n'hésita pas à donner l'ordre à ses soldats d'ouvrir le feu sur les troupes de l'amiral Amman. Mais la riposte de celui-ci infligea un camouflet humiliant aux troupes tunisiennes. Bourguiba, profondément vexé, désirant sauver la face, porta l'affaire devant les instances de l'ONU mettant la France au banc des accusés. Mais cette fois, de Gaulle fit savoir qu'il n'entérinerait pas les décisions de la vénérable institution si celles-ci devaient nous être, par trop, défavorables.

Je me faisais beaucoup de soucis au sujet des membres de ma famille restés à Oran. N'ayant aucun point de chute en métropole ils avaient décidé de rester sur place jusqu'au moment où cela ne serait plus possible, ce qui ne tarda pas... La situation empirait de jour en jour; les gardes mobiles et l'O.A.S. s'affrontaient dans des combats sanglants. Ce fut une lutte fratricide sans merci, épouvantable. Les "pieds noirs" qui essayaient de rejoindre la métropole étaient empêchés par l'organisation secrète et, au besoin, menacés de mort. Mes parents réussirent tout de même, au mois d'août, après avoir passé deux jours et deux nuits sur les quais du port sous la protection de l'Armée, à quitter leur terre natale à laquelle ils étaient viscéralement attachés, pratiquement sans rien d'autre qu'une petite valise chacun.

Ils avaient la vie sauve et cela était bien le plus important : tant de leurs compatriotes n'avaient pas eu la même chance…

Le huit septembre, un attentat fut perpétré contre le chef de l'état, sur la route de Colombey-les-Deux-Eglises où un jerrican rempli de napalm explosa au passage de la voiture présidentielle. Personne ne fut blessé grâce à la rapidité de réaction du chauffeur.

Le même mois s'ouvrit, à Paris, le procès des putschistes devant le Haut Tribunal militaire. Les généraux Challe et Zeller, qui s'étaient rendus aux forces de l'ordre, furent condamnés à quinze années de détention criminelle et à la destitution de leurs droits civiques. Quant aux deux autres généraux félons, ils étaient toujours activement recherchés.

Début décembre, désigné pour prendre part à des manœuvres interarmes dans l'Aveyron, j'eus pour mission, avec l'aide de trois soldats, de mettre en œuvre une station de goniométrie implantée sur la terrasse de la préfecture de Rodez. Les huit jours passés là ne me laissèrent pas un souvenir impérissable…

À mon retour à la Base j'appris, avec joie, mon affectation au Tchad, en Afrique centrale, au détachement de Transmissions n° 723/809 d'Abéché, petit poste (encore un) dans le sud du pays, non loin de la frontière soudanaise et de celle de la République centre-africaine.

Mon départ d'Istres étant fixé au tout début du mois de janvier suivant, les fêtes de fin d'année se passèrent sur la Base. Mais, tellement heureux de découvrir bientôt, à nouveau, des terres lointaines, sauvages, exotiques, je pris mon mal en patience.

Cette courte année passée en métropole n'aura été qu'un bref interlude, sans grand intérêt, dans mon désir effréné d'aventures…

CHAPITRE VI

Les examens médicaux réglementaires effectués, les vaccinations obligatoires spécifiques pour les pays tropicaux administrées, le paquetage spécial "outre-mer" perçu, nous quittâmes la Base d'Istres le deux janvier 1962, à huit heures, à bord d'un cargo "Nord-Atlas" du Groupe de Transport 1/64, Unité que j'avais connue équipée de "Dakota" en Indochine, à destination du Bourget où nous arrivâmes un peu avant onze heures. L'essentiel des passagers était constitué de militaires affectés dans différents pays de l'Afrique francophone et du département de la Réunion. Pour le Tchad, j'étais le seul.

Un car nous attendait pour nous transférer à la B.T.A. 250 (Base de transit Air) de Paris, boulevard Victor, où nous devions effectuer des formalités administratives.

Le surlendemain matin, tôt, nous prîmes la route de la Base d'Orléans-Bricy où étaient basés les appareils du Commandement du Transport aérien militaire qui desservait, outre les territoires des Antilles et la Guyane française, le Sénégal, le Niger, la Côte d'Ivoire, le Cameroun, la république Centrafricaine, le Gabon, le Congo, Djibouti et l'océan Indien.

L'avion-cargo n° 123, Fox-November-Fox, de l'Escadron de Transport 2/61 "Franche–Comté" prit son envol à neuf heures quarante-cinq, à destination de la première escale du périple : Alger-Maison-Blanche où nous nous posâmes à quatorze heures quarante. L'étape suivante fut Reggane, au Sahara, dans le sud du Touat, où nous passâmes la nuit.

Nous reprîmes notre bâton de pèlerin le lendemain, à sept heures, à destination de Niamey, sur les bords du Niger. Le fleuve, qui a donné son nom au pays, est le troisième du continent africain par sa longueur (plus de quatre mille kilomètres) après le Nil et le Congo. Il décrit, avant de rejoindre le golfe de Guinée par un vaste delta, une courbe passant par Bamako, au Mali, et Tombouctou que nous survolâmes, à cinq cent cinquante kilomètres au nord de la capitale nigériane. D'en haut, le spectacle de cet immense cours d'eau qui scintillait sous les rayons flamboyants du soleil était féerique… C'était un immense miroir dans lequel se reflétait, par instants, l'image fuyante de notre avion. Nous arrivâmes vers midi trente et, après avoir refait les pleins en carburant et s'être restaurés, nous repartîmes en début d'après-midi, en direction de Douala, au Cameroun, où nous nous posâmes deux heures et demi plus tard. Comme il n'était que seize heures trente et que nous devions passer la nuit ici, nous pûmes aller voir de plus près la ville située à, tout juste, cinq kilomètres de l'aérodrome.

Douala est l'agglomération la plus importante du pays. Elle était déjà, à cette époque, une cité en pleine expansion de plus de cent mille habitants, dont une bonne moitié d'Européens. Centre du réseau routier (encore peu asphalté) et des voies ferroviaires longues, au total, de cinq cents kilomètres, la presque totalité du commerce du pays passe par elle. La ville possède quelques industries alimentaires et chimiques ainsi que des usines de fabrication d'outils divers. À peu de distance de la cité, au nord-ouest, l'on peut voir le mont Cameroun (plus de quatre mille mètres de hauteur), volcan encore parfois sujet à des éruptions, il y a longtemps, isolé dans la mer, maintenant rattaché à la terre ferme par les apports alluviaux. Le port d'estuaire, situé sur la rive gauche du Wouri, connaît, également un bel essor. Il exporte des bois précieux (acajou, ébène), du caoutchouc, des fruits exotiques, du riz, du cacao et du coton. Il stocke dans de vastes entrepôts des hydrocarbures et de l'huile de palme.

Notre petite visite, très intéressante au demeurant, nous fit beaucoup de bien et nous permit de nous dégourdir les jambes.

Unique passager à destination du Tchad j'embarquais, le lendemain matin, sur un autre appareil du même type, du Groupe de Transport 1/63 Bretagne, à destination de Yaoundé, capitale administrative du Cameroun, à deux cents kilomètres à l'est de Douala, où nous arrivâmes vers neuf heures. L'escale fut très brève, juste le temps de charger du matériel pour Fort-Lamy, au Tchad. Le temps s'était gâté et une forte pluie s'était mise à tomber. Le pays est connu pour ses fortes et abondantes précipitations qui atteignent, annuellement, en moyenne, trois mille millimètres d'eau. Elles sont les plus importantes en mars avril et en septembre octobre, au passage du soleil au zénith. Heureusement, nous n'étions qu'en janvier... Notre étape suivante fut Ngaoundéré, au pied des monts Mbang, à quatre cents kilomètres au nord-est, où nous nous posâmes vers midi. Nous eûmes le temps de prendre un repas et, à quatorze heures, nous nous envolâmes en direction de la capitale du Tchad, à six cents kilomètres de là, qui nous accueillit un peu après seize heures. Là, je devais passer la nuit et toute la journée du lendemain avant de rejoindre mon affectation avec un autre appareil, la destination suivante de celui qui venait de nous déposer ici étant Bangui, en république Centrafricaine.

Après une bonne douche, un agréable moment de détente au cercle de la Base et un souper très correct, je décidais de me retirer dans la chambre qui m'avait été attribuée par le chef du service escale, pour y prendre un repos salutaire. Après trois jours passés dans des conditions assez peu confortables quelques heures d'un sommeil réparateur me feraient le plus grand bien... La visite de la ville occuperait, agréablement, je l'espérais, la journée du lendemain.

J'étais, enfin, arrivé au Tchad, cet état du centre de l'Afrique, presque deux fois et demi grand comme la France, mais peu peuplé, moins de quatre millions d'habitants en 1962 surtout concentrés dans les régions du sud, les plus favorables à la vie, où se situent les principales agglomérations et où les trombes d'eau de la saison des pluies reverdissent, pour un temps, un sol sec le reste de l'année permettant ainsi quelques cultures et au cheptel de pâturer. Les trois quarts du territoire, qui s'étend du huitième degré au vingt-quatrième degré de latitude nord soit, sur mille cinq cents kilomètres, sont occupés par le désert et la savane. La région septentrionale est couverte par les massifs volcaniques de l'Ennedi et du Tibesti qui culminent à plus de trois mille mètres à l'Emi Koussi. C'est dans cette région "névralgique" par excellence que se trouve une nappe pétrolifère, à assez grande profondeur, ainsi que de l'uranium, du manganèse, de la bauxite et du fer. Ces gisements n'étaient pratiquement pas exploités, à cette époque. La plus grande partie du Tchad est soumise au climat saharien : extrême rareté des pluies et température très élevée : fréquemment cinquante degrés centigrades à l'ombre, dans la journée. Au plus fort de la saison sèche, le mercure du thermomètre refuse de descendre, la nuit, au-dessous de quarante degrés... Aussi, la végétation y est-elle rare et pauvre durant ces trois mois, sauf dans les quelques oasis disséminées dans le pays. L'essentiel des ressources provient des cultures traditionnelles telles que celles du mil, de l'orge, du sorgho, des haricots, des dattes, mais aussi, du coton. L'élevage de bovins, de chevaux, est important, surtout dans le sud-est. Quant à l'industrie, elle est très réduite et ne joue qu'un faible rôle dans l'économie. À cent cinquante kilomètres au nord-ouest de Fort-Lamy se trouve le lac Tchad, grande étendue lacustre alimentée par le fleuve Chari (mille deux cents kilomètres) ; c'est le refuge des crocodiles et des hippopotames et un lieu de pêche privilégié. Depuis 1951, des polders cultivés en blé et maïs avaient été aménagés. Le pays, indépendant depuis 1960, à quatre-vingts-dix pour cent de confession musulmane, est entouré, au nord, par la Libye, à l'est, par le Soudan, à l'ouest, par le Nigéria et le Cameroun et, au sud, par la République centrafricaine. Il était gouverné, à mon arrivée, par le Président François Tombalbaye.

L'aérodrome de Fort-Lamy est situé à cinq ou six kilomètres de la ville. Très bien équipé, c'est une plate-forme importante, incontournable, de par sa situation au cœur de l'Afrique, pour les lignes aériennes civiles et militaires, en provenance d'Europe, qui desservent le continent et, au-delà du canal de Mozambique, Madagascar puis, enfin, dans l'océan Indien, l'île de la Réunion.

Ma rencontre avec le chef des Transmissions eut lieu le matin du huit janvier. Après m'avoir souhaité un excellent séjour au Tchad, mon nouveau chef me parla du petit détachement où j'allais remplacer le sergent-chef Kiribaty, en fin de séjour et en instance de rapatriement sur la France, responsable des moyens hertziens de l'Unité : graphie, gonio-V.H.F., balise radio ainsi que des relevés météorologiques, élémentaires, certes, mais bien utiles tout de même. Il poursuivit son entretien sur notre rôle, très important, d'aide à la navigation, dans une région presque totalement démunie de routes, de cours d'eau, de points de repère. Il insista, en outre, sur cette mission, essentielle, aux yeux de notre état-major, qui consistait à aider au maximum les populations éparpillées dans le désert, à portée du petit avion "Broussard" du G.A.M.O.M. 85 (Groupement aérien militaire d'outre-mer) qui nous était affecté pour effectuer les évacuations sanitaires et autres urgences. Mais, n'était-il pas en train de me demander de troquer l'épée menaçante de Damoclès contre le manteau de Saint Martin partagé avec le pauvre ? Tant de douleurs, de souffrances, de cruautés, de drames, auraient pu être évités dans le respect d'autrui, de ses manières de penser, d'agir, de ses opinions politiques et philosophiques si nous avions su, lorsque cela était nécessaire, nous montrer un peu plus indulgents ! Mais, ne rêvons pas : l'homme sera toujours, hélas, un loup pour l'homme… Malgré l'enseignement des siècles, il n'a toujours pas acquis la sagesse et il n'a qu'une pâle idée de la tolérance…

Nous avions aussi vocation à porter assistance et assurer l'acheminement logistique nécessaire aux quelques gendarmes français (et, pour certains, à leur petite famille) qui remplissaient, au profit de l'état tchadien, à la fois, des tâches d'état civil (enregistrement des naissances, des décès), de représentants de la loi, de juges de paix, lorsque des différents de toutes natures éclataient entre des familles ou des tiers, enfin, de maintien de l'ordre. Ces militaires avaient des fonctions de préfets et l'étendue de la juridiction attribuée à chacun d'eux couvrait un territoire grand comme deux ou trois départements métropolitains. Nous étions leurs seuls liens avec le monde extérieur. Pour eux nous devions être, à la fois des ravitailleurs, des infirmiers, des secouristes, des postiers… Enfin, il me cita quelques autres détachements du même type que celui d'Abéché et ayant les mêmes missions, répartis sur l'ensemble du pays : Faya-Largeau, au nord, principale oasis du Berkou, au pied du massif rocheux du Tibesti, nœud de pistes de caravanes vers le Fezzan, la Libye et le Niger, occupée par le colonel Largeau en 1913, Fort-Archambault (aujourd'hui : Sarh), au sud, non loin de la frontière de la République Centrafricaine, Moundou, tout près du Cameroun, à l'ouest.

Mon départ était fixé au lendemain, huit heures. Le chef me renouvela ses bons vœux et nous nous quittâmes. Notre conversation, très instructive pour moi, avait duré une bonne heure. J'étais, maintenant, libre le restant de la journée : je pouvais donc, comme je me l'étais promis, aller en ville.

Fort-Lamy, la capitale (aujourd'hui : N'Djaména), est située sur le douzième degré de latitude nord, au confluent des fleuves Chari et Logone. C'est une ville qui ne manque pas de charme et un centre marchand important grâce à la riche région agricole qui l'entoure. Des corporations nombreuses s'y sont installées : pêcheurs, bouchers, maraîchers, commerçants de toutes sortes et des abattoirs modernes ont été construits à la périphérie de la cité (Farchau). L'artère principale est le siège du gouvernement, d'établissements bancaires; l'on peut y voir, aussi, quelques beaux magasins, des bars et de belles constructions. S'y trouvait également, à cette époque, le camp Koufra d'où partit la colonne du général Leclerc, en décembre 1942, pour conquérir le Fezzan et participer aux campagnes de Tripolitaine et de Tunisie menées, conjointement avec les Alliés, contre les troupes du Duce et d'Hitler. Un port fluvial a été aménagé, mais son trafic est réduit, les deux fleuves, sur les bords desquels il a été construit, n'étant navigables qu'une partie de l'année. Dans les quartiers périphériques, l'on pouvait voir de nombreuses échoppes, une multitude de petits commerces, des peintres, sur papier ou sur toile, des sculpteurs d'ivoire, de cuivre et de bois précieux, notamment, d'ébène… Le nom de la ville perpétuait le nom d'un officier et explorateur français, le commandant Lamy, qui avait pacifié la région et qui avait été tué, en 1900, dans un combat livré contre le sultan esclavagiste Rabah.

Le soir était tombé, les rayons du soleil étaient plus obliques mais la chaleur était encore lourde et je sentais la sueur me dégouliner dans le cou et le dos. Il me fallait, maintenant, songer à rentrer à la Base. Encore une fois le temps avait passé à la vitesse d'un météore… Il n'en serait sûrement pas tout le temps de même dans la vie d'ermite qui m'attendait.

Après une excellente nuit, je me présentais, le matin du neuf janvier, à sept heures trente, sur le parking du service escale où nous attendait le "Nord-Atlas 2501" n° 66, du Groupe de Transport 1/63, immatriculé : Fox-Alfa-Whisky. Nous étions une vingtaine à embarquer, plus pas mal de fret. L'appareil, après une brève escale technique à Abéché (terminus, pour ce qui me concernait) que nous atteignîmes à dix heures trente, mit le cap sur Brazzaville où, il devait rester deux jours avant de remonter sur la métropole.

Le moins que l'on puisse dire c'est que mon arrivée était attendue par la petite communauté : dans ces bleds perdus, ce n'était pas tous les jours que l'on avait de la visite! Ce fut à l'adjudant-chef Simion, responsable du détachement qui comprenait, en tout et pour tout, un effectif militaire de dix hommes, que revint la tâche, au nom de la petite troupe, de prononcer à mon égard les paroles de bienvenue, simples, mais chaleureuses. C'était une figure emblématique : sa notoriété avait dépassé les limites de son champ d'action et il était connu, dans toute la région, comme le loup blanc. Ce n'est pas une métaphore, mais bien la vérité! Près de la cinquantaine, donc plus bien loin de la retraite, il était en poste ici depuis vingt-quatre mois. De taille moyenne, mince, hâlé comme un véritable nomade du désert, les traits burinés, "blédard" endurci, il avait traîné ses guêtres dans différents théâtres d'opérations et sillonné le continent africain, son territoire de prédilection, dans tous les sens, durant sa longue carrière. J'avais quelque souvenance des manuels scolaires relatant les exploits de Scipion l'Africain, voilà que, maintenant, je faisais connaissance avec Simion le Tchadien ! La comparaison pouvait paraître un peu facile, mais elle était tentante ! Son petit discours terminé, il entreprit de me présenter les membres de ma nouvelle petite famille : un jeune médecin aspirant, fraîchement sorti de l'école de Santé des Armées de Bordeaux, affecté ici surtout pour les missions humanitaires qui nous avaient été assignées, le sergent-chef que je venais remplacer et qui, après m'avoir passé les consignes, allait rentrer en France, le sergent, pilote du petit avion de liaison "Broussard", un sous-officier mécanicien, un autre en charge de l'armement et du matériel, enfin, quatre soldats du contingent (dont deux opérateurs radio), tous volontaires pour servir outre-mer. À ce personnel venaient s'ajouter trois indigènes employés à plein temps et fort utiles : Adoum, le cuisinier, trente ans (qui avait une drôle de façon de préparer les plats, nous y reviendrons), Mustafa, vingt-cinq ans, homme à tout faire, au besoin, aide cuistot, et Khadidja, dix-huit ans, lavandière et affectée à divers autres travaux.

Ayant appris, au vu de mes pièces matricules, que j'avais quelques affinités (oh, combien modestes, en vérité) avec la langue arabe, parlée et écrite, le chef me désigna, tout naturellement et en se passant de mon avis, responsable de la main-d'œuvre autochtone. Je devais être l'agent de liaison entre elle et le personnel militaire : une sorte de majordome, en quelque sorte ! Comment diable avaient-ils bien pu procéder, les uns et les autres, auparavant ? La cohabitation paraissait s'être excellemment passée jusque-là ! Enfin, chercher à comprendre, c'est commencer à désobéir…

Comme le repas que nous prenions en commun était fixé à quatorze heures, j'eus tout le loisir de visiter les installations qui consistaient en un petit bâtiment en dur, de plain-pied, comprenant la station radio "H.F.", les chambres individuelles des sous-officiers, celle, commune, des soldats, une salle à manger et les sanitaires composés de W.C. à la "Turque" et de douches alimentées par des fûts de deux cents litres d'eau placés sur la toiture, qu'il fallait remplir à la main. Attenante à cette construction, il y avait une petite cuisine dans laquelle se trouvaient deux vieux réfrigérateurs "Électrolux", à pétrole, puisqu'il n'y avait pas de courant électrique la nuit. Aux dires du cuisinier, ils n'avaient jamais fabriqué le moindre glaçon, la température ambiante étant trop élevée pour ces appareils d'un autre temps. Ils condescendaient, tout juste, à maintenir l'eau et la bière buvables. Pour les aider dans leur mission presque impossible, on les avait recouverts de draps qui étaient régulièrement humidifiés. Puis, l'on pouvait voir l'abri des groupes électrogènes, une hutte faisant office, à la fois de magasin, d'entrepôt et d'armurerie, enfin, une autre construction locale, un peu plus grande que la précédente, au toit de paille et de chaume également, qui servait d'infirmerie de campagne et de dispensaire, équipée sommairement d'une table, d'une lampe, de tabourets, d'une petite armoire à pharmacie comprenant le minimum indispensable nécessaire au jeune médecin : alcool, éther, mercurochrome, anesthésiant, seringues, gaze, pansements, médicaments divers, ainsi que quelques instruments de petite chirurgie. Oh, bien sûr, ce n'était pas une annexe du "Val de Grâce", mais ce lieu de soins, s'avéra être d'une grande utilité, un véritable luxe, dans ce coin déshérité et isolé.

Puis vint le tour de la station de goniométrie faisant, également, office de tour de contrôle, qui se trouvait en bout de la piste d'atterrissage en dur, à environ un kilomètre du camp. C'était une petite bâtisse en briques, abritant les appareils radio ainsi que l'émetteur de la balise d'aide à la navigation aérienne. Elle fonctionnait sur préavis d'une heure, à la demande de l'État-major de Fort-Lamy, et en fonction des horaires des lignes régulières bimensuelles du transport aérien militaire à destination de Madagascar et de la Réunion.

Bien entendu, dans le camp, il n'y avait pas d'eau courante. Nous devions aller nous ravitailler avec une citerne tractée par un quatre-quatre à un puits, à sept ou huit kilomètres d'ici. L'économie était de rigueur, le liquide étant précieux. Cette eau n'étant pas un modèle de pureté, beaucoup s'en fallait, il était indispensable de la filtrer avec des bougies de porcelaine et d'y ajouter des capsules de permanganate. Nous devions, également, prendre avant chaque repas, un cachet de nivaquine, médicament qui avait, avantageusement, remplacé la quinine moins bien tolérée par les organismes. L'électricité était fournie par deux dynamos, lesquelles ne fonctionnaient pas de vingt-deux heures à cinq heures, la station radio et la balise n'étant pas (sauf rares exceptions) en service, ce qui empêchait l'utilisation, la nuit, de ventilateurs...

Un petit enclos, protégé des ardeurs du soleil, et aussi de la pluie, avait été aménagé dans le camp pour trois chevaux de selle, pur-sang arabes, achetés par des sous-officiers du détachement dont celui que j'étais venu relever, lequel me proposa de me revendre sa monture appelée : Sami, à un prix défiant toute concurrence (et pour cause !) J'acceptais aussitôt son offre. N'ayant jamais pratiqué l'art de l'équitation jusque-là c'était donc une excellente occasion pour moi de découvrir ce sport surtout qu'ici ce n'était pas l'espace qui manquait !

Dans la concession circulaient, en toute liberté, un couple d'autruches et ses deux petits, qui trouvaient là nourriture et soins attentifs. Leur comportement était, à la fois, imprévu, espiègle et, souvent, désopilant. Ces grands oiseaux inaptes au vol, mais à la course rapide, plus intuitifs qu'intelligents, ajoutaient, de par leur présence, une petite touche d'exotisme à notre environnement. Nous avions, également, un couple de mangoustes très affectueuses et très efficaces contre les serpents, même venimeux (et, parfois, mortels malgré leur petite taille, tels le bitis à large tête et aux crochets à poison particulièrement violent et rapide, très développés). Ces petits mammifères carnassiers nous étaient d'une aide précieuse, aussi, contre les énormes mygales (près de vingt centimètres de longueur, aux morsures très douloureuses, voire, très graves parfois), dont nous étions infestés, qui attendaient la nuit pour sortir de leurs terriers (fermés par des opercules qu'elles entrouvraient avec la vitesse de l'éclair pour capturer les proies qui avaient la mauvaise idée de passer à proximité) que ces indésirables araignées avaient creusés sous la hutte du magasin. Pour rien au monde, nous ne nous serions séparés de nos mangoustes si utiles ! Avec les autruches, elles faisaient partie de la petite famille…

Je sus, d'instinct, que j'allais beaucoup me plaire ici…

Le lendemain matin de mon arrivée, au petit-déjeuner, que nous prenions tous ensemble, le café au lait qui m'avait été servi ne me parut pas avoir l'arôme habituel que je lui connaissais. Peut-être était-ce le lait de chèvre qui avait ce goût si prononcé ? Je remarquais bien un petit sourire complice, oh combien discret, sur les visages de mes commensaux, mais n'en tirais aucune déduction particulière. Ce fut Adoum qui, me voyant quelque peu surpris et ne voulant pas me laisser totalement ignorant en la matière, m'expliqua, avec moult gestes plus imagés les uns que les autres qu'ici, avec la chaleur torride que nous connaissions, le lait qui venait d'être trait ne resterait pas longtemps sans tourner si les producteurs indigènes, totalement démunis de moyens de conservation, n'employaient pas les astuces léguées par leurs ancêtres, et qui avaient fait leurs preuves depuis des siècles. Elles consistaient, soit à adjoindre au divin breuvage de l'urine de femme, soit à y tremper une lame de sabre chauffée à blanc. Cet original système de pasteurisation, bien que, pour le moins, archaïque, était d'une efficacité indéniable ! Mon étonnement passé, j'en conclus, qu'étant l'invité, je devais me conformer aux habitudes, aux coutumes, à la façon de vivre de mes hôtes africains : cela était la moindre des choses ! C'était à prendre ou à laisser !

Pour ce qui concernait l'originalité du pays et de ses occupants, je n'étais pas arrivé au bout de mes surprises !

Le campement se trouvait à, environ, cinq kilomètres au sud-ouest de l'agglomération d'Abéché, capitale de la province du Ouaddaï, dans la région sahélienne, qui avait été conquise et pacifiée, en 1909, par les troupes françaises de Fiegenschuh et de Bourreau. Le lac Tchad et Fort-Lamy sont à six cent cinquante kilomètres à l'ouest, la frontière soudanaise à quatre-vingts à l'est et la République Centrafricaine à trois cents au sud. Les habitants sont, essentiellement, des Tibbous, des Foulbés et des Arabes. Ils vivent de la chasse, de l'agriculture, de l'élevage du bétail, des dromadaires, et aussi des chevaux qui tiennent ici une place importante dans leur vie car les autochtones sont, au demeurant, d'excellents cavaliers.

La religion dominante, à quatre-vingts-quinze pour cent, est l'Islam.

Abéché se trouve sur la route des caravanes venant de Khartoum, au Soudan, et se rendant à Kouka, ancienne capitale du Bornou, au Nigéria, par le Kordofan, à l'ouest du Nil blanc, et le Darfour, pays de savanes au sud du désert libyque. La faune animale était particulièrement riche dans cette région du Ouaddaï qui représentait encore, dans les années soixante, un formidable terrain de chasse pour les indigènes qui y trouvaient de l'éléphant, de l'autruche, de l'antilope, du gnou, du grand coudou, du damalisque, du phacochère, du rhinocéros et même du lion (dont le mâle, ici, et c'est sa particularité, à la différence de son cousin germain du Kenya, notamment, n'a presque pas de crinière, ce qui ne lui enlève rien de sa noblesse naturelle) enfin, de l'hippopotame, dans le fleuve Chari. La gent ailée, également, figurait en abondance : outardes, oies d'Égypte, ombrettes, échassiers divers ainsi que les migrateurs fuyant les hivers rigoureux du nord de l'Europe : canards sauvages, grues, pigeons Ganga, cailles et certains grands rapaces.

Au village, nous achetions ce dont nous avions besoin pour nos repas : semoule, riz, légumes, ingrédients divers et viande de dromadaire (découpée sur une natte, à même le sol, sous une nuée de mouches). Seul du groupe à parler, suffisamment pour les besoins, l'Arabe (à le lire et à l'écrire, également), c'était moi qui étais chargé d'effectuer les transactions et de marchander le prix des denrées avec les vendeurs. Cela demandait du temps et de l'opiniâtreté car les musulmans sont experts dans l'art subtil du commerce. Mais heureusement qu'ici le temps ne compte pas… Il m'est même arrivé d'écrire des lettres pour ceux qui me le demandaient, les indigènes, dans cette partie reculée du pays étant, à quatre-vingts pour cent, analphabètes. Aussi j'étais connu de tous les petits commerçants et jouissais même d'égards particuliers de leur part. Un Européen qui comprenait, pas trop mal, leur langue, cela n'était pas si courant dans le coin ! Tout près de là, se trouvait le marché aux bestiaux où il m'arrivait parfois d'acheter une dizaine de moutons Aruis (aussi appelés : de Barbarie) sur pattes que je revendais au gérant du mess de la Base de Brazzaville au Congo, pays qui, ne possédant qu'un cheptel assez pauvre, est obligé d'importer la viande, notamment du Tchad où elle est abondante et pas chère. C'était l'avion-cargo militaire de la ligne régulière qui se chargeait du transport. En remerciement du service rendu, nous offrions un bon gueuleton à l'équipage et le tour était joué. Le petit bénéfice que nous réalisions à la revente nous permettait d'améliorer notre ordinaire… Sans vouloir rivaliser avec les autochtones, experts en la matière, nous pratiquions, pour varier les menus, la chasse à la gazelle, abondante dans la région et dont la chair est très fine, ainsi qu'au phacochère, sanglier d'Afrique très apprécié pour son goût sauvage et succulent à la fois.

Les nomades qui parcourent le pays avec leurs troupeaux de camélidés, pour commercer, sont organisés en tribus d'ethnies différentes qui ne font pas souvent bon ménage lorsqu'elles se rencontrent. Il s'ensuit, alors, des combats, à l'arme blanche le plus souvent (sagaies, poignards, flèches, couteaux de jet), violents et sans pitié. Notre jeune médecin en aura recousu des plaies pendant son séjour ici !

Les trois journées qui suivirent mon arrivée furent utilisées pour me familiariser, sous la houlette du sous-officier qui allait rentrer en métropole, avec le matériel qui équipait la station de goniométrie, la station H.F. (haute fréquence), la balise radio et les appareils de météorologie indispensables, à savoir : un anémomètre, pour connaître la force du vent, une manche à air pour déterminer sa direction qui définit le sens d'atterrissage et de décollage des aéronefs et un baromètre à mercure pour la pression atmosphérique au niveau du sol, indication nécessaire aux pilotes pour caler leur altimètre.

Le quinze janvier au matin, le sergent-chef Kiribaty nous quitta pour Fort-Lamy, dans un premier temps, à bord du "Max Holst 1521, Broussard" n° 153, du détachement, après trois années de présence ici. La veille au soir, nous avions fêté dignement, comme la tradition le veut, la fin de son séjour au Tchad. Pour la circonstance, les groupes électrogènes avaient veillé, eux aussi, plus tard qu'à l'habitude...

Le retour à Abéché se fit en fin d'après-midi. Le pilote profita de cette mission pour ramener des pièces de rechange dont notre vieux véhicule tout terrain avait le plus grand besoin, des médicaments qui commençaient à nous manquer et, ce qui était le plus attendu, du courrier.

Les journées passaient très vite. J'étais partagé entre mon travail (lequel, est-il nécessaire de l'avouer, n'était pas harassant, compte tenu du trafic radio plus que réduit), et mes séances d'équitation. Adoum, cavalier expert qui montait et galopait sans selle (comme la plupart de ses compatriotes) me fut, en l'occurrence, précieux par ses conseils éclairés qui me permirent, en très peu de temps, de faire quelques petites randonnées équestres dans les environs. Cependant, bien que n'étant pas natif de Tarascon, je devais avoir, quelque part, des allures de Tartarin car il me semblait bien déceler, sur les lèvres du personnel, à chacune de mes sorties, un petit rictus difficilement caché... Je me souviens de cette fin d'après-midi où, me promenant en brousse, je voulus traverser le lit d'un oued asséché. Tout semblait se passer pour le mieux lorsque, arrivé au milieu de celui-ci, Sami marqua un temps d'hésitation puis, s'arrêta et commença, très lentement, à amorcer un mouvement vers le bas, comme pour vouloir se mettre sur ses genoux, malgré mes sollicitations à continuer notre chemin, peut-être un peu désordonnées, de toute façon, vaines. Ne me décidant pas à vider les étriers, ce que, visiblement, il désirait m'obliger à faire, il commença à basculer, sans précipitation, sur sa droite, me faisant comprendre qu'il avait décidé de se rouler dans le sable, la poussière et les galets. Ne voulant pas être écrasé par la masse que je ne maîtrisais plus, j'effectuais un repli peu glorieux et attendis, en spectateur, que cette noble conquête de l'homme veuille bien mettre enfin un terme à ses jeux auxquels, manifestement, elle prenait grand plaisir et qui durèrent bien, cinq minutes. C'est avec une selle en piteux état, qu'il me fallut, au retour, remplacer, que nous regagnâmes le camp... J'avais manqué de fermeté avec Sami : cela ne se reproduirait plus !

Notre petit avion de liaison, monomoteur, était bien utile, non seulement pour nous mais, également, et surtout, pour les populations indigènes en difficulté dans la brousse hostile. Il était, en quelque sorte, le cordon ombilical qui reliait des êtres humains entre eux, c'était l'ange qui descendait du ciel pour apporter la manne miraculeuse, parfois, pour sauver des vies... Ses possibilités et ses performances étaient, toutefois, réduites par une autonomie de vol assez peu importante nous obligeant à avoir des points de ravitaillement en carburant pas trop éloignés les uns des autres. Sa vitesse, aussi, aurait gagné à être un peu plus élevée : par beau temps, sans vent contraire, il ne "filait" que cent quinze nœuds (deux cent dix kilomètres/heure), ce qui rendait nos missions interminables. Il était doté d'un ensemble radio émetteur récepteur V.H.F. mais il n'était pas équipé pour naviguer de nuit. Il pouvait transporter, en plus du pilote, trois passagers et un peu de fret (une centaine de kilos, au maximum). La maintenance courante de l'appareil (ce que dans notre jargon, nous appelions : le premier échelon) était assurée par notre mécanicien, par contre, pour la révision des deux cent cinquante heures de vol, nous recevions, de Fort-Lamy, la visite de deux mécaniciens qui passaient deux jours parmi nous.

J'étais chargé d'accompagner le pilote, deux fois par mois, pour rendre visite aux gendarmes français en brousse qui vivaient au milieu des populations indigènes qu'ils administraient. Nous leur apportions des médicaments de première urgence, notamment du sérum anti-bitique, lorsqu'ils étaient sur le point d'en manquer, des pansements, quelques fruits dont ils étaient totalement dépourvus, le courrier. Il nous est arrivé, plus d'une fois, pour gagner du poids, et pour la bonne cause, d'enlever de l'avion l'ensemble radio qui devait bien peser dans les vingt-cinq kilos. Pour naviguer, le pilote ne devait plus compter que sur son compas magnétique et la carte dépliée sur mes genoux avec laquelle nous essayions de nous repérer en fonction de ce que nous pouvions voir au sol, c'est-à-dire, pas grand-chose : un thalweg, le lit d'un oued asséché, une petite colline... Le relief n'étant pas important, nous volions assez bas, ce qui avait, en outre, l'avantage de nous permettre d'admirer les troupeaux d'éléphants perturbés dans leur lent cheminement, les autruches effarées, courant dans tous les sens, les zèbres, en grandes colonies et, parfois, des petits groupes de lions dérangés dans leur sieste. Que ce spectacle était grandiose ! Que la nature peut rester belle, même lorsqu'elle est aussi ingrate !

Nous devions également, à l'occasion de ces missions, signaler, à notre retour, au service des "grandes endémies" de Fort-Lamy, la position des caravanes repérées qui transhumaient à la recherche de zones de pâturage plus favorables. Il faut savoir qu'à cette époque (et encore de nos jours mais, fort heureusement, à une moindre échelle), la variole faisait des dizaines de milliers de victimes, annuellement, surtout chez les enfants. Sévissait, aussi, le typhus. Les populations migrantes, difficilement localisables, échappaient, de ce fait, à tout contrôle sanitaire. Aussi, dès l'emplacement exact des nomades transmis à l'organisme compétent en la matière, celui-ci activait la cellule spécialisée stationnée à Ati, à trois cent quatre-vingts kilomètres à l'est de la capitale. Immédiatement, une colonne constituée de quelques véhicules quatre-quatre, d'un médecin et de plusieurs infirmiers prenait la piste. Une escorte d'une quinzaine de soldats Tchadiens, en armes, était du voyage car les caravaniers interceptés étaient réfractaires à toute pratique d'une médecine qui n'était pas la leur. Pour les vacciner il fallait donc, le plus souvent, faire usage de la force.

Nous décollions très tôt le matin car notre tournée des postes était longue, il ne fallait oublier personne et, enfin, nous devions impérativement rentrer avant la nuit. Notre circuit commençait par Biltine, à cent quarante kilomètres plein nord d'Abéché puis nous mettions le cap à l'ouest, sur Ati, à deux cent cinquante kilomètres, nous poursuivions sur Mongo, à cent soixante kilomètres au sud, nous revenions ensuite vers l'est pour rejoindre Am Timan, à cent cinquante kilomètres, nous remontions sur Adré, à cent quarante kilomètres puis sur Goz-Beida, cent trente kilomètres plus loin pour, enfin, retrouver Abéché, cent quarante kilomètres plus au nord, où nous arrivions, chaque fois, à la tombée du jour, après un total de six ou sept heures de vol (selon les vents) plus le temps nécessaire aux manœuvres d'atterrissage à chacune des six escales, à la durée des pleins de carburant, au déchargement des paquets, au petit brin de causette que nous ne manquions pas de faire avec ces ermites qui nous attendaient avec tant d'impatience, et au frugal repas pris rapidement, aux alentours de treize heures, le plus souvent, à l'étape d'Am Timam.

Chacun de ces postes de brousse possédait une piste d'atterrissage en terre, très rudimentaire, mais suffisante pour notre oiseau particulièrement rustique. De plus, nous trouvions chez nos amis les gendarmes le carburant dont nous avions besoin. Les missions de ces hommes étaient les mêmes partout, empreintes d'abnégation, de souci de justice. Leur inlassable préoccupation de maintenir leurs "administrés" dans la paix, ce qui ne devait pas être facile tous les jours, était digne du plus grand respect. Nos visites étaient, à chaque fois, pour eux, une joie immense qu'ils auraient eu bien du mal à cacher. Nous représentions, à leurs yeux, tout à la fois, le "père Noël", le Messie et la divine providence. Aussi, ils tenaient absolument à ce que nous prenions ensemble, avant de repartir, le verre de l'amitié. Cela était difficile de refuser : ils auraient été tellement vexés ! Comme les breuvages étaient rarement des sodas ou des orangeades mais des liquides plus "corsés", les fins de circuit étaient souvent, difficiles, au point d'être, parfois, obligé d'aider le pilote à s'installer sur son siège et à le sangler moi-même... C'était dans ces moments de douce euphorie qu'il nous faisait ses plus beaux décollages, du moins, les plus spectaculaires, à la "chasseur", presque comme ceux que l'on peut voir au salon du Bourget ! Nous sommes toujours rentrés à bon port, mon témoignage ici faisant foi. Toujours cette bonne vieille "baraka" !

À Goz-Beïda, le gendarme vivait avec sa petite famille : son épouse et une petite fille de quatre ans, à laquelle il nous arrivait d'apporter, lorsque nous le pouvions, un petit jouet ou des gâteaux faits par notre cuisinier. Cela n'était, certes, pas grand-chose, mais c'était notre façon à nous de montrer à ces braves gens que nous pensions à eux, qu'ils n'étaient pas complètement coupés du monde.

À la saison des pluies, qui durait trois mois pendant lesquels de véritables trombes d'eau s'abattaient sur le pays par intermittences, il nous était impossible de nous poser : les pistes étaient complètement inondées, la terre n'arrivant pas à absorber les immenses flaques. Durant toute cette période, les villages étaient presque totalement isolés. Nos missions de ravitaillement ne cessaient pas pour autant : nous parachutions, à très basse altitude, nos paquets consciencieusement enveloppés dans des sacs de jute.

Ces tournées, ainsi que les évacuations sanitaires faites sur demande, s'effectuèrent toujours sans incident majeur sauf une fois, à la mi-mars où, tandis que nous étions sur le chemin du retour, à une vingtaine de minutes d'Abéché, alors que le soleil était sur le point de disparaître à l'horizon, après une journée bien chaude, nous sentîmes, le pilote et moi, une forte odeur de brûlé. Presque immédiatement après, une légère fumée, d'abord, allant vite en s'épaississant, provenant de l'arrière de l'appareil, commença à se propager dans l'habitacle. Le diagnostic fut vite établi : l'origine de cet incident qui pouvait très vite se transformer en incendie était deux fils électriques dont les gaines isolantes étaient usées à certains endroits et qui se touchaient par instants, au gré des turbulences... Nous étions encore à une bonne centaine de kilomètres du bercail et il était évident que nous n'arriverions pas à destination si nous ne réussissions pas à maîtriser cet épineux problème.

Dans notre excitation quasi maladive qui nous poussait à enlever tout ce qui faisait du poids et que nous ne jugions pas indispensable à l'accomplissement de nos vols, nous avions, quand même, fort heureusement, laissé à bord le seul et unique extincteur à neige carbonique qui équipait l'avion… et qui s'avéra être en état de fonctionner !

Moins d'une demi-heure plus tard, nous posions à Abéché notre appareil encore fumant, mais non endommagé (seulement privé de l'éclairage de bord et des feux clignotants de position, ce qui était facilement réparable sur place), toussant et crachotant, les yeux quelque peu larmoyant, mais tellement heureux de nous être tirés à si bon compte de ce très mauvais pas !

Quelques jours après cet incident nous apprîmes, par la radio, que les accords d'Évian concernant l'indépendance de l'Algérie, venaient d'être conclus et signés par les délégations du F.L.N. et de la France. L'article premier de la convention stipulait que le cessez-le-feu entrerait en vigueur le lundi dix-neuf mars, à midi. Les chefs de la rébellion avaient quitté le château d'Aunoy où ils étaient incarcérés, et une Caravelle française les avait déposés à Genève.

Une semaine plus tard, le général André Jouhaud, chef de l'O.A.S. pour la région ouest fut arrêté à Oran. Le lendemain, une fusillade particulièrement sanglante, à Alger, dans la rue d'Isly, éclata entre les "pieds-noirs" et le quatrième régiment de Tirailleurs, qui fit, en seulement quinze minutes d'incompréhension, d'incohérence, plus de deux cent cinquante morts et blessés dans les deux camps.

Perte de sang-froid, provocation, nul ne pourra le dire jamais, tant les témoignages divergent.

Un exode massif et douloureux des Européens d'Algérie et des Harkis fidèles à la France allait s'ensuivre et marquer, à jamais, notre Histoire d'une pierre noire…

Ici, bien loin de toute cette horreur, la poignée d'hommes que nous étions ne s'ennuyait pas une seconde malgré la solitude et le pays particulièrement dur et hostile. Aussi surprenant que cela puisse paraître, aucune journée ne ressemblait à la veille ; il y avait toujours un événement imprévu, nouveau, qui se produisait et nous attachions à celui-ci, peut-être, plus d'importance qu'il ne le méritait car les semaines et les mois passèrent rapidement… C'était très bien comme cela !

La nuit, pendant la saison sèche, sans le moindre appareil de ventilation, il était absolument impossible de dormir dans les chambres, le thermomètre refusant de descendre au-dessous de trente cinq degrés centigrades. Nous sortions alors nos literies dans la cour, ce qui était gênant les soirs de pleine lune pendant lesquelles il faisait clair presque comme en plein jour, les pieds de châlit dans des récipients remplis d'eau (pour empêcher les fourmis, et autres visiteurs indésirables, de grimper). Bien entendu, nous ne risquions pas d'oublier nos moustiquaires : la prolifération d'insectes en tous genres, de bestioles diverses (certaines, dangereuses) qui attendaient le coucher du soleil pour se manifester, nous rappelant vite à la réalité. Ainsi profitaient de ce moment privilégié pour eux les scorpions, araignées, petits reptiles, moustiques, mouches cantharides (dont la sécrétion aqueuse pouvait occasionner aux épidermes touchés des brûlures parfois graves), éphémères, non dangereux, eux, mais très nombreux, envahissants et réussissant, avec un art consommé, à s'infiltrer par la moindre ouverture. Nos débauches de précautions ne constituaient pas, pour autant, la panacée universelle car elles n'empêchaient pas certaines grosses mygales et autres tarentules sauteuses de franchir les obstacles mis en place et de monter, lentement, le long de nos moustiquaires (que nous avions intérêt à, toujours, maintenir en bon état), d'en faire le tour du propriétaire et de redescendre, tranquillement, de l'autre côté, le "gisant" se gardant bien de bouger.

Le spectacle, suivi de l'intérieur de nos frêles protections de mousseline, les nuits de pleine lune, valait largement le coup d'œil, l'ombre portée de la bête accentuant encore ses dimensions ! Puis, petit à petit, l'entraînement aidant, l'on se faisait à la chose…

Nos adorables mangoustes avaient largement de quoi s'occuper !… Une fois couché, il n'était pas question de sortir de son lit, sauf nécessité absolue ; il y avait intérêt à prendre ses précautions avant, autant que faire se pouvait, le sol recelant plein de surprises, pour le moins, désagréables…

Ce tableau idyllique ne serait pas complet s'il n'était pas mentionné le ver de Cara qui pénètre dans l'organisme humain par la plus petite écorchure et a la fâcheuse tendance, ensuite, à se promener sous la peau, provoquant des démangeaisons particulièrement désagréables pour le sujet qui en a hérité. La médecine européenne était totalement désarmée et inefficace contre ce parasite ; il ne restait plus, alors, qu'à faire appel au guérisseur local, seul capable de l'extraire, à l'aide d'une allumette taillée en pointe, lorsqu'il se nichait sous un ongle. Du grand art ! Dans le cas où cet exercice n'était pas couronné de succès, ce qui était rarissime, le seul remède qui restait était l'évacuation sanitaire sur la métropole où, la larve ne supportant pas la forte différence de température, mourait, sans autre intervention, au bout de quelques jours.

Malgré tous ces petits tracas je resterai, pour toujours, viscéralement attaché à ce pays qui exerça sur moi, avec tant de force, un attrait irrésistible, fascinant, envoûtant…

Bien qu'éloignés de notre pays, nous nous tenions au courant des faits marquants qui l'agitaient. Ainsi, nous apprîmes que les mois d'avril et de mai 1962 avaient été riches en événements politiques : condamnation, par le Haut Tribunal militaire de Paris, du général Jouhaud à la peine capitale, démission, le même jour, du gouvernement de Michel Debré et nomination, pour le remplacer au poste de Premier ministre, de Georges Pompidou, arrestation de Salan, le dernier des généraux putschistes encore en cavale, jugé par la même Cour de justice que son compagnon d'infortune, mais qui bénéficia, lui, l'opinion publique ne comprenant trop pourquoi, de circonstances atténuantes lui permettant d'échapper à la sentence suprême et qui fut condamné à la détention perpétuelle, malgré l'avis émis par l'avocat général. Le Président de la République fut profondément choqué et considéra ce verdict comme un affront personnel. Aussi, dans les jours qui suivirent, il supprima, purement et simplement, la juridiction militaire en place et la remplaça par une simple Cour de justice à la tête de laquelle il désigna, pour la présider, le général de Larminat. Celui-ci préféra mettre fin à ses jours avant même que de siéger.

Néanmoins, six années plus tard, lorsque les esprits seront enfin, apaisés, le général de Gaulle, dans un élan de générosité magnanime et de clémence, graciera les deux généraux félons et fera libérer un grand nombre de détenus activistes.

Il ne fera pas toujours preuve de la même sollicitude…

La saison des pluies ne devait, maintenant, plus être très loin. Les animaux la sentaient approcher. Ils étaient très excités, plus énervés qu'à l'habitude, plus agressifs et leur comportement était significatif. Nos prévisions ne tardèrent pas à se vérifier : d'énormes criquets herbivores, dévastateurs, poussés par le front des lourds nuages chargés de pluie se déplaçant du sud vers le nord, s'abattirent bientôt sur la pauvre végétation ne laissant derrière eux, comme Attila, que ruines et désolation. L'invasion dura une bonne semaine. Volant en nuées de plusieurs millions d'individus, élytres dans élytres, ils étaient capables d'occulter complètement la lumière du soleil durant leur passage devant lui et le bruit de leurs battements d'ailes s'entendait à des kilomètres ! Ils avaient marqué l'histoire de l'humanité et, plus particulièrement, celle de l'Égypte pharaonique, dont ils furent, dit-on, la septième plaie. Lorsque quelques milliers de ces envahissants acridiens avaient jeté leur dévolu, au gré de leur migration, sur les quelques arbustes rabougris de notre concession, plus chargés d'épines que de feuilles, nous utilisions des grenades d'exercice, au plâtre, inoffensives mais bruyantes, pour les chasser. Imperturbables, totalement indifférents à nos gesticulations, ils poursuivaient leur néfaste besogne jusqu'à ce qu'il n'y ait plus rien à manger. Quand ils repartaient, à peine cinq minutes après leur arrivée, il ne restait plus que des troncs complètement dépouillés, nus... Certains de ces nuisibles visiteurs tombaient au sol, n'ayant plus la force de poursuivre leur chemin, assommés par la chaleur et complètement épuisés par leur long périple. Ils faisaient, alors, la joie de Mustafa et d'Adoum qui en ramassaient plusieurs chacun... et les mangeaient, vivants! Le bruit du craquement sec des têtes et des corps broyés est toujours présent dans ma mémoire...

Le sentiment de répugnance, de dégoût, que nous ne pouvions cacher à la vue de ce spectacle qui nous soulevait le cœur, les faisait rire à grands éclats. Ils nous proposaient même de partager avec eux le festin, nous assurant de son excellente qualité gastronomique ! C'était peut-être, de leur part, une forme de provocation, mais sans aucune méchanceté, sûrement! Comme, de bien entendu, nous déclinions leur aimable invitation, nous devions passer, à leurs yeux, pour des gens bien maniérés. Mais ils gardèrent toujours pour eux leur sentiment...

J'en profite pour signaler, au passage, que la puissante denture de nos deux Tchadiens (lesquels ignoraient les caries et l'usage de pâtes dentifrices mais savaient profiter, par contre, des vertus puissamment bactéricides d'une fibre végétale ligneuse qu'ils trouvaient en brousse et qu'ils mâchaient) leur permettait de décapsuler, avec la plus grande facilité, des canettes de bière...

Cette saison, qui dure trois mois est, en fait, la plus pénible de l'année. En effet, s'il est vrai que le thermomètre accuse, dans la journée, des températures d'une dizaine de degrés inférieures à celles de la saison sèche, celles-ci sont difficiles à supporter car, d'un seul coup, le taux d'humidité passe de zéro à quatre-vingts-dix pour cent. C'est aussi l'époque pendant laquelle la "dengue", sorte de grippe locale qui peut engendrer de fortes fièvres, fait son apparition. Heureusement, cette maladie tropicale n'a pas de degré de gravité et est, le plus souvent, enrayée en quarante-huit heures par des cachets à base d'un alcaloïde amer et d'écorce de quinquina, excellents fébrifuges. C'était pendant cette période que nous étions les plus vulnérables : la moindre petite plaie refusait de cicatriser, le bobo le plus insignifiant, le plus anodin, traînait en longueur malgré les soins attentifs du "toubib".

Ces longues journées pendant lesquelles de véritables trombes d'eau s'abattent sur la région, coupant presque totalement du reste du monde les petites agglomérations perdues dans la savane, nous plongeaient dans une vie quasi végétative, limitant nos activités, nos déplacements, nous privant des randonnées en brousse, des parties de chasse, des sorties à cheval.

Mais, bien sûr, nous continuions à accueillir, deux fois par mois, les équipages des lignes aériennes militaires régulières du C.O.T.A.M. (la station gonio, à ces moments-là, s'avérait être particulièrement précieuse) et nous assurions, du mieux possible, le ravitaillement, par parachutage, des postes isolés dont nous avions la charge, à raison de deux au maximum par déplacement, à cause de notre assez faible autonomie de vol, ne pouvant nous ravitailler en carburant au cours de la mission, ce qui nous obligeait à répartir nos rotations sur trois journées. La visibilité, le plus souvent, très réduite à cette période de l'année, nous avions réinstallé, à bord du "Broussard", l'ensemble émetteur récepteur nécessaire pour rester en contact avec la station radio du détachement et éviter de nous perdre. Malgré ces précautions indispensables j'avoue que nous connûmes, quelques fois, des moments pénibles...

Nos missions étaient, forcément, plus courtes puisque nous nous contentions de survoler, à chacune d'elles, deux villages, sans nous y arrêter. Nous pouvions donc, les largages effectués, être rentrés chez nous bien avant la fin de l'après-midi. Comme notre "Pégase" était fort loin d'être un pur-sang, le chemin du retour n'en finissait plus... Aussi, lorsqu'une accalmie météorologique le permettait et que la visibilité redevenait, l'espace d'une heure, acceptable, pour meubler le temps, nous jouions à un petit jeu. Quand nous avions repéré un rassemblement de gnous, de zèbres, de rhinocéros, de buffles, de lions et, parfois, d'éléphants déambulant nonchalamment dans la savane, nous prenions le maximum d'altitude qu'autorisait notre "Broussard", nous le poussions dans ses avant-derniers retranchements, jusqu'à ce qu'il n'avance presque plus, qu'il se mette à vibrer de toute sa carcasse, qu'il ne se trouve plus très loin de sa "limite de décrochage". Alors, le pilote inclinait le museau de l'appareil vers le sol et actionnait une petite manette qui se trouvait sur sa gauche, appelée : "étouffoir". Moteur coupé, nous descendions en semi-piqué, à grande vitesse, en direction des animaux, lesquels ne nous apercevant qu'au dernier moment s'égayaient dans tous les sens, dans une panique folle. Cette chute libre de plusieurs centaines de mètres nous coupait presque la respiration et nous plaquait au dossier de nos sièges.

C'était, en quelque sorte, nos "montagnes russes" à nous...

Lorsque le pilote avait jugé qu'il était temps de remettre le moteur en marche, c'est-à-dire, le plus souvent, à une altitude assez basse, il repoussait vers l'avant la manette qui devait permettre de relancer la mécanique, laquelle, fort heureusement, répondit à chaque fois à ses sollicitations. Après une très brève hésitation, quelques toussotements, le moteur reprenait vie et nous n'avions plus qu'à reprendre notre altitude de croisière... Il nous est arrivé même, une fois, d'effectuer un retournement de cent quatre-vingts degrés, en légère descente car l'appareil n'autorisait pas cette manœuvre en vol horizontal n'ayant pas été conçu pour réaliser des figures acrobatiques de ce genre.

Nous ne recommençâmes plus jamais, la cellule risquant de se vriller quelque peu, ce qui aurait eu pour conséquence de contrarier la trajectoire rectiligne de l'avion, de l'obliger à voler, quasiment, en "crabe" et nous tenions à garder notre outil de travail en parfait état de marche… et notre intégrité physique intacte le plus longtemps possible !

Avec le recul du temps, je reconnais que ces “distractions” n’étaient pas très intelligentes mais, plutôt, d’un goût plus que douteux. Mais nous étions jeunes, un peu fous peut-être, inconscients, sûrement ! Ce qui ne pouvait constituer, en aucun cas, une excuse. L’on peut, tout aussi bien, se tuer en tombant d’un escabeau ou en dégringolant dans un escalier, pensions-nous de façon stupide et simpliste. Alors ! Notre intellect, pour le moins, volait bas, lui aussi ! Nous nous gardâmes bien de faire état de nos “prouesses” à quiconque : nous serions passés pour des “irresponsables”, des farfelus, ce que nous étions peut-être quelque part ! Ce fut, au pilote et à moi-même, notre petit secret que nous ne trahîmes jamais… ou presque : aujourd’hui, il y a prescription…

La saison humide s’acheva enfin et nous pûmes retrouver toutes nos activités habituelles. C’était, un petit peu, comme si nous sortions d’une longue période de semi-torpeur, d’une léthargie forcée.

Les pluies violentes ayant cessé, nous pûmes aller chercher à Biltine deux indigènes blessés par arme blanche (à la suite d’une rixe violente qui venait d’éclater entre deux tribus qui ne s’aimaient pas beaucoup, à l’évidence) et dont les plaies importantes commençaient à s’infecter, la gangrène menaçant de faire son œuvre. Le pilote et le médecin les ramenèrent, couchés sur des nattes, à même le sol de l’avion, gémissant de douleur. Jamais un vol ne leur aura paru aussi long ! Il était temps que l’on intervienne car les blessures n’étaient vraiment pas belles à voir ! “Daktari” fit, encore une fois, preuve d’un savoir-faire remarquable : il injecta du sérum antitétanique, nettoya et désinfecta les chairs déchirées en espérant que ce n’était pas trop tard, plaça quelques agrafes et fit les pansements qu’il convenait de faire.

Le lendemain, les “miraculés” furent transportés à Ati où une antenne, mieux équipée, de la Croix rouge Tchadienne les prit en charge.

Notre jeune aspirant, en fin de campagne, avait demandé à prolonger son séjour car la vie qu’il menait ici, malgré le manque quasi total de confort, de bien-être, lui convenait parfaitement. Il était conscient de son utilité, des immenses services qu’il rendait à ces populations totalement démunies au plan sanitaire. Généraliste de formation, dans son petit dispensaire de fortune il faisait tout ce qui pouvait soulager, sauver des vies humaines. À chacune de ses interventions, nous l’assistions, nous nous transformions en aides-soignants : nous lui passions les instruments dont il avait besoin : érine, bistouri, seringue, davier (car il lui est même arrivé d’arracher des dents !) ainsi que les flacons d’alcool médicinal, de mercurochrome, de pénicilline et les compresses, bandes, tampons de coton hydrophile…

Les cas les plus délicats étaient transférés, faute de moyens appropriés à leur état, suivant leur gravité et leur degré d'urgence, soit au dispensaire d'Ati, soit à l'hôpital militaire de Fort-Lamy. Notre médecin a, également, pratiqué plusieurs accouchements difficiles, avec les moyens du bord. (À cette occasion, il faut signaler qu'à l'inverse, au contraire, des pays musulmans d'Afrique du nord où la naissance d'un garçon fait la fierté des parents, et surtout du père, ici c'est la venue au monde d'une petite fille qui provoque une grande joie et des festivités qui durent parfois plusieurs jours car les parents savent qu'elle sera, dès l'âge de douze ou treize ans, parfois avant, vendue à un mari et donc, une appréciable source de revenus…)

Un jour, il dut examiner et traiter de toute urgence une femme, intransportable compte tenu de son état, qui faisait une fausse couche et dont le fœtus, contaminé par des virus pathogènes, complètement vérolé par la syphilis, mettait la vie de la mère en grand danger. Il sut, immédiatement, que la tâche qui l'attendait était au-dessus de ses possibilités et que la cause était désespérée.

Il ne s'était, hélas, pas trompé : outre le bébé mort, l'état de la parturiente était absolument catastrophique…

Ce saint homme a soigné, ne négligeant jamais ni ses efforts ni son temps, des trachomes et autres glaucomes, très fréquents sous ces latitudes, dûs à des virus véhiculés par les mouches; il a essayé d'enrayer les infections provoquées par les lames de rasoir rouillées et les couvercles en fer de boîtes de conserve utilisés par les matrones qui pratiquaient l'excision des fillettes et la circoncision des jeunes garçons, courantes ici et profondément ancrées dans les mœurs.

De nos jours, fort heureusement, ces pratiques sauvages sont formellement interdites par les gouvernements concernés. Mais l'on sait très bien qu'elles se perpétuent toujours dans les endroits les plus reculés de la brousse, là où l'impunité est assurée. Rien ne rebutait notre homme, au cœur gros comme ça et au dévouement sans limites, rien n'arrêtait sa boulimie, son besoin irrépressible de faire du bien… Il savait qu'en France jamais, au grand jamais, il n'aurait pu avoir un tel champ d'expérience : généraliste de formation, il aurait, le plus souvent, soigné des rhumes, des angines, des maux de tête, des bobos divers, prescrit des médicaments, des soins infirmiers, été en butte avec l'inévitable paperasserie (certificats médicaux, rapports…) alors qu'ici il était confronté à tant de cas que la Faculté de médecine ne lui avait pas appris à résoudre et devant lesquels il devait faire face, seul, pour décider… et agir.

Le côté humanitaire que l'Armée privilégiait dans les pays les plus pauvres, particulièrement apprécié des autochtones, me plaisait énormément et me faisait, par moments, oublier les horreurs qui avaient jalonné les dix années précédentes de ma vie sous les drapeaux.

Certes, la "grande Muette" est capable d'actions de force puisque sa vocation première, au service du gouvernement auquel elle doit une obéissance et une soumission de tous les instants, est de défendre les intérêts du pays, de protéger ses frontières et sa population, par la force, au besoin. Mais elle sait, aussi, rengainer son glaive menaçant et, lorsque la situation le nécessite, prendre l'habit du "bon samaritain" secourable et charitable envers ceux qui sont dans le malheur et qui ont besoin d'aide.

Ce sont là ses lettres de noblesse.

Je pouvais être fier d'appartenir à une telle communauté...

Ah, si tous les hommes du monde voulaient bien mettre au placard, une fois pour toutes, leurs velléités, leurs susceptibilités maladives, leurs rancunes exacerbées par des dirigeants assoiffés de pouvoir et d'ambition démesurée ! Mais voilà, faut-il le vouloir ! Le jugement suprême saura bien faire, un jour, la part des choses...

"In Cha'Allah !"

Dans le courant du mois d'août, une nouvelle d'importance tomba sur tous les téléscripteurs du monde, retransmise par les médias qui arrêtèrent leurs programmes en cours pour diffuser des flashes d'information en provenance de l'Élysée : un attentat venait d'être perpétré contre le chef de l'état dont la voiture, dans laquelle se trouvait, également, son épouse, avait essuyé des rafales d'armes automatiques, au lieu-dit : le Petit-Clamart, à quelques kilomètres au sud-ouest de Paris, alors que le couple se rendait dans sa demeure de Colombey-les-Deux-Eglises.

Par chance, aucun des occupants du véhicule n'avait été atteint. Encore une fois, de Gaulle l'avait échappé belle ! Il avait la baraka !

L'enquête pour retrouver les auteurs de l'attentat manqué démarra sur les chapeaux de roue et, moins de quinze jours plus tard, six des responsables tombèrent aux mains de la justice.

Le trente et un du même mois, ils comparurent devant leurs juges et écopèrent de peines allant de dix à vingt ans de réclusion. Restait à retrouver le commanditaire de l'agression, la tête pensante. Celui-ci, un lieutenant-colonel de l'Armée de l'Air, Bastien-Thiry, trente-cinq ans, polytechnicien, tombera dans les mailles serrées de la police le quinze septembre.

Il sera jugé, condamné à mort au Fort-Neuf de Vincennes le vingt-sept février de l'année suivante et fusillé, quelques jours plus tard, au fort d'Ivry, la grâce présidentielle n'ayant pas été accordée.

En octobre de cette année 1962, nous apprîmes la mort de René Coty, dernier président de la quatrième République et successeur de Vincent Auriol.

Sa menace de démissionner, en 1958, avait facilité le retour aux affaires du général de Gaulle au mois de mai de cette même année. Profondément intègre, il avait acquis une grande popularité auprès de ses compatriotes.

Début novembre nous eûmes droit à un événement digne de l'un des meilleurs films d'Hitchcock, l'indiscutable maître du suspense. À l'occasion d'un recalage magnétique, avec le "Broussard", de la station gonio, le chef du détachement, qui avait, nous avait-il dit un jour, son brevet de parachutiste militaire décida, pour ne pas perdre complètement ce qu'il avait appris en la matière, d'effectuer, à la fin de la mission, un saut en "commandé". L'un des opérateurs radio rejoignit la station, où ma présence n'était pas indispensable (l'appareil devait se contenter d'orbiter en hippodrome au-dessus du terrain, à une altitude de cinq cents mètres maximum). Je me rendis sur le terrain, avec tout le personnel, y compris Adoum, Mustafa et Khadidja. Nous étions les spectateurs admiratifs de l'exploit physique qu'était sur le point de nous offrir notre chef. Pour donner encore plus de solennité à ce que nous considérions comme une fête, nous avions invité à la représentation les notables indigènes de la région. Au bout d'une trentaine de minutes, l'exercice de recalage de la station radio terminé, alors que l'avion se trouvait à une hauteur d'environ quatre cents mètres, nous vîmes sa porte latérale droite s'ouvrir. La tête levée, nous retenions notre souffle, attendant la suite des événements. Tout à coup, le parachutiste s'élança dans le vide et la chute commença, interminable ! Ce n'était pas possible, les secondes s'égrainaient et le parachute ne s'ouvrait pas ! La distance qui séparait notre homme du sol diminuait à vue d'œil. Bientôt, elle ne fut plus que de quelques mètres seulement ! Maintenant, nous en étions tous persuadés, il était trop tard : nous assistions, en direct, à la fin atroce de notre chef… lequel alla s'écraser à moins de deux cents mètres de nous ! Nous nous regardâmes un bref instant, muets de stupéfaction sous le coup de la violente émotion qui nous étreignait, puis nous fonçâmes comme des dératés sur le lieu de la chute. Et là, à notre plus grand étonnement, en lieu et place du corps désarticulé du parachutiste, nous ne trouvâmes qu'un pantin en toile de jute, lesté de quelques pierres, dont la paille et le son complétant le garnissage s'étaient échappés aux endroits qui s'étaient déchirés à l'impact… Nous connaissions le sens de l'humour de notre patron mais nous n'aurions jamais pu penser qu'il était capable de pousser aussi loin la plaisanterie… À l'atterrissage, nous l'abreuvâmes de propos peu amènes, à la limite de l'irrespect. Loin de le décontenancer, nos reproches acerbes, et justifiés, le firent rire à gorge déployée : il était tout heureux de nous avoir joué ce bon tour !

C'était peut-être cet esprit espiègle, frondeur, malicieux, irraisonné parfois, qui animait notre petite communauté et soudait encore davantage, si besoin était, ses membres entre eux !

Bien entendu, notre ire (passagère) ne s'adressa pas au pilote (complice de cette blague plus que douteuse) car il n'avait pas eu d'autre choix que celui d'obéir aux ordres !

Vers la fin du mois de novembre, un soldat du contingent, radio de formation, nous arriva à bord d'un "Nord-Atlas 2501" de la ligne régulière du C.O.T.A.M. lequel, en retard sur son horaire, ne resta à Abéché que le temps de refaire le plein de carburant et redécolla aussitôt après pour Bangui, en République Centrafricaine.

Ce jeune venait relever l'un de ses collègues qui allait terminer son temps de service militaire et qui devait rejoindre Fort-Lamy en vue de son rapatriement sur la France, dans les quarante-huit heures.

L'arrivée d'un nouvel appelé donnait lieu à, le mot est peut-être un peu fort, un "bizutage" pas bien méchant et, surtout, suffisamment court pour éviter tout incident fâcheux. À cette occasion, le comité de réception organisait une petite mise en scène. Le chef du détachement commençait, après avoir fait, plutôt sèchement et rapidement, les présentations, par reprocher au nouvel arrivant sa tenue insuffisamment impeccable à son gré, son salut trop mou, qui n'avait rien de bien militaire, ses cheveux exagérément longs (à ce sujet, le patron avait beau jeu car nous avions tous, ici, le crâne bien dégagé, mais pour des raisons de confort personnel, à cause de la chaleur), ce à quoi il allait remédier sous peu... Ensuite, pour enfoncer un peu plus le clou, il lui dressait un tableau peu appétissant des réjouissances qui l'attendaient : une discipline de tous les instants, des tours de garde de nuit, des vacations radio fréquentes et à des heures impossibles, des corvées en tous genres, aussi pénibles les unes que les autres, le réveil, tous les matins, y compris le dimanche, à cinq heures, tout retard de plus de cinq minutes étant puni d'arrêts de rigueur... Le pauvre soldat qui avait fait acte de volontariat pour servir outre-mer regrettait vite d'avoir fait ce choix ! Il avait cru qu'ici, loin de tout, dans un petit détachement, il effectuerait un service militaire... "cool". Puis, venait le moment du repas. À la saison sèche, nous mangions dehors, à l'ombre du bâtiment en dur. La table était dressée, copieusement garnie de boissons presque fraîches, les couverts bien disposés... sauf un. Un plat en ferraille en guise d'assiette, un couteau ébréché, une fourchette édentée, une petite carafe d'eau à température ambiante, un gobelet métallique faisant office de récipient pour boire, le tout installé sur une petite table, à l'écart de la nôtre, en plein soleil, et un tabouret branlant pour siège : voilà ce qui attendait le pauvre malheureux !

Quand le chef estimait que la plaisanterie avait assez duré et, de toute façon, elle prenait toujours fin avant que ne commence le repas, il se levait et s'adressait au nouvel affecté en lui avouant que tout cela n'était qu'une mise en scène et une vaste blague, qu'il était le bienvenu chez nous et que nous allions nous employer, tous, à rendre son séjour ici, dans sa nouvelle famille, le plus agréable possible. Il était aussitôt invité à nous rejoindre, à la place d'honneur qu'Adoum était chargé de lui préparer.

Notre jeune soldat retrouvait alors le sourire, son angoisse disparue, et il était fort probable qu'à cet instant, il pensait que la vie était belle…

Nous n'étions plus très loin de la fin de l'année. J'étais ici depuis onze mois et le temps avait passé très vite. Ce pays, cette région sauvage aux conditions de vie difficiles, ces ethnies si éloignées de notre civilisation, de notre culture européenne, exerçaient sur moi une véritable fascination, un attrait indéfinissable, un charme mystérieux et une sorte de magie proche de l'envoûtement…

Dans ce coin retiré de brousse, à voir végéter ces populations, essentiellement rurales, habitant, pour la plupart, dans des cases et couchant sur des nattes, éleveurs, petits agriculteurs vivant de leurs maigres productions de légumes, chasseurs, et ces petits artisans en tout genre (potiers, savetiers, forgerons façonnant des pointes de sagaie, de flèches, des couteaux de jet, pressant une baudruche remplie d'air pour activer leur feu), femmes portant en bandoulière leur bébé dans une peau de bête, malades atteints de lésions de la peau, comme la lèpre, éclopés, aveugles, l'on aurait pu se croire revenus aux temps bibliques, tels que le cinéma nous les a montrés. L'analphabétisme, le manque d'hygiène et de soins étaient le lot de la grande majorité de ces peuplades. Je me souviens de ce jour où, au marché du village, j'ai vu un homme qui paraissait avoir dans les soixante ans d'âge, mais qui, en réalité, ne devait peut-être pas avoir plus de la quarantaine, transportant, dans une sorte de brouette, ses parties génitales, énormes, enveloppées dans des chiffons sales ! Il était atteint de cette terrible affection parasitaire endémique appelée éléphantiasis et il ne pouvait se déplacer que comme cela…

Heureusement qu'un vaste effort du gouvernement tchadien et des associations internationales humanitaires a été entrepris, et accentué, au fil des années, pour essayer de pallier le plus possible à ces carences et à ces misères. Mais le chantier est immense : il y a tant à faire !

Quelques jours avant Noël, un matin, au réveil, nous fûmes avisés par Mustafa et Adoum qui se levaient un peu plus tôt que nous, que les deux autruchons avaient disparus. Nous ne retrouvâmes que quelques plumes éparpillées sur une cinquantaine de mètres. À l'évidence, les petits avaient été attaqués et emportés pour être dévorés par des hyènes ou des lycaons, carnassiers cruels et impitoyables considérés par les spécialistes comme les plus redoutables fauves africains qui ne craignent pas, lorsqu'ils sont affamés, de venir rôder tout près des habitations, la nuit tombée. Il leur arrive même, parfois, de s'attaquer au lion... Les parents, aussi apeurés que leur progéniture (le courage n'étant pas le point fort de ces animaux), n'étaient certainement pas intervenus pour la défendre. Le crime parfait s'était joué très rapidement et il resterait impuni...

Les dangers sont multiples dans la brousse et ne sont pas, forcément, proportionnels à la taille des animaux qui y vivent. Ainsi, les éléphants, par exemple, pour peu que l'on ne les menace pas, que l'on ne s'approche pas trop près des femelles qui ont des petits, ne sont pas, le plus souvent, particulièrement agressifs. Par contre, dans un genre infiniment moins volumineux, les magnans, insectes hyménoptères terriblement carnivores, sont beaucoup plus redoutables. La puissance de ces invertébrés, parfaitement organisés en colonies de plus d'un million d'individus que l'on entend arriver à plus d'un kilomètre, est telle que l'homme doit les fuir car ils peuvent, au cours de leurs déplacements, tout anéantir sur leur passage. Ce sont les sens du goût, de l'odorat, du toucher qui, par leur exceptionnel développement, leur permettent de détecter une nourriture, de retrouver leur chemin et de se reconnaître entre eux. Ils voyagent en un long ruban de, parfois, plus de cinquante mètres de longueur et d'une dizaine de mètres de front. Rien ne leur résiste et tout animal rencontré est immédiatement dévoré. La cruauté de ces insectes a, d'ailleurs, été mise en lumière dans plusieurs ouvrages littéraires et dans certains films. L'on sait qu'il leur arrive de détruire des villages, abandonnés précipitamment par leurs habitants, qu'ils s'attaquent à des animaux comme le buffle, l'antilope, le zèbre et même à des espèces venimeuses, comme le serpent (notamment, le terrible bitis) et le scorpion. Les braconniers (aujourd'hui pourchassés, sans relâche, par les gardes nationaux), utilisent l'appétit inextinguible des magnans pour récupérer les défenses d'un éléphant abattu, sans avoir à le charcuter pendant une heure. Il leur suffit de laisser le cadavre du malheureux animal sur le sol et de monter leur campement à quelques centaines de mètres du lieu de leur "exploit". Le lendemain matin il ne reste plus que les os du mammifère ongulé, dont ses énormes incisives, complètement nettoyées, que les chasseurs n'ont plus qu'à tirer... Lorsqu'une colonie de ces fourmis arrive devant une mare, ou un étang, à la saison humide, ses membres se tiennent alors par les pattes et forment un pont artificiel sur lequel passe le reste de la troupe qui poursuit, ainsi, son chemin. Parfois, plus de la moitié de la tribu en marche périt, noyée. Semblable processus de dévouement à la collectivité a été remarqué, aussi, en face du feu. Très rares sont les animaux qui osent s'attaquer à ces terreurs, même le fourmilier et le grand tamanoir, particulièrement bien armés pour chasser toutes sortes d'insectes, dont ils sont grands amateurs et qui en font une importante consommation, les évitent. Également redoutés, mais cette fois, par l'homme, les termites, familièrement appelés fourmis blanches, qui sont un véritable fléau dans les endroits habités où ils détruisent les vivres, les vêtements, le cuir, le papier, les constructions en bois lesquelles, à la longue, finissent par s'effondrer sans qu'aucun signe extérieur n'ait pu faire prévoir le danger. Dans la savane, ils installent leurs nids dans les rabougris, les souches, entre les racines ou à même le sol. Ces insectes isoptères, qui ont une origine très ancienne remontant, d'après les éminents spécialistes en la matière, à deux cents millions d'années, construisent des édifices qui peuvent atteindre sept à huit mètres de hauteur. Ce ne sont que clochers, colonnes, murailles dont l'épaisseur, allant jusqu'à cinquante centimètres, peut supporter les pires fardeaux : chute d'un arbre, percussion en pleine charge d'un rhinocéros ou d'un buffle. Certaines termitières représentent des tonnes de matériaux (sable, argile, branchages). Elles ne peuvent être détruites qu'à l'aide d'explosifs; même le feu ne peut en venir à bout...

L'année 1962 allait bientôt s'achever. La veille de Noël, dans la soirée, "Daktari" reçut, dans son tout petit dispensaire, une très jeune femme sur le point d'accoucher. L'un de nous resta aux côtés du praticien pour l'aider dans sa tâche, c'est-à-dire, lui passer certains instruments, des pansements, du linge, lui éponger le front gouttant de sueur, car il faisait chaud et le travail s'annonçait difficile. L'époux, qui paraissait bien plus âgé que son épouse, et ses deux autres compagnes, attendirent à l'extérieur, assis en tailleurs, à même le sol. Ils ne semblaient pas montrer le moindre signe d'impatience, ni la plus petite inquiétude. La réputation de notre toubib avait, depuis longtemps, dépassé les limites du camp. Il n'était pas pensable, pour ces gens-là, que tout n'aille pas pour le mieux. C'est beau, la confiance! Ils ne se doutaient pas, cependant, que rien n'était joué... Les contractions étaient douloureuses pour la parturiente et le travail ne se faisait pas comme prévu. Mais notre médecin aspirant ne perdit pas son sang-froid et fit, une nouvelle fois, avec bien peu de moyens, la preuve d'un savoir-faire tout à fait exceptionnel.

Un peu avant la nuit naissaient des jumeaux : une fille et un garçon qui poussèrent, l'un après l'autre, leurs premiers cris, dans un soulagement général... Nous étions tous presque aussi heureux que la famille qui avait attendu, sans broncher, le dénouement. Chacun d'entre-nous se sentait, quelque part, en cette veille de Noël, un peu le parrain de ces deux petits êtres... Le médecin jugea préférable de garder, pour la nuit, les nouveau-nés et la maman, très éprouvée, bien que dure au mal, comme tous ses congénères.

Au repas du soir, assez tard, nous fêtâmes, comme il se devait, l'heureux événement et "Daktari" eut droit, suprême honneur, au "ban des aviateurs" dont je ne reproduirai pas ici les paroles, pour le moins, salaces, qui l'accompagnent...

Le lendemain matin, quelques membres de la famille de notre jeune maman et des bébés vinrent les chercher, en charrette tirée par un vieux cheval. Bien que pauvres, ces gens ne manquaient pas, pour autant, de fierté et, après avoir chaleureusement, et durant un long moment, remercié le toubib, ils lui offrirent une petite gourmette en cuivre, de fabrication locale, en guise de porte-bonheur. Ce cadeau, d'une valeur marchande très modeste n'avait pas de prix aux yeux de notre camarade et je suis intimement persuadé que, s'il est toujours en vie, ce que je souhaite du fond de mon cœur, il ne s'en est pas séparé...

Cet intense moment d'émotion passé, nous reprîmes nos activités.

Pour le réveillon de la Saint Sylvestre nous avions prévu un repas amélioré. Aussi, Khadidja, Mustafa et Adoum chargés de le préparer, furent-ils sur "le pont" depuis le point du jour : ils avaient du pain sur la planche ! Le menu avait été minutieusement mis au point par la collectivité : apéritif, pour ouvrir les hostilités, entrée composée de tomates et d'œufs mimosa, le plat principal qui consistait en croquettes de pommes de terre et d'un morceau de viande de phacochère (celui-là même qui, surpris dans sa sieste l'après-midi de la veille par deux de nos collègues partis à la chasse, n'avait pas hésité à foncer sur eux, tel un T.G.V, mufle au ras du sol; heureusement pour les importuns surpris par la soudaineté et la puissance de la charge qu'ils se trouvaient à bord du Dodge ! Ils avaient dû achever la bête qu'ils avaient eu le plus grand mal à récupérer, celle-ci s'étant à moitié encastrée sous le train avant du véhicule), puis étaient prévus de la salade, un fromage de chèvre et, en dessert, un gâteau de riz, maison, parfumé au rhum. Le tout devant être arrosé par un excellent vin rouge et du champagne que nous avions commandés, en temps utile, à nos amis du C.O.T.AM. qui venaient, deux fois par mois, d'Orléans. Comme l'on peut le constater, nous avions mis les petits plats dans les grands !

Nos trois "chefs", pour ne pas être dérangés dans leurs œuvres, s'étaient isolés dans la cuisine. Vers vingt-deux heures j'eus la mauvaise idée d'entrouvrir, sans m'annoncer et sans faire de bruit, pour voir si tout se passait normalement, la porte qui avait été fermée par eux. Le spectacle, inattendu, qui m'apparut me stupéfia littéralement : Adoum, préposé aux croquettes de pommes de terre, était en train de rouler les boulettes sur son torse nu, velu et couvert de sueur, avant de les plonger dans l'huile qui chauffait sur un feu de bois. Quelques poils de sa poitrine restaient pris dans la pâte et partaient avec elle dans la friture... Khadidja, elle, était chargée de confectionner la mayonnaise. Pour ce faire, elle utilisait une astuce léguée, certainement, par ses parents, apparemment efficace : elle prenait dans sa bouche une lampée d'huile qu'elle vaporisait dans le bol, entre ses dents du devant de la mâchoire supérieure, un peu écartées. Ainsi, elle pouvait utiliser librement ses deux mains : l'une pour tenir le récipient, l'autre pour malaxer les jaunes d'œufs et la moutarde ! Cette émulsion-là, paraissait bien ferme : une cuiller pouvait, sans le moindre problème, s'y tenir parfaitement droite !

Mais je n'étais pas encore arrivé au bout de mes surprises... À côté de l'évier, confortablement assis sur un tabouret, Mustafa, heureux comme un poisson dans son élément, trempait ses pieds, pour se rafraîchir, dans le saladier rempli d'eau lequel nous serait présenté, tout à l'heure, avec la laitue... Et les panards d'un Tchadien de la brousse, c'est quelque chose! Cela vaut le coup d'être vu! Imaginez des membres inférieurs d'une saleté repoussante, la peau craquelée par la sécheresse, les plantes des pieds anormalement larges (puisque non maintenues dans des chaussures, parfois, seulement, dans des sandales à lanières) et le cal des talons d'une épaisseur incroyable qui permet à ces autochtones de courir, pieds nus, sur des morceaux de verre sans se blesser, ainsi que sur des braises encore chaudes...

À ma vue, et devant ma surprise non dissimulée, les émules de Gurnonsky et de Bocuse ne parurent pas être dérangés un tant soit peu... et poursuivirent tranquillement leur besogne.

Je ne racontais pas à mes amis le spectacle qui venait de m'être gracieusement offert, ne voulant surtout pas leur gâcher le plaisir. Mais je subodore qu'ils étaient parfaitement au courant des méthodes, pour le moins, peu orthodoxes, de notre personnel...

L'heure des festivités arriva enfin et Adoum, promu, pour la circonstance, "maître de cérémonie", fit une entrée remarquée et pleine de dignité dans la salle à manger. Comme toujours à l'occasion de fêtes, ou lorsque nous recevions des notables locaux, le personnel se mettait sur son "trente et un" : chemise blanche, saroual noir aux plis parfaitement repassés, serré à la taille par une ceinture de flanelle de couleur rouge et, bien sûr, les pieds chaussés dans des naïls. L'apparence extérieure avait fort belle allure et comme nous n'étions pas désireux d'en voir davantage, tout alla pour le mieux.

Le début de l'année 1963 fut marqué par un regrettable incident. Dans la nuit sans lune du dix-neuf au vingt janvier, l'autruche femelle tomba dans un puits désaffecté qui se trouvait à l'autre bout du camp et que nous n'avions pas cru bon devoir obturer. Ici, il n'y avait pas d'enfants à protéger contre le risque qu'il aurait pu présenter pour eux. Ce trou devait bien faire trois à quatre mètres de profondeur et il ne contenait pas d'eau, sauf à la saison des pluies. Ce ne fut qu'au petit matin que nous apprîmes le drame qui venait de se jouer à notre insu. L'oiseau n'était pas mort; il avait encore la force de pousser des petits gémissements qui faisaient peine à entendre, mais il était clair qu'il s'épuisait et qu'il fallait agir vite si nous voulions avoir la chance de le sauver. Nous nous devions de le sortir de ce mauvais pas. Mustafa se proposa de descendre dans le puits pour passer sous le corps de l'animal, un solide cordage afin d'essayer de le remonter. De toute façon, le diamètre du boyau vertical ne faisant pas plus d'un mètre vingt, l'espace restreint empêchait la malheureuse autruche de se débattre et donc de blesser son sauveteur. L'animal, qui faisait bien, tout de même, dans les deux mètres d'envergure et une bonne centaine de kilos, fut enfin hissé et tiré de sa fâcheuse posture après bien des efforts. Hélas, ce que nous redoutions s'avéra exact : il avait les deux ailes brisées et souffrait terriblement. Dans ce cas, il n'y avait plus rien d'autre à faire qu'à l'abattre pour abréger ses douleurs. Ce qui fut fait...

Pendant deux ou trois jours le mâle parut décontenancé, désemparé par la disparition tragique de sa compagne. Il y avait à peine un mois il avait perdu sa progéniture, aujourd'hui il était veuf...

Le temps passant il retrouva, peu à peu, un comportement plus normal... et nous redoublâmes de petites attentions à son égard...

Le dix-huit mars, nous apprîmes qu'une seconde bombe nucléaire française, souterraine, celle-là, venait d'exploser à In Ekker, dans le Sahara algérien. La première, terrestre, avait été expérimentée dans les environs de Reggane, en 1960. Aussitôt, le Président Ben Bella, plus puissant que jamais (ses rivaux ou adversaires politiques internés), en profita pour demander la révision des clauses militaires initiales des accords d'Évian et, notamment, l'évacuation immédiate du site d'expérimentation qui avait été loué aux troupes françaises pour une durée de cinq ans.

Dans la foulée, il nationalisa, sans autre forme de procès, l'industrie pétrolière dont les droits de la France devaient, pourtant, selon ces mêmes accords, qui se muèrent en chiffon de papier, être sauvegardés pendant six ans.

Le vingt-neuf mars, nous fûmes avisés par le C.C.R. de Fort-Lamy (centre de contrôle régional) qu'un avion de chasse à réaction, anglais, allait effectuer, le lendemain, la liaison Fort-Lamy-Khartoum, capitale de la République du Soudan. Il nous était donc demandé de mettre tous les moyens d'aide à la navigation en œuvre (gonio, balise radio), de midi à quatorze heures locales.

Un plan de vol, en bonne et due forme, avait été déposé, mentionnant le type de l'appareil : Jet Provost, son indicatif : G-TDBE (Golf-Tango-Delta-Bravo-Echo), le nom du pilote : Thomson, la fréquence radio V.H.F. qui serait utilisée : cent dix-sept-neuf mégacycles, son altitude de croisière et sa vitesse.

Le lendemain, une demi-heure avant midi, l'un des opérateurs et moi nous

nous rendîmes à la station et mîmes sous tension nos appareils émetteurs récepteurs ainsi que la balise radio.

Nous étions prêts et n'attendions plus que le bon vouloir de monsieur Thomson…

Un peu après treize heures, nous n'avions toujours pas reçu le moindre signal émanant du Jet Provost, ce qui nous parut, pour le moins, bizarre. Nous tentâmes alors de lancer plusieurs appels sur la fréquence qui nous avait été assignée : ils restèrent sans réponse… Nous renouvelâmes nos actions jusqu'à quatorze heures trente, toujours sans le moindre résultat. Le pilote n'avait donc pas eu besoin de nos services ; il avait traversé notre zone aérienne sans nous contacter… Il aurait pu, tout de même, le faire, ne serait-ce que pour nous faire savoir que tout allait bien et que nous pouvions quitter la fréquence.

Cette façon de faire était surprenante, surtout de la part d'un Anglais… Ses congénères m'avaient habitué à plus de courtoisie, les fois où j'avais eu à travailler avec eux…

Vers quatorze heures quarante-cinq, le temps de veille radio écoulé, et même dépassé, nous fermâmes la station et rentrâmes au camp. À cette heure, Thomson devait être déjà bien loin de nous… Son Q.R.E. (heure estimée d'arrivée à Khartoum) étant fixé sur le plan de vol à seize heures quinze, il ne lui restait plus qu'à peine une heure et demi de navigation avant d'arriver à destination.

Il faisait une chaleur étouffante et une petite sieste serait la bienvenue…

Il devait être près de seize heures lorsque Mustafa vint me tirer de la demi-torpeur dans laquelle j'avais fini par sombrer. En effet, cette vacation à sens unique m'avait laissé comme un goût amer, une sensation étrange d'insatisfaction et de doute qui avaient fait qu'il m'avait fallu beaucoup de temps avant de m'assoupir. Pourtant, le contrat avait été honoré et je n'avais rien à me reprocher.

Un cavalier tchadien était là, devant ma porte, et désirait me parler. J'appris alors, avec l'aide précieuse de Mustafa, car mon interlocuteur parlait très vite, trop vite pour moi, qu'un avion s'était posé en brousse, à une trentaine de kilomètres d'ici, plein ouest.

En une fraction de seconde l'explication se fit jour dans mon esprit : il ne pouvait s'agir que du “Jet Provost” anglais !

Il ne me restait plus qu'à rendre compte à mon chef, lequel, complètement éberlué, stupéfait par ce qu'il venait d'apprendre, décida immédiatement de nous accompagner en quatre-quatre sur les lieux de l'accident, notre informateur (qui avait accepté de nous guider), et moi-même.

Au volant du véhicule, que je malmenais quelque peu pendant tout le trajet hors-piste qui dura une bonne heure, les idées les plus folles coururent dans ma tête. Comment cela avait-il bien pu se produire, que s'était-il passé, où était l'erreur ? Enfin, à une centaine de mètres droit devant, nous aperçûmes l'avion que nous recherchions. Il était posé sur le ventre et ne paraissait pas, à première vue, être très abîmé. À quelques mètres de là, tandis que nous approchions, quelle ne fut pas notre surprise d'apercevoir un homme assis par terre, à l'ombre d'une aile, très calme, qui nous fit un petit geste en guise de bonjour ! Nous étions tellement abasourdis… et heureux, à la fois, de retrouver l'acteur principal de ce mauvais film, vivant, qu'il nous fallut bien, quatre à cinq secondes avant de réagir et de répondre à l'amical salut qui nous était fait…

Pour un peu, c'était l'Anglais qui nous faisait les honneurs de la visite ! Un comble !

Nous nous présentâmes devant celui que nous considérions comme un rescapé, un miraculé. Thomson se leva alors. Il était de taille moyenne, plutôt mince, peu de cheveux, sans la moindre ecchymose et paraissait très détendu, pas choqué du tout. Nous savions que les représentants de "Sa très gracieuse Majesté" étaient réputés pour leur flegme olympien mais, là, tout de même, nous ne pûmes cacher notre admiration pour le sang-froid et le self-control dont ce pilote d'exception avait fait la preuve. Réussir à poser un avion de chasse à réaction dans la savane, après avoir précisément évalué le danger, choisi l'endroit qui paraissait le moins bosselé, le moins chargé de végétation, train rentré, sans percuter, dans cette course folle, de rabougris ou de souches, ni capoter, ni même faire un "cheval de bois" : cela relevait de l'exploit.

C'était une performance tout à fait remarquable, du travail d'orfèvre !

Les présentations furent vite faites ; nous n'avions pas l'intention de nous éterniser dans le coin ! Nous n'avions plus qu'à ramener notre homme au campement où il pourrait s'alimenter, se doucher et se reposer. Les discussions, les causes supputées de cet affreux malentendu seraient tirées au clair, plus tard, par la commission qui allait être chargée de l'enquête suite au rapport qu'il allait falloir faire, sitôt rentrés.

Pendant que Thomson (qui n'était pas Major, bien qu'ancien de la R.A.F. mais, aujourd'hui, pilote d'essai civil du constructeur Hawker à Weybridge dans le Surrey, lequel avait construit les "Hurricane" pendant la seconde guerre mondiale) rassemblait ses affaires (deux sacs de voyage) et les documents de l'avion, nous fîmes le tour de l'appareil pour évaluer les dégâts : ils étaient, à première vue, infimes : seuls les protections en verre des feux de position et le phare avant avaient explosé. Quant aux réservoirs supplémentaires de carburant accrochés sous les ailes (belly-tanks), ils avaient été largués en phase finale d'approche, à environ un kilomètre du lieu choisi pour le "crash" et ils fumaient encore.

Une équipe de techniciens, sans doute anglais, viendrait, plus tard, démonter l'avion pour le rapatrier. En attendant, il nous fallait prévoir au plus vite sa garde et contacter le poste de Biltine, à une cinquantaine de kilomètres de là, où stationnait un peloton de méharistes tchadiens.

Le retour s'effectua dans une humeur et une atmosphère qui n'avaient rien de comparables avec celles que nous avions connues à l'aller. Ce qui aurait pu être un drame se terminait bien et, c'était là, l'essentiel !

Au camp, notre chef remercia vivement le Tchadien qui était venu nous raconter ce qu'il avait vu et qui nous avait servi de guide puis le gratifia de quelques francs C.F.A. bien mérités. Quant à Thomson (qui ne parlait pas le moindre mot de français), il fut accueilli en véritable héros par notre personnel, lequel ne possédait pas vraiment la langue de Shakespeare. Il est des fois où la barrière du langage tombe devant les expressions, les mimiques, les attitudes, les gestes qui suffisent, à eux seuls, à traduire un sentiment, une pensée, une émotion…

Nous avions installé un lit de camp, un chevet et une petite commode dans la chambre du sous-officier mécanicien ravi de partager son lieu de repos avec notre invité pendant le temps de son séjour forcé ici. Après avoir pris une bonne douche et une petite heure de repos, Thomson accepta bien volontiers de se prêter aux nombreuses questions que le chef du détachement et moi-même avions à lui poser, la rédaction du compte rendu à adresser, dans un premier temps et le plus rapidement possible, au commandement nécessitant le plus possible de renseignements. Les détails suivraient ultérieurement. La discussion, laborieuse, devait permettre, je l'espérais, d'apporter un peu de lumière dans l'obscurité du mystère qui nous entourait. Il fallait absolument essayer de comprendre les raisons pour lesquelles nous n'avions pas pu entrer en contact radio. Le pilote affirma qu'il avait bien utilisé la fréquence V.H.F. prévue sur son plan de vol, qu'à partir de midi et quart, et pendant une heure, il n'avait cessé de nous appeler, à intervalles réguliers et de plus en plus rapprochés vers la fin car, sans points de repères suffisants au sol, il n'était plus tout à fait sûr de sa route et il avait besoin de caps magnétiques pour s'aligner sur notre station. Il ne réussit pas mieux à capter les signaux de la balise radio. Il avait tourné en rond un moment et, malgré ses réservoirs supplémentaires, il risquait de se trouver "short", c'est-à-dire, bientôt à court de carburant. Il avait cherché à apercevoir l'oasis d'Abéché, de laquelle il savait ne pas être très éloigné, sans y parvenir. En désespoir de cause, il tenta plusieurs incursions sur d'autres fréquences radio et, notamment, le canal "détresse", sans résultat. Il décida alors un atterrissage forcé dans la savane, après avoir fait le choix de l'endroit le plus propice ou, plutôt, le moins mauvais, pour entreprendre sa délicate manœuvre. Plus nous écoutions son récit, plus nous étions persuadés que sa radio n'avait pas fonctionné… Nous savions que la nôtre avait marché normalement. Nous en avions eu la preuve avec nos appareils de contrôle : décibel-mètre et oscilloscope… Les essais, à la prise de vacation, avaient eu un témoin : le soldat qui m'accompagnait.

L'enquête déterminerait, sans doute, les responsabilités.

Nous n'étions pas encore arrivés au bout de nos surprises… Le meilleur restait à venir ! Nous apprîmes, en effet, de la bouche de Thomson, que le gouvernement soudanais, qui désirait renouveler et moderniser sa flotte d'avions de chasse, avait lancé un appel d'offres international à cet effet. Les États-Unis, l'Italie, la Grande-Bretagne et la France étaient des clients potentiels qui avaient, tous, un matériel à proposer. Le marché à prendre était conséquent… Le Jet Provost qui reposait au milieu de la savane était le modèle que les Anglais désiraient présenter à Khartoum et sur lequel ils fondaient de sérieux espoirs, cet appareil étant très performant. De plus, bien implantés dans le pays, ils avaient déjà avec lui de nombreux accords commerciaux qui les liaient mutuellement.

Mais il était écrit que cette petite merveille de technologie qu'était le chasseur anglais n'arriverait jamais à destination et laisserait le champ libre à ses concurrents…

Là, cette affaire prenait des proportions que nous étions bien loin d'imaginer encore une demi-heure plus tôt ! Bien évidemment, je me trouvais au centre du problème et me préparais de sérieux tracas, puisque responsable des transmissions radio et de la circulation aérienne dans la zone, bien que coupable en rien d'avoir provoqué le crash. Nul doute que le gouvernement anglais ne se contenterait pas de vagues explications et allait demander immédiatement des comptes aux autorités françaises. L'incident diplomatique était même à craindre, car le préjudice, pour les Grands Bretons, était de taille ! Aussi, comme toujours dans ces cas-là, il faudrait trouver une "tête de Turc", un responsable à qui faire porter le chapeau…

Cette considération personnelle me rappela cette phrase vieille de plus de trois siècles mais, oh combien, d'actualité :

".., et l'on cria haro sur le baudet…"

Je n'avais pas du tout l'intention, au cas où cette affaire se présenterait mal pour moi, de me laisser faire, étant intimement convaincu que la faute était ailleurs…

La conversation avec Thomson se prolongea jusqu'à l'heure du dîner. L'Anglais nous avait bien dit que la manœuvre qu'il avait tentée, et réussie, avait été périlleuse ; nous lui demandâmes alors pourquoi il n'avait pas utilisé son siège éjectable, puisque son appareil en était équipé ; il n'aurait pas risqué sa vie comme il l'avait fait. Sa réponse nous sidéra : il était pilote d'essai, il connaissait la valeur marchande du joujou qui lui avait été confié, il avait estimé et jugé que le coup de poker était jouable, il l'avait donc joué ! C'était aussi simple que cela ! Chapeau, mister Thomson ! Nous sûmes, quelques jours plus tard, et tout à fait fortuitement, car il ne nous en avait pas parlé, qu'il devait toucher une prime, confortable, pour avoir sauvegardé, par son acte courageux, l'essentiel de l'avion et, surtout, la partie électronique, hautement sophistiquée…

Le lendemain matin nous apprîmes par radio H.F. que la commission d'enquête désignée par le général commandant la zone aérienne d'Afrique occidentale nous rendrait une petite visite le deux avril au matin et passerait la journée avec nous.

Le jour dit, vers huit heures, un bimoteur “Marcel Dassault 315” en provenance de Fort Lamy se posa sur notre piste. Le groupe d'experts qu'il transportait était composé de quatre officiers et, à notre surprise, d'un civil. Il s'agissait d'un fonctionnaire de l'ambassade britannique au Tchad. Nous ne nous étions pas trompés en pensant que cette affaire allait avoir des prolongements extraterritoriaux… Le restant de la matinée, et en présence de mon chef, une foule de questions me furent posées, certaines, pièges, auxquelles je répondis sans la moindre hésitation, n'ayant rien à cacher. Mes assertions furent enregistrées en bonne et due forme ainsi que celles de Thomson qui fut, lui aussi, l'objet de toutes les curiosités des membres de la commission. L'agent diplomatique anglais, en plus de son travail d'enquêteur pour le compte de son pays, assura la traduction car il maîtrisait très bien notre langue. L'après-midi fut réservé à la visite du Jet Provost et, vers dix-huit heures trente, la commission repartit pour Fort-Lamy sans que la moindre information, ou la plus petite ébauche de conclusion, n'ait été divulguée. Fit partie, également, du voyage, l'un de nos soldats en fin de service militaire. Sa relève était arrivée le matin par le même avion. Bien évidemment, notre nouveau compagnon bénéficia sans le savoir, du fait des circonstances, d'une opportunité qui lui permit d'échapper aux petites plaisanteries traditionnelles que nous réservions d'habitude à chaque nouvelle recrue qui arrivait. Nous avions eu bien d'autres préoccupations plus importantes !

Le pilote qui avait amené la commission d'enquête put, tout comme à son arrivée, le matin, constater que nos appareils radio fonctionnaient le plus normalement du monde. Nous restâmes en liaison sur la fréquence une bonne heure…

Les quelques jours qui suivirent se traînèrent car nous étions dans l'attente du résultat des experts et, jusqu'à présent, rien n'avait transpiré concernant les conclusions de ceux-ci. Nous fûmes seulement informés qu'un avion-cargo anglais transportant une équipe de techniciens de la maison Hawker se dirigeait vers nous via Gibraltar, Dakar, Niamey et Fort-Lamy. Son arrivée était prévue pour le six avril vers huit heures. Je me ferai un plaisir de l'accueillir sur les ondes…

En attendant, la cohabitation avec Thomson se passait très bien. C'était un homme très agréable ; il était d'une grande correction et avait un sens de l'humour, que nous eûmes quelques difficultés à apprécier complètement parfois, mais qui était indéniable. L'avant-veille de l'arrivée de ses compatriotes nous l'emmenâmes sur les lieux du crash au chevet du gros oiseau blessé.

Comme nous l'avions demandé, deux soldats tchadiens étaient sur place pour assurer la garde du gros volatile. Les relèves s'effectuaient toutes les vingt-quatre heures.

Le six avril, vers sept heures quinze, nous reçûmes l'appel du cargo anglais attendu : Golf-India-Fox-Bravo-Zoulou qui se trouvait à une heure à l'ouest d'Abéché, au cap magnétique soixante-dix degrés, en légère descente. Nous lui donnâmes quelques gisements par rapport à notre station et l'autorisâmes à se poser, en longue approche, dans la foulée. Il était, très exactement huit heures et cinq minutes lorsque nous entendîmes le crissement des pneus sur l'asphalte. C'était l'exactitude britannique, une forme de politesse, en quelque sorte... L'équipage de l'avion comprenait trois hommes auxquels venaient s'ajouter les quatre techniciens en charge du démontage des ailes et des empennages du Jet Provost. Notre accueil se voulut très chaleureux et très convivial; les invités apprécièrent, comme il se devait, nos marques, sincères, de sympathie. Aucun d'eux ne pratiquait le français : décidément, la belle langue de Molière manquait singulièrement d'adeptes! Par contre, Thomson trouva, enfin, à qui parler... sans, pour autant, montrer une excitation ou une euphorie particulière envers ses compatriotes. Il savait rester digne en toutes circonstances...

Sept personnes de plus à héberger quelques jours, cela nous posa certains petits problèmes d'intendance, mais nous sûmes y faire face en répartissant judicieusement tout ce petit monde dans les locaux dont nous disposions. Chacun de nous (y compris nos trois Tchadiens qui eurent un surcroît de travail non négligeable) mit un point d'honneur à faire le maximum afin de rendre le séjour de nos visiteurs le plus agréable possible.

Dès le lendemain matin, après avoir passé une bonne nuit, Thomson et ses compatriotes nous demandèrent de les amener à l'endroit du crash afin de commencer immédiatement à élaborer une stratégie de travail. Arrivés sur les lieux ils firent, plusieurs fois, le tour de l'appareil qu'ils examinèrent attentivement. Le résultat de leurs investigations fut, plutôt, encourageant : apparemment, il n'y avait pas de dégâts majeurs. Ils essayèrent de faire tourner (à bas régime car il ne fallait pas trop faire vibrer le fuselage posé à même le sol), à l'aide d'une dynamo à accumulateurs, le réacteur... qui obéit aux premières sollicitations, comme si rien ne s'était passé, huit jours plus tôt! Il y avait, vraiment, de quoi rêver!

Thomson nous fit part, alors, après en avoir discuté avec ses amis, d'une idée qu'il venait d'avoir et qui nous stupéfia : si, avec les vérins hydrauliques qui se trouvaient dans le cargo anglais, l'on parvenait à soulever les ailes du Jet Provost et à dégager le train d'atterrissage, si celui-ci se verrouillait normalement, et s'il était possible de déblayer le terrain sur cinq ou six cents mètres en enlevant les plus gros cailloux et en arrachant les souches qui affleuraient la surface du sol, avec l'aide d'une main-d'œuvre locale, il se sentirait en mesure de faire décoller son avion pour l'amener sur notre piste, à une trentaine de kilomètres à peine d'ici, où les travaux de démontage pourraient, alors, se faire sur place, ce qui simplifierait bien les choses.

Nous reconnûmes bien, là, l'exceptionnelle capacité de lutter de nos amis britanniques, leur pugnacité, leur amour du combat, non seulement contre l'adversité, mais aussi contre eux-mêmes. Churchill, l'indestructible bull-dog, en avait fait la brillante démonstration, en d'autres temps...

Après avoir quelque peu retrouvé nos esprits, un instant perturbés, nous répondîmes à Thomson que, n'ayant pas autorité pour décider, il nous fallait en référer à notre commandement, ce que nous ferions, sitôt rentrés au camp. Il admit fort bien notre position. Nous en restâmes donc à un "statu quo" qui serait levé sous peu, d'une façon ou d'une autre.

Le retour se fit dans la bonne humeur générale. Les Anglais étaient particulièrement satisfaits de leur tournée d'inspection, ce que nous comprenions parfaitement car, si ce qu'envisageait de faire l'Anglais, avec l'aval de nos supérieurs, réussissait, les opérations de démontage de l'avion, à Abéché, et non plus en brousse, en seraient grandement facilitées et le rapatriement de nos amis dans leur pays plus rapide.

Comme convenu, dès notre arrivée au détachement nous rendîmes compte au commandement des intentions formulées par le pilote et des conclusions des techniciens. Notre patron demanda, par la même occasion, la possibilité d'engager une douzaine d'indigènes pour une journée, afin d'épierrer et de débroussailler au mieux le terrain, au cas où le projet de décoller recevrait un avis favorable. Dans le message il fut précisé que la solution envisagée aplanirait beaucoup de difficultés ; elle permettrait de supprimer des va-et-vient incessants inévitables, éviterait l'emploi, difficile, dans cette région, d'un gros camion à plate-forme pour transporter les ailes et la carlingue qui pourraient, du coup, être démontées ici, sur place. De plus, et cela n'était pas négligeable, elle libérerait l'armée tchadienne de la garde de l'appareil. La réponse arriva le lendemain matin : le général autorisait l'embauche locale demandée et le décollage du Jet Provost, à la condition expresse que le pilote signât une décharge de responsabilités. Thomson accepta aussitôt et nous entreprîmes, immédiatement, la rédaction du document ad hoc.

Le repas de midi fut avancé d'une heure, pour la circonstance et, dès quatorze heures, nous nous rendîmes, Adoum et moi, au village, pour embaucher la main-d'œuvre dont nous avions besoin, ce qui fut chose aisée. Le vieux Dodge, qui nous servait au ravitaillement du camp, nous rendit, une fois de plus, de grands services. Le restant de l'après-midi, jusqu'à la tombée du jour, fut consacré au nettoyage de ce qui allait devenir, l'espace de trois ou quatre minutes, si tout se déroulait bien, une piste d'envol. Au retour, le soir, le travail était déjà bien avancé ; la matinée du lendemain serait suffisante pour terminer la tâche entreprise.

Le matin du neuf avril, dès sept heures, tout le monde était sur le pont. Nous savions tous que cette journée serait mémorable, d'une façon ou d'une autre... Tandis que les indigènes terminaient leur travail de débroussaillement et humidifiaient le terrain dégagé avec l'eau de notre citerne amenée sur place (les moteurs à réaction ne faisant pas bon ménage avec la poussière de terre réduite en poudre fine), les techniciens, aidés de deux d'entre-nous, placèrent, avec d'infinies précautions, un vérin hydraulique sous chaque aile. Bientôt, lentement, très lentement, le ventre du gros oiseau quitta le sol sur lequel il était posé depuis, maintenant, dix jours. L'inspection du dessous de la carlingue ne révélant rien de particulièrement alarmant, bien que celle-ci fût rayée sur presque toute sa longueur, à certains endroits, assez profondément, présentant même des parties légèrement enfoncées, surtout en son milieu, les mécaniciens entreprirent alors de sortir le train tricycle. Le verrouillage des bras de force se fit, également, parfaitement. La quantité de kérosène restant dans les réservoirs étant largement suffisante pour la distance à couvrir, le volatile allait pouvoir maintenant, nous l'espérions, quitter son nid et prendre son essor...

Il était treize heures lorsque Thomson, qui ne paraissait ni stressé ni même, seulement, inquiet, prit place sur son siège. Il laissa la verrière ouverte, se sangla, serra les freins de parking, lança le réacteur, vérifia que toutes les commandes (palonnier, volets, ailerons) fonctionnaient normalement et fit monter les tours minute jusqu'à ce que le régime du moteur atteigne son maximum, car il avait besoin de toute la puissance de celui-ci, la distance de décollage étant très courte. Quand il jugea le moment opportun, il lâcha les freins. Libéré, l'avion fit un bond en avant et, dans un bruit assourdissant, il prit rapidement de la vitesse... et décolla !

Le Sphinx renaissait de ses cendres...

Nous ne pûmes nous empêcher de pousser un hourra d'admiration et de satisfaction à l'adresse de ce pilote d'exception.

L'avion fit un virage par la gauche, prit un peu d'altitude (pas beaucoup, le temps de vol étant très court et le relief presque insignifiant) et mit le cap à l'est. Bientôt, il disparut à notre vue. Il ne nous restait plus qu'à rentrer, à notre tour, au campement, après avoir payé et raccompagné les "défricheurs" chez eux et chaudement remercié les gardiens pour lesquels un dédommagement pécunier bien mérité avait été prévu par notre état-major.

Ayant fait ouvrir la station radio par l'un des opérateurs, j'avais demandé à Thomson de la contacter sur la fréquence qu'il connaissait. Cela pourrait apporter un élément supplémentaire de réponse à l'enquête en cours, d'autant que, la veille, nous avions fait des essais concluants avec notre "Broussard". J'étais curieux d'en connaître le résultat...

À quinze heures, nous arrivâmes au détachement. Le Jet Provost était là : il avait retrouvé sa dignité, un moment, ternie...

Comme cela était prévisible, le contact radio entre le pilote et l'opérateur au sol n'avait pu être établi. La preuve d'une défaillance des moyens de transmissions du chasseur ne pouvait plus être mise en doute. Un compte rendu détaillé du parfait décollage de Thomson dans lequel, également, avait été relevée la déficience irréfutable des moyens hertziens du "Jet Provost" fut immédiatement établi.

Puis nous prîmes, tous ensemble, un repas bien mérité. Au cours des agapes, fort joyeuses, le personnel du détachement porta un toast en l'honneur du héros du jour et de ses compatriotes.

En fin d'après-midi les mécaniciens anglais décidèrent de faire une dernière inspection de l'appareil avant d'entreprendre son démontage prévu pour le lendemain matin. Quelle ne fut pas leur stupéfaction de découvrir, tout près du point d'attache de l'aile gauche au fuselage, sur le longeron, une fêlure d'une dizaine de centimètres de longueur ! Ils ne l'avaient pas décelée, avant le décollage parce qu'elle devait être très petite à ce moment-là voire, minuscule, et avait échappé, de ce fait, à leur examen. Elle avait donc dû s'agrandir durant le court déplacement effectué pour rejoindre le détachement... Nous eûmes un frisson à la pensée de ce qui aurait pu arriver, cette fois de définitif, à Thomson ! Il venait d'échapper, à nouveau, à la mort. Décidément, comme de Gaulle, cet homme avait la "baraka" !

Dès le lendemain matin les travaux de démontage commencèrent tandis que mon collègue et moi partîmes faire, comme prévu, notre première tournée aérienne de ravitaillement du mois en faveur des postes isolés. Lorsque nous rentrâmes, nous pûmes constater que le travail entrepris par les techniciens aidés des membres de l'équipage de l'avion-cargo avait considérablement avancé. L'équipement dont disposait la petite équipe était fort bien adapté à ce genre d'opération, il comprenait même un palan, indispensable pour soulever les fortes charges. Nul doute qu'à ce rythme nous perdrions bientôt, d'ici à deux jours au maximum, nos visiteurs, si rien ne venait contrarier la progression de leur activité.

Nous n'avions plus eu de nouvelles de l'enquête administrative en cours. Était-ce bon signe ou était-ce, au contraire, préoccupant ? Pas de nouvelles, bonnes nouvelles, a-t-on l'habitude de dire, cependant, ce silence qui s'éternisait un peu trop à notre goût ne présageait rien de bon....

Un message du commandement arriva le lendemain, en fin de matinée, m'enjoignant d'expliquer les raisons pour lesquelles, n'ayant pu obtenir le contact radio avec Thomson puisqu'il s'était avéré que ses moyens hertziens n'avaient pas fonctionné, je n'avais pas lancé le Q.U.A. (avis de recherches) prévu lorsque le retard, à l'arrivée, d'un aéronef dépasse une heure.

Cette fois, nous y étions : les ennuis commençaient pour de bon... Manifestement, je présentais le profil idéal du gibier chassé. L'État-major avait trouvé le lampiste de service... Mais je savais, sentais au fond de moi-même, qu'aucune responsabilité dans cette affaire ne pouvait m'être imputée : la faute, l'erreur était ailleurs, j'en étais convaincu et allais le prouver! De vagues souvenirs de mes cours de procédures, en stage, vieux d'une douzaine d'années bientôt, me revinrent en mémoire, par bribes quelque peu confuses. Il fallait se battre, et ceux qui voulaient ma tête n'auraient pas affaire à un ingrat... Presque tout l'après-midi me fut nécessaire pour compulser les nombreux articles des trois volumes de l'O.A.C.I. (organisation de l'aéronautique civile internationale) dont disposait la station. Vers dix-neuf heures ce fut, enfin, l'illumination, l'explosion de joie, l'"Eurêka" d'Archimède dans son bain, le fameux : "élémentaire, mon cher Watson" de Sherlock Holmes, ou bien le célèbre : "mais, c'est bien sûr!" du commissaire Bourrel sur le point de résoudre une épineuse affaire... Moi aussi j'avais trouvé! Le règlement international prévoyait bien deux types différents de plans de vol : le P.L.N. (flight plan) qui précisait, entre autres renseignements, un point de départ et un point d'arrivée, et le TRU-PLN lequel, en plus de ces informations, devait mentionner les escales qui allaient jalonner la route de l'avion.

Le texte du plan de vol reçu le vingt-neuf mars ne portait pas le mot : TRU!

À partir de là, notre terrain n'étant pas prévu comme escale, le pilote n'était pas tenu de me contacter et pouvait, ainsi, poursuivre, normalement, sa route jusqu'à sa destination finale sans que j'aie à m'inquiéter outre mesure de son sort. De ce fait il n'était pas prévu par les règlements en vigueur de lancer un avis de recherches. Que l'on veuille bien me pardonner pour ces explications qui peuvent paraître quelque peu oiseuses, mais je pense qu'elles sont, malgré tout, indispensables pour mieux comprendre la situation.

Un mot, un simple mot manquant sur un plan de vol me dédouanait définitivement! L'erreur était donc ailleurs, car Thomson, pour en avoir discuté avec lui, m'avait appris qu'il avait bien été dans ses intentions, au départ, de faire une courte étape technique à Abéché. Soit, il avait mal rédigé son plan de vol soit, l'opérateur radio du contrôle local de Fort-Lamy qui nous avait transmis le message avait, tout bêtement, oublié le mot, objet du malheureux quiproquo qui s'en était suivi...

De toute façon, la présence, ou non, de ce vocable dans le texte n'aurait pas empêché le crash, puisque le pilote anglais n'avait pu établir le contact radio. Par contre, pour moi, cette absence, ou cet oubli, changeait tout ! Je ne pus m'empêcher de repenser, en filigrane, à ce jour de février, neuf années plus tôt, où un chiffre erroné, dans un message, avait failli coûter la vie d'une douzaine de soldats français, en Indochine...

Oui, les Transmissions, c'était une affaire éminemment sérieuse !

Rompant, pour une fois, avec les habitudes, mon chef et moi ne nous attardâmes pas avec nos collègues après le repas du soir de ce onze avril mémorable : nous avions à préparer, ensemble, le texte de la réponse au commandement. Ce document devait être parfaitement explicite et solidement étayé par les articles du règlement aéronautique international qui me donnaient raison.

La réponse à la question posée par les enquêteurs fut transmise à la première vacation radio du lendemain matin.

Il ne restait plus qu'à attendre les réactions...

Les opérations de démontage du "Jet Provost" se poursuivirent sans problèmes majeurs. Les techniciens de la maison Hawker, que nous aidions, nous aussi, dans la mesure de nos moyens, étaient à la hauteur de leur tâche. Cependant, ils durent consacrer à celle-ci une journée de plus que prévu et n'achevèrent leur travail que dans la soirée du treize avril. Bien qu'ayant apprécié, à les en croire, leur séjour parmi nous, nos amis anglais avaient la nostalgie du pays et ils décidèrent de nous quitter, le lendemain, après le repas de midi. Le contrôle aérien de Fort-Lamy fut aussitôt avisé de la date de départ de l'avion-cargo, de son heure prévue de décollage et de son heure estimée d'arrivée, sans oublier la fréquence radio qui serait utilisée.

Le lendemain matin fut quelque peu tristounet : nous allions perdre des amis auxquels nous nous étions attachés. Notre dernier repas ensemble manqua de chaleur; nous étions loin des discussions animées de ces huit dernières journées où l'enthousiasme de chacun n'avait eu d'égal que sa bonne humeur... Mais ainsi va l'existence : tout a une fin, heureuse ou douloureuse, et c'est bien ainsi...

Vers quinze heures trente nous accompagnâmes nos invités au pied de leur avion, nous les aidâmes à charger leurs affaires et, après de chalareux adieux, les moteurs mis en route, l'appareil commença à rouler pour aller s'aligner en bout de bande. La station radio avait été ouverte et, à seize heures, le cargo fut autorisé à décoller. La pression barométrique au niveau du sol ainsi que la force et la direction du vent données au pilote, un certain O'Connor, Irlandais bon teint, comme son nom pouvait facilement le laisser supposer, Golf-India-Fox-Bravo-Zoulou, après un point fixe consciencieusement effectué, s'élança sur la piste avec toute la puissance libérée de ses chevaux, prit de la vitesse et décolla...

Nous restâmes en contact radio, l'opérateur de service et moi, avec lui pendant une bonne heure, jusqu'au moment où, les signaux commençant à faiblir, nous eûmes la surprise d'entendre sur la fréquence, et en français, avec un accent pas possible : "au revoir, messieurs et merci encore pour votre hospitalité !" Nos amis avaient tenu à nous honorer par cette phrase dans notre langue qu'ils ne connaissaient pourtant pas. Ils avaient préparé leur surprise, avec l'aide d'un complice qui se cachait dans nos rangs, à n'en pas douter. Ce geste délicat nous toucha car nous nous y attendions si peu !

Après l'agitation de ces derniers jours, le calme reprit ses droits… et nous nos activités habituelles. Cette petite incursion dans notre vie nous avait sortis de notre isolement et nous avait fait connaître des moments exceptionnels que nous n'étions pas prêts d'oublier.

Le vingt-quatre avril, soit douze jours après avoir transmis nos explications au commandement au sujet du "Jet Provost" nous reçûmes, enfin, en début d'après-midi, un message du général commandant la zone aérienne d'Afrique occidentale et centrale nous faisant savoir qu'aucune faute de procédure n'ayant pu être retenue par la commission d'enquête, ma responsabilité était définitivement écartée et l'affaire classée.

Nous ne sûmes jamais quelles conclusions furent données à cette affaire. De toute façon, cela nous importait peu, maintenant ! Le soir, nous fêtâmes, tous ensemble, l'événement qui levait la suspicion, laquelle avait pesé lourd sur mes épaules, telle une chape de plomb. La page était irrévocablement tournée…

Le vingt-sept avril nous apprîmes que le sergent-chef mécanicien Teissère, en poste à Faya-Largeau, oasis principale du Berkou, au pied du massif du Tibesti, dans le nord du pays et centre important de passage des caravanes remontant du lac Tchad et se dirigeant vers le Fezzan, la Lybie et le sud de l'Égypte, était muté chez nous pour raison d'"incompatibilité d'humeur" avec son chef. Il devait permuter avec son homologue d'Abéché. Son arrivée était programmée pour le lendemain ! C'était le "Broussard" du détachement de Faya qui devait effectuer le transfert, avec une courte escale de ravitaillement à Fada, oasis située à mi-chemin. Notre camarade désigné pour prendre la place de Teissère fut fort contrarié car il se plaisait beaucoup ici. Quant à nous, nous regrettions de perdre un si charmant collègue. Mais, les ordres ne souffraient aucune discussion et les états d'âme personnels n'avaient que bien peu de place dans notre métier…

À la date prévue, juste à peine un peu avant midi, l'avion que nous attendions se posa sur notre piste. La visibilité était excellente, le vent nul ; pas un nuage ne courait dans le ciel qui était d'un bleu profond et limpide. Aussi, la procédure d'approche fut-elle réduite à sa plus simple expression. Seul petit ennui au tableau : la canicule. En cette période de l'année et, à l'heure à laquelle le soleil est au zénith, la température est très élevée et le mercure du thermomètre frise les cinquante degrés centigrades... à l'ombre ! Au soleil, elle ferait éclater la colonne de verre ! Heureusement que le pourcentage d'humidité avoisine le zéro absolu, ce qui permet de supporter ces périodes particulièrement éprouvantes...

Nous fîmes connaissance du pilote et de son navigateur (qui repartirent vers dix-sept heures, alors que le gros de la chaleur était passé, emmenant avec eux le sous-officier relevé) ainsi que de notre nouveau mécanicien. Celui-ci, un Alsacien, était une force de la nature : il devait bien mesurer un mètre quatre-vingt-cinq et peser dans les quatre-vingt-dix kilos. Les présentations faites, je fus chargé de lui faire visiter, après le repas, nos installations. La présence de chevaux de selle dans leur enclos, à laquelle il était loin de s'attendre, le surprit et les explications que je lui donnais à leur sujet, l'intéressèrent vivement. Il y avait gros à parier que le Cadre noir d'Abéché allait compter, sous peu, un écuyer de plus...

Mon pressentiment ne me trompa pas.

Teissère prit possession de la chambre qui venait de se vider ; nous le laissâmes, le restant de l'après-midi, déballer ses affaires et s'installer.

Mes camarades et moi-même ne mîmes pas bien longtemps, les jours qui suivirent, à nous rendre compte que notre nouveau compagnon avait un caractère plutôt difficile, en ce sens qu'il n'admettait pas la contradiction, quelle qu'elle fût, et qu'il ne comprenait pas la plaisanterie, surtout quand elle n'était pas en sa faveur. Il avait une fâcheuse tendance à s'emporter facilement, pour une peccadille et, compte tenu de sa promptitude à passer au stade supérieur, il valait mieux ne pas le provoquer ni même essayer de lui tenir tête dans une discussion lorsque nous ne partagions pas son avis. Les seuls à échapper aux désagréments de ce caractère de cochon étaient, pour le moment tout au moins, le chef de détachement qui bénéficiait, de par ses fonctions, d'attentions particulières, et moi, qu'il avait plutôt à la bonne, je ne sais trop pourquoi, peut-être parce que je m'étais un peu plus que mes camarades occupé de lui à son arrivée... Sa “bienveillante” tolérance à mon égard facilita grandement nos relations et je pense avoir été le seul avec lequel il n'ait, presque jamais, eu de mots désagréables... Une performance ! Nous comprenions mieux, maintenant, pourquoi notre nouveau pensionnaire avait été jugé indésirable à Faya... Nous ne pûmes que regretter d'autant le charmant camarade qui avait dû lui laisser sa place... Et pourtant, Teissère avait, aussi, de bons moments ; il était capable du pire comme du meilleur. Il était impulsif, certes, mais il avait bon cœur. C'était le côté paradoxal du personnage... Il était arrivé depuis à peine une semaine et chaque jour qui avait passé avait été marqué par de petits accrochages, sans gravité heureusement, avec le personnel qui avait compris jusqu'où il ne pouvait aller plus avant dans les conversations avec lui... Le sachant facilement irritable, tout était prétexte pour le faire mousser, en prenant bien garde de ne pas dépasser la limite de "décrochage", et il tombait, à chaque fois, dans le panneau. Vraiment, sa présence parmi nous mettait de l'ambiance ! La chanson dit : la solitude, ça n'existe pas... Pour nous, depuis l'arrivée du nouveau pensionnaire, notre isolement, que nous supportions d'ailleurs très bien, le devenait encore un peu moins...

Un matin, comme cela était prévisible, Teissère me fit part de son intention d'acheter, lui aussi, un cheval arabe et me demanda, pour ce faire, de l'amener avec le Dodge au village. Je lui proposais alors de l'aider dans le choix de l'animal et dans le marchandage du prix avec le vendeur. Il refusa mon offre, me fit savoir qu'il se débrouillerait très bien tout seul et qu'il rentrerait au camp par ses propres moyens, avec l'équidé de l'ordre des ongulés qu'il aurait choisi. Insister, de ma part, eût été, non seulement déplacé, mais complètement inutile, aussi, après l'avoir laissé au marché à bestiaux, je rentrais au détachement.

Mes compagnons ayant appris la décision de Teissère d'acheter un cheval de selle surent, tout de suite, que cette journée du six mai 1963 serait mémorable et vaudrait son pesant de surprises ! Ils ne s'étaient pas trompés...

Nous guettâmes donc, ensemble, le retour de "Zorro"...

Un peu avant midi notre attente prit fin et le spectacle qui s'offrit alors à nous restera longtemps gravé dans nos mémoires, car il valait le coup d'œil ! Nous crûmes, un instant, que le dix-septième siècle venait de renaître et que Don Quichotte, le fier Hidalgo porté par Rossinante, venait de franchir l'entrée du camp ! Seules manquaient l'armure et la lance pour que l'illusion soit parfaite ! Quant au fidèle Sancho Pança monté sur son âne, il avait dû se perdre en route...

La "plus noble conquête" de notre ami arborait une robe d'un noir plutôt terne, elle avait le dos creux, était cagneuse et semblait avoir quelque mal à supporter son cavalier. Elle ne semblait plus très jeune, ne pouvait cacher un air triste, était d'une taille inférieure à la moyenne au point que les pieds de son cavalier paraissaient traîner sur le sol. Peut-être que les courroies des étriers étaient-elles mal ajustées à la taille de notre héros ? Quant au crin, il était bien dégarni, au point que l'animal semblait presque anoure...

Évidemment, nous nous gardâmes bien d'exprimer la moindre remarque qui pût paraître désobligeante envers le couple qui venait de faire une entrée majestueuse... et très remarquée. Je ne manquais pas, cependant, de me souvenir que, moi aussi avais été l'objet de quelques sourires, un peu narquois, de la part de mes collègues, il y avait maintenant bientôt un an et demi, montant mon cheval pour la première fois. Mais jamais, au grand jamais, ils ne s'étaient autant amusés, tout au moins je l'espérais ! Sami avait fière allure, lui...

Nous venions de passer un très agréable moment... et ce ne fut pas le dernier, loin de là !

D'ailleurs, la journée n'était pas terminée !

Désormais, comment pourrions-nous nous passer de notre ami… et de ses lubies aussi imprévisibles que désopilantes !

Vers dix-huit heures, notre "Yves Saint Martin" local décida de faire la toilette de sa noble monture, qu'il avait baptisée sans complexe : "Puissant chef", du nom d'un cheval de courses célèbre, dans les années cinquante-cinq à soixante. Pressentant qu'il allait, forcément, se passer quelque chose, mes camarades et moi-même nous nous retrouvâmes dans la cour, à l'ombre du bâtiment, devisant tranquillement, comme à l'habitude, à cette heure plus supportable de la journée, d'une façon anodine qui voulait paraître non préméditée afin de ne pas donner l'éveil à notre ami. En réalité, bien sûr, nous attendions tous, avec intérêt, la suite des événements. Comme "faux culs", l'on pouvait difficilement trouver mieux !

Teissère attacha la longe de son "pur-sang" arabe à l'un des quelques "kékés" (arbustes rabougris, épineux) de la concession et demanda à Adoum de lui apporter une éponge, un seau d'eau et… un paquet de lessive !

Les acteurs et les spectateurs de la comédie burlesque qui n'allait sûrement pas manquer de se jouer étaient en place. Ils n'attendaient plus que la suite des festivités…

Tandis que notre collègue frottait, savonnait, lessivait avec vigueur l'animal qui n'avait pas l'air d'apprécier le traitement, il lui parlait, le réprimandait parfois, le menaçait même, car ce dernier s'agitait un peu trop, ce qui compliquait passablement la tâche du palefrenier. Après une bonne vingtaine de minutes de toilette, "Puissant Chef" était devenu tout blanc, recouvert d'une mousse épaisse, des naseaux à la croupe… Il ne lui manquait plus que des andouillers et un traîneau rempli de jouets derrière lui pour que l'on puisse aisément imaginer que le Père Noël, très en avance sur son planning, venait d'arriver ! L'animal manifestant de plus en plus son mécontentement, la solution alcaline à base de potasse devant irriter passablement ses muqueuses, Teissère décida enfin de procéder au rinçage. Tandis qu'il partit quérir à l'office de l'eau pour ce faire, le cheval, de plus en plus énervé, réussit, dans un ultime effort, à se détacher… et ne trouva pas mieux que de se rouler, les quatre fers en l'air, dans la poussière ! En moins d'une minute, il avait perdu sa couleur virginale et ressemblait davantage, avec tout ce qui était venu s'amalgamer à la mixture savonneuse (terre, petits cailloux, brindilles de bois et autres détritus divers), à un porc-épic qu'à un fringant destrier que, de toute façon, il n'était pas ! La bête était heureuse et elle profitait pleinement du moment présent… pas pour longtemps ! Lorsque notre ami réapparut avec son seau d'eau et qu'il vit le spectacle, il entra dans une violente colère, insultant son cheval et le traitant de tous les noms d'oiseaux, ce qui était, pour le moins, original… "Puissant chef" ne comprenait pas ce qui lui arrivait, quant à nous, nous eûmes beaucoup de mal à dissimuler les fous rires que nous ne pouvions retenir plus longtemps. Aussi, nous jugeâmes préférable de quitter les lieux afin d'éviter les ennuis qui ne manqueraient pas de surgir si nous persistions à rester sur place…

Deux jours après cet interlude comique, nous dûmes nous rendre, tôt le matin, en "Broussard", à Goz-Béida, à deux cent soixante kilomètres dans le sud, où la petite fille du gendarme français en poste dans cette région avait quelques ennuis de santé. Notre médecin aspirant qui fut, bien évidemment, du voyage, rassura les parents après avoir examiné la fillette : une forte fièvre, des nausées et une sudation intense étaient les symptômes d'une maladie tropicale, sans gravité, qu'il connaissait bien et qui était fort répandue dans ces contrées. Il s'agissait de la "dengue", dont l'on pouvait constater une recrudescence à chaque changement de saison, celle des pluies n'étant plus très éloignée. Quelques comprimés de nivaquine et des antibiotiques rétabliraient la jeune patiente en trois ou quatre jours, au maximum. Comme nous le faisions à chaque fois que cela était possible, nous lui avions apporté un gâteau de riz confectionné la veille par Adoum, car nous savions que l'enfant en était friand. Un peu avant midi, nous étions de retour. Comme l'avait prévu "Daktari", la petite fille fut complètement rétablie trois jours plus tard.

Le dix mai, dans la matinée, nous reçûmes la visite d'un personnage curieux qui venait une fois par an chez nous, sans s'annoncer, et restait notre hôte deux ou trois jours. C'était un fonctionnaire civil français des Télécommunications, du nom de Boulanger. Ici, les anciens l'appelaient : "père la Boulange". Il sillonnait, à bord de son Land Rover, le sud du pays, de Bongor à Ati, en passant par Fort-Archambault, Am Timan et Abéché, pendant plusieurs mois d'affilée. Il rentrait à Fort-Lamy avant le début de la saison des pluies. Sa mission consistait à inspecter les petits bureaux de Postes tchadiens de ces contrées déshéritées. Cet homme était vraiment atypique : c'était un "blédard" accompli, au cuir tanné par le soleil et la vie au grand air, au parler cru, sans ambages, à la tenue vestimentaire rudimentaire composée d'un chapeau de brousse, d'un tricot de peau, d'un ample short sans formes et de sandales à lanières. Ajoutez au tableau une barbe qui le faisait plus ressembler à un Pope qu'à un agent public de l'état. Après seulement quelques minutes d'entretien avec lui, je ne pus m'empêcher de le comparer, avec un peu d'exagération tout de même, au moine de Rabelais, le très célèbre Frère Jean des Entonneurs qui troussait les filles sans vergogne, buvait et jurait comme un soudard… Faisant partie de ceux qui ne l'avaient encore jamais vu, j'avoue que je fus impressionné par cette figure emblématique à laquelle il était bien difficile de donner un âge.

L'arrivée du père "la Boulange" n'allait pas manquer de susciter des conversations fort animées. Avec lui, nos petits soucis du quotidien restaient à la porte ; ils seraient oubliés le temps de son bref passage, au cours duquel un affreux quiproquo, avec l'un d'entre nous, allait naître…

Ce jour-là, Teissère était parti faire une petite randonnée à cheval, pas bien loin, son brave animal ayant des possibilités physiques plutôt limitées, et ne rentra au camp qu'un peu avant le repas de midi. Nous lui présentâmes le père "la Boulange" et, aussitôt, sans que, un seul instant, nous ne l'ayons voulue, la méprise naquit : Christophe (c'était le prénom de notre collègue) crut que notre visiteur était un missionnaire parcourant la savane pour évangéliser les populations autochtones comme le fit, au siècle dernier, le Père de Foucault, originaire d'ailleurs, tout comme lui-même, de Strasbourg… Pressentant de bons moments à venir du fait de cet imprévisible malentendu, nous nous gardâmes bien de détromper notre ami. Ce n'était pas bien charitable de notre part mais, comme l'on dit : "l'occasion fait le larron !" et un brin de fantaisie, dans ces lieux déshérités, c'était toujours bon à prendre ! Le faux ecclésiastique joua le jeu à fond ; particulièrement doué pour la comédie, il était plus vrai que vrai dans son rôle ! Il était évident qu'il n'aurait pas de souci à se faire pour sa reconversion, le jour venu… À table, au cours du repas, ce ne furent que : "mon Père, voulez-vous ceci, mon Père, désirez-vous cela ?" de la part de Christophe, qui était catholique convaincu et très croyant à défaut d'être pratiquant, lequel se montra le plus empressé de nous tous envers notre illustre hôte ! Ce fut un moment difficile à passer car nous eûmes beaucoup de mal à cacher notre hilarité. Bon sang, que cela pouvait être dur de taire ses sentiments ! Khadidja, Adoum et Mustafa se demandaient ce qui se passait car, eux, ils connaissaient déjà Boulanger et ils n'avaient jamais assisté, lors des précédents passages au camp de celui-ci, à une telle débauche d'égards à son intention. Ils furent mis dans la confidence et tirèrent parfaitement leur épingle du jeu. Au dessert, le "révérend", en grande forme, nous rappela que la confession faisait partie des rites et des devoirs de la religion et qu'un bon catholique se devait de la pratiquer au moins une fois l'an. Le ticket d'entrée au Paradis était à ce prix… Il se tenait donc à la disposition, dans le courant de l'après-midi, de ceux qui auraient à cœur de faire leur devoir de bons chrétiens et qui désireraient, ainsi, être en paix avec leur conscience.

Le repas terminé, Teissère me prit à part et me demanda ce qu'il fallait penser de la façon de parler pour le moins, crue, du religieux. Ma réponse, embarrassée, fut que, dans ces contrées sauvages et particulièrement pauvres, c'était monnaie courante et que cette façon particulière de s'exprimer ne mettait pas en cause le travail magnifique que ces hommes de terrain accomplissaient. Mes propos durent rassurer mon ami car il me fit part de son intention de se confesser, d'autant qu'il désirait avoir une petite conversation particulière avec le bon "la Boulange". Il voulait en profiter pour lui demander d'entrer en contact avec le curé de sa paroisse, à Strasbourg, pour que celui-ci intervienne en sa faveur auprès des parents pour le moins, réticents, d'une jeune fille, encore mineure, qu'il désirait épouser à son retour en France. Je répondis à Christophe, avec la plus mauvaise foi du monde, qu'il avait là une excellente idée. C'est cela la difficulté de la chose : lorsque l'on a commencé à mentir, il est très difficile de faire marche arrière...Trois ou quatre d'entre nous se prêtèrent au simulacre proposé. Christophe, quant à lui, à l'issue de son entretien avec le "Père", se retira un instant dans sa chambre pour y accomplir la pénitence qui le libérerait du fardeau de ses péchés...

Les deux jours qui suivirent furent à l'image de ce dix mai ; notre ami se montra plein de prévenances et d'attentions envers notre invité lequel, apparemment, sembla ravi d'être l'objet de tant d'égards... La veille du départ de ce dernier, Teissère me proposa de faire avec lui une ballade à cheval, proposition, qu'adroitement je refusais, lui suggérant de laisser, par politesse, ma place à la Boulange... qui fut tout heureux d'accepter de monter Sami. J'étais très satisfait de m'en être tiré à si bon compte sachant, d'expérience, que toute action entreprise avec ce brave Christophe avait toutes les chances de se terminer en eau de boudin. À choisir, autant que ce soit le "Révérend" qui prenne ce risque : au moins, lui, il était protégé par la grâce ! Mais tout se passa bien cette fois et nos compères se montrèrent ravis de leur brève escapade

Le lendemain dans la matinée, après avoir rendu une rapide visite au tout petit bureau des postes d'Abéché, "la Boulange" nous fit ses adieux et nous quitta, non sans promettre à nouveau, à Teissère, de s'occuper de lui au sujet de sa fiancée, dès qu'il le pourrait, puis il prit la piste en direction d'Ati, où il comptait rester deux jours avant de rejoindre Fort-Lamy, son "port d'attache".

Le vingt mai, nous effectuâmes notre dernière tournée de ravitaillement des postes, en "Broussard", avant le début de la saison des pluies.

À notre retour, en fin d'après-midi, Teissère m'annonça une nouvelle à laquelle je m'attendais si peu : il avait décidé de prendre une compagne pour le temps de son séjour à Abéché ! Il en avait parlé à notre chef de détachement qui avait accepté que "l'heureuse élue" loge au camp, dans la chambre de notre ami, où un lit de camp pourrait être installé, à condition qu'elle ne soit, en aucune manière, une entrave pour le service, que notre ami subvienne, pécuniairement, à ses besoins et que, dans la journée, celle-ci participe aux travaux de ménage et d'entretien, de conserve avec le personnel autochtone. Décidément, nous n'étions pas arrivés au bout de nos surprises avec notre mécanicien, excellent, au demeurant, dans sa spécialité, mais au comportement caractériel pour le moins, aussi fantasque qu'imprévisible ! C'était une première dans l'existence du camp à laquelle nous allions assister. Après tout, puisque cela ne gênait personne, pourquoi pas ? Si, au moins, cette communion avec une indigène pouvait apporter un peu de sérénité dans la conduite quelque peu brouillonne de notre ami, tant mieux ! Et puis, cela était louable, d'essayer de se rapprocher de ces populations qui nous accueillaient, et d'approfondir leurs us et coutumes si différents des nôtres !

Dès le lendemain, après le repas de midi, notre Don Quichotte des temps modernes partit en quatre-quatre au village, à la conquête de sa Dulcinée. Vers dix-neuf heures, il était de retour accompagné d'une jeune femme indigène d'une vingtaine d'années (ce qui était un âge déjà un peu avancé ici), pas mal du tout physiquement, qui semblait paralysée par le trac, car elle n'avait certainement jamais imaginé qu'un jour elle vivrait une partie de sa vie avec un Européen. Elle était plutôt grande et mince. Seule petite ombre au tableau, comme toutes les femmes de la région, ses cheveux, savamment tressés, étaient enduits d'une couche très grasse de beurre de karité qui dégageait une odeur de rance, tout à fait particulière et très forte, difficilement supportable par nos papilles olfactives. Nous avions réussi à dissuader notre Khadidja de sacrifier à cette coutume ancestrale : certainement que le seigneur et maître… de Khadidja numéro deux (car tel était, également, le doux prénom de l'heureuse élue), arriverait à en faire autant. En attendant, et pour éviter toute confusion, Teissère, qui était parfois capable d'humour, décida d'appeler sa compagne : "belles miches" ! Cela n'était pas très original, mais avait le mérite, au moins, de lever l'ambiguïté. Ce fut donc le surnom qu'elle garda… le temps de son séjour parmi nous. Elle ne parlait pas un seul mot de notre langue et, comme elle n'était pas particulièrement exubérante ni d'un tempérament démonstratif, les contacts entre elle et nous furent assez difficiles. Aussi, notre ami avait-il tout intérêt à faire l'effort d'apprendre les mots d'arabe essentiels de la vie courante.

Les jours suivants passèrent sans le moindre incident. La cohabitation ne posait aucun problème. "Belles miches" se rendait utile, comme cela avait été convenu dans le contrat "moral" avec le chef. Elle prenait ses repas en compagnie de ses trois coreligionnaires tchadiens avec lesquels, au moins, elle pouvait échanger quelques mots. Teissère m'apprit, car j'étais son confident, qu'il n'avait pas eu de difficulté à trouver l'élue de son cœur, mais qu'il avait dû âprement débattre son prix avec le vieux père, par gestes, bien sûr, à savoir, l'équivalent de la valeur de huit moutons et de six chèvres. Il m'expliqua, en outre, qu'il avait tenté de montrer à sa compagne du moment qu'il venait d'installer dans sa chambre, comment se laver les dents avec une brosse et du dentifrice… en pure perte, comment utiliser régulièrement la douche…sans le moindre succès : la bassine restant, pour les indigènes qui n'avaient pas encore connu les bienfaits de la civilisation, le moyen traditionnel de faire leurs ablutions ! Je n'étais pas arrivé au bout de mes surprises lorsqu'il me confessa qu'elle refusait de coucher sur un lit et n'acceptait de dormir qu'à même le sol, sur une natte… Pour ce qui était de la couleur locale, il était servi !

La saison des pluies n'était plus très loin; les gros nuages chargés d'eau avaient commencé à pousser devant eux la cohorte indésirable des insectes qui n'allaient pas tarder à nous envahir. Déjà, des éléments précurseurs de criquets avaient fait leur apparition; ils s'abattirent sur les chevaux excités, énervés, s'agrippant à leur crinière et s'en prirent, également, à l'autruche qui traînait son mélancolique veuvage dans la concession. Essentiellement herbivores, un bon nombre de ces orthoptères qui avaient fait, déjà, un long voyage, tombaient d'épuisement sur le sol : bon nombre d'entre eux ne repartiraient pas avec leurs congénères.

Quant au couple de mangoustes, il était tout heureux de profiter de cette manne tombée du ciel...

Le vingt-sept mai restera pour tous un jour que nous ne serions pas près d'oublier. Notre personnel tchadien attendant, en vain, "belles miches" pour le repas de midi, entreprit sa recherche dans le camp et, ne la trouvant pas, craignant une fugue, crut bon devoir en aviser Teissère.

Après une bonne demi-heure d'investigations, d'appels, il fallut bien se rendre à l'évidence : la belle avait disparu, avec ses maigres affaires, ce qui laissait supposer qu'elle ne reviendrait plus ! Christophe entra dans une violente colère et décida aussitôt d'aller la récupérer : elle avait dû, très certainement, rejoindre la tribu familiale...

Nous pensâmes qu'il était plus vexé dans son amour-propre que par la trahison dont il estimait être la victime. Vu l'excitation dans laquelle il était, nous n'essayâmes pas de le dissuader de partir, au volant de la très vieille deux chevaux Citroën (laquelle vivait, sûrement, compte tenu de son état de délabrement, ses derniers kilomètres) qu'il venait récemment d'acquérir, au village, pour une poignée de figues. Il était bien décidé à ramener l'infidèle, par la force s'il le fallait.

Ne voyant toujours pas revenir notre ami, accompagné ou seul, en fin d'après-midi et pressentant le pire, connaissant l'entêtement de celui-ci, le chef de détachement prit la sage décision de partir à sa recherche, avec deux hommes et moi-même qui savais où "résidait" la smala, notre ami m'en ayant tenu informé.

Cette initiative s'avéra être, pour le moins, heureuse car, arrivés sur place, les éclats de voix que nous entendîmes et qui nous guidèrent droit au but, ne présageaient rien de bon.

Devant une case, les nombreux membres de la famille de Khadidja gesticulaient, vociféraient, menaçaient, encerclant notre ami, rouge de colère, qui, manifestement, n'avait pas le dessus... À ce spectacle était venue se joindre une foule de curieux que les palabres, qui n'en finissaient plus, ravissaient. La fille, objet du ressentiment de Christophe, était absente, cachée, pour ne pas envenimer davantage l'affaire. Elle refusait obstinément, selon ses parents, de reprendre la vie commune. Quant à son père, il n'avait aucunement l'intention de rendre l'argent qu'il avait reçu pour la transaction : il avait tout dépensé, s'efforçait-il de lui faire comprendre, pour faire la fête avec les siens et des amis !

Nous eûmes beaucoup de mal à franchir, en premier rideau, le mur des badauds qui avaient pris part, eux aussi, aux débats, puis à arriver auprès des belligérants. Mais ce ne fut rien, comparé aux trésors d'imagination, d'improvisation, de dissuasion que nous déployâmes à l'intention de notre ami pour qu'il comprenne, et admette, qu'il n'y avait rien d'autre à faire qu'à céder : il n'y avait aucune issue à cette affaire autre que de rentrer chez nous : la foule, surexcitée, pas loin de la transe, devenant de plus en plus dangereuse.

L'influence de notre chef ne fut pas de trop pour convaincre enfin notre compagnon d'abandonner, non sans moult jurons et grossièretés, la partie avant que l'irréparable ne se produise.

Nous fûmes de retour au camp vers vingt et une heures, tous les cinq, nerveusement épuisés. L'un de nous ramena l'épave roulante, notre ami n'étant pas en état de conduire.

La journée avait été dure…

Nous évitâmes tous, par la suite, de reparler de cette affaire.

Le trente et un mai, la saison des pluies commença, apportant avec elle son cortège de désagréments : insectes en tous genres, bobos qui n'en finissent plus de cicatriser à cause du taux d'humidité très élevé qui rend, en outre, la chaleur difficilement supportable, crises, heureusement passagères, de “dengue”, inondations… ce qui ne nous empêcha pas de poursuivre nos ravitaillements aériens parachutés des postes de brousse.

C'est en plein milieu de cette période, dans le courant du mois de juillet, que nous apprîmes qu'un “Marcel Dassault 315” de la base de Fort-Lamy, de retour de mission à Zinder, au sud Niger (patrie des Haoussas et des Peuhls, important marché d'exportation de mil, de bovidés et de peaux) où il venait d'acheminer des antibiotiques et des flacons de sérum antityphique suite à un début d'épidémie qui s'était déclaré dans cette région, s'était abîmé dans le lac Tchad, à quatre cent cinquante kilomètres à l'est.

Les trois membres qui constituaient l'équipage ainsi que les deux convoyeurs avaient péri.

À cette époque de l'année le lac, alimenté par le fleuve Chari en crue, double sa superficie et son niveau d'eau est à son maximum, ce qui compliqua énormément les recherches.

Nos collègues étaient partis effectuer l'une des nombreuses missions humanitaires qu'il leur était demandé, régulièrement, d'assurer; ils l'avaient menée à bien mais, cette fois, ce fut leur dernière : la Camarde les avait attendus sur le chemin du retour…

Ils avaient fait, comme tant d'autres, simplement leur devoir, rien que leur devoir…

Notre grande famille se trouvait, à nouveau, plongée dans la douleur.

Début juin 1963, un matin, tôt, à la prise de service, Adoum me demanda, les yeux humides et visiblement malheureux, la permission de s'absenter deux jours pour cause de décès, la nuit précédente, de sa "grande mère" maternelle, Imma Khodja. Après avoir essayé de le réconforter, et sur le point d'accéder à sa demande, brusquement, je me souvins qu'il y avait environ dix-huit mois, à mon arrivée à Abéché, il m'avait déjà demandé un congé exceptionnel pour le même motif : le décès de cette même "grande mère" maternelle, Imma Khodja, justement ! Celle-ci, décédée une première fois avait donc ressuscité… jusqu'à hier soir ! Nous savions que les populations indigènes vivaient en étroite osmose avec les sorciers qui avaient, à leurs yeux, des pouvoirs surnaturels, mais, à ce point ! Je ne manquais pas cependant de rafraîchir quelque peu la mémoire défaillante de mon interlocuteur et lui rappelais que, selon ses propres affirmations, la très vénérable Imma Khodja avait tiré sa révérence et avait quitté ce monde l'année passée. À moins qu'il n'ait plusieurs aïeules affublées de ce même prénom, le petit-fils n'était qu'un fieffé menteur. Après un très court laps de temps, Adoum, qui possédait, comme la plupart de ses congénères un sens inné de comédien, ne put résister davantage et finit par avouer qu'il m'avait menti et que la "morte" se portait comme un charme. Quand l'on ment, il faut avoir de la mémoire, c'est bien connu !

L'incident fut déclaré clos.

Quelques jours plus tôt, le responsable africain du petit bureau des postes d'Abéché m'avait raconté une anecdote assez amusante, peu banale et nettement mieux "ficelée" que le mensonge grossier d'Adoum. Au milieu de la dernière saison des pluies l'employé de l'agence postale lequel, curieusement, se prénommait Fetnat (il était né un quatorze juillet), ne s'était pas rendu, un matin, à son travail. Il avait fait remettre à son chef une lettre qui avait été rédigée par le seul et unique écrivain public du village. L'orthographe était particulièrement maltraitée et le français, très approximatif. L'agent déficient y faisait état de blessures contractées en voulant réparer la toiture de son habitation qui avait été, en partie, arrachée par le vent violent et les fortes pluies. Il racontait qu'il était monté sur le faîte à l'aide d'une échelle, y avait amarré une planche, fixé à son extrémité une poulie dans la gorge de laquelle il avait fait passer un cordage. Puis il était descendu pour attacher à l'un des deux brins libres de la corde une caisse qu'il avait chargée de tuiles de terre séchée et avait hissé le fardeau jusqu'à la bonne hauteur. Pour que celui-ci reste maintenu en suspension il avait attaché au sol le second brin. Il était alors remonté pour effectuer le déchargement des matériaux. Tandis qu'il se trouvait à mi-chemin, le cordage insuffisamment arrimé au sol pour le poids qu'il était censé maintenir en l'air, lâcha. Alors, la caisse, sous l'effet pervers de la pesanteur, avait entrepris une chute rapide et était venue lui cogner violemment la tête, obligeant notre homme à redescendre plus tôt que prévu...

Le bricoleur maladroit du dimanche avait sollicité, et obtenu, huit jours d'incapacité de travail pour panser ses blessures (qui avaient, comme par enchantement, totalement disparu lors de sa reprise de service) et se remettre de ses émotions.

Cette débauche d'imagination et cette fort judicieuse utilisation des lois élémentaires de la physique avaient, à mon sens, quelque chose de sympathique, sentiment que je me gardais bien de faire connaître à mon interlocuteur...

Une semaine plus tard il me fut officiellement notifié que mon séjour au Tchad allait bientôt prendre fin : nouvelle destination le Congo-Brazzaville, plus précisément, Pointe Noire, une localité située sur la côte Atlantique, dans l'hémisphère sud, tout près de l'équateur. Mon remplaçant était un Martiniquais, un jeune adjudant du beau nom de : Saint Honoré, et ce n'était pas une blague. L'arrivée de mon successeur et mon départ étaient prévus pour le trente et un août. Le même message nous faisait savoir que le médecin aspirant, qui avait tant donné serait, également, relevé le mois suivant, donc en septembre, par un docteur fraîchement émoulu de l'école de Santé des Armées, ainsi que notre chef de détachement, lequel, atteignant la limite d'âge de son grade, allait pouvoir, sous peu, après une carrière bien remplie, faire valoir ses droits, bien mérités, à la retraite.

Ainsi, des jeunes, au sang neuf, allaient remplacer les anciens, un peu fatigués tout de même, et insuffler une nouvelle vigueur à cette petite colonie qui poursuivrait, quoiqu'il arrive, ses missions. Je savais bien que le restant de ma vie ne se passerait pas à Abéché et, qu'un jour ou l'autre, il me faudrait bien refaire, une fois de plus, mon baluchon et repartir sous d'autres cieux. C'était la règle du jeu ! Il n'en reste pas moins, qu'à chaque fois, cela constituait en soi un petit déchirement car il fallait quitter, et le plus souvent, à jamais, des amis sincères, des vrais, qui avaient partagé avec moi des moments, au gré des événements, pas toujours agréables, certes, mais aussi, de joie, empreints d'un profond sentiment de solidarité, de complicité, de confiance mutuelle. Déjà, de nouveaux collègues, de nouveaux chefs m'attendaient à deux mille cinq cents kilomètres d'ici...

Dès qu'il apprit mon départ imminent, Adoum, en particulier, tint à me faire savoir qu'il me regretterait beaucoup. J'entretenais, en effet, avec lui, des relations privilégiées et ce, à trois titres : d'abord, j'étais celui du détachement avec lequel il pouvait le mieux s'exprimer, ensuite nous étions tous deux nés sur le continent africain et cela créait, forcément, des liens, enfin, parce que quelques jours à peine après mon arrivée ici il m'avait demandé de lui apprendre les rudiments de notre écriture, de notre langage et les bases de l'arithmétique, à commencer par les tables de multiplication et les opérations simples. Ce désir d'apprendre m'avait d'abord surpris, puis, subjugué, enthousiasmé ! Compte tenu du taux très important d'analphabètes qui frappait cette région déshéritée, j'en vins à me demander : pourquoi cette impérieuse envie subite, de s'instruire, de la part d'Adoum ? Nourrissait-il l'intention, non avouée, de pouvoir prendre une part active, un jour, aux destinées de la toute jeune et pas encore très expérimentée république du Tchad ? Bien évidemment ses ambitions étaient certainement infiniment plus modestes ! De toute façon, sa décision était louable et méritait de ne pas être déçue... Aussi, à partir de ce moment, deux ou trois soirs par semaine, en fonction du service, je lui consacrais, à cet effet, une heure après le repas du soir. Je lui avais donné trois cahiers d'écolier dont il prenait un soin jaloux. En un peu plus de trois semaines, il avait appris à reconnaître les lettres de notre alphabet, à les reproduire et même à écrire, maladroitement, certes, son nom et son prénom. C'était un excellent début ! Ce fut un petit peu plus dur pour les multiplications et les divisions. Écolier à part entière, il avait des devoirs à faire et des leçons à apprendre. Mais comme il montrait énormément de bonne volonté, qu'il était très réceptif, et que son avidité d'apprendre était presque insatiable, il fit, assez rapidement, des progrès, au point que, depuis peu, il ne se contentait plus, lorsque je partais au marché du village pour y effectuer notre ravitaillement, de me demander ce dont il avait besoin pour les menus mais il mettait un point de fierté à me montrer que ma patience et ma bienveillance à son égard avaient porté leurs fruits en m'écrivant, sur des petits bouts de papier, la liste de ce qu'il fallait rapporter, et cela donnait, à peu près ceci : "dé zeufs, dé zonions, dé pomes d'éter, du pin, de l'uile, dé tomates, du té..." J'ai encore, aujourd'hui, l'une de ces listes que je garde précieusement dans mes archives...

Qui donc autre que moi allait reprendre le flambeau ? Il était fort à craindre que les brillantes études de mon élève doué ne s'achevassent là...

La saison des pluies venait de se terminer. Le trente août, veille de mon départ, une petite fête fort sympathique et même, quelque peu émouvante, fut organisée à mon intention. Comme à chaque fois dans ces cas-là, le personnel autochtone, qui faisait aussi, partie de la famille, fut convié aux réjouissances. Adoum cependant, faillit bien arriver en retard à celles-ci. Dans l'après-midi je l'avais envoyé à l'épicerie générale du village, véritable caverne d'Ali Baba, pour y acheter deux bidons de cinq litres chacun de pétrole pour les lampes et les deux “Électrolux”. Un peu plus d’une heure plus tard, il était de retour et je m’aperçus alors que l’un des deux récipients était légèrement percé et laissait s’écouler, goutte à goutte certes, mais tout de même, le précieux liquide. Je demandais alors à notre commissionnaire de retourner le bidon défectueux pour procéder à son échange. Deux heures plus tard, il n’était toujours pas revenu. Je commençais à me poser des questions sur la conduite à tenir lorsque deux agents de police tchadiens se présentèrent à l’entrée du camp et m’apprirent que notre homme avait été mis en prison, malgré ses vociférations vite étouffées dans l’œuf par quelques coups de matraque, au motif de : vol de pétrole chez son employeur. Il avait été intercepté à l’aller sur le chemin menant au village (ce qui n’était pas le meilleur sens pour lui…), plus très loin de celui-ci.

Les agents avaient cru qu’il tentait de s’approprier la marchandise…

Au plus grand étonnement des pandores, fiers de leur prouesse, je ne pus m’empêcher d’éclater de rire. Ceux-ci se regardèrent, interloqués, pensant sûrement que je ne me trouvais pas dans un état normal. Je leur expliquais, néanmoins, qu’Adoum n’avait fait qu’obéir aux directives, les remerciais de leur conscience professionnelle… et volais au secours de notre Edmond Dantès. Arrivé au local qui faisait office de commissariat, je fus reçu par le responsable des lieux, un fonctionnaire de la toute jeune police locale, pas spécialement futé, auquel j’expliquais que le prisonnier n’était pas un voleur et qu’il bénéficiait de toute notre confiance. L’étonnement passé, il m’entraîna dans une cellule baraudée, sale et dans laquelle il régnait une chaleur moite, à la limite du supportable, pour prendre livraison du malheureux, assis sur un bat-flanc en bois. D’ordinaire d’un teint d’ébène, Adoum montrait, à ce moment-là, un visage proche de la couleur grise, certainement due à la colère ! Après les remerciements polis que je ne manquais pas d’adresser au “commissaire” (ici, les susceptibilités sont à ménager), nous ne nous attardâmes pas dans les lieux et regagnâmes au plus vite nos pénates où notre héros reçut une véritable ovation. Une grosseur avait commencé à poindre au-dessus de son front; nul doute qu’elle allait prendre un peu de volume dans les heures à venir… Mais un crâne de Tchadien, c’est du solide ! Quant au bidon percé, l’on réglerait cela plus tard…

La cérémonie programmée put enfin débuter par un très flatteur speech à mon endroit, de notre chef auquel je répondis en le remerciant chaleureusement de ses propos si agréables à entendre, et en lui souhaitant une retraite, maintenant proche, la plus agréable possible. Je n’oubliais pas, dans mon intervention, notre toubib, lui aussi sur la liste des prochains partants et le reste du personnel qui m’avait toujours témoigné son amitié et qui ne manquerait pas de perpétuer l’esprit de solidarité et d’amitié qui avait toujours été le nôtre. Puis, ces incontournables formalités accomplies, nous levâmes nos coupes de champagne (de thé, pour les trois musulmans) à la pérennité de l'œuvre entreprise ici au service des déshérités. Un cadeau, auquel j'étais bien loin de m'attendre, me fut offert : une peau de lion ! Il faut tout de même préciser qu'à cette époque ce noble animal abondait, voire, pullulait dans notre région et causait d'énormes dégâts parmi le cheptel. Aussi, le gouvernement tchadien avait-il permis, et encouragé, sa destruction systématique. Heureusement que, depuis maintenant un bon nombre d'années, cette politique a été abandonnée et que ce grand fauve qui se trouva vite en voie d'extinction à la suite de ces battues autorisées fait partie, aujourd'hui, des espèces animales protégées.

Ce trophée de chasse, j'ai dû me résoudre à m'en débarrasser, une quinzaine d'années plus tard : la peau, mal tannée, se craquelait petit à petit et partait en morceaux comme un papyrus que le Nil n'abreuverait plus.

Bien évidemment, comme le voulait la tradition, des chansons à boire prolongèrent la cérémonie fort tard dans la nuit car notre répertoire en la matière, à défaut d'être aussi connu et célèbre que celui d'Aragon ou de Prévert, était bien fourni tout de même, et ne manquait pas de piquant !

Le lendemain, à huit heures trente, nous accueillîmes sur la fréquence radio le "Marcel Dassault 315" Fox-Tango-Delta-Kilo-Lima en provenance de Fort-Lamy et nous pûmes faire la connaissance, trois-quarts d'heure plus tard, de mon remplaçant. Notre chef lui souhaita la bienvenue et le présenta à tout le personnel. Mais, quelle ne fut pas notre surprise lorsque le commandant de bord, remit à Simion l'Africain une carte postale qui était arrivée l'avant-veille à la Base, en provenance d'Angleterre. Elle émanait de… Thomson, qui avait tenu à nous remercier encore, de chez lui cette fois, pour notre hospitalité lors de l'affaire du "Jet Provost". Nous fûmes très touchés de cette délicate attention et le patron fit la promesse de lui répondre, en notre nom à tous. Quant à moi, je fus chargé, après l'avoir aidé à s'installer dans la chambre qui avait été la mienne pendant un peu plus d'un an et demi, de faire visiter à Saint Honoré nos installations. La gonio, dont il allait être le nouveau responsable, retint toute son attention car les appareils qu'elle contenait n'étaient pas les mêmes que ceux qu'il avait utilisés en France où les stations automatiques "Dubourg" avaient remplacé, depuis un certain temps, les systèmes manuels en exploitation encore ici. Nous eûmes tous les deux une longue discussion durant laquelle il me posa bon nombre de questions concernant le fonctionnement du service, la vie au détachement, le climat. Je m'efforçais de répondre à ses attentes du mieux possible et lui donnais, en prime, quelques conseils personnels qu'il apprécia beaucoup. Il tint, également, à discuter avec les deux opérateurs radio qui allaient travailler avec lui. À l'issue de cet entretien, l'un d'eux, en aparté, me fit savoir qu'il avait trouvé son nouveau chef de station très ouvert, très intéressé et particulièrement aimable voire même, courtois, comme savent l'être, le plus souvent, les gens venus des "îles". Une bonne pâte, en somme, ce Saint

Honoré !

Je n'eus aucune difficulté à revendre mon brave Sami, selle et harnachement compris, à mon successeur qui fut ravi de devenir propriétaire d'un pur-sang, tout équipé, pour la modique somme de quinze mille francs C.F.A. ! Un luxe qu'il n'aurait jamais pu se payer avant…

Le départ était fixé à seize heures trente, après mon ultime repas à Abéché. J'avais préparé une petite surprise pour Adoum à laquelle, bien sûr, il ne s'attendait pas. Quelques minutes seulement avant notre envol, après avoir fait mes adieux à tout le personnel et fait une dernière caresse à mon fier destrier qui m'avait procuré tant de joies, je remis, solennellement, à mon brillant élève un document rédigé avec beaucoup d'application et de soin, daté et signé, que j'avais intitulé, sans le moindre complexe : certificat d'études primaires dans lequel étaient mentionnés les matières enseignées, la durée des études ainsi que le niveau atteint. Était soulignée, tout spécialement, la remarquable assiduité de l'élève. Une appréciation générale excellente terminait le texte. Le "récipiendaire", que l'étonnement et l'émotion laissèrent un instant sans voix, rassembla ses esprits et arriva, quelques secondes plus tard, à balbutier quelques mots de remerciements. Le brillant humide de ses yeux ne pouvait cacher son émotion. Je venais, à coup sûr, de lui offrir là le plus beau des cadeaux qui pouvaient lui être faits, dont il ne séparerait jamais, j'en étais intimement persuadé…

À l'heure prévue, le plein d'émotion fait, pour ce qui me concernait, Saint Honoré donna l'autorisation au Fox-Kilo-Lima de rouler sur le taxiway pour rejoindre la piste et décoller. Une heure après, nous quittions la fréquence radio d'Abéché après un : "bonne chance et bon vent !" de la station au sol. Le silence qui succéda dans mes écouteurs me parut tout à coup, pesant, lourd comme une chape de plomb que l'on aurait posée sur mes épaules… J'avais passé pas loin de deux années dans cette province du Ouaddaï si attachante dans laquelle mes camarades et moi avions fait, je l'espère, du bon travail. Ceux qui restaient, et les nouveaux, poursuivraient, sans aucun fléchissement, j'en étais persuadé, la noble œuvre entreprise.

Ils étaient les "Saint-Bernard" de la savane…

Après un vol sans histoires, nous nous posâmes à Fort-Lamy à dix-huit heures quarante-cinq. Une douche, oh combien lénifiante, un souper léger et une bonne nuit, la dernière en terre tchadienne, terminèrent cette journée mémorable. Le lendemain matin, tôt, je quitterai ce pays où j'avais passé des moments exceptionnels, inoubliables… J'allais connaître autre chose, d'autres horizons, d'autres aventures.

Une page de mon existence venait de se tourner, une autre s'ouvrait.

Ainsi va la vie…

CHAPITRE VII

À six heures trente, le premier septembre 1963, un avion-cargo "Nord-Atlas 2501" du Groupe de transport 1/61, pleins de carburant faits et chargement de fret effectué, n'attendait plus que l'embarquement de ses passagers soit terminé pour mettre le cap sur Pointe-Noire, en bordure de la côte atlantique du Congo, via Bangui et Brazzaville. À sept heures, l'oiseau prenait son envol pour sa première étape, la capitale de la République centrafricaine, à un millier de kilomètres au sud de Fort-Lamy, où nous devions arriver trois heures plus tard. Nous venions de franchir, depuis quelques minutes, le travers ouest de Fort-Archambault (aujourd'hui : Sarh), à l'extrémité sud du Tchad, et nous survolions le fleuve Chari, magnifique miroir sous les rayons obliques et déjà chauds du soleil, lorsque les ennuis commencèrent. Notre moteur gauche se mit, brusquement, à cafouiller et, malgré les tentatives répétées de notre pilote pour relancer la machine, celle-ci refusa obstinément de reprendre son rythme normal; les tours par minute chutant à vue d'œil, la décision fut immédiatement prise d'arrêter le récalcitrant. Comme nous venions de dépasser le "point de non retour", il n'était plus question de rebrousser chemin mais, au contraire, de poursuivre le vol jusqu'à Bangui puisqu'il n'y avait aucun terrain de dégagement sur notre chemin susceptible de nous recevoir. La situation n'était pas dramatique, tout au moins pour le moment, bien que nous perdions un peu d'altitude, mais préoccupante tout de même. L'appareil, qui n'était pas chargé à son maximum, pouvait, normalement, sur un moteur, couvrir les quatre cent cinquante kilomètres restants qui ne comprenaient pas de sommets importants à franchir, à condition bien sûr que celui-ci ne se mette pas, lui aussi, à vouloir imiter son frère jumeau qui venait de nous lâcher! Il n'en fut, fort heureusement, rien : le brave petit se montra très coopératif et nous amena, sans encombres, à bon port. Tandis que nous effectuions les manœuvres d'approche du terrain nous pouvions distinguer la mise en place, au sol, des moyens de secours d'urgence : pompiers et ambulances. Mais ils n'eurent pas à intervenir. L'atterrissage, exécuté de main de maître, se fit donc avec une hélice en drapeau et sous une pluie battante (mais, heureusement, brève), ce qui compliqua un peu la chose, à dix heures quarante-cinq, soit avec près d'une heure de retard sur l'horaire prévu.

Notre mécanicien de bord s'attela immédiatement à la tâche. Après avoir ôté les capots de protection du moteur défaillant il entreprit de démonter les filtres d'arrivée du carburant lesquels, selon lui, devaient être la cause de nos ennuis. L'heure de départ pour la destination suivante, Brazzaville, fut fixée à seize heures, si tout se passait bien, soit, dans un peu plus de cinq heures. Comme nous avions pas mal de temps à attendre et que nous n'étions d'aucune utilité pour le mécanicien, trois camarades du groupe et moi décidâmes de faire un saut en ville, d'ailleurs, toute proche. Des minibus bondés de passagers (l'aérodrome connaissant un trafic aérien important) effectuaient la navette, à un rythme soutenu. Bien sûr, ce n'étaient pas des “Pullman”, loin de là, mais ils étaient bien pratiques tout de même !

Bangui est la capitale de l'ex province de l'Oubangui-Chari devenue indépendante en 1960, durant la présidence du général de Gaulle, sous le nom de République centrafricaine. Son chef, à cette époque, était David Dacko (qui sera destitué, en 1965, par un coup d'état fomenté par le colonel Bokassa, lequel fera tristement parler de lui par la suite…) Le pays est un peu plus grand que l'hexagone français et sa population était, en 1963, d'à peine deux millions d'habitants, presque tous des Bantous et des Peuhls. Outre la religion animiste subsistante et une certaine pénétration musulmane, l'implantation chrétienne y est assez sensible. Le climat est de type équatorial, avec une saison humide de mai à octobre et une saison sèche de novembre à avril. La végétation est très luxuriante dans le sud, le nord étant le royaume de la savane. L'agriculture est la ressource la plus importante du pays : manioc, mil, maïs, riz, patates douces, sorgho… La culture du coton, du tabac, de l'hévéa et du café constitue l'essentiel des exportations avec le bois, les diamants, le chrome, l'uranium et le cobalt, mais en assez faibles quantités. Bangui, sur la rive droite du fleuve Oubangui, lui-même affluent du Congo, possède un port d'où partent des trains de bois qui descendent le long du fleuve jusqu'à Brazzaville, à mille cent kilomètres plus au sud. La ville, au cœur de la forêt vierge, ne manque ni de charme ni de pittoresque. Ce qui nous frappa le plus, ce furent ces arbres magnifiques, à fleurs rouge vif, que sont les flamboyants, partout présents. Le centre de l'agglomération, de type européen, se veut moderne avec ses cafés, ses hôtels de luxe, ses boutiques. De vastes quartiers africains, très animés, dans lesquels l'on trouve une multitude de petits commerces, d'artisans, de camelots… s'étendent à la périphérie de la cité. Le réseau routier, pas toujours en bon état, qui rayonne autour de Bangui, dessert les autres villes les plus importantes du pays : Bouar, Bambaré, Berbérati, Bangassou, Bossangoa.

Après une légère collation, nous reprîmes le chemin de l'aéroport lequel, bien équipé, plaque tournante importante au centre du continent africain, met la capitale en relation permanente avec Yaoundé, Douala, Abidjan, Fort-Lamy, Brazzaville et Niamey. Nous y retrouvâmes l'équipage de notre avion et les passagers avec lesquels nous devions poursuivre notre voyage. Les capots du moteur incriminé ayant été remis en place, nous eûmes tout lieu de penser que la cause de la panne avait été trouvée et neutralisée.

Comme prévu, à seize heures, le “Nord-Atlas”, qui avait retrouvé toutes ses forces, s’aligna en bout de piste. Là, la check-list ayant été minutieusement effectuée et les mécaniques poussées au maximum de leur puissance, l’appareil commença sa course, prit rapidement de la vitesse et décolla. L’altitude de croisière atteinte après une douzaine de minutes, le pilote réduisit alors les gaz et nous filâmes vers notre prochaine escale : Brazzaville, à un peu plus de mille kilomètres plus au sud, où l’heure d’arrivée était fixée à dix-neuf heures trente. Le retard que nous avions pris le matin nous ferait arriver tard dans la soirée, à Pointe-Noire, terminus de notre voyage. Mais cela n’avait pas une grande importance, l’avion étant équipé pour voler de nuit et l’aérodrome qui devait nous recevoir au terme de notre périple offrait toutes les garanties de sécurité : aides radio à la navigation et piste électriquement balisée.

Le ronronnement régulier des moteurs était rassurant et, malgré le bruit qu’ils généraient (l’insonorisation des avions militaires de transport ne constituant pas la préoccupation première de notre état-major), il était fort agréable, après les inquiétudes que nous venions de connaître, à entendre. Nous suivions le cours du fleuve Oubangui qui s’écoule majestueusement, se frayant un chemin au milieu de la forêt vierge. Le spectacle qu’il nous offrait, magnifique, somptueux, était bien différent de celui de la savane tchadienne, qui avait aussi, son charme… Tout aurait donc pu être pour le mieux dans le meilleur des mondes si, un petit peu plus de deux heures après avoir quitté Bangui, les ennuis n’avaient recommencé… Il était à peine plus de dix-huit heures lorsque le moteur gauche, toujours lui, se remit à faire des siennes ! Quelques ratés qui ne présageaient rien de bon, d’abord, avec une fumée noire intermittente à l’échappement, puis, des toussotements de plus en plus rapprochés et sonores. Manifestement, il rééditait ses caprices et n’allait pas tarder à s’arrêter… ce qu’il fit très peu de temps après ! Le cauchemar reprit ; le répit n’avait été que de courte durée… À ce moment-là, j’en vins presque à regretter de n’avoir pas choisi la Marine nationale pour y effectuer carrière !

Nous venions de passer, depuis cinq minutes à peine, la petite localité de Longo, en bordure de l’Oubangui. Elle se trouve, pratiquement, sur le parallèle de l’équateur que nous franchîmes (l’exubérance et les festivités en usage lors du passage de la ligne, en moins, compte tenu des événements) à une dizaine de kilomètres à l’ouest de Mbandaka (anciennement : Coquilhateville) traversée, elle, par le fleuve Zaïre (ex Congo). Comme nous n’étions plus qu’à quatre cent cinquante kilomètres au nord de Brazzaville, nous n’eûmes d’autre alternative que de continuer jusqu’à cette ville, espérant que la grâce de Dieu nous protégerait une fois encore. Ce n’est pas croyable ce que l'on peut être proche du Créateur dans ces cas-là ! Tout comme lors de notre aventure du matin le relief au sol était peu important, ce qui constituait une chance pour nous. Le moteur droit semblait tenir le coup, malgré l'effort supplémentaire qui lui était, à nouveau, demandé. Sa respiration, à laquelle nous étions accrochés, était régulière, tandis que nous retenions la nôtre... Enfin, vers vingt heures trente, nous pûmes apercevoir les faubourgs de Brazzaville, puis, son aérodrome. Nous entamâmes alors notre approche et, vingt minutes plus tard, nous posâmes nos roues sur la piste parfaitement éclairée avec, cette fois, deux heures de retard sur notre horaire. Mais que cela avait bien peu d'importance ! Ce fut seulement, tandis que nous faisions demi tour sur la bande, en fin de course, que nous pûmes voir les véhicules de la sécurité incendie et les ambulances regagner, les unes, leur casernement, les autres, l'infirmerie de la Base. Encore une fois, et pour notre plus grande joie, elles n'avaient pas eu besoin d'intervenir...

À présent, il n'était plus question de poursuivre notre périple : la panne méritait une attention plus poussée... Notre immobilisation, temporaire je l'espérais, à Brazzaville, n'avait pas de conséquences importantes au plan opérationnel car la plupart des passagers et la plus grande partie du fret étaient arrivés à leur destination. Nous n'étions plus que cinq militaires et moi-même (et une cargaison limitée) à devoir poursuivre notre route jusqu'à Pointe-Noire.

Nous fûmes donc hébergés au service “escale”, l'appareil devant être l'objet de réparations qui devaient durer jusqu'au lendemain soir, si tout se passait bien. Sinon, il était possible que nous terminions notre périple avec un autre avion.

Après une nuit réparatrice suivie d'une grasse matinée très appréciée, je retrouvais mes cinq compagnons au mess de la Base, vers treize heures, pour le repas.

La remise en état s'étant montrée plus longue que prévue, la dernière partie de la mission fut programmée sur un autre avion-cargo, le n° 136 du Groupe de Transport 3/61, départ pour Pointe-Noire fixé au trois septembre, sept heures.

L'après-midi, pour meubler notre attente, nous décidâmes d'un commun accord de partir à la découverte de la cité fondée, à la fin du dix-neuvième siècle, par l'explorateur, né à Rome puis, naturalisé Français, Pierre Savorgnan de Brazza.

La capitale de la République populaire du Congo, ville de plus de cent cinquante mille âmes, à cette époque, est située sur la rive droite du fleuve Congo (le deuxième du monde pour son débit, derrière l'Amazone, le sixième par sa longueur, quatre mille six cent soixante-sept kilomètres), face à Léopoldville, capitale de l'ex Congo belge dont elle est séparée par le Stanley Pool, et sur le quatrième degré de latitude sud. Elle joue un rôle commercial prépondérant pour le pays dont elle est le centre de routes de communications vitales pour celui-ci : la ligne ferroviaire “Congo-Océan” reliant la côte atlantique, et les voies navigables des fleuves Congo et Oubangui. Une centrale hydroélectrique avait été construite sur le Djoué et des industries alimentaires, de textiles, de transformation, de bois précieux, avaient, ainsi, pu voir le jour. Le centre de la ville, au style colonial, est le siège des administrations; à la périphérie ne cessent de se développer des agglomérations de type africain : Poto-Poto et Bacongo, notamment, que rejoignent les nombreux immigrants venant de la forêt. Et toujours, et partout dans ces régions chaudes et très humides, les splendides, somptueux “flamboyants”, véritable régal des yeux... Nous vîmes, dans le centre de la cité, une magnifique cathédrale, des banques, des magasins très bien achalandés, des bars, des marchands d’objets sculptés, en bois d’ébène et en ivoire, des peintres exposant leurs œuvres très coloriées. La circulation des voitures, dont beaucoup de taxis, était plutôt dense, mais pas autant que celle des deux roues qui envahissaient, manifestement, la voie publique. Malgré ce chassé-croisé incessant, tout se passait très bien et dans la bonne humeur.

Le pays, indépendant depuis 1960, comptait, cette année-là, moins d’un million d’habitants (pour une superficie de plus de trois cent mille kilomètres carrés), essentiellement des Bantous et des Négrilles qui obéissent, en grande partie, à des rites animistes. La religion musulmane y est très peu pratiquée, par contre, il existe des groupes assez importants de catholiques. Le territoire est bordé, au nord, par le Cameroun et la République centrafricaine, à l’est, par le Congo-Léopoldville, à l’ouest, par le Gabon et au sud par l’enclave de Cabinda, dépendance de l’Angola (portugaise, à ce moment-là). La plus grande partie du pays est située dans la zone tropicale. Ce sont les précipitations qui marquent le rythme des saisons : courte période sèche et longue saison des pluies. La moitié du territoire est couverte par la forêt vierge caractérisée par l’exubérance et la multiplicité des espèces végétales. Le pays est très peu industrialisé; son économie est fondée essentiellement sur les activités rurales. L’exploitation forestière (acajou, ébène, okoumé) et la richesse des essences permettent des exportations importantes. À côté de la culture du manioc se sont développées de grandes plantations de palmiers à huile et de graminacées (céréales, canne à sucre, bambou). Depuis une dizaine d’années, l’élevage se développait lentement grâce à l’importation de races bovines pouvant résister à une maladie endémique qui décimait, jusqu’alors, le cheptel. La pêche, aussi bien de poissons d’eau douce que de vertébrés aquatiques de mer, est assez active. Quant à la production minière (cuivre, antimoine, cassitérite, plomb, or), elle reste plutôt restreinte. De modestes gisements de pétrole ont été mis en exploitation, par contre, ceux de potasse de Holle sont d’importance internationale. La majeure partie du commerce extérieur se fait avec la France.

Le premier président de la toute jeune république, l'abbé Fulbert Youlou, venait d'être renversé par une révolution d'inspiration socialiste instaurant un régime de parti unique sous la direction d'Alphonse Massemba-Debat, qui ne restera d'ailleurs, à la tête du pays, que cinq années. Il sera remplacé, début 1969, par Marien Ngouabi qui sera assassiné en 1977... Décidément, si la fonction de chef d'état est souvent l'objet d'ambitions personnelles, elle peut être aussi, parfois, pleine de dangers, surtout dans les toutes jeunes démocraties populaires encore inexpérimentées qui font un apprentissage difficile de leur liberté récemment acquise et se trouvent confrontées à des problèmes tout nouveaux pour elles...

Le bassin du fleuve Congo constitue une frontière naturelle avec le puissant voisin de l'est (République du Zaïre, aujourd'hui) sur près de sept cents kilomètres. Celui-ci a obtenu son indépendance le trente juin 1960 et Léopoldville, agglomération de plus d'un million d'habitants, fondée en 1887 par l'explorateur anglais Stanley, au nom du roi des Belges, Léopold II, devint alors, sous le nom de Kinshasa, la capitale de la nouvelle République démocratique. Le pays tomba vite dans une profonde crise due, surtout, aux rivalités tribales et à l'absence de cadres et de dirigeants politiquement responsables. La situation se dégrada de plus en plus au point que, seulement un mois après son accession à l'indépendance, la riche province minière du Katanga, au sud du pays, à l'instigation de Moïse Tschombé, puis celle du Kasaï, dirigée par Albert Kalonji, firent sécession. Des mutineries dans l'armée et des massacres de blancs provoquèrent la fuite des techniciens et des colons européens aggravant l'effondrement des structures économiques et administratives. Le premier président de cette République fut Kasavubu et son premier ministre, Patrice Lumumba, fut assassiné l'année suivante, lors du coup d'état opéré par le général Mobutu. Au début de cette année 1963, l'ONU fut obligée d'intervenir pour essayer de mettre fin aux massacres lesquels, sporadiquement, et au moindre prétexte, se perpétuaient, plus meurtriers les uns que les autres. Cette organisation internationale ne put empêcher le pillage, par des militaires et, principalement, des gendarmes, des mines d'or et de diamants du pays.

Devant la gravité de la situation, les forces militaires françaises basées de l'autre côté du fleuve, à Brazzaville et à Pointe-Noire, au sud-ouest, reçurent pour mission d'aider, en coopération avec l'armée belge, les populations européennes qui essayaient de fuir l'enfer qu'elles connaissaient. Des ponts aériens furent mis en place entre Léopoldville et ces deux villes de l'ex Congo français. Les blessés étaient soignés, réconfortés, avant que d'être rapatriés, avec les valides, en Belgique, par des avions militaires ainsi que par des appareils de la compagnie SABENA, tout spécialement affrétés par le gouvernement belge. Le spectacle que donnaient ces réfugiés qui avaient échappé à la mort était affligeant : ils avaient tout perdu. Ils affluaient, complètement hébétés, hagards, certains d'entre eux sérieusement blessés, avec seulement une petite valise, lorsqu'ils avaient eu le temps de la faire, ou un maigre balluchon, parfois sans rien du tout. Beaucoup des pourchassés qui n'avaient pas trouvé place dans les avions et qui avaient voulu quitter le pays le plus vite possible, coûte que coûte, avaient essayé de traverser, à bord de petites embarcations, le fleuve, mais celui-ci est coupé de chutes et de rapides très dangereux. Aussi, plusieurs dizaines de ces malheureux se noyèrent dans le très fort courant du Stanley Pool qui atteint quinze kilomètres de largeur et trois cents mètres de profondeur...

Vers dix-huit heures trente mes camarades et moi regagnâmes la Base. Les bien tristes événements qui frappaient nos amis belges ne pouvaient pas nous laisser indifférents ; la France se devait de leur apporter l'aide dont ils avaient besoin, dans toute la mesure de ses moyens.

Le jour prévu, à six heures trente, les six passagers pour la côte Atlantique, fidèles au rendez-vous, embarquèrent à bord de l'appareil du Groupe de Transport 3/61 en phase finale de ravitaillement en carburant. Les quelques colis et paquets qui constituaient notre fret avaient déjà été chargés et solidement amarrés. Trente minutes plus tard, nous prîmes notre envol et nous atteignîmes rapidement notre altitude de croisière. Notre première partie du vol devant s'effectuer en direction du sud-ouest, nous suivîmes le cap magnétique deux cent trente degrés. La distance à couvrir n'était que de quatre cents kilomètres, ce qui nous ferait arriver à destination vers huit heures vingt. Nous survolâmes pendant une demi-heure le fleuve Congo, véritable fil conducteur pour les équipages quand la visibilité était excellente, comme c'était le cas ce jour-là, jusqu'à la verticale de la petite agglomération de Luozi puis, nous quittâmes le cours d'eau mythique qui nous avait émerveillés, enchantés, et prîmes résolument la direction plein ouest, au cap deux cent soixante-dix. Nous n'étions plus, maintenant, qu'à une heure de vol de Pointe-Noire. Dans une trentaine de minutes à peu près, nous survolerions le massif montagneux du Mayombé, prolongement naturel des monts du Cameroun, pratiquement parallèle à la côte Atlantique, non loin de celle-ci et s'étirant le long du fleuve Kioulou-Niari lequel, long de six cent cinquante kilomètres, arrose le moyen-Congo, passe à Loudima et finit dans l'Atlantique, au nord de Loango. Un grand projet était à l'étude pour l'aménagement d'un barrage hydroélectrique sur son cours, son débit étant important. Comme prévu, à huit heures, nous commençâmes à apercevoir les contreforts de cette chaîne puis, les sommets. Une épaisse et très dense forêt verte recouvrait ses pentes, paradis des primates de tout acabit, où règne en maître incontestable (et incontesté) le gorille, géant peu sociable du monde des singes, qui peut atteindre plus de deux mètres de hauteur et peser de deux à trois cents kilos. Il partage ce vaste territoire avec ses congénères sans, toutefois, les fréquenter : le singe Diane ainsi que le Mandrill, à la tête admirablement colorée, frondeur et très dangereux, le cercopithèque, petit mammifère grimpeur à longue queue, le chimpanzé, le plus intelligent des primates, et le Mangabey à calotte rouge qui cligne des yeux aux paupières d'un blanc étincelant pour intimider ses adversaires. Herbivores et, surtout, frugivores, ces animaux trouvent là une nourriture abondante et pratiquement inépuisable. Le massif est, également, de par l'épaisseur, la compacité, la folle prolifération des végétaux, un terrain de prédilection pour une foule de reptiles dont la vipère rhinocéros qui dépasse, parfois, deux mètres et, surtout, le python royal pouvant atteindre jusqu'à dix mètres de longueur et peser cent vingt kilos, non venimeux, mais doué d'une force prodigieuse lui permettant d'étouffer une grande antilope dans un seul de ses anneaux... L'obscurité presque totale et permanente au sol, que les rayons du soleil n'arrivent pas à atteindre, constitue un allié précieux et un atout majeur favorisant idéalement le camouflage de tous ces représentants de l'ordre des ophidiens, carnivores, qui pratiquent la chasse à l'affût.

À mille mètres d'altitude, à peine, le spectacle était féerique.

Tandis que nous franchissions ce relief somptueux, quelques turbulences, sans grande amplitude cependant, secouèrent l'appareil, ce qui n'avait rien d'extraordinaire, les masses d'air frappant les parois rocheuses engendrant, inévitablement, des courants ascendants. Le passage de la ligne de crête de la chaîne montagneuse, effectué perpendiculairement à celle-ci, ne dura qu'une vingtaine de minutes. Puis nous entamâmes notre descente, l'océan, que nous apercevions maintenant, n'étant plus très loin, ainsi que la Base. Les manœuvres d'approche du terrain commencèrent et, à huit heures quarante nous nous posâmes sur la piste après un voyage, cette fois, en tous points, merveilleux... Nous étions arrivés, enfin, au terme d'un périple riche en événements quelque peu inquiétants jusqu'à Brazzavile, fort agréable par la suite.

Au bureau "escale" nous étions attendus, mes cinq compagnons et moi. Seul à être affecté au service des Transmissions, je fus reçu par mon nouveau chef, un commandant, qui avait la réputation d'être plutôt sévère, très à cheval sur le règlement, exigeant sur la qualité du service, mais profondément juste. Notre entretien, qui ne dura pas plus d'une trentaine de minutes, se déroula dans une très bonne atmosphère et ressembla comme deux gouttes d'eau à ceux que j'avais eus avec mes chefs précédents qui avaient, certes, des personnalités différentes, mais dont la finalité des propos était pratiquement identique : la disponibilité et le devoir à accomplir du mieux possible. Bien sûr, les missions assignées étaient fonction des lieux, des époques, des besoins ponctuels du moment, mais elles tendaient toutes vers un même objectif : leur réussite. Une fois encore, j'exercerai mes activités en dehors de la Base, à la station de radiogoniométrie axiale située à trois kilomètres dans le prolongement nord de la piste d'atterrissage. Je venais relever l'adjudant Legrand arrivé en fin de séjour outre-mer. L'effectif était de trois opérateurs confirmés et de cinq soldats stagiaires, dont deux Congolais. Tout ce petit monde logeait à la station. Quant à moi, je devais être présent sur les lieux tous les jours, de sept heures trente à dix-neuf heures trente, plus tard lorsque des vols de nuit étaient au programme. Un petit studio meublé, très agréable, m'avait été attribué non loin de la Base. Nous étions bien loin des conditions de vie qui avaient été les miennes jusqu'ici !

Le trafic de l'aérodrome était conséquent ; les appareils civils et militaires français et étrangers, anglais, américains, belges bien sûr et, depuis peu, portugais (dont l'Angola et l'enclave de Cabinda, à l'embouchure du Zaïre, très proches, étaient encore des colonies) se croisaient, d'une façon dense, dans son espace aérien. Jusqu'à présent, tout s'était passé pour le mieux et nous espérions que cela continuerait... Si ce n'étaient ces événements dramatiques, épisodiques, mais trop fréquents, avec leur cortège de réfugiés traumatisés, épouvantés, meurtris, ruinés, qui secouaient notre voisin de l'est, l'on aurait pu se croire dans un monde de paix et de tolérance car, ici, tout était très calme. Hélas, la triste réalité était là pour nous rappeler, si besoin était, que ce paradis rêvé n'était qu'une illusion... d'autant que, récemment, des troubles sanglants avaient pris naissance, également, dans le territoire portugais de l'Angola qui voulait, lui aussi, devenir indépendant. (Il le deviendra, après bien des vicissitudes, en 1975).

Sa capitale, Luanda, est un port moderne sur l'Atlantique qui assure le trafic extérieur du Katanga (manganèse, cuivre, zinc, ivoire, diamants, coton, café). Cette ville fut, au dix-septième siècle, un grand centre de la traite des esclaves vers le Brésil et l'Amérique du nord. Les premiers colons portugais arrivèrent dans le pays en 1491. Les voisins de l'Angola sont : au nord la République du Congo, à l'est la Zambie, au sud la Namibie. À cette époque le pays comptait cinq millions d'habitants : environ cent cinquante mille blancs et, en grande majorité, des Bantous et des Bochimans. Située à cheval sur le dixième parallèle sud l'Angola comprend, en son centre, un vaste plateau qui est la ligne de partage des eaux ; il sépare, en effet, les affluents du Congo (Kasaï, Cuango, Coilo) et ceux du Zambèze (Cubango, Cuando). Le climat est tropical, chaud et humide.

En 1955 l'on découvrit de très intéressants gisements de pétrole, près de Luanda, ce qui attira bien des convoitises...

La chasse aux Européens prit de plus en plus d'ampleur et Pointe-Noire, à quelques kilomètres seulement de Cabinda, à l'embouchure du fleuve Zaïre, devint le point de ralliement des populations pourchassées qui désiraient rejoindre leur pays, le Portugal. Les forces françaises stationnées ici avaient donc beaucoup à faire pour canaliser ce flot de nouveaux réfugiés : elles mirent tous les moyens dont elles disposaient à leur disposition : aériens, terrestres, maritimes même. L'intendance, l'assistance médicale et l'hébergement furent, également, organisés.

Nous eûmes l'occasion d'effectuer, début octobre, une mission sur Luanda, la capitale de l'Angola, à quatre cents kilomètres plein sud de notre point d'attache, pour récupérer quelques familles de réfugiés portugais qui fuyaient, avec de maigres bagages, les massacres perpétrés par des groupes rebelles indépendantistes.

Je garderai toujours dans ma mémoire le spectacle désolant qui nous fut offert...

La ville de Pointe-Noire se trouve à six kilomètres de l'aérodrome. C'était une cité de cent vingt mille âmes en 1963 et un port très actif sur l'Atlantique, aménagé pour recevoir les grands navires minéraliers, qui assure la grande majorité des importations du pays et l'exportation, notamment, entre autres essences, de l'okoumé, au bois rose, très utilisé en menuiserie et pour la fabrication du contre-plaqué. L'agglomération est le terminus de la ligne de chemin de fer "Congo-Océan" (doublée par une route) la reliant à Brazzaville par Mindouli, à deux cent vingt kilomètres au nord. L'histoire de la construction de cette voie ferrée, commencée en 1924, est émaillée de nombreux incidents et par la perte de nombreuses vies humaines. La main-d'œuvre, non spécialisée, paya un lourd tribut à cette aventure. Le relief accidenté du massif du Mayombé nécessita la construction d'innombrables ouvrages d'art (cinquante-neuf viaducs et une douzaine de tunnels). Ce fut un travail de titans...

Pointe-Noire est une très agréable cité pleine de charme et de vie. La gare ferroviaire terminus est la réplique architecturale exacte de celle de la station balnéaire de Deauville, sur la Manche, de couleurs rouge et blanche, très coquette, de style admirablement vieillot. Elle se situe à trois ou quatre cents mètres de la "côte sauvage", plage magnifique de sable fin qui s'étire, en ligne droite, sur une bonne trentaine de kilomètres, bordée de cocotiers majestueux et, un peu plus vers l'intérieur des terres, de palétuviers qui se plaisent dans les eaux saumâtres des mangroves et dont l'écorce, riche en tanin, est employée comme astringent dans le traitement de la dysenterie. À certaines époques de l'année, à la tombée de la nuit, des crustacés décapodes marins, les "crabes des cocotiers", géants, dont le poids dépasse fréquemment un kilo, qui possèdent deux énormes pinces, terriblement puissantes, dont l'une est plus développée que l'autre, et dont la force naturelle et l'instinct belliqueux suffisent à intimider leurs principaux prédateurs, envahissent la plage par dizaines de milliers, jusqu'au petit matin, le temps des amours. Ils sont impressionnants avec leur abdomen trapu, passablement déformé, et leur enveloppe dure et très protectrice. Seuls, les indigènes osent les affronter car, fort estimée des gastronomes locaux, la chair de ces animaux fait l'objet d'un fructueux marché. Certains d'entre eux remontent jusqu'à la route qui longe la côte et finissent écrasés par les véhicules dans un bruit de craquement sec, transformant la chaussée en un véritable marécage gluant et puant.

Moins rébarbatives sont les "caouannes", tortues marines comestibles de plus d'un mètre de longueur et pesant, souvent, plus de cent kilos. Les femelles, pesamment, se hissent, de nuit, également, à certains moments de l'année, sur la plage pour creuser des trous et y déposer deux à trois cents œufs chacune. Les autochtones les chassent, non seulement pour leur chair qui est très appréciée mais, aussi, pour leurs carapaces, lesquelles, peintes, font de très jolis motifs de décoration, objets d'un commerce très lucratif. L'arrivée massive, épisodique de ces animaux marins attire inévitablement les grands squales qui abondent dans ces eaux tropicales. Très voraces, mesurant de quatre à six mètres parfois de longueur, ils sont très friands de la chair de ces chéloniens parmi les rangs desquelles ils font un véritable carnage. Seule, la tortue Luth qui mesure plus de deux mètres cinquante et pèse plus d'une demi-tonne échappe à la rapacité des requins. À ces moments-là, la baignade est fortement déconseillée...

Faisant face à la gare, droit devant, s'étend, d'ouest en est, une large et très jolie avenue qui est l'artère principale de la ville et qui est longue de plus d'un kilomètre. L'on y trouve la mairie, la cathédrale, le syndicat d'initiatives, un supermarché S.C.K.N. (Société Commerciale du Kioulou-Niari), des chirurgiens-dentistes, des médecins, et de nombreux magasins et commerces : vêtements, électroménager, boucheries, poissonneries, boulangeries, petites alimentations, ateliers de couture, bijouteries... Cette artère se termine, à l'extrémité opposée de la gare, par une très jolie place gazonnée qui portait, à cette époque, le nom de : Charles de Gaulle, avec, en son centre, la statue de son illustre parrain. Aux abords de cette magnifique avenue abondamment jalonnée de flamboyants aux fleurs rouges de toute beauté, le quartier européen s'était installé dans des petites rues adjacentes, très ombragées, dans lesquelles se trouvaient des petits pavillons élégants, noyés dans une mer d'"arbres à pain" dont certains pouvaient bien atteindre une vingtaine de mètres de hauteur et dont les fruits, riches en amidon, sont assez comparables, par leur consistance, à du pain de froment, d'où leur nom. L'on pouvait y trouver, également, des manguiers d'une bonne trentaine de mètres de haut, aux feuilles allongées, d'un vert sombre, dont les fruits, qui devaient bien peser un kilo chacun, globuleux, plus ou moins allongés, ont une pulpe juteuse et sucrée, ainsi que cette grande plante ligneuse vivace, somptueuse de beauté, qu'est l'"arbre du voyageur" dont les feuilles retiennent, à leur base, une eau fraîche et très désaltérante qui apaise, dit-on, la soif du passager. C'est une variété de palmiers dont les branchages s'écartent, de bas en haut, sur un même plan, comme un immense éventail.

Au-delà de la place centrale, des artères plus étroites, dont bon nombre d'entre elles non asphaltées, rayonnent en direction du nord, la plupart bordées de splendides eucalyptus atteignant, parfois, une trentaine de mètres de hauteur, aux feuilles ovales de couleur verte, aux fleurs blanches et très odorantes. Les Africains extrayaient de celles-ci, par distillation, une essence huileuse, riche en eucalyptol, qu'ils utilisaient comme antiseptique des voies respiratoires et aussi, parfois, en inhalations, en infusion et même pour confectionner des cigarettes. Dans cette partie de la ville très vivante, très colorée, très pittoresque, l'on trouve une multitude de petits commerces : tailleurs utilisant de vieilles "Singer" à pédales, sur le trottoir, devant des badauds capables de rester plantés là pendant des heures, coiffeurs pour hommes, mais aussi pour dames, marchands de poivre, d'épices de toutes sortes, de café, de cannelle, de réglisse, petits bars, apothicaires, camelots, et même, aussi surprenant que cela puisse paraître, marchands de serpents vivants... Le marché, lieu de rencontres, de palabres, où l'on prenait connaissance des dernières nouvelles, où chaque achat était l'objet de marchandages serrés était, à lui seul, un spectacle que l'on ne peut plus oublier... L'on pouvait y trouver, et cela était beaucoup moins agréable à voir, des ouistitis grillés et des crânes décalottés, à vif, contenant la cervelle encore tiède de ces primates, très prisée des connaisseurs en la matière... Et ils étaient, apparemment, nombreux ! Quant à la circulation, surtout des deux roues, elle était intense, à longueur de journée, et le concert des sonnettes, incessant. Quelques automobiles, plutôt vétustes et mal entretenues, venaient compléter ce puzzle, mais toujours, malgré quelques algarades bruyantes entre les usagers, dans une bonne humeur relative.

À deux ou trois kilomètres au nord de la ville, se trouvait un hôpital, lequel était, de fait, une véritable tour de Babel où officiait du personnel congolais, bien sûr, camerounais, gabonais, malgache, zaïrois... Deux sages-femmes viêtnamiennes complétaient le tableau d'effectif. Tout ce petit monde était dirigé par un médecin commandant français.

Il m'arrivait parfois, le dimanche matin, lorsque le service ne m'accaparait pas, de me rendre sur la "côte sauvage" pour savourer le spectacle qui s'y déroulait, lorsque le temps le permettait. Des pêcheurs d'huîtres, la taille ceinturée de petits sacs de jute, se mettaient à l'eau, accrochés à un billot de bois, et franchissaient la barre, qui est un déferlement violent et pratiquement constant se produisant, à deux ou trois cents mètres, parallèlement à la côte, lorsque la houle de l'Atlantique se brise sur les hauts-fonds. L'exercice était dangereux et demandait une grande expérience. Les rouleaux passés, les pêcheurs plongeaient en apnée pour faire leur récolte, à une dizaine de mètres de profondeur. Ils étaient capables de rester, parfois, bien plus d'une minute avant de remonter à la surface ! Les clients ne manquaient pas et ce commerce était florissant...

Au cours du mois de novembre, un dimanche matin, vers dix heures, un Africain d'une trentaine d'années, grand, de forte carrure, frappa à ma porte. Lui ayant ouvert, il me fit, d'emblée, une proposition tellement surprenante, inattendue, qu'il me fallut quelques secondes avant de réagir. Cet inconnu me montra deux éprouvettes soigneusement scellées à la cire rouge et portant, chacune d'elles, un étonnant autocollant ainsi libellé, en français : "ce tube contient quarante diamants de la plus belle eau." Par transparence, l'on pouvait distinguer des petites pierres brutes, plutôt ternes, gemmes peut-être, simple verroterie plus vraisemblablement… Le prix demandé était ridiculement bas pour de véritables diamants, sans aucune mesure pour de vulgaires éclats de culs de bouteilles. Je fis savoir immédiatement à mon visiteur que cette affaire ne m'intéressait nullement et lui signifiais que l'entretien était terminé. Avant de me quitter, il me fit une nouvelle offre qui correspondait à la moitié du prix qu'il m'avait proposé initialement, sans plus de succès. Même avec la preuve indiscutable qu'il s'agissait bien de pierres de carbone pur cristallisé, d'une très grande valeur, je n'aurais, en aucun cas, marché dans la combine de ce trafiquant, ayant eu suffisamment d'ennuis avec les Douanes françaises et la plus haute autorité militaire, dix ans et demi plus tôt, et pour une broutille… Il n'était pas question pour moi de m'embringuer dans une affaire de ce style, plus que douteuse, sachant, de surcroît, qu'au début de l'année, des militaires du Katanga, province sud-est de l'ex Congo belge, s'étaient mutinés et avaient pillé, avant de quitter le pays, les mines d'or et, surtout, de diamants de Mbuji-Mayi, dans la province du Kasaï oriental et essayaient, à un moindre prix, d'écouler à l'étranger les trésors volés. Cet homme était, peut-être, l'un d'eux !

Le même jour, vers seize heures, je reçus une seconde visite. Cette fois, il s'agissait de deux gendarmes indigènes en uniforme qui avaient appris, au cours d'une enquête de voisinage pour laquelle ils avaient été mandatés, quelle coïncidence, qu'un homme de couleur correspondant parfaitement au signalement d'un trafiquant sur la piste duquel les services de renseignements et la police locale étaient depuis plusieurs jours, s'était présenté à mon domicile en fin de matinée. Ils voulaient savoir quel avait été le but de sa visite. Mon sang se figea dans mes veines… Les ennuis n'allaient pas recommencer !

Essayant de ne pas trahir mon émoi, je me ressaisis rapidement et répondis, puisqu'ils étaient bien informés, que j'avais ouvert, effectivement, ma porte à un Africain qui me demandait de l'eau, d'ailleurs, il n'était resté chez moi que deux à trois minutes, ce qui était vrai. La présence d'esprit qui vint à mon secours ce jour-là me surprend encore aujourd'hui… C'était tout ce que j'avais trouvé à dire ; ce n'était peut-être pas très original mais suffisamment convainquant puisque les Pandores, à ma grande surprise, n'insistèrent pas davantage, s'excusèrent du dérangement, saluèrent et partirent. Bien que n'ayant rien à me reprocher, si ce n'était, tout de même, le fait de n'avoir pas, spontanément, avisé la brigade de gendarmerie de Pointe-Noire de la visite, pour le moins suspecte, reçue le matin, j'avais connu un moment fort désagréable tout de même...

Les représentants de la loi ne se manifestèrent plus jamais et l'affaire, pour ce qui me concernait, s'arrêta là, définitivement.

Le vingt-deux du même mois, une nouvelle terrible tomba sur les téléscripteurs du monde entier : l'assassinat, à Dallas, dans des conditions qui demeureront obscures, de John Fitzgerald Kennedy, élu en 1960 Président des États-Unis d'Amérique, d'origine irlandaise, au prestige universel, acquis surtout lors de la guerre froide et de la crise de Cuba, en juin 1961, où il fit preuve d'une grande énergie face à son homologue soviétique Nikita Krouchtchev. La fermeté de sa politique et sa diplomatie avaient évité un nouvel embrasement de la planète...

Juste avant les derniers jours de l'année, je fus désigné pour effectuer une mission au commandement des Transmissions, à Brazzaville. C'était le "Nord-Atlas 2501" n° 85, du Groupe de Transport 2/61 Franche Comté, commandant de bord lieutenant Perrin, qui devait assurer la liaison, avec une vingtaine de passagers et pas mal de fret. Le décollage eut lieu à sept heures trente ; le vol ne devait durer qu'un peu plus d'une heure. Le temps était très beau, la visibilité excellente et le retour à Pointe-Noire était prévu pour la fin de l'après-midi. Nous venions tout juste d'atteindre notre altitude de croisière, une douzaine de minutes après notre envol, lorsqu'une explosion sourde se fit, brusquement, entendre. Le temps de rassembler nos esprits, c'est-à-dire, très vite dans ces cas-là, et nous fûmes les témoins impuissants d'un spectacle qui nous glaça d'horreur : le système de remplissage du carburant situé sur la partie supérieure de l'aile droite, sûrement mal verrouillé par le responsable au sol chargé du ravitaillement de l'appareil venait, sous l'effet de la dilatation du réservoir provoquée par la différence de pression due à l'altitude, de sauter et l'essence se vaporisait sous l'action du déplacement d'air engendré par la vitesse de l'appareil. Les fines goutelettes de ce produit très volatil étaient projetées sur les tuyaux d'échappement chauffés à blanc par les gaz brûlés et desquels sortaient des flammes ! Moteur droit aussitôt stoppé et hélice mise en drapeau le pilote entama, après avoir informé le contrôle aérien de Pointe-Noire de la gravité de la situation, un virage de cent quatre-vingts degrés pour essayer de rejoindre notre point de départ. Bien que nous n'en fussions pas très loin, les chances d'y arriver sains et saufs étaient assez minces : le réservoir en cause contenait plus de deux mille litres de carburant hautement inflammable (indice d'octane : 110) et l'embrasement pouvait surgir à tout moment... Nous commençâmes immédiatement notre descente et, après un temps qui nous parut interminable, nous aperçûmes, enfin, la Base et les moyens de secours d'urgence qui finissaient de se mettre en place. Le réservoir qui nous donnait tant de soucis avait rapidement perdu les trois quarts de son dangereux contenu. Nous ne nous attardâmes pas, avec l'accord de la tour de contrôle, à faire le circuit d'aérodrome réglementaire et entamâmes une approche directe. Nous nous posâmes, enfin, avec la moitié en moins de notre puissance. À peine l'appareil fut-il immobilisé en bout de piste que le côté droit de celui-ci fut noyé sous des flots de neige carbonique... Quel mot conviendrait le mieux pour exprimer ce que nous ressentîmes alors ? Peut-être celui là : miracle ! Le sang-froid de l'équipage avait été déterminant dans la réussite de la délicate manœuvre qui venait, pas moins, de nous sauver la vie...

Les rotations aériennes sur Léopoldville au profit de la population européenne, dont une grande partie de ceux qui avaient pu échapper aux massacres avait rejoint la métropole, se firent moins nombreuses, la folie furieuse des mutins, qui avait surpris tout le monde lors des premières semaines du soulèvement, paraissant s'essouffler.

Les fêtes de fin d'année se passèrent, comme le veut la tradition, entre nous, dans une ambiance très amicale et très chaleureuse. Bien sûr, nous souffrions tous, plus ou moins, de notre éloignement des familles, mais cela n'aurait d'acuité que le temps des "festivités..." Les missions qui nous attendaient occuperaient fort à propos nos esprits. Cette année encore avait connu, elle aussi, pas mal d'événements, des bons, des mauvais... Heureusement, comme toujours, les plus agréables moments faisaient passer au second plan les plus pénibles...

L'année 1964 démarra sur les chapeaux de roues. En effet l'on apprit, dans les tout premiers jours de janvier, qu'un coup d'état fomenté par quelques chefs militaires et visant à renverser le premier président du pays Léon M'Ba, élu en 1961, pour lequel l'on pouvait craindre le pire, venait de se produire au Gabon. L'armée française stationnée au Congo, limitrophe, reçut l'ordre de se préparer à intervenir, des accords d'assistance militaire nous liant avec ce pays. Peut-être que les gisements d'uranium qui y étaient exploités avaient-ils pesé lourd dans la décision prise par nos chefs... Le gouvernement français fit savoir aux insurgés, par l'intermédiaire de son ambassadeur à Libreville, capitale du pays, qu'il désapprouvait leur action et qu'il soutiendrait, par la force s'il le fallait, le président démocratiquement élu. Pour bien montrer sa volonté de maintenir le régime politique en place jusqu'alors et la paix civile dans l'État, la France engagea, dans l'heure qui suivit, en guise d'avertissement solennel aux militaires en rébellion, deux "Marcel Dassault 315" de la Base de Pointe-Noire qui eurent pour mission d'effectuer un vol dit d'"intimidation" sur la ville en dissidence. Deux des opérateurs de notre station firent partie du voyage (mille deux cents kilomètres, aller et retour), lequel s'effectua en un peu plus de quatre heures. L'action, non agressive mais qui se voulait dissuasive, tendait à affirmer les intentions de notre pays de rétablir l'ordre dans la capitale et d'éviter les débordements de toutes sortes : règlements de comptes, pillages, etc... inévitables en de telles circonstances. De nombreux compatriotes, notamment des forestiers, résidaient sur le territoire et leur vie pouvait être menacée. À l'heure prévue les appareils survolèrent, à basse altitude, le Palais du Gouvernement sur la vaste terrasse duquel grouillait une foule très agitée, manifestant, par des gestes qui ne pouvaient tromper, son hostilité quant à leur intervention. Ils effectuèrent un second passage, cette fois, au ras des antennes radio de l'édifice. Le souffle puissant des hélices et le bruit rageur des moteurs firent vite comprendre à la cohue belliqueuse, courageuse lorsqu'elle ne rencontrait pas de résistance mais, pas au point d'être téméraire lorsqu'une menace se précisait à l'horizon, que l'avertissement, pour cette fois gratuit, était suffisamment explicite. Aussi ce fut dans une pagaille indescriptible et une débandade peu glorieuse qu'elle évacua les lieux. Son enthousiasme débordant n'avait vécu que ce que vivent les éphémères... L'action sur zone ne dura qu'une dizaine de minutes et, comme prévu, quatre heures environ après leur départ, les avions furent de retour au bercail. L'un d'eux avait été la cible d'un ou de plusieurs tireurs assez maladroits et armés de vieux fusils de chasse peu performants. Une dizaine d'impacts de chevrotines furent relevés sur l'arrière gauche de son fuselage, mais ils n'avaient causé aucun dégât : les plombs n'avaient même pas traversé le métal...

Les troupes au sol, sur le pied de guerre, n'eurent pas à intervenir car deux heures après la fin de la mission, nous apprîmes que l'insurrection avait été étouffée dans l'œuf sans avoir eu le temps de faire trop de dégâts parmi la population, hormis quelques incontournables mises à sac de magasins, et que le président Léon M'Ba avait recouvré la liberté... et son poste, qu'il occupera, désormais sans autres problèmes de ce genre, jusqu'à sa mort, le vingt-huit novembre 1967. Ce sera le président Albert Bernard Bongo qui lui succédera.

Le Gabon, indépendant depuis 1960, est baigné, à l'ouest par l'océan Atlantique (golfe de Guinée), il est bordé, au nord-ouest par le Rio Muni, au nord par le Cameroun, à l'est et au sud par la république populaire du Congo. Sa superficie est la moitié de celle de la France pour une population d'un million trois cent mille âmes (en 1964) dont soixante-cinq pour cent de celle-ci est de religion catholique romaine, le reste pratiquant l'animisme, croyance qui attribue une âme aux phénomènes naturels et qui cherche à les rendre favorables par des pratiques magiques. L'équateur traverse le pays à quarante kilomètres au sud de sa capitale. La langue officielle est le français. Le climat, très chaud et très humide, favorise la forêt, riche en essences telles que l'okoumé, le sipo, l'acajou, l'ébène, le tulipier, qui représente, à elle seule, vingt-cinq pour cent des ventes à l'étranger. En outre, les ressources minières du pays sont exceptionnelles et variées : manganèse (troisième production mondiale), fer, or, nickel, charbon, pechblende. La main-d'œuvre est recrutée sur place. Elle est encadrée par des techniciens français, surtout pour ce qui concerne les quelques gisements d'uranium existants. L'hexagone est le principal client avec quarante pour cent du total des exportations du pays. Depuis 1957 est venue s'ajouter l'exploitation "off shore" d'importantes poches pétrolifères qui représente trente pour cent des exportations du Gabon. Ce n'est donc pas étonnant que la balance commerciale du pays soit largement excédentaire. Quant à l'agriculture, aux techniques encore peu développées, voire rudimentaires, elle garde un caractère traditionnel et se montre incapable de répondre aux besoins de la population, aussi l'on doit recourir à l'importation de produits alimentaires. Le réseau hydrographique du pays est très dense : les cours d'eau Nyanga, Sébé, Niem, Moumanghi, Djouah, sillonnent le territoire, du nord au sud et d'ouest en est. Dans les bras de ces rivières et dans les marécages qu'elles forment, l'on peut trouver des crocodiles (en voie de disparition, de nos jours, chassés à outrance qu'ils sont, depuis longtemps, pour leur cuir). Les femelles pondent leurs œufs dans la vase des berges où la chaleur solaire les couve. Certains de ces grands reptiles peuvent atteindre quatre mètres et peser jusqu'à cinq cents kilogrammes. Experts dans l'art du camouflage, pouvant rester immobiles à fleur d'eau pendant des heures, à l'affût de leurs proies telles que gnous, antilopes, zèbres et parfois même, l'homme, ils sont très dangereux. Particulièrement performants, ils peuvent se dresser sur leurs pattes en un instant et courir très vite, mais sur une assez courte distance. Par contre les gavials, qui peuvent pourtant atteindre six mètres de longueur et peser près d'une tonne, eux aussi en voie d'extinction, sont pratiquement inoffensifs pour l'homme et les gros animaux. À éviter, tout de même, autant que possible… Le fleuve le plus important est l'Ogooué, long de mille deux cents kilomètres et dont le débit moyen est de dix mille mètres cubes par seconde. Il prend sa source au Congo, entre au Gabon au sud de Franceville et partage le pays en deux parties sensiblement égales. Il est navigable sur une longueur de deux cent cinquante kilomètres, de N'Djolé à l'océan Atlantique dans lequel il se jette par un delta dont les bras enserrent Port-Gentil, abri en eau profonde et deuxième ville du pays. Le relief du Gabon est constitué, au centre, de montagnes très boisées d'altitude fort modeste (mont Bigou : mille cent quatre-vingts-dix mètres) qui pullulent, entre autres espèces animales, d'oiseaux grimpeurs multicolores tels que la perruche à collier. Les éléments les plus anciens de la population, très clairsemée et peu abondante du fait de l'hostilité du milieu ambiant, des nombreuses et graves maladies qui sévissent à l'état endémique telles que l'amibiase, le paludisme et la trypanosomiase, sont les moins représentés : ce sont les Négrilles, ou Pygmées, qui vivent dans les profondeurs de la forêt de la pêche et surtout, de la chasse. Les plus nombreux sont les Bantous, derniers venus dans le pays, qui se sont installés, eux, tout le long du bassin de l'Ogooué.

Dans le courant du mois d'Août, les autorités gabonaises firent savoir que l'hôpital de Lambaréné n'allait plus tarder, suite à un afflux imprévu de malades, à se trouver en rupture de stock de médicaments et demandaient à la France de les aider à reconstituer la réserve de l'établissement, en sérieuse difficulté, le plus rapidement possible. Vingt-quatre heures plus tard, un avion-cargo "Nord-Atlas 2501" du G.T.2/62 chargé de trois tonnes et demi de produits pharmaceutiques, d'alcool médical, de pénicilline et d'antibiotiques prélevés, en partie, à l'hôpital militaire de Brazzaville, se posa à Pointe-Noire où un médecin et un infirmier de la Base, ainsi que quatre soldats congolais désignés pour assurer le convoyage, devaient embarquer pour livrer la précieuse marchandise à Port-Gentil, Lambaréné ne possédant pas de terrain d'atterrissage pour les gros porteurs, à cette époque. La mission se fit dans la journée : départ à sept heures et retour à la Base en fin d'après-midi. Les militaires gabonais furent chargés de la suite du transport qui se fit par la route.

Lambaréné était une petite bourgade d'une dizaine de milliers d'âmes, en 1964, s'étalant sur les bords du fleuve Ogooué, à cinquante kilomètres à l'est de Port-Gentil. Le médecin, pasteur, philosophe, missionnaire et organiste français, Albert Schweitzer, né en 1875, y avait fondé en 1913 un hôpital auquel il consacra toute sa vie, destiné principalement à la lutte contre la lèpre et la maladie du sommeil et dont le rayonnement sera à l'échelle de la planète. Interné en France pendant la première guerre mondiale en raison de ses origines allemandes, il en profita pour préparer une série de récitals qui lui permirent de recueillir, au lendemain des hostilités, les fonds nécessaires à la réouverture de son hôpital. Le prix Nobel de la Paix lui fut décerné en 1952. Il mourra en 1965, sur les lieux même où il avait bâti son établissement de soins. Des êtres de cette trempe hors du commun, de cœur, d'inlassable dévouement, ne disparaissent jamais complètement : ils forcent l'admiration et la marque indélébile de leur œuvre immense restera toujours présente pour nous inciter à plus d'humilité et de tolérance…

En novembre, deux camarades et moi-même eûmes l'occasion d'aller rendre visite à trois Français, orpailleurs, installés depuis des années dans les profondeurs de la chaîne montagneuse du Mayombé. Le campement se situait à un endroit appelé le "kilomètre cent-deux". Nous avions entrepris cette "expédition" en quatre-quatre, accompagnés d'un guide local qui connaissait parfaitement la région. Sans lui, nous aurions été totalement incapables de trouver notre chemin.

Ruisselants de sueur, nous roulions depuis à peu près trois heures, avec beaucoup de difficulté, cherchant notre route dans ce foisonnement épais de végétation. Bien qu'il ne fût plus loin maintenant, de midi, l'obscurité, dans ce fatras de branchages entrelacés les uns dans les autres, de mousses, de souches, de feuilles mortes, de lichens, de champignons (lycoperdons, cortinaires, russules et autres amanites, selon notre mentor féru de mycologie) à éviter absolument de consommer, était presque totale. Ici, le soleil n'arrive pas à percer la haute voûte, pratiquement impénétrable, d'arbres aussi serrés, aussi drus, de plus d'une cinquantaine de mètres de hauteur sûrement. L'humidité règne en permanence favorisant, non seulement la prolifération des végétaux, mais aussi celle des moustiques (dont l'anophèle qui véhicule le microbe du paludisme) et d'une multitude d'autres insectes, tous particulièrement désagréables. La forêt vierge, bien qu'inhospitalière, est loin d'être inhabitée, malgré son apparence trompeuse, si l'on en juge par les cris incessants de ses hôtes que l'on peut entendre, sans jamais les voir, et les piaillements aigus et répétés d'une grande variété d'oiseaux dont bon nombre de rapaces qui nichent dans cette verdure à la fois dense et protectrice.

Tout à coup, un énorme singe, un gorille faisant bien deux mètres de hauteur et qui devait peser, certainement, dans les deux cent cinquante kilos, apparut, droit devant. Il sembla aussi surpris que nous-mêmes. L'affrontement, visuel seulement, heureusement, ne dura que trois ou quatre secondes au bout desquelles, préférant nous ignorer, l'anthropoïde traversa, d'un seul bond, la piste et disparut dans l'épaisseur des fourrés… Une telle apparition, aussi soudaine qu'imprévue nous laissa, un certain temps, sans voix, perplexes et le cœur battant la chamade. Qu'était-il venu faire là, ce monstre à l'aspect rébarbatif, au point de troubler, même si peu de temps, notre petite ballade hygiénique ? Par chance, il ne s'était pas montré agressif ! Mais, au fait, c'étaient nous les intrus : il était sur ses terres, lui !

Vers treize heures nous arrivâmes, enfin, au camp des trois chercheurs d'or installé près d'un torrent des eaux duquel ils extrayaient les paillettes du précieux métal après avoir lavé les alluvions aurifères. Ils nous accueillirent fort chaleureusement, les visites, pour eux, devant être plutôt rarissimes. Aussi, ils se montrèrent très prolixes voire, diserts, avec nous. Ils nous expliquèrent que le rapide, malgré son régime très irrégulier, savait se montrer parfois, généreux. Aussi, dès qu'ils estimeraient, nous dirent-ils, avoir suffisamment tiré ce que celui-ci renfermait de meilleur, ils rentreraient au pays, dans quelques mois, peut-être, pour y savourer le fruit de leur travail. Personnellement, je ne crus leur affirmation qu'à moitié : quand la fortune est là, à portée de mains, il doit être bien difficile de lui tourner le dos ! L'homme est un insatiable invétéré : il n'en a jamais assez; il en veut toujours davantage, c'est bien connu… Nous les fîmes beaucoup rire lorsque nous leur racontâmes notre rencontre avec le gorille ! Eux, ils étaient vaccinés contre ce genre d'aléas. Ils nous apprirent que nous n'avions pas couru un grand risque : ce genre de fauve, aussi colossal soit-il, ne s'attaque pas à l'homme…

lorsqu'il ne se sent pas lui-même menacé. Nous prîmes bonne note de ce que nous venions d'entendre, au cas où, lors du trajet inverse, une scène similaire se reproduirait. À seize heures nous quittâmes nos nouveaux amis après les avoir remerciés de leur hospitalité et leur avoir souhaité bonne chance. Le retour s'effectua sans le moindre problème et, aux environs de vingt heures, nous étions arrivés à la Base.

La journée s'était écoulée très vite et avait été pour nous riche d'enseignements.

La fin de l'année approchait à grands pas. Il était dit, cependant, qu'elle ne se terminerait pas dans la paix et la sérénité. En effet, le vingt-quatre décembre, dans la matinée, notre station entra en contact radio avec un "Dakota" de l'U.S.Air Force, le M.A.T.S. n° 3831 en provenance de Cabinda (enclave de l'Angola, à cent soixante kilomètres au sud) et à destination de Pointe-Noire, en approche finale, qui nous signala que le bras de verrouillage de la jambe droite de son train d'atterrissage refusait absolument de fonctionner. Se poser ainsi, avec une "patte folle" qui s'effacerait à l'impact de la piste, n'était pas envisageable : c'était la catastrophe, à coup sûr... L'appareil transportait une trentaine de Portugais fuyant les massacres d'Européens, de plus en plus nombreux. La "chasse aux sorcières" avait pris de l'ampleur et il fallait, absolument, aider les populations menacées de mort. La France, entre autres pays, participait activement à ces missions humanitaires.

Après avoir tourné en "hippodrome" au-dessus de la Base pendant près de deux heures (qui durent paraître un siècle aux passagers et à l'équipage) et tenté toutes les manœuvres possibles pour venir à bout de l'"entêté", en vain, le pilote décida l'atterrissage, train rentré, sur la piste en dur. Les moyens de secours habituels, au sol, avaient eu largement le temps de se mettre en place. Le crash s'effectua dans une gerbe d'étincelles, très spectaculaire comme toujours dans ces cas-là. Grâce à l'adresse, à l'expérience et au sang-froid du cocher, le pire put être évité. Il n'y eut aucun mort à déplorer : la Camarde en fut pour ses frais... Par contre, une quinzaine de personnes furent blessées, certaines assez sérieusement et durent être transportées en urgence à l'hôpital militaire de Pointe-Noire. La catastrophe n'avait pas eu lieu et c'était bien là, l'essentiel !

La situation en Angola se dégradant de jour en jour, un véritable "pont aérien" fut mis en place par les Portugais, les Américains et, bien sûr, les Français proches du théâtre des tueries. Les missions, nombreuses, occupèrent pleinement les derniers jours de l'année (et une partie des nuits) ainsi que la première semaine de 1965, année qui débutait bien mal ! Les récits rapportés par ces malheureux qui fuyaient (avec, pour tout bagage, une petite valise) le pays dans lequel des dizaines de milliers d'entre eux avaient vu le jour et étaient installés, pour certains, depuis plusieurs générations, étaient à peine croyables, tant ils dépassaient en horreur tout ce que l'on peut imaginer ! Quelque part, leurs témoignages me rappelaient ceux que j'avais entendus en d'autres temps, d'autres lieux…

C'est ainsi que le passage au nouvel an fut empreint de gravité, de tristesse… Comme elles paraissaient bien loin les fêtes joyeuses que nous avions connues dans notre jeune âge ! L'aspiration, le désir, l'inaccessible rêve de vivre tous en paix, n'étaient pas prêts de se réaliser… ils relevaient de l'utopie !

Nous connûmes, à la fin du mois de janvier, un net ralentissement des hostilités qui nous permit de remettre un peu d'ordre dans nos esprits quelque peu malmenés ces temps derniers. Mais il était dit que cette apparente accalmie ne serait que passagère… Ce fut le "calme qui précède la tempête", en quelque sorte. En effet, au tout début de février, la contagion toucha, à son tour, le Congo-Brazzaville qui avait été si calme jusque-là. La population indigène s'enflamma, tout à coup, comme un seul homme, subitement, sans que l'on sache exactement pour quelles raisons, et décida de s'en prendre aux Européens qui résidaient dans son pays, lesquels n'eurent d'autre solution que de rejoindre, dans un premier temps et le plus rapidement possible, les Unités militaires françaises sous la protection desquelles ils se placèrent. Conjointement, le gouvernement congolais demanda le départ immédiat des Français et l'évacuation des Bases dans les plus brefs délais. Dans les heures qui suivirent, le quartier européen se vida de sa substance, les magasins baissèrent leurs rideaux : plus aucune trace de vie ne subsista dans ce qui avait été le cœur de la cité.

Le deux, au petit matin, des groupes d'autochtones s'encourageant et s'excitant les uns les autres, armés de gourdins, de bâtons, de fourches, de râteaux, de "coupe-coupe", de sagaies, de vieux fusils de chasse, gesticulant et dansant en hurlant des slogans anti-européens, entreprirent d'investir la Base aérienne de Pointe-Noire, fief de la présence des anciens colonialistes. Les intentions affichées tout au long des six kilomètres qui les séparaient de leur but, étaient très claires et ne pouvaient souffrir la moindre équivoque… Prévenus à temps, les services de sécurité purent mettre en place un sérieux dispositif de protection : blindés half-tracks avec mitrailleuses en batterie, fusiliers commandos de l'Air, un groupe cynophile, et une section équipée de lance-grenades lacrymogènes… Le comité de réception était en place, il ne manquait plus que nos visiteurs… dont nous entendions les vociférations à plusieurs centaines de mètres de là, tant ils étaient nombreux et particulièrement énervés, sûrement à la limite de la transe. Nous pouvions ainsi suivre leur progression, sans les voir, jusqu'au moment où la route se terminait en cul-de-sac par un coude de quatre-vingts-dix degrés. Ce virage franchi, nous nous trouvâmes face à face. Devant l'armement puissant mis en place par l'Armée, les chiens de guerre (de véritables molosses) prêts à bondir, la froide détermination des hommes qui ne laissait aucun doute quant à leur capacité de réaction, suspendue à un ordre, le fol enthousiasme des Congolais fondit comme par enchantement et ce fut dans un désordre indescriptible, une débandade effrénée, un sauve-qui-peut général que nos visiteurs se retirèrent. Ils ne recommencèrent pas, dans les mois qui suivirent, leur épreuve de force. Nous n'avions pas eu besoin de faire parler la poudre, et ce fut tant mieux !

La devise de l'un de nos célèbres aînés : "une main de fer dans un gant de velours" avait fait école...

Malgré le retour au calme qui suivit ces événements, le gouvernement français invita fortement ses ressortissants à quitter le pays, désormais peu sûr pour eux. De son côté, le général commandant en chef des troupes décida de rapatrier sur la France les familles résidant au Congo des militaires. Les avions disponibles de l'Armée de l'Air, dont deux D.C.6, furent mobilisés à cet effet. Dans la mesure de leurs possibilités, ils prirent des civils à leur bord. Des appareils de plusieurs compagnies privées furent, également, affrétés. Le ballet incessant des aéronefs participant à cette noria, à partir des aérodromes de Brazzaville et de Pointe-Noire, nous accapara presque vingt-quatre heures sur vingt-quatre tout le mois de février. Le départ des familles ainsi que la fermeture des commerces tenus, jusque-là, par des Européens, plongèrent la ville dans une atmosphère lourde, pénible et bien triste. L'économie du pays, déjà pas très florissante, n'avait vraiment pas besoin du mauvais coup qui lui était porté... Quant aux troupes françaises elles-mêmes, il fut décidé par Paris que celles-ci évacueraient le Congo dans les mois qui devaient suivre. Seules, quelques Unités resteraient un peu plus longtemps afin de régler les détails tels que : passation des consignes, remise à la jeune Armée congolaise des matériels qui ne pourraient être ramenés en France, transferts divers, assistance technique nécessaire encore quelque temps...

Mon rapatriement me fut signifié fin avril. L'affectation qui m'était dévolue était la Base aérienne 115 Orange-Caritat, dans le Vaucluse, et le départ était fixé au dix-neuf mai en "Nord-Atlas 2501" du G.T.3/63, pour Brazzaville d'abord, puis de là, pour Istres, via Fort-Lamy, en D.C.6 militaire. Il me restait donc encore deux mois devant moi que je souhaitais vivre dans le calme et, une fois n'étant pas coutume, dans la décontraction psychique la plus totale, l'agitation de ces derniers jours s'étant notablement calmée. Mais il faut croire que je n'étais pas "quitte de tout compte" car, avec une quinzaine de mes collègues, dans le courant du mois de mars, en pleine saison des pluies et par une humidité qui rendait la chaleur encore plus pénible à supporter par les organismes, je fus désigné pour participer à un exercice dit : "parcours d'orientation" auquel j'avais échappé jusque-là. Ces séances d'instruction avaient lieu tous les trois mois. Elles consistaient à lâcher tôt le matin dans la nature, en l'occurrence le massif du Mayombé, à un quart d'heure d'intervalles, des équipes de deux hommes (un sous-officier et un soldat) équipées d'une carte des lieux, d'une boussole, d'une trousse de première urgence et de quoi se sustenter quelque peu à la pause méridienne. Le but de la manœuvre était d'effectuer un trajet à travers la forêt et de tous se retrouver à une bonne douzaine de kilomètres du départ. C'était un parcours pénible, physiquement, en temps normal, bien davantage à cette époque de l'année, avec la boue qui était omniprésente et les nuées d'insectes de toutes sortes qui pullulaient dans cette atmosphère lourdement chargée d'eau. Sous nos parkas, nous transpirions à grosses gouttes : ici, pas besoin de sudisettes pour faire fondre la graisse de trop ! Nous avancions péniblement. Les cours de topographie suivis en stage de spécialisation me furent une aide précieuse aussi, la lecture de la carte qui nous avait été remise au départ de l'épreuve ne me posa pas trop de problème, c'était déjà beaucoup ! Vers dix-huit heures, mon jeune coéquipier et moi atteignîmes dans les délais impartis au point de rassemblement, très fatigués certes, mais heureux d'être parvenus sans encombre à bon port. Quatre équipes étaient là, deux autres arrivèrent dans la demi-heure qui suivit, une seule manquait encore à l'appel. Plus le temps passait, plus notre inquiétude augmentait d'autant que la nuit n'allait plus tarder à tomber. Enfin, un peu avant dix-neuf heures, nous perçûmes les appels de nos camarades retardataires et nous pûmes les récupérer, aidés de la voix, à une centaine de mètres du point de regroupement. Manifestement, ils avaient été en "délicatesse" avec leur boussole et leur carte ! Mais l'essentiel était que tous les participants à l'exercice fussent là !

Que le restant de la nuit fut bon !

Ce fut ma toute dernière "prestation" outre-mer...

Le jour du départ, à sept heures, comme prévu, j'embarquais avec mon paquetage sur le dos à bord du "Nord-Atlas 2501" n° 85 du Groupe de Transport 2/61 "Franche-Comté" à destination de Brazzaville où nous arrivâmes à huit heures trente après avoir survolé des paysages somptueux que je connaissais bien et tant de fois admirés...

Sur le parking, le D.C.6 immatriculé : F.R.A.P.J. de l'Escadron de Transport 2/64 "Maine", pleins de carburant faits et fret embarqué, n'attendait plus que celles et ceux qu'il avait pour mission de ramener en France.

J'avais la gorge serrée...

Ainsi, la boucle était bouclée... Dans quelques heures allait prendre fin mon séjour dans cet étonnant continent qui aura été plein d'enseignements pour moi... et pour tant d'autres, où j'aurai découvert tant d'ethnies aux mœurs et aux coutumes si différentes les unes des autres... Ici l'on prend le temps de réfléchir au sens de la vie, l'on apprend à écouter et non seulement à entendre, l'on comprend que l'amitié, c'est partir à la découverte des autres, c'est être capable d'offrir le meilleur de soi-même, l'on retient, aussi, que le sourire est le plus beau des cadeaux, que la main tendue, un certain regard, l'émotion, la simplicité, la spontanéité, l'efficacité peuvent engendrer des moments de bonheur chez les plus déshérités, l'on s'efforce d'accepter et d'apprécier tout ce qui différencie, et parfois sépare, un être d'un autre, l'on écoute avec délectation les accents qui font l'originalité, la saveur et la richesse des cultures ancestrales de ces régions, l'on ne peut échapper à la magie envoûtante des sites exceptionnels par leur variété, derniers coins de paradis, par leurs couleurs, leur lumière, leurs senteurs... Régions aux mille visages, pays parfois blessés qui renaissent à une vie nouvelle, surprenants par leurs folklores qui plongent leurs racines dans les traditions, leurs légendes vieilles, parfois, de plusieurs millénaires, mais toujours aussi vivaces et leur jeunesse avide de progrès, de mieux-être sans, pour autant, accepter de perdre son identité, ce qui force au respect, vous ne pouvez laisser indifférents ceux qui auront eu la chance de mieux vous connaître... L'histoire d'une vaste partie de cette terre et de ses populations est étroitement mêlée à celle de la France. Un long chemin a été parcouru ensemble : il faut espérer qu'il ne s'arrêtera pas là...

Je vous quitte, amis africains, les yeux pleins de merveilleuses images et l'esprit de souvenirs fabuleux, après plus de douze ans de présence à vos côtés, années jalonnées de vicissitudes, de moments pénibles mais aussi, heureux, pour, peut-être, ne plus jamais revenir... Il faut savoir desservir la table lorsque la fête est terminée...

"Ite missa est" !

À quatorze heures Fox-Papa-Juliett, plein à craquer de passagers, prit son envol à destination de Fort-Lamy où nous arrivâmes vers dix-sept heures pour une courte escale technique. Après une légère collation nous reprîmes l'air, à vingt heures, pour un vol direct sur Istres où il était prévu d'arriver aux alentours de sept heures le lendemain matin.

Nous avions quitté la capitale du Tchad depuis un peu moins de quatre heures. Il était donc près de minuit et nous volions au-dessus d'une épaisse couche de nuages. Dans le compartiment passagers plongé dans une demi-obsurité, la plupart des voyageurs avait sombré dans une somnolence reposante. Le trajet était encore long et les occasions de se dégourdir les jambes plutôt rares. Nous venions de passer la frontière du Niger et survolions le sud du Sahara algérien lorsque tout à coup, brutalement, le quadrimoteur bascula sur son flanc droit, piqua du nez et se mit en décrochage. Je fus littéralement plaqué contre mon dossier, le souffle coupé, le cœur dans la gorge, les tripes nouées. Des cris retentirent aussitôt ; les bagages à main non déposés dans les emplacements prévus à cet effet s'envolèrent comme fétus de paille pour terminer leur course folle à l'arrière de l'appareil, heurtant violemment sur leur trajectoire certains des passagers réveillés en sursaut dont quelques-uns furent plus ou moins sérieusement contusionnés. Nous perdîmes beaucoup d'altitude, et très vite, au point que nous traversâmes la couche de nuages en un éclair. Par cette nuit de pleine lune, nous pûmes voir le sol venir vers nous à grande vitesse. La panique était générale et les trois hôtesses, surprises, comme nous tous, par la soudaineté et l'imprévisibilité de l'incident se trouvèrent dans l'impossibilité de la maîtriser, elles-mêmes "scotchées" à leur siège. Le temps d'un éclair, nous comprîmes que notre dernière heure était arrivée, "ultima necat", vous savez : celle qui tue… Mais nous nous étions trompés : nos noms ne devaient pas figurer dans le "grand livre céleste" et la faux de la Mort voulut bien nous accorder un sursis. Elle avait tout son temps ! Les pilotes, au prix d'une manœuvre désespérée, réussirent à stopper notre vertigineuse dégringolade et à stabiliser enfin l'appareil alors que nous n'étions plus, certainement, très loin du sol… Le miracle avait eu lieu ! Ce court, mais bien pénible moment d'intense frayeur passé, le calme revint, petit à petit, dans les esprits ; les objets et les affaires de toutes sortes qui avaient brusquement "transité" vers la queue de l'avion furent récupérés par leurs propriétaires et, cette fois, placés dans les compartiments prévus pour les bagages à main. Les convoyeuses de l'Air, qui étaient également infirmières et secouristes, entreprirent aussitôt de donner les premiers soins aux passagers qui avaient été touchés, la plupart, au visage, lors du décrochage de l'avion.

Mais qu'avait-il bien pu se passer pour que le "D.C.6" échappe ainsi au contrôle des pilotes et fasse une telle chute ? Nous volions à une altitude de quatorze mille pieds (quatre mille deux cents mètres) et, apparemment, nous n'étions entrés en collision ni avec un vol compact d'oiseaux, ni avec quoi que ce soit : aucune secousse n'avait été ressentie et aucun bruit suspect ne s'était fait entendre. Nos quatre moteurs ronronnaient tout à fait normalement et aucun orage n'avait pu nous déstabiliser à ce point, la météo étant excellente. Nous en étions à discuter entre nous lorsque le commandant de bord, qui nous devait tout de même quelques explications, s'adressa à nous, dix minutes environ après l'incident, pour nous faire part de ce qui était à l'origine de ce qui avait bien failli être une catastrophe : nous avions été victimes d'un problème d'alimentation en carburant des moteurs. Sur les quatre réservoirs situés dans les ailes de l'appareil, trois seulement, les deux de gauche et un seul de droite, avaient rempli leur office, et cela, depuis le décollage de Fort-Lamy. Ce qui devait donc arriver s'était produit : lorsque l'équilibre de l'avion avait été rompu celui-ci, brusquement, avait basculé du côté qui s'était trouvé être le plus lourd. C'était aussi simple que cela ! Toujours d'après le chef de bord, nous venions de faire une chute libre d'un bon millier de mètres ! Par bonheur, les moteurs, qui n'avaient pas cessé d'être alimentés en combustible, avaient continué à fonctionner normalement et, ainsi, permis la manœuvre désespérée qui nous avait sauvé la vie. Quelques secondes de plus et c'était le drame ! Nous avions eu beaucoup de chance… Le voyage allait maintenant pouvoir se poursuivre sans problème et nous n'avions plus aucun souci à nous faire : les transferts de carburant avaient, aussitôt, été faits afin de rééquilibrer le poids de la charge.

Malgré ces paroles rassurantes personne ne retrouva le sommeil jusqu'à l'arrivée.

Les explications qui nous avaient été données étaient-elles vraiment les bonnes ? De toute façon, il fallut bien s'en contenter…

Les heures que nous devions encore passer ensemble nous parurent interminables…

CHAPITRE VIII

Le matin du vingt mai 1965, vers sept heures et quart, avec un léger retard sur notre horaire, nous survolâmes, enfin, le département des Bouches du Rhône, l'étang de Berre, qui communique avec la mer Méditerranée par le chenal de Caronte et, peu de temps après, la Base d'Istres, terme de notre parcours, où nous nous posâmes, à l'issue d'une approche directe du terrain, quelques minutes plus tard.

L'Aventure, celle que j'avais tant appelée de mes vœux et qui m'avait comblé pendant près de quinze années passées hors du vieux continent européen était, cette fois, définitivement terminée… Mon congé de fin de campagne, de quatre-vingts-dix jours, en poche, j'allais pouvoir rendre une petite visite à ma famille mais aussi retrouver mes vieilles habitudes, la modernité, à laquelle il me faudrait, à nouveau, m'accoutumer et, à ma reprise d'activité à l'issue de ma permission, la vie de garnison, sans grande originalité, dénuée de fantaisie, bien calme et réglée comme un horaire S.N.C.F… J'étais en train de basculer d'un environnement totalement imprégné de mouvement, d'activité, d'imprévu, de vivacité, de curiosité, parfois de mystère mais aussi, et surtout, de vérité, dans un monde stéréotypé, égoïste, exclusif, dont le poids de la solitude allait, maintenant, me peser lourdement… Comme l'on peut, parfois, se sentir seul, noyé dans une foule conditionnée par les impératifs d'une société de consommation dont chacun des composants est pressé d'arriver, l'on ne sait trop bien où, ne pensant qu'à ses petits problèmes et totalement indifférent à ceux des autres ! Ici le "temps", cette horloge céleste, qui influe sur les comportements, les attitudes, qui dicte les façons d'être et d'agir, fait cruellement défaut ! L'on ne prend plus le loisir de discuter avec son voisin de palier, de jouer avec ses enfants, d'être, suffisamment, à leur écoute, d'observer les trésors de la nature, de rêver, admiratifs, devant la graine qui germe et qui va donner un fruit savoureux ou une fleur au parfum délicat, d'écouter le chant des oiseaux dans les arbres, le bruissement du vent dans les ramures, de savourer pleinement les instants qui passent, inexorablement, et qui ne reviendront jamais…

“Oh, temps, suspends ton vol et vous, heures propices, laissez-nous savourer les rapides délices des plus beaux de nos jours…”

Comme elle est loin la philosophie de nos anciens, empreinte de bon sens, de sagesse, de circonspection, de prudence, de retenue, de réflexion et de patience ! Ils ont bien essayé, pourtant, ces braves gens, de nous montrer le chemin à suivre, mais en pure perte : nous n’avons pas su prendre le temps (toujours lui) de les écouter, de décrypter leur message…

Nous croyons tout savoir, ou presque, et l’on ne sait pas grand-chose….

Je profitais de mon congé pour effectuer quelques courts déplacements dans cette métropole que je connaissais si peu. Il n’était pas mal, non plus, notre pays : nous pouvions en être fiers !

Avec le recul du temps, je ne regrettais pas le choix fait en décembre 1950 qui m’avait permis de bien rouler ma bosse pendant près d’une quinzaine d‘années riches en événements…

Le mois suivant mon arrivée sur le territoire national, le dix-neuf, le monde entier apprit avec surprise que Ben Bella, le premier Président de l’Algérie, indépendante depuis 1962, venait d’être renversé par l’un de ses frères d’armes, Houari Boumediene qui avait pris aussitôt, en mains, appuyé par l’armée, les destinées du pays. L’année suivante, il en profitera pour nationaliser les sociétés françaises et, notamment, les industries pétrolières puis il planifiera l’économie de la toute jeune République et pratiquera enfin une sévère politique anti-impérialiste.

Après des années dans les prisons françaises, Ben Bella va connaître, pendant bien longtemps, les geôles de sa propre patrie : “nul n’est prophète en son pays”, c’est bien connu !

Dans le même temps, les accords d’Évian, comme l’avait prévu notre plénipotentiaire auprès de la délégation du Front de libération national en 1962, Jean de Broglie, se muèrent en chiffon de papier…

Le vingt et un août 1965, ma permission arrivée à échéance, à huit heures, je franchissais le poste de police de la Base d’Orange ma nouvelle affectation et me dirigeais vers la tour de contrôle qui était équipée (entre autres installations sophistiquées) d’un radiogoniomètre automatique “Dubourg”, de construction entièrement française.

Hélas, mon séjour dans ce service ne devait être que de très courte durée car ce genre d’appareils très faciles d’utilisation ne nécessitait pas la présence d’un spécialiste autre que celle du contrôleur de vigie déjà en place. Quant aux bonnes vieilles stations manuelles qui avaient rendu tant de services, elles étaient, de plus en plus, remplacées sauf encore, mais pour peu de temps, sur les petits terrains, par des radars autrement plus précis et performants (tel le G.C.A. ground control approach, capable de déterminer, avec une grande précision, à une soixantaine de kilomètres de l'aérodrome, la position d'un aéronef en approche et de le guider comme sur un rail, jusqu'à l'entrée de bande et ceci, même de nuit) ainsi que par des balises radio à hautes performances I.L.S. (instrumental landing system).

Il n'y avait donc pas d'autre alternative pour moi que de me recycler dans une autre branche, la mienne étant en voie d'extinction. J'aurais bien aimé rester dans le contrôle aérien, c'est-à-dire exercer mon nouvel emploi devant un scope radar, dans la douce pénombre d'une salle d'approche. Malheureusement la visite médicale, très sévère, spécifique à la fonction, ne me permit pas de réaliser mon souhait ayant décelé chez moi un sens chromatique de la vue insuffisant. Le trachome contracté pendant les années passées sous les climats chauds et malsains où il sévit à l'état endémique, avec le temps, n'avait pas arrangé les choses.

C'est donc vers l'administration du personnel que mon choix se fit.

A défaut de merles...

Les tests inhérents à cette spécialité passés, je fus prévu pour effectuer un stage en Normandie, à la Base école de Carpiquet, à cinq kilomètres à l'ouest de la ville de Caen, en fin d'année. Très contrarié par cette orientation nouvelle et inattendue de ma vie professionnelle, je dus me faire, peu à peu, à l'idée de devenir un "rond-de-cuir". Il en fallait aussi, de ces braves gens, alors, presque arrivé à la fin du beau voyage commencé il y avait maintenant dix-huit années, pourquoi pas moi ?..

C'est à ce moment précis que je pris la décision irrévocable de quitter l'Armée dès mes quarante ans atteints, c'est-à-dire dans plus bien longtemps maintenant. La limite d'âge, dans notre corporation, était de quarante-sept ans à cette époque : tenter un reclassement à ce moment-là relèverait, à mon sens, plus des "coulisses de l'exploit" que d'une banale démarche. Comme il était évident que je ne pourrai vivre de mes rentes, n'en ayant pas, il ne me restait plus qu'à me préparer d'arrache-pied, dès à présent, une sortie estimable et une insertion convenable dans le secteur civil, plus particulièrement, la Fonction publique, si elle voulait bien de moi... et elle le voulut, durant vingt-cinq années, jusqu'à ma limite d'âge : soixante-cinq ans ! Bien que reconnaissant, sans réserve, de m'avoir accueilli dans ses rangs, je ne garde pas de mon parcours dans le civil, qui ressemble fort au tracé plat d'un électrocardiogramme qui n'a plus rien à dire, un souvenir impérissable...

En attendant de partir en stage mes activités s'exercèrent à la tour de contrôle. La plus grande partie de mon temps libre, dans la journée, se passait dans la salle d'approche située au rez-de-chaussée, où je pouvais m'émerveiller devant les prouesses réalisées par les contrôleurs.

Dorénavant il en serait fini des petits détachements isolés et éparpillés dans la nature. J'entrais de plain-pied dans un certain confort, à défaut de luxe, dans une vie incomparablement moins monacale que celle que j'avais eue en d'autres temps, pas si éloignés, d'ailleurs ! J'allais bien vite me rendre compte que l'on s'habitue rapidement au bien-être matériel et que l'on y prend goût !

La Base était (et constitue toujours) une plate-forme d'un grand intérêt pour l'Armée de l'Air. La piste principale est munie d'un balisage lumineux très performant ainsi que d'une barrière d'arrêt entièrement automatique qui peut être levée, en cas d'urgence, par le déclenchement de cellules photoélectriques. L'effectif en place devait bien dépasser les deux mille personnes. Quant aux moyens aériens, ils étaient importants. Ils comprenaient, à cette époque : un escadron de bombardement, l'E.B. 01/091 Cévennes, équipé de "Mirages III C" dotés de l'armement nucléaire (dans le cadre de la force de dissuasion), accompagné de son dépôt d'armes et de munitions spéciales (D.A.M.S.12/004), le fameux groupe "Normandie-Niémen" (que j'avais connu en Algérie, il y avait bien des années), sur "Vautour", devenu Escadron de chasse "Tout temps 2/30" et qui allait faire mouvement, à une date encore indéterminée, sur Reims. L'on trouvait également, sur la Base, une école de transition "réacteurs". À cette force aérienne venaient s'ajouter différentes unités et services en charge de la protection, des réparations, des révisions, de la maintenance, de la logistique, des approvisionnements, de l'administration, une brigade de gendarmerie de l'Air, une compagnie de fusiliers commandos et enfin, un groupe cynophile.

Par beau temps, et il l'est très souvent ici, l'on peut voir le majestueux Ventoux, montagne des préalpes du sud qui culmine à mille neuf cent neuf mètres, appelé également : le géant de Provence, à vingt-cinq kilomètres au sud-est, près de Carpentras. Chargé de l'histoire de la région, il est souverain, plein de noblesse… mais il est encore plus beau l'hiver, lorsqu'il est recouvert d'un épais manteau de neige. L'Armée a installé, à son sommet, un radar et une station de météorologie. Servir là-haut, la tête dans les nuages, lorsqu'il fait froid, n'est pas de tout repos car il arrive fréquemment que le mistral, ce vent violent, glacé et sec qui s'engouffre dans la vallée du Rhône, souffle très fort, avec des rafales qui dépassent largement, parfois, les cent vingt kilomètres heure, au point de bloquer, carrément, les anémomètres… D'ailleurs, l'intensité des coups de boutoir oblige le personnel de la station, qui sert par roulement, à s'encorder pour accéder aux appareils de mesures situés à l'extérieur du campement.

La ville d'Orange, très agréable et très animée, se trouve à cinq kilomètres de la Base de Caritat. Située sur les bords de la route nationale n° 7 (celle du soleil) et les rives de l'Eygues, c'est un chef-lieu de canton du département de

Vaucluse. Ex capitale du peuple gaulois des Cavares puis colonisée par l'empereur Auguste au premier siècle de notre ère, la cité s'enorgueillit de posséder deux des plus beaux monuments romains subsistant au monde : un arc de triomphe, construit en l'an vingt-cinq après J.C. et un théâtre, de la même époque, sauvegardé parce qu'il avait été intégré dans le château des princes d'Orange, l'un des rares édifices du même genre conservé dans sa totalité. Dans cet ensemble prestigieux ont lieu, chaque année, des festivités, les "chorégies", dont la renommée a largement dépassé les limites du département. Construits sur les pentes de la colline Saint-Eutrope, les gradins de ce temple de l'art lyrique, classé patrimoine de l'humanité, peuvent accueillir plus de dix mille spectateurs.

Partie intégrante du comtat Venaissin, le territoire d'Orange devint, au douzième siècle, une principauté pour les seigneurs des Baux.

Le Vaucluse, situé à l'est du Rhône, est bordé au sud par la Durance. Il est peu industrialisé mais a une vocation agricole et vinicole (Châteauneuf-du-Pape, cru mondialement connu). Au centre du département se trouvent : le plateau calcaire de Saint-Christol, les monts de Vaucluse et la montagne du Lubéron.

Quant à la Préfecture, Avignon, c'est une ville au passé prestigieux (elle fut la résidence des Papes au quatorzième siècle) qui allie, aux fonctions administratives et commerciales, un grand rayonnement culturel, notamment par son festival annuel de théâtre.

De charmantes communes, dans la plupart desquelles il n'est pas rare de trouver un petit monument élevé à la gloire de l'un des enfants de la Provence (Pagnol, Mistral et autre Daudet) méritent le détour : Bollène, Isle-sur-la-Sorgue, Malaucène, Fontaine de Vaucluse, Vaison-la-Romaine, Beaumes de Venise, Gigondas... Leur rendre une petite visite était tout à fait indispensable. Que les habitants des autres merveilleuses petites agglomérations du département ne m'en tiennent pas rigueur : il ne m'est pas possible de toutes les citer ! Mais qu'ils soient persuadés qu'elles ne sont pas, pour autant, oubliées ; elles ont toutes une place de choix dans le patrimoine local si riche...

Au travail, les semaines, les mois s'étirèrent dans une monotonie à pleurer : chaque jour qui passait ressemblait étrangement à la veille... Pas le moindre petit fait divers à se mettre sous la dent ! Il faudrait s'y faire, coûte que coûte !

Dans le courant du mois de septembre 1965, le monde entier apprit que le général Mobutu venait de fomenter un coup d'état et était devenu le nouveau président de la République démocratique du Congo-Kinshasa en éliminant Kasavubu et le dissident Moïse Tschombé. Depuis son indépendance, le pays avait connu une succession ininterrompue de rébellions et de crises graves, parfois d'ailleurs, soutenues par des puissances étrangères.

Malheureusement, celles-ci ne seront pas près de cesser...

Comme prévu, dans la soirée du premier novembre, nous prîmes, deux autres camarades et moi, le train en direction de Carpiquet où nous devions effectuer un stage de reconversion de six mois. La promotion comprenait une trentaine d'élèves venus de différents coins de l'hexagone et les cours, dispensés par du personnel très qualifié, furent très intéressants. Deux matinées par semaine étaient réservées au sport et ce, quelle que soit la météo.

Trois marches d'une dizaine de kilomètres, dans le bocage, furent, également, programmées. Pendant tout le temps de notre séjour en Normandie et, plus particulièrement de décembre à mars, nous ne connûmes pas beaucoup de journées sans pluie. Lorsque celle-ci n'était pas abondante, un petit crachin très froid prenait le relais. Pas étonnant que la campagne soit, ici, aussi verte ! Les prairies, très humides, complantées de pommiers (fabrication de cidre et de Calvados) sont consacrées à l'élevage et à la production de lait, de beurre et de fromages. De petites industries métallurgiques et des constructions métalliques sont implantées dans le secteur. Quant à l'exploitation de mines de fer elle alimente les hauts fourneaux de la région. Coquette ville de plus de cent mille âmes et chef-lieu du département, Caen est relié à la Manche par un canal de quatorze kilomètres qui débouche à Ouistreham. La ville héberge une université (la plus ancienne du pays), une Académie et une cour d'appel. Son port sur l'Orne, très actif, est le dixième de France pour le tonnage des marchandises qui y transitent.

Durant notre séjour en basse Normandie, nous ne manquâmes pas de nous rendre sur les plages où eurent lieu le débarquement des troupes de libération du six juin 1944 et où tombèrent tant de soldats : Riva-Bella, Juno beach, Gold beach, Omaha beach... L'opération, baptisée "Overlord", avait nécessité dix semaines d'âpres combats. Elle avait été décidée pour ouvrir un second front destiné à soulager les Armées soviétiques. Après un passage au musée d'Arromanches-les-bains, nous nous présentâmes au cimetière militaire où nous nous recueillîmes devant les innombrables sépultures, rigoureusement alignées et parfaitement entretenues, de nos valeureux alliés venus d'Angleterre, d'Amérique, d'Australie, de Nouvelle Zélande, du Canada... sans oublier nos anciens qui avaient rejoint le général de Gaulle, fauchés par la mitraille ennemie et sans lesquels nous ne connaîtrions peut-être pas, aujourd'hui, la liberté.

Que la terre de France leur soit légère…

Au petit matin du vingt-neuf avril 1966, stage terminé, certificat d'aptitude en poche, adieux à nos instructeurs et à nos camarades du moment faits, nous reprîmes, mes deux compagnons et moi, par la voie ferrée, le chemin d'Orange où nous arrivâmes de nuit. À cette époque, le T.G.V. n'existait pas encore, et c'était bien dommage !

Ma nouvelle affectation, prévue pour fin juillet, me fut annoncée le lendemain de mon retour : il s'agissait du bureau "Chancellerie-Justice militaire" (dont le responsable venait de partir à la retraite), de la Base aérienne N° 943 de Roquebrune-Cap Martin, dans le département des Alpes-Maritimes à proximité immédiate de la frontière avec l'Italie, qui serait certainement le terme de mes pérégrinations.

Le "Normandie-Niémen" connut, enfin, la date fixée par l'État-major pour son installation en Champagne-Ardenne. Elle était fixée au quatorze juin 1966. Avant que d'assister à ce départ historique, je fus désigné, avec d'autres collègues, courant mai, pour effectuer, au profit de la Base aérienne de Solenzara, en Corse, un convoyage de documents confidentiels et de matériels divers. Un groupe électrogène de quinze kilowatts devait, également, être livré à nos amis insulaires, l'un des leurs venant de rendre l'âme, ce qui était fort gênant, la Base se trouvant en pleine campagne de tir, conjointement avec des Unités aériennes italiennes et, de ce fait, les vols de nuit étaient plus fréquents qu'à l'accoutumée. Notre mission ne devait durer que trois jours au maximum ; à l'issue de celle-ci, nous devions ramener le moteur et la dynamo défaillants ainsi que quelques permissionnaires corses qui servaient sur le continent, en fin de congé sur l'île.

Nous quittâmes Orange le douze, à sept heures et, à huit heures trente nous nous posâmes sur la très belle piste de Solenzara. Au service "escale" nous attendait un fort sympathique comité d'accueil dirigé par l'adjudant Filippini lequel, comme son nom l'indiquait clairement, ne pouvait cacher ses origines… ce qu'il n'avait nullement l'intention, d'ailleurs, de faire ! Lorsqu'il s'adressa à nous pour nous souhaiter la bienvenue, le moindre doute ne fut, définitivement, plus permis, si tant est qu'il y en eût un ! Nous nous rendîmes très vite compte, en outre, que notre "mentor" ponctuait ses phrases, avant même que de les avoir complètement terminées, par ces mots qui n'avaient, somme toute, que bien peu de choses à faire dans la conversation et qui revenaient comme un leitmotiv : "t'as compris l'coup ?" Peut-être, à cet instant, était-il à court d'idée et, de ce fait, c'était à ses auditeurs d'imaginer voire, de deviner, la suite de sa pensée ou alors, tout simplement, c'était de sa part une sorte de "tic" de la parole, une mauvaise habitude dont il ne parvenait pas à se dépêtrer ! À mon avis, la seconde hypothèse semblait la plus vraisemblable… Cette prise de position n'engageait que moi, bien sûr !

La Base de Solenzara est implantée sur la côte est de l'île, en bordure de la mer Tyrrhénienne, à quatre-vingt-quinze kilomètres au sud de Bastia et à vingt de Ghisonaccia, à trente au nord de Porto-Vecchio et à cinquante à l'est d'Ajaccio.

Le déchargement de notre cargaison se termina aux environs de quinze heures. Nous devions effectuer notre retour sur Orange le surlendemain matin, décollage prévu à huit heures. Pendant ce laps de temps, les personnels manutentionnaires de la Base devaient charger le groupe à réparer, ainsi que divers colis de matériels à réviser ou à changer.

Le soir de notre arrivée, Filippini, qui répondait également au doux prénom de : Pancrace (relativement couramment utilisé ici), tint absolument, malgré mes hésitations polies, à m'emmener dîner chez lui à Solaro, à environ cinq kilomètres de la Base, où il habitait avec son épouse, délicieusement prénommée : Annonciade, et leur petite fille, Alice, d'une dizaine d'années. Je fus reçu avec énormément de gentillesse et de prévenance aussi, très vite mis à l'aise, passais une soirée fort agréable. Vers vingt-trois heures, après avoir félicité la maîtresse de maison pour l'excellent repas qu'elle avait pourtant dû préparer au dernier moment, l'avoir chaleureusement remerciée pour le dérangement occasionné et embrassé l'adorable petite Alice, mon ami Pancrace me ramena au bercail, où je passais une nuit excellente...

Le lendemain matin, Filippini, qui avait demandé, et obtenu de son capitaine, la permission de la journée, décida de me faire visiter la proche région. Ainsi, il me fit découvrir le col de Bavella, les localités de Zonza, d'Aullène, de Zicavo, de Cozzano et la forêt de Tova, plantureuse comme une beauté orientale, en cette fin de printemps, où nous nous arrêtâmes pour savourer l'eau fraîche d'une source qui sourdait d'entre des roches de granit...

Je fus littéralement enchanté de ma petite incursion dans cette végétation sauvage et le fis abondamment savoir à mon guide d'un jour, si attentionné... qui parut ravi de mes appréciations élogieuses et sincères. Sûrement que, quelque part, il était fier d'être Corse, cette fois-là encore plus que d'habitude... et il pouvait l'être ! Par instants, cet endroit si sauvage, si luxuriant, me faisait penser à certaines contrées exotiques qui avaient jalonné mes déplacements, et pourtant nous n'étions qu'à quelque deux cent cinquante kilomètres de la métropole... Cette perte de repères, me rappela une publicité lue, quelques mois plus tôt, dans un périodique qui vantait les charmes de l'île de beauté et qui prenait pour moi, aujourd'hui, toute sa signification : "La Corse, le plus proche des pays lointains..." Géniale, cette image, non ?

Le lendemain matin, une demi-heure avant notre décollage, l'ami Pancrace se trouvait au pied de l'avion. Il avait tenu à venir nous dire au revoir. Au moment de monter à bord, je lui serrais chaleureusement la main tout en l'assurant que je serai très heureux, à mon tour, de l'accueillir sur le continent, où il y a, également de très belles choses à découvrir, quand il le voudrait. Puis, en le quittant, je lui lançais ces mots, qu'il connaissait bien, et pour cause : "pace e salute"... suivis, dans la foulée de : "t'as compris l'coup ?"

Il m'a bien semblé voir dans ses yeux une lueur d'émotion... Assurément, j'avais un nouvel ami et je lui avais fait plaisir...

Je n'eus plus de ses nouvelles et ne le revis jamais.

Comme prévu, le Groupe "Normandie-Niémen" fit mouvement vers la Base de Reims le quatorze juin 1966. Une vingtaine de jours avant cette date, plusieurs vols "aller-retour" furent effectués vers la célèbre ville du nord est du pays, capitale mondiale du "champagne", afin d'y mettre en place un échelon précurseur et d'y acheminer du matériel, de l'outillage et des pièces de rechange. Les rotations devaient se poursuivre après l'installation de cette Unité prestigieuse, pendant encore deux semaines. Le douze, soit quarante-huit heures avant l'envol définitif des oiseaux, eut lieu une cérémonie officielle, fort bien réussie, très solennelle, qui fut à la hauteur de l'événement, avec l'éclatante participation de la fanfare, au grand complet, de la quatrième Région aérienne. Les plus hautes personnalités civiles et militaires du département, les familles des personnels qui allaient nous quitter, ainsi que celles des effectifs de la Base qui restaient sur place, furent invitées. Après les discours d'usage, il fut procédé par le Général commandant la Région à une remise de décorations : Légion d'honneur, Médaille militaire, Ordre National du Mérite. À ce sujet, je ne peux m'empêcher de rapporter, textuellement, ces paroles très belles et très significatives, prononcées sur le champ de bataille de Verdun, en 1916, par Ferdinand Foch, Maréchal de France :

"Ce qui m'émeut le plus, c'est la remise, à des "poilus", de la Médaille militaire. Quand l'on est le chef de gens de cette trempe, à quelle hauteur doit-on se hisser pour les commander en étant digne d'eux ?"

Au début de l'été de cette même année, la Direction du personnel militaire de l'Armée de l'air (D.P.M.A.A.) fit appel à des volontaires (un mécanicien, un radio et un météorologiste) pour servir en terre Adélie, territoire d'outre-mer situé sur la côte du continent antarctique, dans l'archipel de Pointe-Géologie, base Dumont d'Urville, où le thermomètre descend parfois jusqu'à moins soixante-dix degrés centigrades et le vent peut souffler à plus de cent cinquante kilomètres/heure ! Le séjour prévu était d'une année. Très peu pour moi... et de toute façon, ma nouvelle spécialité n'était pas demandée. Par contre, il était également recherché du personnel pour la Polynésie française, autre territoire d'outre-mer, dans le Pacifique sud, et plus particulièrement pour le Centre d'expérimentation situé sur les atolls de Mururoa et de Fangataufa, à dix-huit mille kilomètres de la France et où le climat, bien que tropical, tempéré par les vents alizés, est très agréable (vingt-six degrés centigrades de moyenne annuelle). Pour cette destination, la durée du séjour était de vingt-quatre mois. Ma branche professionnelle figurant sur la liste de celles auxquelles il était fait appel et disposant encore d'un peu plus de deux années à effectuer dans l'Armée, je fis acte de candidature. Ce serait tellement formidable de terminer ma carrière par une nouvelle aventure ! Mais les places étaient chères : il y avait beaucoup de candidats. Ma demande ne fut pas retenue ; la Direction du personnel préféra privilégier les plus jeunes, ceux qui n'avaient pas encore eu la chance de quitter la métropole, et elle eut raison.

Le premier août, après avoir salué mes chefs et fait des adieux, moins protocolaires mais, néanmoins chaleureux, à mes collègues, je quittais la Base, tôt le matin et rejoignis, par la route, avec mon barda, Roquebrune-Cap Martin où l'arrivée se fit aux alentours de onze heures. En milieu d'après-midi, les incontournables formalités administratives effectuées et la présentation à mon chef (le dernier, sûrement), un jeune commandant, et à mes collègues de travail faites, je pris mes toutes nouvelles fonctions sous la houlette, pour débuter, du plus ancien d'entre eux.

La Base de Roquebrune-Cap-Martin, qui ne possède pas de piste d'atterrissage mais seulement un héliport est, en soi, une particularité dans l'infrastructure de l'Armée de l'Air. Elle comprend deux parties bien distinctes dont chacune d'elles a sa propre spécificité. Ainsi, les services administratifs, principalement, sont implantés dans des bâtiments militaires situés en ville même, pas bien loin de la plage, à deux kilomètres à l'ouest de Menton, ville touristique au climat très doux toute l'année, renommée pour son église et sa chapelle baroques de la place Saint-Michel, ses musées (dont celui du palais Carnoles) et sa fête annuelle du citron, à trois de la frontière qui nous sépare de nos amis italiens, à cinq, à l'est du rocher de Monaco et à une vingtaine de Nice. Il me semble superflu de préciser que le cadre est splendide ! La Base participe à la lutte contre les incendies de forêts qui sont, hélas, fréquents en période de sécheresse l'été ; elle apporte, également, sa contribution au bon déroulement, chaque année, du Grand Prix de Formule I de Monaco en fournissant aux responsables de la célèbre compétition des équipes de secouristes sauveteurs équipées de moyens appropriés.

Le second élément de la Base, à six kilomètres au nord de celle-ci, est l'outil "opérationnel" et se trouve au sommet du mont Agel, qui culmine à mille cent mètres. Il abrite des radars de surveillance, de contrôle et de guidage dont l'un d'eux, tridimensionnel, appelé "Palmier", particulièrement performant, couvre une grande partie du sud-est de la région mais aussi, et surtout, le golfe de Gênes et une portion de l'île de beauté dont il est possible d'ailleurs, d'apercevoir à l'œil nu, de là-haut, par très beau temps, sans brume, et à certaines périodes seulement de l'année, le Cap Corse. Mis en œuvre par des spécialistes expérimentés, ces appareils de détection et de télémétrie, qui sont les yeux et les oreilles du dispositif de contrôle aérien dans la zone, jouent un rôle très important au plan de la Défense nationale. Ils sont en contact, vingt-quatre heures sur vingt-quatre, avec tout ce qui vole, civil ou militaire, étranger ou national, et qui traverse le secteur.

L'année 1967 se déroula sans qu'aucun fait vraiment marquant ne fût à signaler. Mes nouvelles fonctions me plaisaient et je m'approchais, tout doucement mais sûrement, de la "sortie".

Au mois de mai de l'année suivante éclata une crise civile grave dont l'Université fut le point de départ. Les raisons qui engendrèrent les troubles qui prirent naissance, et rapidement s'amplifièrent, trouvèrent leurs explications dans la poussée démographique d'après-guerre, le nombre des étudiants qui n'avait cessé de croître, les locaux scolaires qui n'étaient plus adaptés à une telle demande, les méthodes pédagogiques désuètes, complètement figées, la hausse des prix des biens de consommation courante et le chômage arrivé à un niveau qu'il avait rarement atteint dans le passé. L'agitation, devenue inéluctable, de la jeunesse, ainsi que celle de nombreux ouvriers mécontents, eux aussi, de leur sort et de leurs conditions de travail qui allaient se dégradant aboutirent à de violents heurts avec les forces de l'ordre, à Paris d'abord puis, comme une traînée de poudre, dans le reste du pays. Des grèves massives, qui prirent rapidement un sens politique, paralysèrent la France.

Au prix d'énormes difficultés, et après plusieurs jours d'âpres discussions, de Gaulle reprit la situation en main.

Nous venions d'échapper, de justesse, à une guerre civile... Mais la confiance dans la politique du chef de l'état venait sérieusement de s'effriter et le malaise persista.

Le treize juillet, les médias de toutes tendances répandirent la nouvelle que Salan, le dernier des quatre chefs militaires du putsch d'Alger en 1961 à être encore incarcéré, venait d'être libéré ainsi que tous les activistes arrêtés, bénéficiant de la loi d'amnistie qui venait d'être votée par le Parlement.

La dernière page du drame algérien venait de se refermer : les ultimes rancunes qu'il avait si abondamment nourries et exacerbées n'avaient pu résister au temps...

Le onze septembre de cette année 1968, un mercredi, le matin, je dus accompagner mon commandant, pour les besoins du service, au mont Agel où il était prévu que nous resterions jusqu'au début de l'après-midi. Le déplacement, en hélicoptère, était très court : moins de vingt minutes, décollage et atterrissage compris. Nous devions nous rendre dans la salle des opérations, une très grande pièce plongée dans une semi-obscurité dans laquelle officiait une équipe de contrôleurs de la circulation aérienne sous la responsabilité d'un capitaine. Ici, le service s'effectuait vingt-quatre heures sur vingt-quatre. La relève des brigades (elles étaient au nombre de trois), s'effectuait, chaque jour, à huit heures. Ce matin-là, des radaristes suivaient sur leurs scopes et leurs écrans de télévision les évolutions d'une dizaine de bombardiers stratégiques "Mirage IV" et de leurs cargos ravitailleurs, en manœuvre avec des chasseurs intercepteurs, lorsque l'un des contrôleurs, plus particulièrement "affecté", lui, au vol Air France 1611, Ajaccio-Nice, effectué par un moyen-courrier "Caravelle" immatriculé : F.B.O.H.B qui se trouvait dans l'azimut 230 du terrain de Nice, qui avait amorcé sa descente et s'était placé dans l'alignement des balises radio de Saint-tropez et du Cap d'Antibes, entendit dans ses écouteurs ce message angoissé : "Il y a le feu à bord, nous allons être obligés de nous crasher !" Puis, le silence. Il était exactement dix heures vingt. L'écho du biréacteur resta dans le champ du radar un très bref instant puis disparut... à jamais. L'appareil avait dû, probablement, après une très rapide chute, se désintégrer au contact de la mer, un peu au sud-est de la seconde balise radioélectrique.

Douze minutes de plus et l'avion se posait à Nice...

Les secours furent immédiatement organisés : moins d'un quart d'heure après le crash, un "Constellation" du S.A.R. (save and rescue) se trouvait sur les lieux du sinistre, bientôt rejoint par des hélicoptères (H.34, Alouettes II, Superfrelons) de la Protection civile, de l'Armée et des Douanes. Arrivèrent également sur zone le bâtiment "Amiral de Grasse", de la Marine nationale, et diverses unités de sauvetage telles les vedettes rapides Kajifra et G-17 de la Gendarmerie. Dans le courant de l'après-midi, nous apprîmes que des débris de toutes sortes jonchaient la mer sur une superficie aussi grande que celle du port de Nice : matières plastiques, cartes, portefeuilles, différents objets impossibles à identifier, débris de corps humains dont deux cadavres inexplicablement entiers au milieu de cette charpie, vraisemblablement ceux d'un homme et d'un enfant, atrocement calcinés, flaques de kérosène, gilets de sauvetage, valises éventrées... Tout ce qui surnageait était criblé d'éclats ce qui indiquait que l'appareil avait bien explosé à l'impact. La violence de celui-ci avait été telle qu'un seau à champagne fut retrouvé littéralement encastré dans le panneau de contreplaqué de la cloison de la soute à bagages... La queue de l'appareil émergeait encore lorsque les secours arrivèrent. L'appareil était pratiquement neuf et assurait depuis moins d'un mois les rotations entre la côte d'azur et Ajaccio.

Il ne possédait pas de boîte noire...

Il n'y eut aucun survivant parmi les six membres de l'équipage composé du commandant de bord Salomon, du copilote Duvilage, du mécanicien Juan (un pays !), du chef de cabine Gérard et des deux hôtesses, mesdemoiselles Orry et Tricot, ni parmi les quatre-vingts-neuf passagers parmi lesquels figurait le général de Corps d'Armée Cogny qui avait servi en Indochine, d'abord dans l'État-major de De Lattre de Tassigny puis sous les ordres de Salan et enfin, de Navarre, dernier commandant en chef du Corps expéditionnaire français, avec lequel il avait eu bien des divergences d'opinions au sujet de l'installation de nos troupes dans la cuvette de Diên Biên Phu... Il n'était plus en activité et regagnait Paris où il s'était retiré avec son épouse, après avoir passé quelques jours de repos chez son beau-frère, à Cognocoli. Se trouvaient également, parmi les victimes, le vice-recteur d'Académie en fonctions en Corse et sa femme, le commissaire principal d'Ajaccio, le directeur des P.T.T. pour le département... et treize enfants !

Figurait, aussi, sur la liste des passagers le nom d'un homme de trente-sept ans, Jean Baillerin, qui rejoignait à Nice sa femme et leurs trois enfants et qui avait, douloureuse fatalité, avancé au dernier moment, de vingt-quatre heures, son voyage qui était prévu, initialement, pour le lendemain du terrible drame...

Une heure après l'accident, un avion en provenance de Bastia se posait, sans encombre, à Nice. Parmi les passagers se trouvait un représentant de commerce parisien, Maurice Naïm, qui apprit la nouvelle de la catastrophe qui venait de se produire avec encore plus d'émotion que ses compagnons de voyage, et pour cause ! Devant être du vol funeste, il avait dû se rendre précipitamment, pour un rendez-vous urgent, à Bastia d'où il avait finalement embarqué...

Les arcanes du destin sont imprévisibles... et incontournables !

La commission d'enquête, immédiatement à pied d'œuvre, ne réussit jamais à déterminer, avec certitude, les causes du crash. Diverses hypothèses furent émises dont celle selon laquelle la “Caravelle” aurait pu être foudroyée par un violent orage, mais les services de la météorologie nationale affirmèrent que ce matin-là, bien que la visibilité fût réduite et le temps incertain, aucune perturbation atmosphérique importante n'avait été signalée dans la zone de l'accident.

Il aurait été tellement plus agréable d'achever ce récit par des propos moins dramatiques, moins pénibles. Mais la puissance mystérieuse qui fixe le cours des événements, cette volonté supérieure qui régit, d'avance, tout ce qui doit être en a décidé autrement...

L'année se termina sans autre événement important à signaler.

Le vingt-sept avril 1969, de Gaulle, après l'échec du référendum qu'il avait voulu concernant la régionalisation et la réforme du Sénat et auquel il avait donné le sens d'un vote, pour ou contre lui, démissionna aussitôt, dès les résultats connus. Georges Pompidou, alors Premier ministre, prit la succession du bouillant général à la tête de l'État.

Arriva, enfin, l'année de mon départ. Le trente et un juillet 1971, à l'issue de près de vingt et une années de service, je tirais, définitivement, ma révérence et quittais les rangs de l'Armée de l'Air, cette grande famille qui ne m'avait jamais déçu, à laquelle je resterai à jamais sentimentalement attaché et reconnaissant de m'avoir accueilli en son sein, non sans une pensée émue et profondément respectueuse pour toutes celles et tous ceux, acteurs étroitement mêlés, amis ou non, qui ont joué un rôle dans cette odyssée que nous avons vécue ensemble et qui se sont battus avec toute la force de leur conviction pour une cause qu'ils avaient pensée juste. Dans quel camp s'étaient retrouvés les "bons", dans quel autre avaient figuré les "méchants"? C'est l'éternelle opposition des principes fondamentaux de la vie que sont le Yin et le Yang définis par Lao Tseu, ce Chinois du cinquième siècle avant Jésus Christ, fondateur du Taoïsme, qui avait imposé, inexorablement, son cours au destin...

Le rideau pouvait tomber : le numéro des "artistes" était terminé...

*

* *

ÉPILOGUE

La "Divine comédie" venait de prendre fin. Tout comme Dante guidé par Virgile, nous avions, au gré des événements, traversé les neuf cercles de l'Enfer, gravi la montagne du Purgatoire et trouvé, enfin, le Paradis, après bien des vicissitudes. Le cheminement avait été long et semé d'embûches. La "Grande Muette", durant toutes ces années passées, avait prouvé, en maintes occasions, qu'elle était capable de faire tout autre chose que de livrer des combats : elle avait montré qu'elle savait, aussi, être généreuse, secourable et c'était cette facette, mal connue, et pourtant bien réelle, qui m'avait le plus séduit... Bien souvent, l'Armée avait dû supporter tout le poids des erreurs à répétition des gouvernements de l'époque qui ne surent jamais tirer les leçons des échecs successifs d'Indochine et d'Algérie.

Que sont devenus nos amis vietnamiens qui combattirent à nos côtés en Extrême-Orient et que nous avons abandonnés aux Viêts-Minhs qui n'étaient pas, particulièrement, des tendres ni de doux romantiques et qui firent payer très cher, à leurs frères de race, leur trahison ?

Que sont devenus ces Harkis d'Algérie qui avaient choisi, sans ambiguïté, leur camp et qui n'eurent d'autre salut, après les hostilités, condamnés à mort qu'ils étaient par le F.L.N. que de fuir, quand ils le purent, leur pays pour rejoindre, avec des difficultés souvent énormes, cette France qu'ils avaient si bien servie, que la plupart d'entre eux ne connaissait même pas et où bien peu de structures appropriées étaient prêtes pour les recevoir ?

Pourquoi nos dirigeants politiques ont-ils si mal compris les populations françaises d'outre-mer, leurs particularités, leur profond désir d'être mieux connues, leur légitime besoin d'être davantage considérées, d'être entendues ?

Pourquoi la répartition des élus musulmans au sein de l'Assemblée algérienne ne fut-elle jamais, contre toute logique, proportionnelle à la population autochtone, en grande majorité dans le pays, qu'ils représentaient ?

Pourquoi mes petits camarades de confession islamique, au lycée, du temps de l'Algérie française, avaient-ils sur leur carte d'identité la mention : Français Musulman (ce qui leur déplaisait fortement), comme si l'appartenance philosophique d'un individu constituait en soi une nationalité ? Ils auraient été tellement fiers d'être traités de la même façon que nous, les “pieds noirs”! Pourquoi avoir fait cette différence? Pendant de longues années, ils se sont battus pour être des Français à part entière. Puis, ils se sont lassés et les erreurs de nos gouvernements successifs succédant aux maladresses, ils prirent les armes pour ne plus être Français du tout!

Voilà bon nombre de questions qui resteront, à jamais, sans réponses…

Une fois de plus, l’incompréhension avait fait des ravages : nous venions, irrémédiablement, de manquer le grand rendez-vous de l’Histoire…

Bien sûr, l’aspiration des peuples encore sous tutelle étrangère à accéder à l’indépendance était-elle compréhensible… et légitime. Le “tsunami” qui, un peu partout dans le monde, avait commencé à déferler ne pouvait plus être arrêté : le processus de décolonisation, inévitable, était en marche et il irait jusqu’à son terme. Cependant il est fort probable que si nous avions été plus à l’écoute des communautés “extra - métropolitaines” dont nous avions la responsabilité, que si nous avions été plus près d’elles et su mettre de côté préjugés et agressivité, nous aurions sûrement pu éviter bien des malentendus et bien des drames…

Durant la première moitié de mon passage sous les drapeaux j’ai côtoyé, presque journellement, la violence, l’agressivité destructrice des hommes. J’ai été un témoin des horreurs, des atrocités, des cruautés commises au nom d’un certain ordre, d’un idéal peut être discutable. Je ne peux ignorer que des populations civiles, des vieillards, des femmes et des enfants innocents ont payé un lourd tribut à un déferlement aveugle de haine et d’hostilité. La bombe bourrée d’explosifs ne fait pas le tri parmi ceux qu’elle va toucher, les affreuses mines antipersonnel ne reconnaissent pas les bons des mauvais, les adultes des très jeunes… La frappe “chirurgicale” a ses limites : le risque zéro erreur n’existe pas, sinon dans la tête d’irresponsables dangereux.

La conviction qui a toujours été la mienne de me trouver dans le camp des justes ne m’a jamais quitté. Si un seul instant l’incertitude m’avait fait douter j’aurais quitté l’arène.

Grandeur et servitude…

La seconde partie de mon parcours, d’une longueur à peu près égale à la première, me permit de jouer un rôle bien différent. La partition qui me fut proposée me combla de satisfaction, au-delà de toute espérance. Elle conjugua, sans la moindre fausse note, l’amour des autres, la fraternité, l’altruisme envers les plus démunis, la charité, le don de soi, la paix…

La fin de ma vie est sereine. Je ne regrette rien : ce que j’ai fait a été accompli en toute bonne foi. J’ai accepté et assumé. Comme dit l’autre, si c’était à refaire, je le referais…

Heureusement, cela n'arrivera pas…

La tourmente est loin derrière moi. Père de famille et plusieurs fois grand-père, je coule une vie paisible et heureuse et formule les vœux les plus sincères pour que les assoiffés de pouvoir perdent de leur superbe lorsqu'elle frise le mépris ou la condescendance. Il est à craindre, hélas, que ces pieux désirs ne soient au-dessus de leurs forces…

"L'arrogance précède la ruine ; l'orgueil précède la chute…"

Nous venons d'entrer dans le troisième millénaire. Il devrait porter en lui bien des espoirs, celui, entre autres, de toutes les rédemptions, de la réconciliation des peuples en guerre, du pardon… Mais les hommes étant ce qu'ils sont, il est fort à craindre qu'ils continueront encore longtemps, ici ou là dans le monde, à cultiver la haine, l'intolérance, le non-respect d'autrui, de ses origines, de ses convictions religieuses, de sa couleur. Et, pour aggraver encore la situation, il est certain que notre Terre nourricière aura de plus en plus de difficultés à satisfaire ses "commensaux" qui prolifèrent à la vitesse du mistral : l'Inde a enregistré, voilà un an, son milliardième citoyen (une petite fille) et, malgré la campagne de limitation des naissances que ce pays a dû entreprendre, il menace de rattraper l'immense Chine dans les décennies à venir, augmentant ainsi les tensions qui puiseront leurs forces, inévitablement, dans la misère, l'extrême pauvreté, la faim et les Nations Unies, vénérable institution s'il en est, continueront à assister, impuissantes, aux explosions de violence qui ne manqueront pas d'éclater ici ou là, hélas, un peu partout sur la planète, au gré du vent capricieux de la haine…

Arriverons-nous, un jour, à conjurer ce désir effréné de dominer, d'humilier, de détruire, ce que certains cultivent avec tant d'obstination ?

Arriverons-nous à comprendre, enfin, que le devoir des nantis est d'essayer de faire en sorte que le gouffre d'incompréhension qui les sépare des plus démunis ne continue à se creuser ?

Il est doux de rêver !

*

*   *

Mon ouvrage terminé, j'ai enfin pu réaliser le vœu formulé voilà près d'un demi-siècle en retournant, l'espace de quelques jours, dans ce fabuleux pays qui s'appelait : Indochine.

Je n'ai pas manqué de me rendre au petit cimetière militaire du centre Annam où tant de camarades ont été enterrés. Hélas, les sépultures, laissées à l'abandon depuis le départ des Français, ont disparu sous une végétation envahissante qui ignore les convenances et recouvre tout d'une chape d'indifférence...

Par contre, j'eus l'immense surprise de retrouver le bâtiment, face à la mer, et la petite chambre sans confort que j'avais partagée avec deux autres camarades de 1953 à 1955, sur la terrasse duquel avait été érigée la station de radiogoniométrie. Hormis les mâts de bambou des antennes qui avaient disparu, quelques vitres qui manquaient aux fenêtres et le parc recouvert de chiendent, rien n'avait changé, comme figé par le temps... La peinture des murs avait toujours la couleur brique, un peu passée maintenant, que j'avais connue... La bâtisse devant être rénovée pour être transformée en hôtel à touristes, une équipe d'ouvriers était arrivée, le matin même de mon retour, avait envahi les lieux et s'affairait. Le repiquage de la façade venait tout juste de commencer : celle-ci trouverait bientôt un autre aspect, une autre teinte... Ne pouvant davantage résister à l'émotion qui m'étreignait, je pénétrais dans le chantier, malgré l'interdiction. Les ouvriers, dont aucun ne comprenait le français, m'intimèrent, assez véhémentement, l'ordre de sortir. Devant ma résistance et la rumeur qui prenait de l'ampleur, le chef de travaux arriva à la rescousse. Miracle, il comprit ce que je tentais de lui expliquer, à demi dans notre langue, à demi en anglais, avec force gestes : j'étais un militaire français et j'avais vécu là, pendant la guerre, il y avait près d'un demi-siècle ! Le ton changea aussitôt; mon interlocuteur traduisit mes propos à ses compagnons qui me firent alors un accueil des plus chaleureux qui me toucha profondément, au point d'en avoir l'œil humide. D'aucuns y verront là de la sensiblerie : ils se trompent... Les mots que je ne comprenais pas, les exclamations qui fusaient, le brouhaha qui m'enveloppait perdirent, peu à peu, de la force pour ne devenir bientôt plus que murmures... remplacés par d'autres sonorités, celles-ci, bien lointaines :

"Nha trang, d'Air France Zoulou–Alpha à destination de Tokyo, qui demande un relèvement... Ici Bonanza Lima-Union en provenance de Dalat, au zéro quarante-cinq, qui transmet pour cap magnétique... This is Air Force one zero height zero, may day, may day, may day !..."

Puis ces voix qui venaient de ressusciter, pour un court instant, un passé si cher s'estompèrent, se turent... Le présent avait repris ses droits... Avant de quitter tous ces braves gens, je jetais un dernier regard à Tré et à la Pyramide, ces îlots de la mer de Chine qui nous avaient donné tant de soucis dans l'accomplissement de notre travail...

Ils me parurent encore plus imposants, plus majestueux qu'avant : la saison des pluies passée, la nature généreuse les avait revêtus de leurs plus beaux atours, comme pour une fête...

Bien loin de partager la conception d'Olympio sur la survivance, éphémère selon lui, des événements qui marquent notre passé que dame Nature s'acharne, lentement, mais avec obstination, par sa dévorante exubérance, à plonger dans l'oubli, je suis persuadé, quant à moi, qu'elle ne fait qu'entretenir le souvenir, le rendant encore plus fort, plus tenace...

Celui-ci restera, tant qu'un souffle de vie m'habitera, présent au fond de mon cœur...

Je n'oublierai pas, non plus, mes amis africains, si attachants, qui ne m'ont jamais laissé indifférent, bien au contraire.

J'ai beaucoup appris à leur contact et je leur en saurai toujours gré.

Si, selon l'expression consacrée, Dieu me prête vie, je trouverai sûrement le temps de leur rendre, dès que je le pourrai, une dernière visite...

Je sais que l'émotion, à l'état pur, sera, là encore, au rendez-vous...

Comme aurait dirait l'ami Rudyard Kipling : "mais ceci est une autre histoire..."

*
* *

REMERCIEMENTS

Je tiens à remercier très chaleureusement le Service Historique de l'Armée de l'Air qui a bien voulu aider ma mémoire quelque peu défaillante, à certains moments, compte tenu de l'ancienneté des faits rapportés.

Que la publication "le courrier du Viêt-nam", pour les précisions données sur les "Chevaux de fer" de l'oncle Hô, et le service documentation du quotidien Nice-Matin, pour les informations concernant le crash de la Caravelle Ajaccio-Nice du onze septembre 1968 qu'il m'a aimablement communiquées, veuillent bien accepter toute ma gratitude.

G.G.

NOTE DE L'AUTEUR

Les données se rapportant aux populations, à la faune, aux ressources économiques, aux cultures agricoles, aux monnaies et parfois même, à certains lieux géographiques, sujettes à variations, dans le temps, n'ont de réalité que pour l'époque traitée dans cet ouvrage.

INDEX GÉNÉRAL

Personnages célèbres, ethnies, faune locale, ressources naturelles, cultures, hydrosphère, religions, monuments, unités militaires engagées, informations diverses et lieux géographiques mentionnés dans cet ouvrage.

I – PERSONNAGES CÉLÈBRES

2 – LIEUX GÉOGRAPHIQUES

3 - PAYS - RÉGIONS

4 - FAUNE LOCALE

5 - VÉGÉTATION - CULTURES

6- HYDROSPHÈRE

7 - RESSOURCES NATURELLES

8 - ETHNIES - RELIGIONS FORMATIONS POLITICO-MILITAIRES

A – ETHNIES – RELIGIONS

B - FORMATIONS POLITICO-MILITAIRES

9 - ENDÉMIES - INSECTES

A - ENDÉMIES

B - INSECTES

10 - ÉTABLISSEMENTS PUBLICS - ÉDIFICES RELIGIEUX

11 - AVIONS - UNITÉS AÉRIENNES

A - AVIONS

B - UNITÉS AÉRIENNES

12 - PRINCIPALES OPERATIONS MILITAIRES – NAVIRES – DIVERS

A – PRINCIPALES OPERATIONS MILITAIRES

B - NAVIRES

C - DIVERS

Et le condor devint colombe
Mars 2001